백두산 답사와 한중 국경사

이화자 (李花子, LI HUAZI)

北京大學 역사학과 졸업(1990)
延邊大學 역사학과 교수(1992)
延邊大學 역사학과 석사(1996)
서울대학교 인문대학 대학원 박사(2003)
현재 中國社會科學院 역사연구소 연구원

주요 논저
『淸朝與朝鮮關係史硏究-以越境交涉爲中心』, 延邊大學出版社, 2006년(중국어판)
『明淸時期中朝邊界史硏究』, 知識産權出版社, 2011(중국어판)
『조청국경문제연구』, 집문당, 2008년
『한중국경사 연구』, 혜안, 2011년(2012년 대한민국학술원 역사류 우수도서상)

백두산 답사와 한중 국경사

이 화 자 지음

초판 1쇄 발행 2019년 1월 31일

펴낸이 오일주
펴낸곳 도서출판 혜안

등록번호 제22-471호
등록일자 1993년 7월 30일

주소 (우)04052 서울시 마포구 와우산로 35길 3(서교동) 102호
전화 3141-3711~2 / 팩스 3141-3710
E-Mail hyeanpub@hanmail.net

ISBN 978-89-8494-621-7 93910

값 32,000 원

백두산 답사와 한중 국경사

이 화 자 지음

혜안

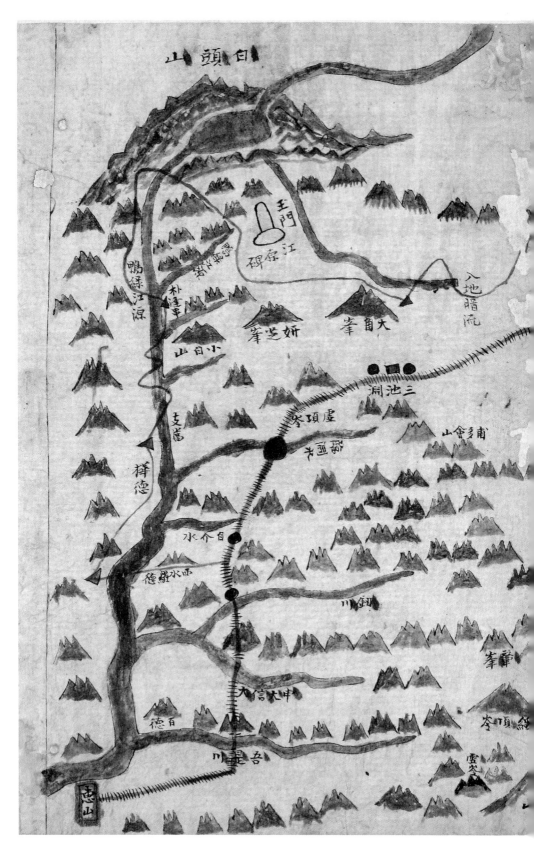

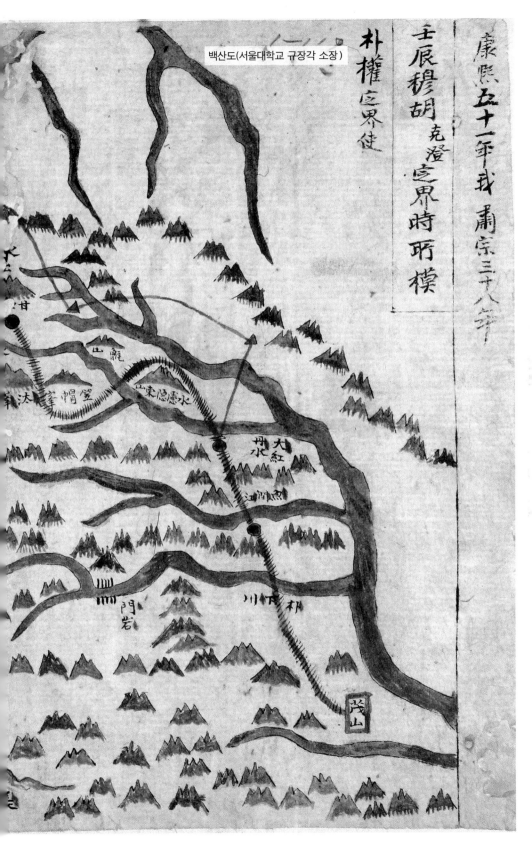

백산도(서울대학교 규장각 소장)

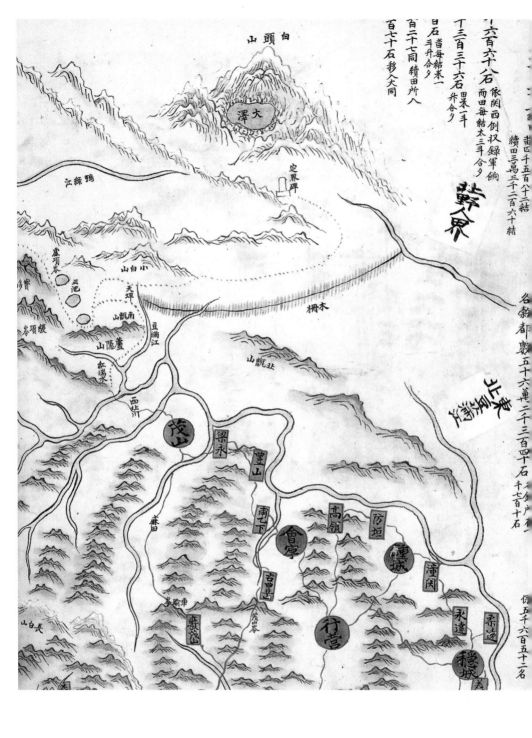

△ 해동지도 함경도(서울대학교 규장각 소장)
▷ 무산지도(서울대학교 규장각 소장)

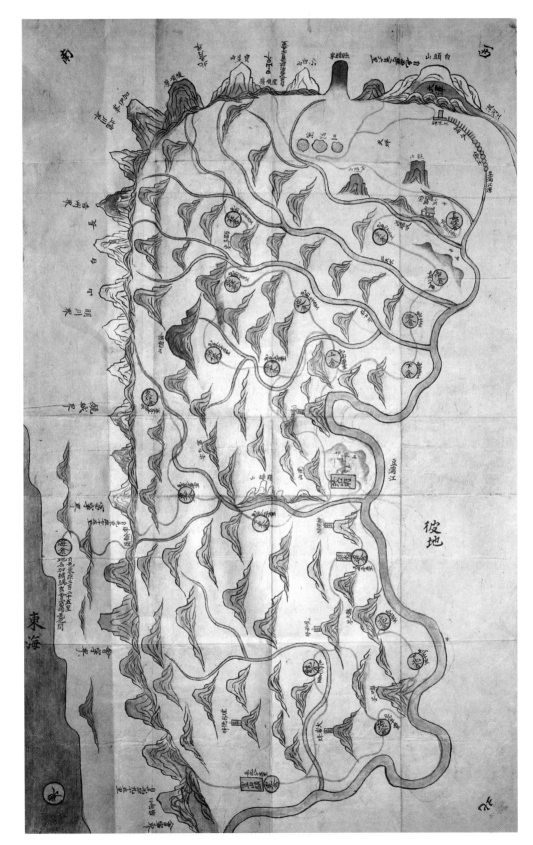

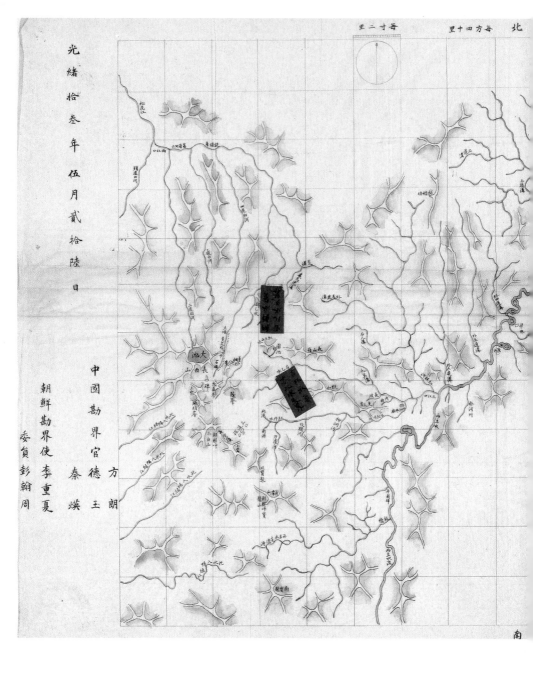

△ 1887년 제2차 감계도(일본외무성 외교사료관 소장)
▷ 조선지도 함경북도의 부분도(신경준 제작, 서울대학교 규장각 소장)

백두산 천지 동파

천지 동파에서 내려다본 압록강 동원(東源)

베개봉에서 본 삼지연군과 포태산

천지 통파의 정계비 터

두만강 상류 홍토수와 모수림하 합류처

압록강 동원 대한하(大旱河)

한중(조중) 양국이 압록강·두만강과 백두산 천지를 경계로 하게 된 것은 오랜 역사적 시기를 거쳤다. 원말명초에 이르러 고려·조선왕조가 북진정책을 실시하였으며, 특히 조선 세종대에 이르러 압록강 남안을 따라 4군을 설치하고 두만강 남안을 따라 6진을 설치함으로써 압록·두만 양 강을 경계로 하는 기초를 마련하게 되었다.

백두산 지역 국경선의 형성은 1712년(강희 51, 숙종 38) 백두산정계와 밀접한 관련이 있다. 청 강희제가 오라총관 목극등(穆克登)을 파견하여 압록강·두만강 수원을 조사함과 동시에 백두산 천지 동남쪽 분수령에 정계비를 세웠으며, 비문에는 "서쪽으로 압록이고(西爲鴨綠), 동쪽으로 토문이며(東爲土門), 분수령 상에 돌을 새겨 기재한다(故於分水嶺上勒石爲記)"고 하였다. 이로써 조·청 양국이 압록강·두만강을 경계로 함을 재확인하였을 뿐만 아니라, 백두산 지역 경계를 처음 확정하였다. 백두산 육지 국경선의 최초 형태였다.

그 이후 1880년대에 이르러, 조선 북도민들이 대규모로 두만강 이북에 넘어가 땅을 개간하고 정착하게 되면서, 조·청 간에 두만강을 둘러싼 국경 분쟁이 일게 되었다. 조선은 토문(송화강 상류를 가리킴)이 두만과 다르다는 이른바 '2강설'을 제기하여 '간도(間島)'(오늘날 중국 길림성 연변)지역이 조선에 속한다고 주장하였다. 이에 1885·1887년 조청 양국이 두 차례 공동감계(勘界)를 실시하였으며, 결과적으로 두만강을 경계로 함에 합의를 보았다. 다만 두만강 상류 홍토산수(紅土山水)·석을수(石乙水) 합류처 이상에서 합의를 보지 못하여 담판이 실패하였다. 이는 그 이후 일본이 조청 간의 국경 분쟁을 이용하여 '간도문제'를 도발하는 구실을 제공하였다.

러일전쟁 이후 일본은 두만강 이북 '간도'지역이 영토 귀속이 미정임을 주장하고 또 조선인을 '보호한다'는 구실로 두만강 이북 용정(龍井)촌에 '통감부간도파출소'를 설치하였다(1907년). 중일 양국은 2년 간의 외교교섭과 담판을 통하여 1909년에 '간도협약'과 '만주 5안(案) 협약'을 체결하였다.[1] 일본은 한중 양국이 두만강을 경계로 함을 인정하는 조건으로 간도에 영사관을 설치하는 특권과 동삼성 5안(탄광채굴권·철도부설권)의 이권을 챙기게 되었다.

그러나 '간도협약'은 한중 두 당사국 사이에 체결한 조약이 아니라 일본이 조선의 외교권을 박탈한 후 체결한 것이었으며, 정식 국경조약도 아니었다. 1949년 중화인민공화국 성립 이후 중국·북한 양국은 역사적으로 남겨진 국경문제를 해결하기 위하여 외교담판을 진행하였으며, 1962년에 '중조국경조약'을 체결하고 1964년에 '중조국경의정서'를 체결하였다.[2] 이로써 국제법상 인정되는 정식 국경조약을 맺었으며, 압록강·두만강과 백두산 천지를 경계로 함을 확정하였다.

위와 같은 국경선의 형성과 변화과정을 체계적으로 서술함과 동시에, 한중 국경사 연구의 의문점과 난점에 대해 깊이 탐구하는 것이

---

1) '간도협약'을 중국측에서 '도문강중한계무조관(圖們江中韓界務條款)'이라고 부르고, '만주 5안 협약'을 중국측에서 '만주 5안 협약'이라고 부른다.
2) 1962년에 체결된 '중조국경조약'과 1964년에 체결된 '중조국경의정서'를 중국에서는 '중조변계조약(中朝邊界條約)'·'중조변계의정서(中朝邊界議定書)'라고 부른다.

본서의 연구 목적이다.

한·중 학계의 국경사 연구는 많은 성과를 거두었음에도 불구하고 적지 않은 문제점이 존재한다. 예컨대 1712년 백두산정계의 성격에 대해 많은 학자들은 조청 양국의 정계(定界)라고 보지만,[3] 일부 중국학자들은 청나라 일방적인 국경조사라고 보고 있다.[4] 또한 정계비 위치에 대하여, 일부 중국학자들은 처음에 소백산에 세워졌던 것을 조선인에 의해 천지 근처로 옮겨졌다고 보며 이른바 '이비설(移碑說)'을 주장한다.[5]

한국학계의 백두산정계에 대한 연구는 정계비 위치에 대한 의문이 전혀 없으며, 처음부터 천지 동남쪽에 세워졌다고 본다. 그러나 가장 큰 문제가 토문·두만 2강설이다. 즉 목극등 정계 결과 두만강을 경계로 정한 것이 아니라 송화강 상류를 정했으며, 이것이 비문에 이른바 '동위토문'이라고 보았다. 2강설은 두만강 이북 간도가 조선에 속한다는 증거로 이용되었다.

이와 같은 문제점과 쟁점을 해결하기 위하여 양측의 1차 사료에

---

3) 楊昭全·張存武·李花子 등은 1712년 목극등의 변경 조사를 백두산정계로 인정한다. 楊昭全·孫玉梅, 『中朝邊界史』, 吉林文史出版社, 1993년, 196쪽 ; 張存武, 「淸代中韓邊務問題探源」, 『中央硏究院近代史硏究所集刊』 제2기, 1971년 ; 이화자(李花子), 『조청국경문제연구』, 집문당, 2008년 ; 이화자, 『한중국경사 연구』, 혜안, 2011년 등 참조.

4) 徐德源, 「穆克登碑的性質及其鑿立地點與位移述考－近世中朝邊界爭議的焦點」, 『中國邊疆史地硏究』, 1997년 1기.

5) '이비설(移碑說)'을 주장하는 연구는 다음과 같다. 徐德源, 「長白山東南地區石堆土堆築設的眞相」, 『中國邊疆史地硏究』, 1996년 2기 ; 徐德源, 「穆克登碑的性質及其鑿立地點與位移述考－近世中朝邊界爭議的焦點」, 『中國邊疆史地硏究』, 1997년 1기 ; 刁書仁, 「康熙年間穆克登査邊定界考辨」, 『中國邊疆史地硏究』, 2003년 3기 ; 馬孟龍, 「穆克登査邊與'皇輿全覽圖'編繪－兼對穆克登'審視碑'初立位置的考辨」, 『中國邊疆史地硏究』, 2009년 3기 ; 陳慧, 『穆克登碑問題硏究－淸代中朝圖們江界務考證』, 中央編譯出版社, 2011년, 165~177쪽 등이다.

근거하여 백두산정계의 진실을 밝혀내야 한다. 또한 백두산정계를 제대로 아는 것은 그 후에 있었던 1885년·1887년 두 차례 공동감계, 1907~1909년 중일 '간도문제' 담판 및 1962년 중국·북한 국경조약에 대한 객관적인 인식의 기초가 된다.

1885·1887년 공동감계에 대한 연구도 적지 않게 이뤄졌다. 그리하여 감계 담판의 경과, 양측의 서로 다른 감계 주장 및 감계 성과에 대한 연구가 있다.[6] 그럼에도 불구하고 감계 담판이 실패하게 된 원인과 책임, 감계 결과가 그 전의 백두산정계 및 그 후의 중일 '간도문제' 담판과의 연관성에 대한 연구가 부족하다. 특히 1885년 제1차 감계 때 조선측 감계사 이중하(李重夏)가 두만강 상류 홍토산수 근처에서 백두산정계의 옛 표식을 발견함으로써 2강설을 포기하고 두만강 경계를 인정한 데 대한 평가가 제대로 되지 못하고 있다.

1907~1909년 중일간의 '간도문제'에 대한 연구도 이루어졌다. 그러나 한중일 삼국 학자들의 결론이 서로 다르다. 중국학자들의 경우 중국측이 연약한 관계로 중국에 속해 있던 간도 영유권을 일본이 인정하는 대가로 만주 '5안(案)'의 이권을 일본에 양보했다고 본다.[7] 한국학자들의 경우 일본이 조선의 외교권을 탈취한 후 만주 5안의 이권을 얻는 대가로 조선에 속했던 간도 영유권을 중국에 양보했다고 본다.[8] 일본학자의 경우 중일 담판 결과 '윈·윈'의 결과를 얻었다고 본다.[9]

---

6) 張存武,「淸代中韓邊務問題探源」,『中央研究院近代史研究所集刊』제2기, 1971년 ; 楊昭全·孫玉梅,『中朝邊界史』, 253~368쪽.

7) 楊昭全·孫玉梅,『中朝邊界史』, 518쪽.

8) 이한기,『한국의 영토』, 서울대학교출판부, 1969년 ; 양태진,『한국의 국경연구』, 동화출판공사, 1981년 ; 양태진,『한국국경사연구』, 법경출판사, 1992년 ; 최장근,『한중국경문제연구-일본의 영토정책사적 고찰』, 백산자료원, 1998년 ; 육낙현,『백두산정계비와 간도영유권』, 백산자료원, 2000년 등 참조.

이 밖에 중국학계의 '간도문제' 담판에 대한 연구가 2차 사료에 많이 의존하고 있으며,[10] 1차 사료 예컨대 일본 외무성 외교사료관에 소장된 『간도 판도에 관한 청한 양국 분의 일건(間島ノ版図ニ關シ淸韓兩國紛議一件)』, 한국의 『통감부문서』 등을 제대로 이용하지 못하고 있다. 이에 본서는 한중일 삼국의 담판자료에 근거하여 '간도문제'와 '만주 5안'을 둘러싼 담판과정, 특히 중국측이 영토·주권을 수호하기 위하여 일본측과 벌인 투쟁 및 열강들과 체결한 불평등조약의 제한으로 부득이 만주 이권을 양보한 점 등에 대해 객관적으로 평가하고자 한다.

본서의 특징은 문헌연구와 실지답사를 결합하여 백두산정계의 진실을 밝혀낸 것이다. 이를 위하여 필자는 2010년부터 백두산 지역에 대한 답사를 진행하였으며, 천지 동남쪽 약 4㎞에 있는 정계비터를 답사하였을 뿐만 아니라, 중국·북한 양쪽에 걸쳐 있는 흑석구를 답사하여 동남안에 있는 토퇴·석퇴 유적을 확인하였으며, '도화선(圖和線, 도문－화룡)' 도로 양쪽에 있는 토퇴군(群)을 새로 발견하였다.

본서의 제1편은 문헌연구와 필자의 실지답사를 결합하여 백두산정계를 재탐구한 내용이다. 목극등의 입비처(立碑處), 비석의 성격 및 설책(設柵)한 두만강 수원에 대해 알아보았다. 연구 내용을 요약하면 다음과 같다.

첫째로 한중 양측의 1차 사료를 통하여 목극등의 입비처를 살펴보았다. 조선측 역관의 일기, 군관의 치보(馳報), 접반사의 장계(狀啓) 등을 중국측 강희 『황여전람도(皇輿全覽圖)』, 제소남(齊召南)의 『수도제강(水道提綱)』 등과 결부시켜 분석하였으며, 특히 서울대학교 규장각에

9) 名和悦子, 『內藤湖南の國境領土論再考－20世紀初頭の淸韓國境問題「間島問題」を通じて』, 汲古書院, 2012년, 193·202쪽.
10) 王芸生, 『六十年來中國與日本』(1932년), 生活·讀書·新知三聯書店, 1979~1982년.

소장된 『백산도(白山圖)』(『輿地圖』 고4709-1, 그림 3)를 통하여, 목극등의 입비처가 천지 동남쪽 약 4㎞에 있으며, 이른바 비석이 이동됐다는 '이비설'이 성립되지 않음을 논증하였다.

둘째로 목극등 입비의 성격이 청나라 자체 내 국경조사인지 아니면 조청 양국의 정계인지를 살펴보았다. 목극등이 조선에서 땅을 얻었다고 한 언설, 조선 접반사의 사명 및 정계 결과가 조선의 변경정책에 미친 영향 등에 대한 분석을 통하여, 조공책봉 관계 속의 정계였음을 논술하였다.

셋째로 목극등이 정한 두만강 상류 경계 특히 물이 흐르지 않는 구간에 설치한 퇴책(堆柵)의 방향에 대해 알아보았다. 문헌연구와 실지답사를 결합하여 입비처로부터 두만강 수원에 이르는 토석퇴·목책에 대해 알아봄과 동시에, 끝부분에 설치되었던 목책이 시간이 흐름에 따라 다 부식되어 두만강 상류 경계가 모호해졌음을 논술하였다.

본서의 제2편은 한중 국경사의 의문점과 난점에 대한 탐구이다. 연구 내용을 요약하면 다음과 같다.

첫째로 백두산정계의 1차 사료와 필자의 실지답사를 결합하여 흑석구(조선에서 토문강이라고 칭함)와 동남안에 설치된 토퇴·석퇴의 길이에 대해 알아보았다. 즉 흑석구의 길이가 약 24㎞이고 토석퇴의 분포 길이가 약 23㎞이며, 그 아래 목책의 길이가 16~17㎞이며, 두만강 상류 홍토수(북쪽 지류 모수림하)에 연결되었음을 논증하였다. 이로써 토석퇴·목책이 전부 흑석구에 설치되어 송화강 상류에 연결되었다는 2강설이 잘못되었음을 지적하였다.

둘째로 두만강 상류 지류 홍토수(홍토산수라고도 함)가 두만강 정원이 된 원인에 대해 분석하였다. 자연 지리적 요소 외에 수원인식의 역사적인 관습 및 조청 양국의 정계·감계와의 관련성에 대해 논술하였다.

셋째로 1885·1887년 두 차례 공동감계에 대해 재평가하였다. 특히 1887년 제2차 감계 시 조선측에서 요구한 정계비―토석퇴―홍토산수가 실은 1712년 백두산정계의 옛 경계임을 논증하였다. 이와 동시에 중국측 대표가 정계비―토석퇴의 옛 경계를 부정하고 백두산 천지이남(소백산 또는 삼지연)에서 분수령을 찾아 경계를 나누려는 이유에 대해 분석하였다.

넷째로 1887년 제2차 감계 담판이 끝난 후 중국측 대표가 소백산·석을수를 따라 '화하금탕고(華夏金湯固) 하산대려장(河山帶礪長)'이라는 십자비(十字碑)를 세우고자 계획하였으나 조선의 반대로 이루어지지 못했으며, 이른바 십자비가 파괴되었다는 '훼비설(毁碑說)'이 성립되지 않음을 논술하였다.

본서의 제3편은 '간도문제'에 대한 연구이다. 연구 내용을 요약하면 다음과 같다.

첫째로 1907~1909년 일본이 간도 영유권 문제를 조사한 내막에 대해 살펴보았다. 즉 일본이 실지답사와 문헌연구를 통하여 간도가 한국에 속하는 증거가 부족하다는 결론을 내리고 담판책략을 정하는 과정에 대해 살펴보았다.

둘째로 중일 양국이 '간도문제'와 '만주 5안'을 둘러싼 담판 과정에 대해 살펴보았다. 양측의 이익 교환의 상세한 내막, 중국측이 영토주권을 수호하기 위한 투쟁 및 열강과 체결한 불평등조약의 제한으로 부득불 만주 철도 부설권과 탄광 채굴권을 양보하게 되는 상세한 내막에 대해 살펴보았다.

셋째로 간도 명칭의 유래와 일본이 '간도문제'에 개입하게 되는 배경에 대해 살펴보았다. 일본의 '통감부파출소'의 간도 가정(假定) 범위 설정과 확장 시도, 중국측 '변무공서(邊務公署)'의 견제 조치 등에 대해 알아봄과 동시에, '간도협약' 체결 시 일본 외무성의 간도 범위 축소와 그 원인에 대해 살펴보았다.

본서의 제4편은 필자가 2011~2015년에 걸쳐 둘러본 중국·북한 국경과 백두산 지역에 대한 답사기이다. 이를 기초로 두 폭의 약도를 그렸으며 하나가 정계비터 및 흑석구 상류 형세도이고(그림 1), 다른 하나가 두만강 수원을 연결하는 토석퇴·목책 분포도이다(그림 5). 이 두 약도는 필자가 문헌연구와 실지답사를 결합하여 이뤄낸 연구 성과의 결과물이다.

이 책은 한중일 삼국 사료를 종합적으로 이용하고 또 삼국 학자들의 연구 성과를 참고함과 동시에 필자의 실지답사 성과를 결합하여, 한중 국경사의 의문점과 난점에 대해 탐구하였다.

이 책의 시간 범위는 1712년 백두산정계비 수립으로부터 1964년 「중조국경의정서」의 체결까지이다. 1958~1964년 중국·북한 국경 담판 과정과 내막에 대해서는 중국측 당안(檔案) 자료가 미공개 상태여서 깊은 연구를 진행할 수 없다. 이는 앞으로의 연구 과제임이 틀림없으며, 이 부분을 보충해야 한중 국경사의 완전한 체계를 구축할 수 있다.

이 책이 나오기까지 많은 분들이 아낌없는 도움과 지지를 주었다. 2010년부터 여러 차례 진행된 백두산 답사 과정에서 길 안내를 해주고 또 토퇴 유적을 찾는 데 많은 도움을 주신 길림성 이도백하 장백산과학연구원의 박용국(朴龍國) 선생님에게 진심으로 감사드린다. 그리고 필자의 저서 『한중국경사 연구』에 이어 본서를 내도록 기꺼이 허락해 주신 도서출판 혜안의 오일주 사장님과 김태규 선생님을 비롯한 여러 편집부 선생님들에게 진심으로 감사드린다.

끝으로 본서의 잘못과 부족함에 대하여 전문가들의 아낌없는 지적을 바라며, 앞으로의 연구에 계속 힘찬 지지를 부탁드린다.

2019년 1월

이 화 자

차 례

책머리에   17

제1편 1712년 백두산정계 연구 · 33

백두산정계비 위치 재탐구 ·· 35

　머리말 ·· 35

　1. 『북정록』·『백두산기』를 통해본 정계비 위치 ············· 35

　2. 『백산도』·『통문관지』를 통해본 정계비 위치 ············· 42

　3. 『동문휘고』에 기록된 정계비 동쪽의 퇴책(堆柵) ·········· 48

　4. 소백산 지리형세 분석 ·· 52

　5. 맺는말 ·· 56

목극등 입비의 성격 ·· 58

　1. 한중 양국 학자들의 서로 다른 주장 ······························ 58

　2. 목극등의 국경조사 및 조선 접반사의 사명 ·················· 67

　3. 조선에서 땅을 얻었다는 범위 ··· 75

　4. 정계의 의의와 영향 ··· 83

　5. 맺는말 ·· 88

백두산정계와 두만강 수원 ···································· 90

머리말 ··· 90
1. 두만강 수원을 잇는 퇴책의 방향 ···················· 91
2. 두만강 발원지와 설책한 물줄기 ······················ 100
3. 조선 고지도에 나타난 두만강 수원과 퇴책 ······· 105
4. 백두산정계의 결정 요소 및 정계의 영향 ··········· 120
5. 맺는말 ·· 124

제2편 한중 국경사의 의문점과 난점에 대한 탐구 · 127

조청 국경의 역사적 유적-흑석구의 토석퇴 ···························· 129

머리말 ··· 129
1. 백두산정계의 1차 사료를 통해본 흑석구 ·········· 130
2. 1885·1887년 공동감계와 흑석구 ······················ 141
3. 흑석구와 동남안의 토석퇴 길이 ······················· 148
4. 맺는말 ·· 160

두만강 정원(正源)의 형성 요소 ································· 162

머리말 ··· 162
1. 목극등이 정한 두만강 수원 ····························· 163
2. 1885·1887년 공동감계와 두만강 수원 ·············· 171
3. 지리학적 요소로 본 두만강 수원 ····················· 175
4. 맺는말 ·· 180

1885·1887년 공동감계에 대한 재평가 ·· 182

　머리말 ·· 182

　1. 제1차 감계와 총서(總署)의 주문(奏文) ································· 183

　2. 제2차 감계와 총서의 주문 ·· 193

　3. '십자비(十字碑)' 수립을 둘러싼 양측의 교섭 ······················ 201

　4. 감계 담판이 실패한 원인 분석 ·· 205

　5. 맺는말 ·· 207

두만강변 '십자비' 설립 여부에 대한 고증 ································· 209

　머리말 ·· 209

　1. 중국측 수립 계획과 조선의 반대 ··· 210

　2. '훼비설(毁碑說)'의 유래와 원인 ··· 219

　3. 맺는말 ·· 231

제3편 '간도문제' 연구 · 235

1905~1909년 일본의 간도 영토귀속문제 조사의 내막 ········· 237

　머리말 ·· 237

　1. 간도의 가정(假定) 범위 설정과 백두산 실지답사 ················ 238

　2. 나카이 기타로와 나이토 고난의 간도문제에 대한 문헌연구 ··········· 250

　3. 외무성의 담판책략과 '간도협약'의 체결 ····························· 259

　4. 맺는말 ·· 268

중일 양국의 '간도문제'와 동삼성 '5안(案)'에 대한 담판 ······· 272

　머리말 ·· 272
　1. 일본의 '간도문제' 도발과 담판책략의 형성 ················ 273
　2. '우적동사건'과 동삼성 '6안(案)'에 대한 1~7차 회담 ······ 282
　3. 중국측의 헤이그 중재 요구 및 일본의 반대 ··············· 294
　4. 잡거지 조선인 재판권 문제에 대한 일본의 양보 ············· 299
　5. 현안에 대한 타협과 조약문의 최종 결정 ·················· 304
　6. 맺는말 ·· 313

1907~1909년 일본의 '간도' 지리범위 확정 ························· 316

　머리말 ·· 316
　1. '간도' 명칭의 유래와 일본의 개입 ·························· 317
　2. 파출소의 '간도' 가정(假定) 범위 설정과 확장정책 ········· 323
　3. 외무성의 간도범위 축소와 '조선인잡거구역도(圖)' ········· 330
　4. 맺는말 ·· 336

제4편 백두산 답사기 · 339

중국·북한 국경 답사기 − 백두산 토퇴군(群)의 새로운 발견 ·· 341

　1. 정계비와 흑석구의 소사(小史) ································· 341
　2. 임간통시도 근처의 흑석구를 답사하다 ···················· 349
　3. 흑석구의 토퇴를 발견하다 ······································· 354
　4. 동붕수·두만강 발원지와 흑석구 하류 ····················· 358
　5. 흑석구 하류에 대한 답사 및 '도화선' 남쪽에서 토퇴군을 발견하다 ····· 363
　6. '도화선' 남쪽의 토퇴군에 대한 자세한 고찰 ·············· 368

7. 흑석구가 사라지는 모습을 찾다 ·· 372

참고문헌 377

찾아보기 386

그림 차례

〈그림 1〉정계비터 및 흑석구 상류 토석퇴 분포도 ················· 41

〈그림 2〉「盛京輿地全圖」(『輿地圖』) ································· 43

〈그림 3〉『백산도』(『輿地圖』) ····································· 43

〈그림 4〉백두산과 압록강·두만강 상류 약도 ···················· 55

〈그림 5〉1712년 백두산정계 약도 ······························· 92

〈그림 6〉1712년 백두산정계 석퇴·토퇴 유적도 ················· 98

〈그림 7〉정상기, 『동국지도』함경북도(1740년대) ·············· 106

〈그림 8〉『해동지도』함경도(18세기 중기) ····················· 107

〈그림 9〉『서북피아양계만리지도』(18세기 중기) ················ 108

〈그림10〉『여지도서』, 북병영지도(1765년) ····················· 108

〈그림11〉『조선지도』함경북도(1770년) ························· 109

〈그림12〉『북계지도』(18세기 후기) ···························· 110

〈그림13〉『북관장파지도』(1785년) ····························· 115

〈그림14〉『무산지도』(1872년) ································· 119

〈그림15〉천지 동남 기슭 정계비터 ····························· 133

〈그림16〉『황여전람도』「조선도」의 부분도 ··················· 165

〈그림17〉『황여전람도』압록강·두만강 이북 부분도 ············ 166

〈그림18〉1885년 제1차 공동감계 지도 ························· 192

〈그림19〉1887년 제2차 공동감계 지도 ························· 200

〈그림20〉『吉林新界全圖』(『길림통지』삽도) ··················· 228

〈그림21〉『間島圖』(宋敎仁, 『間島問題』) ······················ 230

〈그림22〉간도범위도(『間島境界調査材料』삽도, 1905년) ········ 240

〈그림23〉간도범위도(『間島ニ關スル調査槪要』삽도, 1906년) ···· 241

〈그림24〉自白頭山至小沙河線路圖(1907년) ···················· 245

〈그림25〉長白山附近線路測圖(1907년) ························· 246

〈그림26〉張志淵, 『大韓新地志』, 함경북도(1907년) ············· 322

〈그림27〉齋藤季次郎·篠田治策, 『間島視察報告書』附圖-1 ······· 325

〈그림28〉『憲兵及淸國軍隊配置圖』(『統監府臨時間島派出所紀要』부도-2) ········ 327

〈그림29〉 '간도협약' 부도 ·· 334
〈그림30〉 정계비터 사진(천지 동남 기슭 약 4㎞) ···························· 345
〈그림31〉 흑석구 상류 및 동남안의 석퇴 유적 ······························· 346
〈그림32〉 흑석구 상류 동남안의 석퇴 ·· 347
〈그림33〉 대각봉 근처 석퇴 ··· 348
〈그림34〉 적봉 앞 69호(원 21호) 국경비 ······································· 349
〈그림35〉 쌍목봉(쌍두봉) '임간통시도(林間通視道)' ······················· 350
〈그림36〉 흑석구 상류와 중류 ··· 352
〈그림37〉 흑석구 하류 다리 ··· 355
〈그림38〉 '임간통시도' 근처 흑석구 토퇴(해발 1900m) ················· 357
〈그림39〉 홍토수와 모수림하 ··· 360
〈그림40〉 홍토수와 모수림하 합류처 ·· 360
〈그림41〉 황화송전자(黃花松甸子) ·· 361
〈그림42〉 흑석구 하류 및 토퇴(해발 1300m) ······························· 362
〈그림43〉 흑석구 하류 토퇴 ··· 364
〈그림44〉 '도화선'도로 남쪽 첫 번째 토퇴 ····································· 367
〈그림45〉 '도화선'도로 남쪽 토퇴 ·· 369
〈그림46〉 모수림하 발원지 ·· 371
〈그림47〉 흑석구 하류 모랫길 ··· 373
〈그림48〉 흑석구 하류 모랫길이 사라지는 곳 ································· 374

제1편

1712년 백두산정계 연구

백두산정계비 위치 재탐구

머리말

1712년(강희 51, 숙종 38) 청나라 강희제는 오라총관 목극등을 백두산에 파견하여 압록강·두만강 수원을 조사한 후 분수령에 정계비(定界碑)를 세웠다. 그 위치에 대하여 처음부터 백두산 천지 동남 기슭에 세워졌다는 주장과 처음에는 소백산 정상에 세워졌던 것을 조선인이 몰래 천지 근처로 옮겼다는 이른바 '이비설(移碑說)'이 존재한다.

이 글에서는 백두산정계의 1차 사료 예컨대 정계에 참여했던 조선역관의 일기, 백두산정계 시 그린 『백산도(白山圖)』(『여지도(輿地圖)』, 고4709-1) 및 1885·1887년 공동감계 시 양측 대표들의 보고서 등을 통하여 정계비 위치와 '이비설'이 나오게 된 이유에 대해 살펴보고자 한다.

1. 『북정록』·『백두산기』를 통해본 정계비 위치

1711·1712년 청에서 오라총관 목극등을 두 차례 파견하여 국경지역과 백두산을 답사한 것은 『일통지(一統志)』와 『황여전람도(皇輿全覽圖)』

를 편찬하기 위해서였다.[1] 이 두 차례 답사에 대한 중국측 자료가 극히 제한적이어서 1885·1887년 감계 시 중국측은 목극등이 정계비를 세운 일이 있었는지를 의심하였으며, 심지어 천지 근처에 있는 정계비의 진위를 의심할 정도였다.[2]

그러나 실제로 목극등은 백두산에 이르러 압록강·두만강 수원을 조사하고 분수령에 비석을 세웠을 뿐만 아니라, 지도와 주문을 황제에게 올려 보고하였다.[3] 다만 중국측 1차 사료가 청 내각대고(內閣大庫)의 화재로 인하여 다 소실되었을 따름이다.[4]

백두산정계에 관한 중국측 자료를 보면,『청성조실록(淸聖祖實錄)』1711년(강희 50) 5월 계사(癸巳)조와 8월 신유(辛酉)조에 다음과 같은 내용이 있다. 즉 강희제가 오라총관 목극등에게 명하여 압록강·두만강 국경과 백두산 형세를 조사하며, 압록강을 거슬러 올라가 백두산에

---

1) 강희대에 청조는 여러 차례 사람을 파견하여 백두산을 답사하였다. 상세한 내용은 이화자,『조청국경문제연구』제4장 ; 이화자,『한중국경사 연구』제4장 참조.

2) 통리교섭통상사무아문 편,『문답기』, 1885년, 서울대학교 규장각 소장 규 21041, 마이크로필름 2~3·32~33쪽.

3) 목극등이 강희제에게 올린 주문과 지도에 관해서는 다음의 기록이 있다. 김지남의『북정록』에 1712년 5월 17일 무산에서 "필첩식 소이선(蘇爾禪)이 종인 3명을 데리고 총관(목극등임 | 필자주)의 주본(奏本)을 가지고 백산에서 달려왔다."고 기록하였다. 또 5월 23일 "총관이 산도(山圖)를 꺼내 나(김지남임 | 필자주)에게 보이면서 말하기를 '이는 백산 이남 조선지방의 그림입니다. 두 본을 그려서 하나를 황제에게 주문하고 다른 하나를 국왕에게 보낼 것입니다. 아직 다 그리지 못했으니 다 그린 후에 곧 내줄 것입니다. 당신이 중신(重臣, 접반사를 가리킴 | 필자주)에게 말하여 국왕에게 알리도록 하시오.'"라고 기록하였다 (김지남,『북정록』(1712년), 동북아역사재단 편,『백두산정계비자료집』06, 2006년, 92~100쪽). 이 밖에『숙종실록』권51, 숙종 38년 6월 을묘(3일)조 박권·이선부 장계에도 똑 같은 내용이 있다.

4) 中央硏究院近代史硏究所 편,『淸季中日韓關係史料』제5권, 1972년, 1961~1962쪽·2041~2042쪽.

이르러 두만강을 아울러 조사하도록 한 것과 목극등으로 하여금 이듬
해(1712년) 봄에 국경을 조사하도록 하고 도로가 통하지 않을 경우
"조선으로 하여금 공급하도록 하라"는 내용이다.[5]

이 밖에 중국측 자료에 백두산정계 결과를 반영한 것이 1717년(강희
56)에 완성된 강희『황여전람도』와 그 이후에 완성된 건륭『회전도(會
典圖)』 및 제소남(齊召南)의 『수도제강(水道提綱)』 등이다.

중국측 자료가 부족한 것에 비하여, 조선측은 1차 사료가 많이 남아
있었다. 역관 김지남이 일기체로 쓴『북정록(北征錄)』이 있고, 수행
역관인 그의 아들 김경문(金慶門)이 친구 홍세태(洪世泰)에게 부탁하여
쓴『백두산기』가 있었다. 이들 사료에는 목극등이 천지에 오르고 또
천지에서 내려오면서 수원을 찾고 정계비를 세운 과정을 상세히 묘사
하였다.

또한 조선측 접반사인 박권(朴權)이 쓴『북정일기(北征日記)』가 있으
며, 비록 내용 면에서 앞의 두 기록보다 못하지만 1차 사료로서 가치가
돋보였다. 역관 김지남·김경문 부자가 사역원(司譯院) 역사서인『통문
관지(通文館志)』를 편찬하였는데 1720년(숙종 46)에 초간하였으며, 백
두산정계에 관한 많은 내용이 들어 있었다.[6]

관찬 사료로서 『조선왕조실록』·『비변사등록』·『승정원일기』 등에
접반사 박권과 함경도 관찰사 이선부(李善溥)의 장계, 설책 공사에
참여했던 차사원(差使員) 허량(許樑)·박도상(朴道常)의 공술(供述) 등
이 있었다.

---

5) 『淸聖祖實錄』권246, 강희 50년 5월 계사, 中華書局, 1986년, 제6책, 441쪽 ; 권
    247, 강희 50년 8월 신유, 제6책, 448쪽.
6) 『통문관지』, '김경문서(序)', 세종대왕기념사업회, 1998년 영인본, 제1책, 부록,
    1쪽.

조선측 사료 중에서 목극등의 입비(立碑) 과정을 가장 상세히 묘사한 것이 김지남의 『북정록』과 홍세태의 『백두산기』이다. 김지남의 『북정록』은 일기체 형식으로 목극등 일행이 압록강을 거슬러 백두산 천지에 오르고 또 천지에서 내려와 수원을 조사하고 정계비를 세우는 과정과 두만강을 따라 내려가 입해구(入海口)에 이르는 과정을 상세히 기록하였다.

『북정록』의 진실성은 『숙종실록』과 『동문휘고(同文彙考)』 등 관찬 사료를 통해 입증된다. 판본을 살펴보면, 김지남의 또 다른 아들인 역관 김현문(金顯門)이 1713년(숙종 39)에 필사한 것을 그의 후손들에 의해 200여 년간 비밀리 보관되다가 1930년 조선총독부 '조선사편수회'에 의해 초록되어 세상에 알려졌다.[7]

기록에 의하면, 역관 김지남이 연로한 관계로 목극등과 함께 천지에 오르지 못하여 수원을 조사하고 정계비를 세우는 과정에 참여하지 못하였다. 그러나 『북정록』 속에는 목극등과 함께 천지에 오른 조선 군관 이의복(李義復)과 역관 김응헌(金應瀗)·김경문의 치보(馳報)·수본(手本) 내용을 그대로 옮겨놓고 있다. 이의복이 묘사한 목극등의 입비 과정은 다음과 같았다.

11일(1712년 5월 11일임 | 필자주) 총관(목극등 | 필자주)이 백두산 정상에 올랐는데, 압록강 수원이 산허리 남쪽에서 흘러나오는 것을 보고 정계(定界)하였습니다. 토문강(土門江) 수원은 백산(백두산 | 필자주) 동쪽 가장 아래에서 약한 물줄기가 동류(東流)하였는데, 총관이

---

7) 김지남, 『북정록』, '김세목서(金世穆序)', 동북아역사재단 편, 『백두산정계비자료집』 06, 2006년, 49~50쪽 ; 이상태 등 역, 『조선시대 선비들의 백두산 답사기』, 서(序), 혜안, 1998년, 6쪽 참조.

이를 두만강 수원이라 하였습니다. 그리하여 두 물줄기 사이 산비탈에 비석을 세워 계한으로 삼았습니다. 비를 세우고 정계하는 것은 황지(皇旨)에 의한 것이므로 중신(重臣, 박권을 가리킴│필자주)·도신(道臣, 함경도 관찰사 이선부를 가리킴│필자주)으로 하여금 비석에 이름을 새겨 넣도록 하는 것이 어떻겠냐고 물었습니다.[8]

위와 같이, 목극등은 백두산 천지에 올라 압록강 수원이 산허리 남쪽에서 발원하는 것을 보고 수원으로 정하였다. 또한 토문강(두만강을 가리킴) 수원은 백두산 동쪽에 위치하였는데 동류하는 작은 물줄기를 수원으로 정하였으며, 압록·토문(두만강을 가리킴) 수원 사이의 산비탈에 비석을 세워 계한으로 삼았다는 것이다. 이로 보아 압록강 수원이 천지 남쪽에서 발원하고 두만강 수원이 천지 동쪽에서 발원하므로, 비석을 세운 중간의 산비탈이 천지 동남쪽에 위치함을 알 수 있다.

이이복의 위 치보 내용은 박권의 장계에 수록되어 『숙종실록』에 기재되었다. 실록의 기록을 보면, "총관이 백두산 정상에 올랐다"를 "총관이 백산 정상에 올랐다"로 간추려 썼다.[9] 일부 중국학자들은 이에 근거하여 목극등이 백두산에 오르지 않고 소백산에 올라 정계했

---

8) 김지남, 『북정록』, (1712년) 5월 15일, 90쪽.
　　十一日 總管登白頭山巓 則鴨江之源 果出於山腰南邊 故旣已定界 而土門江源 則白山東邊最下處 有一微派東流 總管以此爲豆江之源 兩水間嶺脊上欲堅一碑 以定界限 而堅碑定界出於皇旨 重臣道臣亦當刻名於碑上 探問可否.

9) 『숙종실록』 권51, 숙종 38년 5월 을사조에 다음과 같은 내용이 있다.
　　接伴使朴權馳啓曰 摠管登白山巓審見 則鴨綠江源 果出於山腰南邊 故旣定爲境界 而土門江源 則白山東邊最下處 有一派東流 摠管指此爲豆江之源 曰 此水一東一西 分爲兩江 名爲分水嶺可也 嶺上欲立碑 曰 定界立石 乃是皇旨 道臣儐臣亦宜刻名碑端 臣等以旣不得同往看審 而刻名碑端 事不誠實爲答矣.

다고 보고 있다.10) 그러나 이는 사료를 잘못 이해한 것이다.

홍세태의『백두산기』는 역관 김경문의 구술에 근거하여 기록하였으며, 목극등이 천지에 오르고 천지를 내려와 수원을 찾고 분수령에 비석을 세우는 과정을 묘사하였다. 이 기록에 의하면, 목극등이 백두산 정상에 올라 천지를 본 후 여러 사람들을 거느리고 동쪽으로 갔으며, "산비탈로부터 천천히 내려와 약 3·4리를 지나 압록강 수원을 찾았다"고 한다. 이것이 압록강 서원(西源, a)이며, 천지 남쪽 산비탈에서 발원한다.

또 동쪽으로 향하여 "낮은 산을 넘어 서류(西流)하는 샘물 하나를 얻었다"고 하는데, 압록강 서천(西泉, b)이다. 또 "30~40보를 걸어 두 개의 물줄기가 갈라졌다"고 하는데, 이른바 중천(中泉)이다. 그 중에 한 갈래(c)가 압록강 서천(b)과 합류했는데 압록강 동원을 가리키며, 다른 한 갈래(d)가 동류하는 물줄기 즉 땅속에서 복류하는 두만강 수원(흑석구)이다.

또 동쪽으로 산 하나를 넘었더니 동류하는 물줄기가(d) 또 다른 동류하는 물줄기(e)와 합쳤다고 한다.11) 이에 목극등이 "중천(中泉)의 두 물이 갈리는 곳에 앉아서"(c·d 사이, 즉 압록강 동원과 동류하는 물줄기 사이) 김경문에게 묻기를 "이것을 분수령이라고 명명하여 비석을 세워 정계할까요?"라고 하였다. 이에 김경문이 답하기를 "아주 잘 하셨습니다. 공(公, 목극등임 | 필자주)이 이 행차에 이 같은 일을 하신 것은 이 산과 더불어 영원할 것입니다."라고 하였다. 여기서 산이란

---

10) 刁書仁,「康熙年間穆克登查邊定界考辨」,『中國邊疆史地研究』, 2003년 3기, 52쪽.
11) 동류하는 두 물줄기란 흑석구 상류의 두 갈래 작은 골짜기를 가리킨다. 흑석구는 여름 장마철 일부 구간에 물이 흐를 뿐 대부분 물이 흐르지 않는 마른 골짜기이다.

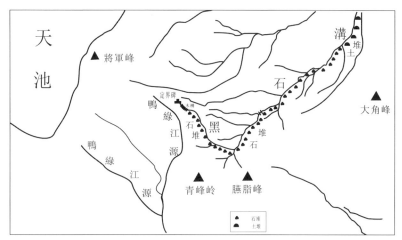

〈그림 1〉 정계비터 및 흑석구 상류 토석퇴 분포도

백두산을 가리키며, 김경문은 목극등이 천지 동남 기슭 분수령에 비를
세운 것에 대해 만족해하였다. 목극등이 또 이르기를 "토문강 원류가
중간이 끊겨 땅속에서 복류하므로", "토문강 수원이 끊기는 곳에 토돈
(土墩)을 축조하여 아래 물줄기에 연결시켜 표시하도록 하시오."라고
하였다.[12] 즉 두만강 수원이 끊기는 단류처(斷流處)에 토돈을 설치할
것을 요구하였다.

이처럼 목극등이 천지 산비탈을 따라 약 3·4리를 내려와 압록강
서원을 찾았고 이어 압록강 동원을 찾았으며, 압록강 동원(c)과 동류하
는 물줄기(d) 사이 이른바 분수령에 비를 세워 정계하였다.

이 동류하는 물줄기란 실은 진정한 두만강 수원이 아니었다. 왜냐하
면 천지 근처에서 발원하는 두만강 수원이 없기 때문이다. 이는 천지
동남 기슭에 위치한 흑석구(黃花松溝子라고도 함)를 가리키며, 두만강

12) 홍세태, 『백두산기』, 동북아역사재단 편, 『백두산정계비자료집』 06, 2006년,
    137~138쪽.

물이 땅속에서 복류하는 곳으로 간주되었다. 즉 다시 말하여 입비처(立碑處)가 압록강 동원과 흑석구 사이 분수령에 있었다(그림 1 참조).

2. 『백산도』·『통문관지』를 통해본 정계비 위치

백두산정계 시 수행원이었던 청나라 화원(畵員)이 그린 지도의 모사본이 서울대학교 규장각에 소장되어 주목된다. 『여지도』(고4709-1) 속의 『백산도』이다.

『여지도』는 십여 폭의 지도로 구성되었으며, 『백산도』 말고도 조선 팔도도[13]·『천하제국도(天下諸國圖)』·『중국도』·『동국팔도대총도(東國八道大總圖)』·『성경여지전도(盛京輿地全圖)』(그림 2)[14]·『유구도(琉球圖)』·『일본도』 등이 포함되었다. 이 지도들을 앞뒤로 점련하여 절첩식 『여지도』를 구성하였다.

『백산도』(그림 3)를 살펴볼 경우, 오른쪽 상단에 다음과 같은 제기(題記)가 들어 있다. "康熙五十一年 我肅宗三十八年壬辰 穆胡克登定界時 所模 朴權定界使".

지도에서 가장 두드러진 것이 두 갈래 등산로를 그린 것이다. 그중에 하나가 목극등이 가정(家丁)·역관 및 길안내를 거느리고 백두산 천지에 오른 후 다시 천지에서 내려온 길이고, 다른 하나가 청나라 시위(侍衛)와 조선의 접반사 박권·함경도 관찰사 이선부 등 연로자가

---

13) 규장각 소장의 『여지도』(고4709-1) 속에 경기도도·충청도도·전라도도·경상도 도·함경도도·황해도도·평안도도·강원도도 등 조선 팔도의 지도가 포함되었다.

14) 「성경여지전도(盛京輿地全圖)」는 강희 23년(1684) 편찬된 『성경통지』의 삽도이며, 원도가 흑백도인 것을 조선에서 채색도로 모사하였다.

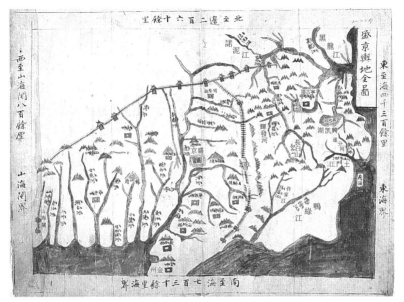

〈그림 2〉「盛京輿地全圖」(『輿地圖』, 고4709-1, 서울대학교 규장각 소장)

〈그림 3〉『백산도』(『輿地圖』, 고4709-1, 서울대학교 규장각 소장)

보다회산 북로를 통하여 삼지연·천평 일대를 거쳐 무산으로 향한 길이다. 이 두 갈래 길에는 작은 삼각형과 동그라미로 일행의 주숙처를 표시하고 있다. 그 내용이 김지남의 『북정록』과 딱 맞아떨어진다.

『백산도』로 다시 돌아가 보면, 좌측 상단에 백두산 천지가 있고 '백두산'이라고 표기하였다. 백두산에서 발원하는 3대 수계로서 북류하는 송화강, 남류하는 압록강, 동남류하는 두만강을 표시하고 있다. 이 중에서 송화강 수계를 간략하게 표시하고 압록강·두만강 수계를 자세히 표기하였다. 압록강은 주로 혜산 위 물줄기를 표시하였으며 두만강은 무산 위 물줄기를 표시하였다. 비석은 '강원비(江源碑)'라고 표기했으며, 천지 동남쪽에 있다. 그 서쪽에 '압록강원(鴨綠江源)'이 있고 동쪽에 '토문(土門)'이 있으며 즉 압록강·두만강 발원지임을 나타냈다.

이 밖에 비석 서남쪽에 '소백산'이 있고, 그 동쪽에 '연지봉(姸芝峰)'·'대각봉(大角峰)'이 있으며, 또 남쪽에 '허항령(虛項嶺)'이 있고 동쪽에 '삼지연(三池淵)'이 있다. 삼지연 남쪽에 '보다회산(甫多會山)'·'설령(雪嶺)'·경성 '장백산(長白山, 관모봉)' 등이 있다.

즉 천지 동남쪽 입비처로부터 동남쪽으로 뻗어 내려오는 산맥을 표기하였는데, 실은 압록강·두만강의 대분수령으로서 서쪽에서 압록강 물줄기가 발원하고 동쪽에서 두만강 물줄기가 발원하였다. 여하튼 『백산도』를 통하여 입비처가 천지 동남 기슭에 있으며, 압록강·두만강 대분수령의 맨 위쪽(북쪽)에 놓여 있음이 확인된다.

다시 『백산도』를 통하여 두만강 물줄기를 살펴보기로 하자. 두만강 물이 흐르다가 끊기는 곳에 '입지암류(入地暗流)'라고 표기하였다. 감토봉(甘土峰) 위에서 물이 솟아나는 곳에 '수출(水出)'을 표기하였다. 한편 감토봉 동쪽에서 네 갈래 물이 흐르기 시작하는데, 합류한 후 동남쪽으로 흘렀다. 물 흐름의 방향으로 보아 뒤 시기의 홍토산수(오늘날 두만강)임이 확인된다. 계속 아래로 흘러 장파수(長坡水, 홍단수를 가리킴)15)·어윤강(魚潤江)·박하천(朴下川) 등과 합류하여 무산에 이르렀다.

이처럼 복류하는 물줄기가 대각봉 근처를 흐르는 것으로 보아 오늘날 흑석구(황화송구자)임이 확인된다. 즉 입비처가 압록강 동원과 흑석구 사이에 놓여 있었다.

위에서 본 『백산도』 말고도 정계 이후 설책 공사에 나왔던 조선 북평사 홍치중(洪致中)의 보고를 통해서도 입비처를 알 수 있다. 1712년 8월 북평사 홍치중이 무산에서 백두산으로 향하던 중에 조선 조정에 다음과 같이 보고하였다.

무산에서 70리를 가서 임강대(臨江臺)에 이르고 또 10리를 더 가서 어윤강을 건너 산 아래에 이르렀습니다. 땅이 넓고 인가가 없으며, 길이 험하여 구불구불 돌아 올라갔습니다. 위에 올라가 보니 산이 아니고 들이었습니다. 백산과 어윤강 사이에 삼나무가 하늘을 가려 낮과 해를 가리지 못한 것이 300리였습니다. 5리(5일이 정확함 | 필자 주)16)를 가서 입비처에 도착하였습니다. 비석은 매우 짧고 얇았으며

---

15) 『숙종실록』(권51, 숙종 38년 6월 을묘조)에 의하면, 박권이 목극등이 정한 물이 진정한 두만강이 아니며 대홍단수 상류라고 하였다. 이른바 대홍단수란 『백산도』(그림 3)를 통해 알아볼 경우, '장파수'와 감토봉 물이 합치는 물을 가리키며, 장파수가 소홍단수(장파수가 감토봉 물보다 약하게 그려짐)이고, 감토봉 물이 대홍단수이며 즉 후에 말하는 홍토산수(오늘날 두만강)이다. 이와는 별도로 박권이 말하는 진정한 두만강이란 홍기하를 가리킨다.

16) 『숙종실록』(권53, 숙종 39년 1월 경자)에 "5리를 가서 입비처에 도착하였다"고 하였는데, 이는 잘못된 기록이다. 『승정원일기』(475책, 숙종 39년 1월 22일)에 "5일을 가서 입비처에 도착하였다"고 한 것이 정확하다.

두께가 몇 촌(寸)밖에 안 되었으며, 다듬은 것이 정교롭지 못하고 세운 것도 든든하지 못하였습니다. 목차(穆差, 목극등을 가리킴 ┃ 필자 주)가 귀한 신하로서 황명을 받들고 정계한 것이 이처럼 허술하니, 그가 힘을 다하지 않은 것을 알 수 있었습니다. 입비처로부터 바라보니 깎아지른 듯한 최고봉이 보였으며, 기어 올라가니 14개의 봉우리가 가지런히 둘러 있는 모양을 하고 있어, 마치 신선이 사는 곳을 방불케 하였으며 천지였습니다. 검푸른 색을 띠고 있었으며, 깊이가 얼마인지 알 수 없었습니다. '여지(輿地)'에서 둘레가 80리라고 하였지만 신(臣)이 보건대 40여 리 될 것 같았습니다. 산체(山體)가 모래와 돌로서 풀이나 나무가 자라지 않았으며, 눈이 쌓인 곳이 사계절 녹지 않아 백두라는 이름이 생기게 되었습니다.[17)

　인용문에서처럼 홍치중이 무산에서 출발하여 70리를 가서 임강대에 이르렀고 또 10리를 가서 어윤강(오늘날 서두수, 삼장리 근처)에 이르렀으며, 어윤강으로부터 300리를 더 가서 입비처에 도착하였다. 즉 5일이 걸린 셈이다. 입비처에 도착한 후 앞에 있는 가파른 최고봉을 보았으며, 올라가 보니 14 봉우리가 둘러있는 백두산 천지라는 것이었다. 이로 보아 입비처가 천지 산자락에 놓여 있음을 알 수 있다.
　그 이후 역관 김지남·김경문 부자가 편찬한 『통문관지』에 의하면, 비석이 천지 늪가에 있다고 기록하였다. 『통문관지』 '김지남'조의 내용

---

17) 『숙종실록』 권53, 숙종 39년 1월 경자.
　自茂山七十里 至臨江臺 又十里 渡漁潤江 到山下 地廣漠無人煙 路險百折而上 及其登覽 則非山而卽野也 白山漁江之間 杉樹蔽天 不分天日者 殆三百里 行五里[日] 始到立碑處 碑甚短狹 厚不過數寸 琢磨不精 堅之亦不牢 穆差以貴幸臣奉命定界 而虛疎至此 其無致力之意 可知矣 自立碑處望見 有斗絶最高峰 攀附而上 十四峰羅立拱抱 成一洞府 有大澤 色深黝 不知其几丈 輿地中稱 以八十里周回 而以臣所見 亦當爲四十餘里 山體皆沙石 而草樹不生 積雪四時不消 白頭之名 似以此也.

은 다음과 같다.

임진년(1712년 | 필자주)에 황제가 오라총관 목극등에게 명하여 압록
강을 올라가 토문강이 바다로 흘러들어가는 곳까지 변경을 조사하도
록 하였다. 이에 앞서 우리나라는 두 강을 경계로 함을 알았으나,
백두(중원 사람들은 이 산을 장백이라 부름)이남 장백이북(경성 장백
산 즉 관모봉을 가리킴 | 필자주) 몇 천리 땅은 자고로 황폐화되고 있었
다. 여지(輿地)의 기록이 착오가 많아서 조야가 두려워하고 당혹스러
워하였으며 글을 지어 논하였다. 접반사 상서 박권이 계를 올려 공(公,
김지남을 가리킴 | 필자주)을 데리고 가서 변론하였다. 공이 목극등에
게 이르기를 "두 강으로서 경계를 나누는 것은 자고로 정해진 것입니
다. 두 강이 백두산 정상의 늪에서 발원하며, 늪의 북쪽이 상국(上國,
청나라를 가리킴 | 필자주) 경계이고 그 남쪽이 우리나라 땅입니다."라
고 거듭 알려주었다. 이에 목극등이 과연 크게 깨달았으며, 산꼭대기
에 인도해 올라가 늪가에 비를 세워 경계로 삼았다. 또한 산의 형태와
강역을 두 본(本)으로 그려, 하나를 황제에게 올리고 다른 하나를
우리나라에 두어 증거로 삼았다.[18]

위 인용문과 같이, 김지남이 목극등에게 조청 양국은 압록강·두만
강을 경계로 하며, 이 두 강이 백두산 천지에서 발원하므로 천지 이북

---

18) 『통문관지』 권7, '인물·김지남', 제2책, 부록, 12~13쪽.
　　壬辰 帝令烏喇總管穆克登 行審鴨綠江以上 至土門江入海處 査明邊界 先是 我東雖知
　　兩江爲界 而白頭(中原人則謂此山爲長白)以南 長白以北 幅員几千餘里 自古荒廢 輿地
　　所載語多謬誤 故朝野駭惑多過慮 至於交章論說 接伴使朴尙書權 啓帶公往與論辯 公
　　謂穆曰 夫兩江作界 自古以定 而兩江之源 出自白頭山頂潭水 潭之北爲上國之界 其南
　　卽吾地 反復曉告 穆果大悟 遂導至山巓 立碑潭畔 以爲界 又畵山形疆域作爲二本 一進
　　皇帝 一置本國 以爲左契.

이 중국이고 그 남쪽이 조선이라고 설명하였다. 이에 목극등이 크게 깨달았으며, 천지에 올라가도록 인도하여 천지 늪가에 비석을 세워 경계로 삼았다는 것이었다. 즉 입비처가 천지 늪가에 있고 천지를 경계로 한다는 내용이었다.

3. 『동문휘고』에 기록된 정계비 동쪽의 퇴책(堆柵)

입비처의 위치를 살필 때, 비석이 천지 근처에 있으며 압록강 동원(東源)을 가까이한 점에 유의해야 할 뿐만 아니라, 정계비 동쪽에 토석퇴·목책이 설치되어 있음도 유의해야 한다. 토석퇴·목책에 관해서는 청사 목극등과 조선의 두 사신(박권·이선부)이 무산에서 결정한 사실로서, 『동문휘고』에 관련 기록이 있다. 즉 목극등의 자문(咨文)과 조선 두 사신이 답한 글이다. 우선 목극등의 자문의 내용은 다음과 같다.

황지를 받들고 변경을 조사한 대인(大人) 목(穆, 목극등을 가리킴 | 필자주) 등이 조선 접반사·관찰사에게 변경을 조사하는 일에 관하여 이자(移咨)한다. 내(목극등임 | 필자주)가 친히 백두산에 와서 조사해보니, 압록·토문 두 강이 모두 백두산 밑에서 발원하여 동서로 나뉘어 흘렀다. 그리하여 강북이 대국(청을 가리킴 | 필자주) 경이고 강남이 조선 경이며, 시간이 오래되어 논할 필요가 없다. 이 두 강이 발원하는 분수령에 비를 세우고자 한다. 토문강원으로부터 물줄기를 따라 내려가며 조사해보았더니, 수십리를 흐르다가 물의 흔적이 없어져 돌 틈 사이로 암류하며, 백리를 지난 후 큰물로 나타나 무산에 이르렀다. 양안(兩岸)에 풀이 적고 땅이 평평하여 사람들은 변계(邊界)가 어디인

지 몰랐으며, 서로 왕래하며 월경하고 또 집을 짓고 살았으며 길이 뒤섞이게 되었다. 그리하여 접반사·관찰사와 함께 무산·혜산과 가까운 물이 없는 곳에서 어떻게 표식을 세워 지키도록 할 것인지를 논의하였다. 사람들로 하여금 경계를 알게 하고 감히 월경하여 사단을 일으키는 일이 없도록 할 것이다. 이로써 황제가 백성을 살리도록 하는 참뜻에 부합하며, 두 나라 변경이 무사하도록 할 것이다. 이를 위하여 서로 의논하며 자문을 보낸다.[19]

위 인용문과 같이, 압록강·두만강이 백두산 밑에서 발원하며, 즉 천지 기슭에서 발원하여 동서로 나뉘며, 강북이 청나라 땅이고 강남이 조선 땅이며, 두 강이 발원하는 분수령에 비를 세운다는 것이었다. 그러나 두만강이 수십 리를 흐르다가 물이 끊겨 흔적이 보이지 않으며, 백리를 지나서 큰물로 나타나므로 물이 흐르지 않는 구간에 표식을 설치하여 여러 사람들로 하여금 국경을 알도록 한다는 내용이었다.

위와 같은 목극등 자문에 대하여, 조선의 두 사신(접반사·관찰사)은 다음과 같은 내용의 글로써 답하였다.

조선국 접반사 의정부 우참찬 박권·함경도 관찰사 이선부 등이 공손히 올림. 경계를 조사하여 정하고 설책·입표(立標)하여 후일의

---

19) 『동문휘고』 원편 권48, 疆界, 국사편찬위원회 1978년 영인본, 제1책, 907쪽. 奉旨査邊大人穆等 移咨朝鮮接伴使觀察使 爲査邊事 我親至白山審視 鴨綠土門兩江 俱從白山根底發源 東西兩邊分流 原定江北爲大國之境 江南爲朝鮮之境 歷年已久不議 外 在兩江發源分水嶺之中立碑 從土門江之源 順流而下審視 流至數十里不見水痕 從 石縫暗流 至百里方現巨水 流於茂山 兩岸草稀地平 人不知邊事 所以往返越境結窩 路 徑交雜 故此於接伴觀察同商議 於茂山惠山相近此無水之地 如何設立堅守 使衆人知有 邊界 不敢越境生事 庶可以副皇帝軫念生民之至意 且你我兩邊無事 爲此相議咨送(김 지남의 『북정록』(1712년) 5월 28일조(106쪽)에도 똑 같은 내용이 있음).

폐단을 막기 위한 일. 여러 대인들이(청사를 일컬음 | 필자주) 공손히 황명을 받들고 우리나라에 친히 오시어 험난함을 겪으면서 국경을 조사하여 분수령에 비를 세워 표식으로 삼았습니다. 또한 토문강 수원이 땅속에서 복류하므로 확실치 못하다고 여겨 그림을 그려 설책할 곳을 가리켰을 뿐만 아니라 친히 만나서 문의했으며, 여전히 상세함을 다하지 못할까 두려워 이와 같이 자문을 보내 물어왔습니다. … 일전에 합하(閤下, 목극등을 가리킴 | 필자주)께서 설책의 편부를 삼가 물었을 때 목책은 항구적인 계획이 아니며 흙을 쌓거나 돌을 모아 두거나 또는 목책을 세우되 농한기를 이용하여 역을 시작하며, 대국(大國, 청을 가리킴 | 필자주)에서 사람을 파견하여 감독하는 일이 있는지에 대해 물었습니다. 이에 대인(목극등을 가리킴 | 필자주)께서는 정계를 마치고 설표(設標)할 때 대국에서 사람을 파견하여 감독하는 일이 없다고 하였습니다. 또한 농민들을 역에 동원할 수 없으며 하루 사이에 급히 끝낼 일도 아니므로, 감사(監司, 관찰사를 가리킴 | 필자주)로 하여금 마음대로 역을 시작하되 2·3년이 걸려도 괜찮다고 하였으며, 동지사가 올 때 거행한 상황을 통관에게 말하고, 나(목극등을 가리킴 | 필자주)에게 전할 경우 황제에게 전달할 도리가 없지 않다고 말씀하였습니다. 그리하여 물러난 후 이와 같은 뜻을 국왕에게 보고하였습니다.[20]

---

20) 『동문휘고』 원편 권48, 彊界, 제1책, 907쪽.
朝鮮國接伴使 議政府右參贊朴權 咸鏡道觀察使李善溥等 謹呈 爲審定境界 樹柵立標 以杜日後之弊事 伏以僉大人 欽承皇命 辱莅敝邦 跋履險阻 查明交界 分水嶺上立碑爲 標 而又慮土門江源 暗伏潛流 有欠明白 旣以圖本 親自指示立柵之便否 復爲面詢 猶恐 其不能詳盡 有此送咨更問之擧 其所以仰體皇上一視之仁 俯軫小邦生事之端 委曲諄復 一至於此 感激欽歎 無以爲喩 日者 閤下以設柵便宜 俯賜詢問 職等以木柵非長久之計 或築土 或聚石 或樹柵 趁農歇始役之意 及大國人監董與否仰稟 則大人以爲 旣已定界 之後 則立標之時 似無大國人來監之事 而農民不可出役 且非一日爲急之事 監司主張

위와 같이 목극등이 입비처와 두만강 수원 사이에 목책을 세우는 것이 어떠냐고 묻자, 조선의 두 사신은 "목책은 항구적인 계획이 아니며 흙을 쌓거나 돌을 모아두거나 또는 목책을 세우되 농한기를 이용하여 역을 시작할 것"이라고 답하였다. 또 조선의 두 사신이 청에서 사람을 파견하여 역을 감독할 것인지를 묻자 목극등이 사람을 파견하지 않을 것이며, 함경도 관찰사가 역을 책임지도록 하며 농한기를 이용하여 천천히 거행하며 농민들에게 부담을 주지 말도록 할 것과 거행한 상황을 동지사를 통하여 청나라 통관에게 말하고 또 목극등에게 전할 경우 황제에게 보고할 것이라고 답하였다.

한편 목극등이 귀국한 후 조선측은 북평사 홍치중을 파견하여 정계비 동쪽에 석퇴·토퇴와 목책을 설치하여 두만강 발원지까지 이어놓았다.[21]

이로부터 170년이 지난 1885·1887년 공동감계에 이르러, 양측 대표들은 정계비가 천지 동남쪽 10여 리에 있으며,[22] 비의 서쪽에 압록강 수원이 있고 동쪽에 흑석구(황화송구자라고도 함)가 있으며, 흑석구의 동남 기슭에 석퇴·토퇴가 수십 리 연장되어 있음을 발견하였다.[23]

隨便始役 雖至二三年後完畢 亦且無妨 每年節使之來 以舉行形止言及通官 傳至俺處 則或不無轉達皇上之道爲敎 故職等辭退後 以此意狀聞於國王(김지남,『북정록』, (1712년) 6월 2일조(109~110쪽)에 똑 같은 내용이 있음).

21) 1712년 백두산정계 시 목극등이 두만강 수원을 정함과 조선에서 목책을 설치한 내용은 이화자,『한중국경사 연구』제1장 참조.

22) 조선측 자료에는 정계비 위치가 천지 동남쪽 약 13리에 있다고 기록하였다(이중하,『을유장계』, 1885년, 규장각 소장,『토문감계』(규21036) ;『감계사교섭보고서』(규11514-2), 마이크로필름 26쪽).

23) 후세에 이르러 흑석구(황화송구자) 길이에 대한 기록이 각기 다르다. 1885·1887년 공동감계 시 토석퇴가 80~90리 연장된다고 하였고, 1907년 오록정(吳祿貞)이 답사한 후 30여 화리(華里)라고 하였으며, 1908년 유건봉(劉建封)이 답사한 후 40여 화리라고 하였다. 이 밖에 1907년 일본 측량수가 답사한 후 22km라고 하였다(국사편찬위원회 편,『통감부문서』2,「간도문제에 관한 서류 1-3」, 111조,

이와 동시에 흑석구 끝으로부터 남쪽으로 가장 가까운 물줄기가 두만 강 상류 홍토산수이며, 완만한 비탈을 사이에 두고 약 40리 떨어져 있음을 발견하였다. 또한 흑석구 끝으로부터 동북으로 송화강 상류 오도백하(五道白河)까지 역시 수십 리 떨어져 있음을 발견하였다.[24]

여기서 특기할 것은 1885년 제1차 감계 때 조선측 감계사 이중하가 홍토산수 근처에서 옛 경계 표식을 발견한 것이다. 그는 문헌자료를 결부시켜 흑석구와 홍토산수 사이가 이어져 있었으며, 중간에 40여 리 목책이 설치되었으나 그 후에 목책이 다 부식되어 둘 사이가 떨어지게 되었음을 알게 되었다. 그는 이 상황을 비밀리에 조선 조정에 보고하였는데, 서울대학교 규장각에 소장된 『추후별단(追後別單)』이었다.[25]

이처럼 입비처를 분별할 때, 천지와 압록강 동원을 가까이하고 있음을 유의해야 할 뿐만 아니라, 입비처로부터 두만강 발원지까지 퇴책이 설치되어 있음도 유의해야 한다.

4. 소백산 지리형세 분석

소백산의 지리형세에 대해 주목한 것은 일부 학자들이 이른바 '이비설(移碑說)'을 주장하여 정계비가 소백산 정상에서 천지 근처로 몰래

「백두산탐험측량수의 현지상황보고건」(1907년 10월 2일), 1998년판, 369쪽).

24) 흑석구 끝에서 송화강 상류까지 수십 리임은 다음의 기록을 참조함. 總理衙門 편, 『吉朝分界案』, 全國圖書館文獻縮微複製中心 편, 『國家圖書館藏淸代孤本外交檔案續編』제5책, 2005년, 1810~1814쪽 ; 이중하, 『을유장계』, 1885년 ; 이중하, 『을유별단』, 1885년(규장각 소장, 『토문감계』(규21036)에 수록됨) ; 이중하, 『光緖十一年十一月初八日照復』(『백두산정계비관계서류』, 규장각 소장, 26302) 등임.

25) 이중하, 『추후별단』, 1885년, 『토문감계』(규21036), 마이크로필름 10~11쪽.

옮겨졌다고 보기 때문이다.

이비설은 처음에 1885년 1차 감계 때 중국측 대표들로부터 발설되었다.[26] 그들은 천지 근처에 있는 정계비와 그 동쪽에 있는 흑석구의 토석퇴가 두만강에 연결되지 않고 송화강 상류에 연결되었으며, 비문에 이른바 "서위압록, 동위토문, 분수령에 돌을 새겨 기록한다"와 맞지 않으므로 정계비가 다른 곳에서 천지 근처로 옮겨진 것이라고 주장하였다. 그 이후 일부 학자들이 이를 따랐으며, 비석이 압록강·두만강의 진정한 분수령인 소백산 일대에 있던 것을 조선인에 의해 천지 근처로 몰래 옮겨졌으며, 이는 땅을 더 차지하기 위한 데 있다고 보았다.

그렇다면 소백산 지리형세가 과연 사료에 기록된 1712년 백두산정계 사실과 부합되는지를 따져볼 필요가 있다. 즉 다시 말하여 천지와 압록강 동원(東源)을 가까이하고 있는지, 입비처 동쪽에 토석퇴·목책이 설치되어 있는지 등에 맞아야 한다.

첫째로 소백산 지리위치를 보면, 백두산 천지 남쪽 약 30㎞에 있으며, 정계비터 즉 천지 동남 기슭 약 4㎞보다 천지에서 더 멀리 떨어져 있다(소백산 위치 〈그림 4〉 참조). 또한 소백산 서쪽에서 압록강 지류인 소백수가 발원하지만 천지를 가까이한 압록강 동원에 미치지 못한다. 소백수가 흘러들어오기 전에 여러 갈래 물줄기가 압록강에 흘러든다. 그러므로 목극등이 백두산 천지 남쪽 기슭을 내려오면서 압록강 수원을 찾는 기록과 맞지 않다.[27]

둘째로 이비설을 주장할 경우 소백산 동서 양쪽에 압록강·두만강 수원이 마주하고 있어 진정한 분수령이라고 주장한다. 그러나 1885년

---

26) 『감계사문답』, 1885년, 규장각 소장, 규21038, 마이크로필름 16쪽.

27) 목극등이 천지에서 내려오면서 압록강 동원을 찾는 과정은 홍세태, 『백두산기』, 137~138쪽 참조.

감계 자료를 볼 경우, 소백산 서쪽에서 발원하는 소백수(압록강 지류)와 동쪽에서 발원하는 석을수(두만강 지류) 사이 거리가 약 42리이다.[28] 그러므로 소백산 정상에 올라가 보더라도 이른바 "서위압록, 동위토문"이 연출되지 않는다. 이와는 대조적으로 천지 동남쪽 10여 리에 있는 정계비터의 경우, 동서 양쪽 골짜기가 인(人)자형으로 나누어져 있으며,[29] 비문의 이른바 "서위압록, 동위토문"을 표하고 있다. 즉 입비처 서쪽 골짜기가 압록강 동원이고 동쪽 골짜기가 흑석구이다.

앞에서 서술했듯이, 압록강·두만강 분수령은 백두산 천지로부터 동남쪽으로 뻗어 내려오는 여러 산맥으로 구성되었다. 예컨대 입비처의 '분수령'·연지봉·소백산·허항령·보다회산 등이다. 또한 그 서쪽에서 압록강 여러 지류가 발원하고 동쪽에서 두만강 여러 지류가 발원하였다. 이 중에서 북쪽으로부터 처음 열리는 동서 골짜기가 바로 정계비터이다.[30] 여기서 남쪽으로 20여㎞ 더 가야 소백산 분수령이고, 또 동남쪽으로 20여㎞ 더 가야 삼지연 분수령이다. 이처럼 소백산이나 삼지연은 압록강·두만강 첫 수원의 분수령이 아니라 그 아래 지류의 분수령이라고 말할 수 있다.

셋째로 소백산 동쪽에는 토석퇴의 표식이 없기에 입비처가 될 수 없다. 이비설을 주장할 경우 흑석구의 토석퇴가 백두산정계의 표식임을 인정하지 않았다. 그리하여 청조의 내대신(內大臣) 무묵눌(武默訥)이 "등산할 때 길을 잃을까 만든 것"이라고 보는가 하면,[31] 청초(淸初)

---

28) 總理衙門 편,『吉朝分界案』, 1848쪽 ; 이중하,『첩정(牒呈)』, 1885년, 통리교섭통상사무아문 편,『土門地界審勘謄報書』, 규장각 소장 규26677.

29) 홍세태의『백두산기』(137~138쪽)에 의하면, 분수령의 물 흐름이 '인자(人字)'형을 이룬다고 하였는데, 동·서로 나뉜 골짜기를 가리킨다.

30) 통리교섭통상사무아문 편,『문답기』, 1885년, 마이크로필름 35쪽.

31) 劉建封,『長白山江崗志略』, 李澍田 주편,『長白叢書』初集, 吉林文史出版社, 1987

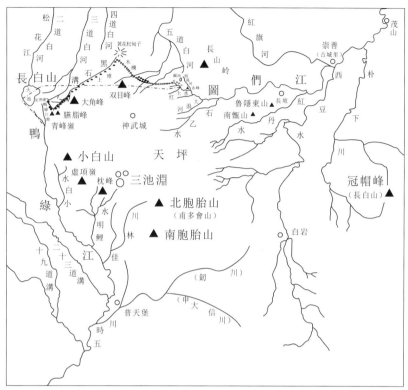

〈그림 4〉 백두산과 압록강·두만강 상류 약도

에 봉금(封禁)의 표식물로서 먼저 흑석구에 퇴책이 설치되었고 그 후에 조선인들이 땅을 더 차지하기 위하여 소백산 정상에 있던 정계비를 몰래 천지 근처의 퇴책 옆으로 옮겨 놓았다고 보았다.[32] 그러나 이러한 주장은 사료적 근거가 없고 설득력이 떨어진다. 청초에 무묵눌의 등산 노선은 송강하(松江河)를 거슬러 천지에 올라갔으며, 돌아갈

---

32) 吳祿貞, 『延吉邊務報告』, 李澍田 주편, 『長白叢書』初集, 吉林文史出版社, 1986년, 73~75쪽.

때도 동일한 노선을 택하였다. 그러므로 그가 천지 동쪽에 놓여 동북쪽으로 향하는 흑석구에 이를 수 없다.[33] 한편 청초에 봉금의 표식물로서 흑석구에 토석퇴를 설치할 이유도 없다.

넷째로 1711·1712년 목극등이 국경을 조사하고 정계한 사료를 볼때, 소백산에 대한 기록이 별로 없다. 일부 학자들이 말한 대로 정계비가 소백산 정상에 세워졌다고 할 경우 이 산에 대해 이처럼 소홀히 대할 리가 없다. 사료에서 무릇 '백산'이라고 한 것은 주로 백두산을 말하며 중국측의 '장백산'을 가리켰다. 이와는 대조적으로 소백산은 명확히 '소백산'이라고 기록하였다. 또한 사료에 목극등이 소백산 정상에 비석을 세웠다는 기록이 전혀 없으며, 조선인에 의해 몰래 옮겨졌다는 것 역시 근거가 없는 억측이다.

일부 학자들의 경우 비석이 조선인에 의해 여러 차례 옮겨졌다고 하며, 그 근거로서 후세 여행기를 들고 있다. 그러나 여행자의 눈으로 정계비터를 봤을 때 3리 또는 5리의 오차가 있는 것은 어쩔 수 없는데, 그렇다고 하여 정계비가 여러 차례 옮겨졌다고 하는 것은 문제의 소지를 안고 있다.[34]

5. 맺는말

1712년 백두산정계의 입비처를 살필 때 1차 사료를 근거로 해야 한다. 중국측의 경우 청나라 내각대고의 화재로 인하여 1차 사료가

---

33) 강희대 여러 차례의 백두산 답사 활동에 대해서는 이화자, 『한중국경사 연구』, 174~222쪽 참조.
34) 陳慧, 『穆克登碑問題硏究-淸代中朝圖們江界務考證』, 165~177쪽.

거의 다 소실되었지만, 조선측에는 1차 사료가 많이 남아 있다. 예컨대 역관의 일기, 차사원·군관의 치보·수본 및 접반사의 장계 등이 있다. 이 밖에 서울대학교 규장각에 소장된 『여지도』속의 『백산도』는 백두산정계 시 청나라 화원이 그린 지도의 모사본일 것이다.

1차 사료를 통하여 입비처를 살펴볼 경우, 반드시 아래와 같은 세 가지 조건을 만족해야 한다. 첫째로 정계비터가 백두산 천지를 가까이 한다. 둘째로 압록강 동원을 가까이 해야 한다. 셋째로 입비처 동쪽으로부터 두만강 상류까지 퇴책(堆柵)이 이어져 있어야 한다. 일부에서는 흑석구(황화송구자)가 송화강 상류에 이어진 것으로 알고 있지만, 실은 두만강 수원 홍토산수에 연결되었으며, 그 사이에 40여 리 목책이 있었으나 그 후에 다 부식되어 없어졌다.

여하튼 1712년에 세워진 정계비는 천지 동남 기슭 10여 리(약 4㎞)에 있으며, 이 위치가 1885·1887년 공동감계에 이르러서도 변함이 없었으므로 이른바 이비설이 성립되지 않는다.

소백산 분수령은 천지 남쪽 30여㎞에 있으며, 천지 동남쪽 4㎞보다 천지에서 더 멀리 떨어져 있다. 소백산 서쪽에 압록강 지류인 소백수가 흐르나 천지 가까이에 있는 압록강 첫 수원에 미치지 못한다. 또한 소백산과 동쪽에서 발원하는 석을수 사이에 퇴책이 연결되어 있지도 않다. 그러므로 소백산은 입비처에 부합되지 않는다. 여하튼 소백산과 그 동남쪽에 있는 삼지연이 압록강·두만강 분수령이 맞으나 첫 수원의 분수령이 아니며 유일한 분수령도 아니다.

목극등 입비의 성격

1. 한중 양국 학자들의 서로 다른 주장

목극등 입비의 성격에 대하여 일부 학자들은 조청 양국의 정계라고 보지만 다른 학자들은 청조의 일방적인 국경 조사라고 보고, 정계비 대신 '사변비(査邊碑)' 또는 '목극등비'라고 부른다.

중국 대만 학자 장존무(張存武)가 가장 일찍이 목극등 입비의 성격에 대해 논술하였다. 그는 1971년에 쓴 논문 「청대중한변무문제탐원(淸代中韓邊務問題探源)」에서 목극등이 국경을 조사한 것은 정계이며, 그 결과 청은 백두산 이남과 이동의 많은 땅을 잃었으며, 거꾸로 조선은 신라 이래 북진 정책을 계승하여 많은 땅을 얻었다고 주장하였다.

그가 제시한 정계의 증거는 다음과 같다.

1) 1711년(강희 50) 5월 계사(癸巳) 황지에 중한 관원으로 하여금 공동으로 '변계(邊界)'를 조사하라(査明邊界)는 말이 있다.

2) 1711년 청조 예부 관원이 조선 조공 사신에게 "공동히 조사하여 변계를 나눈다(會同査勘 分立邊界)"는 말을 하였다.

3) 1712년 4월 목극등이 압록강변에서 조선의 역관 김경문을 만났을 때 "당신은 양국 변계를 압니까?"라고 하였다.

4) 목극등이 두만강 제1파 수원을 정한 후 말하기를 "당신네 나라에

서 10여 리 땅을 얻었다"고 하였다.

5) 목극등이 조선인으로 하여금 비석에 이름을 새겨 넣도록 하였으며, "만약 이것이 청조의 일방적인 국경조사일 경우 그럴 필요가 없다."

6) 목극등이 귀국한 후 조선은 '謝定界表'를 올렸다.[1]

이 밖에 양소전(楊昭全)·손옥매(孫玉梅)가 1993년에 『중조변계사(中朝邊界史)』라는 저서를 냈다. 이는 중국 대륙 학계에서 국경문제와 같이 민감한 주제를 다룬 첫 연구이며, 국경사 연구의 역작이라고 할 수 있다. 상고시대로부터 근현대까지 국경 변천사를 광범위하게 다루었다.

이 책 역시 입비의 성격을 다루고 있으며, 압록강·두만강 사이 육지 경계선이 분명하지 않기에 강희제가 목극등을 파견하여 국경을 조사하였으며, 마땅히 양측에서 공동으로 대표를 파견하여 공동정계를 행해야 하지만 그렇게 하지 않았다. 그 이유인즉 강희제가 흠차대신으로 하여금 모든 일을 처리하도록 하였고, 조선은 상국(上國)의 의지를 따르도록 하였다고 주장하였다.

또한 청조가 백두산 이남 지역 경계를 나누는 데 대해 미리 준비를 하지 않고 능력이 있는 관원을 파견하지도 않았으며, "용감성은 있지만 재능과 지혜가 부족한 지방 관원을 파견하여 감계·분계·정계의 중임을 맡겼으며", 그 결과 청조의 영토를 조선에 내주었으며, 특히 천지 남쪽 땅을 내주었고 백두산 절반도 조선의 영토가 되었다고 주장하였다. 이는 앞에서 본 장존무의 주장과 같이, 정계 결과 청이 땅을 많이 잃었으며 특히 백두산 남쪽 땅을 잃었다고 보았다.

또한 비록 비석에 '대청(大淸)'이라고 쓰고 목극등이 황지를 받들고

---

1) 張存武,「淸代中韓邊務問題探源」,『中央硏究院近代史硏究所集刊』 제2기, 1971년, 484~485쪽.

경계를 조사한다고 하였지만, "목극등이 본국의 국경을 조사하여 '심시비(審視碑)'를 세운 것은 실은 국경비이고 정계비라고 주장하였다.

여하튼 청조가 주도한 목극등의 국경조사는 비록 형식적으로 청조 일방적인 것으로 보이지만, 그 결과는 백두산 남쪽에 비석을 세움으로써 양국 국경을 획정하는 정계라고 하였다. 즉 다시 말하여 비석이 '심시비(審視碑)'이자 '정계비'라는 것이었다.[2]

서덕원(徐德源)은 1997년에 쓴 논문 「목극등비의 성격 및 입비의 지점과 이동에 관한 고찰 – 근세 중조 국경 쟁점」에서 목극등 입비의 성격, 비석의 위치와 이동에 대해 서술하였다.[3] 주로 여섯 가지로 논점을 폈는데, 정계임을 인정하지 않았다. 그 상세한 내용은 다음과 같았다.

1) 1711년『청성조실록』에 나오는 강희 황지에 근거하여, 목극등이 황지를 받들고 국경을 조사한 것은 국경을 나누거나 정계한 것이 아니라고 주장하였다.

2) 1712년 청 예부 자문에 강희제가 목극등을 파견한 것이 "우리 변경을 조사하기 위한 것이며 저들 나라와는 상관이 없다"고 한 것에 근거하여, 이는 청조의 국내 사무이며, 조선정부에 공동으로 경계를 나눌 것을 요청하지 않았다고 주장하였다.

3) 조선에서 파견한 대표란 공동으로 경계를 나눌 권한이 없는 이른바 접대·동반·관찰을 위한 관원이며, 목극등이 이들 관원들을 데리고 공동 조사를 행하지 않았다고 하였다. 여기서 저자는 함경도 관찰사 명칭을 착각하는 오류를 범했다.

---

2) 楊昭全·孫玉梅, 『中朝邊界史』, 194~196쪽.

3) 徐德源, 「穆克登碑的性質及其鑿立地點與位移述考 – 近世中朝邊界爭議的焦點」, 『中國邊疆史地研究』, 1997년 1기.

4) 역사 문헌으로 남아 있는 양측 대표들의 경계 담판에 관한 기록이 없다는 것이었다.

5) 목극등이 세운 비석은 현대 국경비와 차이가 있으며, 예컨대 '대청'과 대응되는 '조선'이 없으며, 단지 수행원을 기록할 때 '조선'을 적어 넣었을 뿐이라는 것이었다.

6) 비문에 경계를 조사한다는 말이 있을 뿐, 경계를 나눈다거나 정계한다는 말이 없다는 것이었다.

요컨대 서덕원은 강희 황지, 예부 자문, 조선 수행원의 지위, 비문 등으로부터 목극등 입비가 정계의 규범에 맞지 않기에 청조의 일방적인 국경 조사이며, 양측에서 공동으로 대표를 파견하여 진행한 정계가 아니라고 주장하였다.

이와 동시에 서덕원은 비석이 조선인에 의해 이동되었으며, 소백산 정상에서 천지 근처로 옮겨졌다고 보았다. 그리고 비석 동쪽에 있는 토석퇴가 조선에서 사사로이 설치한 가짜 국경선이라고 일축하였다. 즉 다시 말하여 먼저 불법적으로 토석퇴를 축조한 후 비석을 몰래 토석퇴 옆으로 이동해 놓았다는 것이다. 즉 목극등이 세운 비석이 정계비가 아님을 강조하는 한편, 조선인들이 땅을 더 차지하기 위해 비석을 옮겨놓았다는 모순된 논지를 펴고 있다.

조서인(刁書仁)은 2003년에 쓴 논문 「강희대 목극등의 사변 정계에 대한 고찰」에서 입비의 성격이 정계임을 인정하였다.[4] 즉 양측 자료를 통해 볼 때, 이는 중·조 양국이 경계를 정한 것이라고 주장하였다. 그 근거로서 1711년 청 예부에서 조선 사신을 초문(招問)할 때, "공동으로 국경을 조사하여 변계를 분립(分立)한다"고 하였으며, 또한 청에서

---

4) 刁書仁, 「康熙年間穆克登查邊定界考辨」, 『中國邊疆史地研究』, 2003년 3기.

'이만지(李萬枝)안건'을 조사하는 기회를 이용하여 국경을 조사하여 정계를 행한 것이라고 보았다. 한편 청에서 밀유(密諭)의 형식을 취한 것은 조선이 청조의 백두산 조사를 저지하려 하였고, 길 안내 및 공급을 거절했기 때문이라고 보았다.

조서인은 아래와 같은 사실을 들어 정계임을 논증하였다.

1) 목극등과 역관 김지남·김경문 사이에 경계에 대한 대화를 통해 알 수 있다.

2) 목극등이 백산 정상에 올라 분수령에 비를 세우고자 하였을 때, 여러 사람에게 말하기를 "정계하고 돌을 세우는 것은 황지를 따른 것이며, 관찰사와 접반사도 비석에 이름을 새겨넣어야 한다"고 하였다.

3) 목극등이 조선의 접반사·관찰사에게 보낸 자문에서 두만강 수원의 물이 흐르지 않는 구간에 목책과 토석퇴 등 표식물을 설치하도록 요구하였고, 이는 여러 사람들로 하여금 경계를 알며, 범월(犯越)하여 사단을 일으키는 일을 없애기 위한 것이라고 하였다.

4) 목극등이 귀국한 후 같은 해(1712년) 11월 조선은 '사정계표(謝定界表)'를 올렸다.

그럼에도 불구하고 조서인은 앞의 서덕원처럼 이비설을 주장하였다. 즉 목극등이 비를 세운 위치가 소백산 분수령이며, 그가 백두산 정상에 오르지 않고 소백산 정상에 올랐으며, 조선은 땅을 더 차지하기 위해 먼저 토석퇴 설치 지점을 변경한 후 비석을 소백산 정상에서 토석퇴 근처로 옮겨놓았다고 주장하였다.

이화자(李花子)는 2006년에 쓴 『조청국경문제연구』(집문당)라는 저서에서 목극등 입비의 성격을 다루었다.[5] 특히 청조 예부 자문에 이른바 목극등을 파견한 것이 "우리 국경을 조사하기 위한 것이며,

저들 나라와는 상관이 없다"고 한 것에 대해 분석하였다. 1) 청조가 1691년(강희 30, 숙종 17)과 1711년(강희 50, 숙종 37) 두 차례에 걸쳐 백두산을 답사하고자 하였지만 조선의 저지로 이루어지지 못했기에 조선의 저지를 막기 위해서였다. 2) 청의 주도로 정계를 행하려 하였으며 조선은 다만 길을 안내하도록 하였다. 이는 조청 양국의 조공책봉 관계의 성격과 관련된다.

이와 동시에 이화자는 백두산정계가 양국의 변경정책에 미친 영향을 통하여 정계의 의의를 논술하였다. 즉 전에 모호하던 백두산 이남 경계를 확정하였으며, 조선은 백두산 이남 지역을 영토로 확보하였고 국가 안전도를 높였다. 이는 청에 대한 위기감을 극복하고 청을 중심으로 하는 천하질서를 구축하는 데 유리하다고 분석하였다.

진혜(陳慧)는 2011년에 쓴 저서『목극등비의 문제에 대한 연구-청대 중조 두만강 경계에 대한 고증』에서 입비의 성격에 대해 논술하였다.6) 즉 이는 주로 청왕조가 국경 지역에 대한 일방적인 조사이지만, 목극등의 조사는 정부의 행위이며, 청왕조의 입장을 대변하고 있음이 틀림없다. 고대사회의 정계의 형식으로서 고대사회 정계의 특징을 나타내고 있으며, 목극등이 수원을 찾고 비석을 세운 것은 객관적으로 경계를 나누는 역할을 했다고 보았다.

또한 이런 시각으로 볼 때, 비석은 경계선 중에서 가장 중요한 부분으로서 정계의 표식물로 볼 수 있다고 주장하였다. 그러나 목극등비가 정한 것이란 오직 압록강·두만강 수원을 정한 것이지, 압록강·두만강을 경계로 정한 것이 아니다. 왜냐하면 중·조 양국이 압록강·두만강을 경계로 하는 것은 오래전에 정해진 사실이기 때문이다. 그러므로 비석

---

5) 이화자, 『조청국경문제연구』 제4장.
6) 陳慧, 『穆克登碑問題研究-淸代中朝圖們江界務考證』, 178~181쪽.

을 사변비라고 보기에는 못마땅하며, 정계비라고 칭하기에도 사실과 부합되지 않으므로 '목극등비'라고 칭해야 한다고 주장하였다. 이와 같은 주장은 목극등의 사변·정계의 부족함에 대하여 어쩔 수 없이 '목극등비'라고 칭함을 보여주었다.

한편 진혜는 앞의 서덕원·조서인과 같이 이비설을 주장하였다. 즉 목극등비가 소백산 정상에 있었고 그 동쪽에 있는 홍단수를 정하였으나 조선인에 의해 여러 차례(2·3차) 이동되었으며, 결국 천지 근처에 있는 토석퇴 옆에 놓이게 되었다는 것이었다.[7] 그러나 비석이 수차 이동했다는 위치로 볼 때, 예컨대 천지 남쪽 10여 리, 약 10리, 1일본리(약 4㎞) 등의 차이가 별로 없었다. 서로 다른 여행자가 눈으로 본 오차일 수 있지만, 이를 근거로 비석이 여러 차례 이동되었다는 것은 문제가 있는 것이다.

이른바 이비설은 사료적 근거가 부족하다는 점을 지적하지 않을 수 없다. 즉 사료를 통하여 언제·누가·어디서 비석을 옮겨놓았는지 해석할 수 없다. 이 점에 대하여 진혜 역시 목극등비의 여러 차례 이동은 그 원인·시간 및 이동자에 대한 고증이 어렵다고 토로하였다.[8]

이처럼 이비설을 주장하는 유일한 증거가 비문에 이른바 "서위압록, 동위토문, 분수령에 글을 새겨 기록한다"이다. 즉 천지 동남쪽에 있는 정계비터가 압록강·두만강의 분수령이 아니라 압록강·송화강의 분수령이며, 소백산이야말로 진정한 압록강·두만강 분수령이므로 비석이 조선인에 의해 소백산에서 천지 근처로 옮겨졌다는 것이다.

요컨대 중국학자들의 주장을 종합해 볼 경우, 다수의 학자들은 목극등이 국경을 조사하고 비석을 세운 것이 비록 이런저런 부족함이

---

7) 陳慧, 『穆克登碑問題研究－淸代中朝圖們江界務考證』, 165~176쪽.
8) 陳慧, 『穆克登碑問題研究－淸代中朝圖們江界務考證』, 175쪽.

있더라도 과정과 결과를 놓고 볼 때 양국 간의 정계이며, 전에 모호하던 압록강·두만강 사이 육지 경계를 확정하였으며, 전에 여진에 속하던 백두산 천지 남쪽 땅을 조선에 넘겨주었다고 보았다. 즉 다시 말하여 청은 땅을 잃은 반면, 조선은 땅을 얻었다고 보고 있다.

한국학계의 입비 성격에 대한 토론은 거의 없으며, 정계비 또는 백두산정계비라고 불렀다.[9] 다만 목극등이 정한 수원에 대한 해석이 다르며 특히 "동위토문"에 대한 해석이 다르다. 대부분 학자들이 토문·두만 2강설을 주장하며, "동위토문"이란 두만강을 가리키지 않고 송화강 상류를 가리키며, 토문·두만 사이에 놓여 있는 '간도'가 조선에 속한다고 주장하였다.

한국학계의 2강설은 일본학자 시노다 지사쿠(篠田治策)의 영향이 크다고 하지 않을 수 없다. 시노다는 1938년에 지은 『백두산정계비』라는 책에서 토문·두만 2강설을 체계화하였다.[10] 그의 관점이 해방 후 한국학자들에 의해 계승되었다.

그러나 강석화(姜錫和)의 경우는 다른 주장을 한다. 그는 『조선후기 함경도와 북방영토의식』이라는 책에서 1712년 정계의 수원이 두만강이며 송화강 상류가 아니라고 주장하였다. 즉 조선은 토문강과 두만강이 동일한 강임을 알고 정계하였으며, 이를 통해 백두산 천지이남 많은 공지(空地)를 얻게 되었다고 주장하였다.[11]

강석화 역시 2강설을 완전히 부인하지 않았으며, 비록 백두산정계 시 두만강을 경계로 정하였지만, 실제로는 두만강과 구별되는 토문강(송화강 상류를 가리킴)이 존재하며, 그 당시 사람들이 이 사실을

---

9) 조선은 목극등이 세운 비석을 줄곧 '정계비'라고 불렀다.
10) 篠田治策, 『白頭山定界碑』, 樂浪書院, 1938년.
11) 강석화, 『조선후기 함경도와 북방영토의식』, 경세원, 2000년, 56~57쪽.

몰랐을 따름이라고 하였다.[12]

이어 강석화는 조선인들이 목극등이 정한 두만강 수원이 잘못된 것을 발견한 후 퇴책을 이설(移設)하여 정확한 두만강 수원에 이어놓고자 하였으나 여전히 송화강 상류에 이어놓았으며, 이것이 토문강이라고 주장하였다.[13] 즉 다시 말하여 흑석구의 토석퇴가 송화강 상류에 이어졌으며, 이는 조선인들이 잘못 이어놓은 것이라고 주장하였다.

한국학계에는 비석이 인위적으로 이동되었다는 이비설이 존재하지 않았다. 따라서 천지 동남 기슭에 있는 정계비터와 동쪽에 있는 토석퇴가 백두산정계의 결과물로서 합법적인 경계선임을 주장하였다.

일부 중국학자들이 주장하는 이비설에 대하여, 배성준은 다음과 같이 논평하였다. "백두산정계비 이설 주장은 당시의 문헌과 지도를 고려할 때 성립하기 곤란하다. 즉 백두산정계비 건립에 참가했던 사람들의 기록이나 당시의 지도, 백두산정계비 건립 이후 백두산에 오르면서 백두산정계비를 보았던 사람들의 기록이나 각종 고지도에서 백두산정계비의 위치는 대체로 일치한다"고 하였다.[14]

여하튼 백두산정계에 대한 연구가 한중 양국 학자들에 의해 진행되고 있지만 적지 않는 문제점이 발견되었는데, 예컨대 입비처의 위치, 비석이 이동되었는지 여부, 어떤 물줄기를 수원으로 정했는지, 백두산 일대 경계선의 방향 등에 대한 깊이 있는 연구를 요한다.

---

12) 강석화, 『조선후기 함경도와 북방영토의식』, 57쪽.
13) 강석화, 『조선후기 함경도와 북방영토의식』, 67쪽.
14) 배성준, 『한·중의 간도문제 인식과 갈등구조』, 단국대학교동양학연구소 편, 『동양학』 43기, 2008년, 354쪽.

2. 목극등의 국경조사 및 조선 접반사의 사명

1711·1712년 강희제가 두 차례나 목극등을 백두산에 파견한 것은 청의 전국지도인 『황여전람도』를 편찬하기 위해서였다. 청조의 조상 발상지에 대한 중시 및 지리조사를 엄격히 하려는 과학적인 태도에 기인한다.

이에 앞서 『일통지(一統志)』 편찬에 즈음하여 1692년(강희 31) 청에서 5사(使)를 파견하여 백두산을 답사하고자 하였으나, 조선의 저지로 무산되고 말았다.[15] 그 이후 『황여전람도』 편찬 사업이 추진됨에 따라 재차 백두산 답사를 계획하기에 이르렀다.

1711년(강희 50) 5월 백두산 답사에 대한 강희제의 유지(諭旨) 내용은 다음과 같았다.

짐(朕)은 전에 산수에 능하고 그림을 잘 그리는 사람을 특별히 파견하여 동북 일대의 산천지리를 하늘의 경위도에 따라 계산하여 상세히 그림을 그려 보려하였다. 혼동강(混同江)은 장백산 뒤에서 흘러나와 선창(船廠) 타생오라(打牲烏拉)에서 동북으로 흘러 흑룡강에 유입되어 바다로 흘러들어가며, 이것은 모두 중국 지방이다. 압록강은 장백산 동남에서 흘러나와 서남으로 흘러가며, 봉황성·조선국 의주 사이에서 바다로 흘러들어간다. 압록강 서북이 중국 지방이고 강 동남쪽이 조선 지방이며 강을 경계로 한다. 토문강은 장백산 동쪽에서 흘러나와 동남으로 흘러 바다로 들어간다. 토문강 서남이 조선 지방이고 강 동북이 중국 지방이며, 역시 강을 경계로 한다. 이러한 곳은 모두

---

15) 1692년(강희 31) '임신사계(壬申查界)'에 관해서는 이화자, 『조청국경문제연구』 제4장 참조.

명백하다. 그러나 압록강·토문강 사이 지방은 잘 알지 못한다. 전에 예부 관리 두 명을 파견하여 봉황성에 가서 조선인 이완지(李玩枝) 사건을 조사하도록 하였고 또 타생오라 총관 목극등을 파견하여 함께 가도록 하였다. 그들이 황지를 청할 때 짐이 밀유(密諭)하기를 "너희들이 가서 지방을 아울러 조사하며, 조선의 관리들과 함께 강을 따라 가도록 하라. 만약 중국 소속 지방으로 갈 수 있을 경우 조선 관리들과 함께 중국 소속 지방으로 가며, 중국 소속 지방이 막혀 갈 수 없을 경우 너희들은 조선 소속 지방으로 가며, 이 기회를 이용하여 끝까지 가서 상세히 조사하며, 반드시 변계를 조사하여 주문하도록 하라."고 하였다. 그들이 이미 그쪽에서 출발해서 갔으리라 믿는다. 이러한 곳의 상황은 곧 알게 될 것이다.16)

위 인용문과 같이, 강희제는 조청 양국이 압록강·두만강을 경계로 하는 것은 명백하나, 두 강 사이가 명확하지 못하므로 이 기회에 두 강 발원지 즉 백두산에 가서 경계를 확실히 조사하여 주문하라고 하였다. 백두산 일대 경계가 워낙 분명하지 못했기에 국경조사는 곧 정계를 의미하는 것이었다.

---

16) 『淸聖祖實錄』 권246, 강희 50년 5월 계사, 제6책, 441쪽.
朕前特差能算善畫之人 將東北一帶山川地里 俱照天上度數推算 詳加繪圖 視之 混同江自長白山後流出 由船廠打牲烏拉向東北流 會於黑龍江入海 此皆係中國地方 鴨綠江自長白山東南流出 向西南而往 由鳳凰城朝鮮義州兩間 流入于海 鴨綠江之西北係中國地方 江之東南係朝鮮地方 以江爲界 土門江自長白山東邊流出 向東南流入於海 土門江西南係朝鮮地方 江之東北係中國地方 亦以江爲界 此處俱已明白 但鴨綠江土門江二江之間地方知之不明 前遣部員二人往鳳凰城會審李玩枝事 又派出打牲烏喇總管穆克登同往 伊等請訓旨時 朕曾密諭云 爾等此去并可查看地方 同朝鮮官沿江而上 如中國所屬地方可行 卽同朝鮮官 在中國所屬地方行 或中國所屬地方有沮隔不通處 爾等俱在朝鮮所屬地方行 乘此便至極盡處 詳加閱視 務將邊界查明來奏 想伊等已由彼起程前往矣 此番地方情形庶得明白.

그렇다면 강희제가 무엇 때문에 목극등에게 조선 관원들과 함께 국경을 조사하라고 하였을 뿐, 정계 또는 경계를 나누라고 하지 않았을까?

일부 학자들은 이에 근거하여 목극등 사계(査界)가 청의 일방적인 국경조사이며, 양국의 정계가 아니라고 주장한다. 그러나 이른바 조사하라고 한 것은 강희제의 언어 습관일 수 있고, 또한 조공국에 대한 태도와도 무관하지 않다. 강희제의 입장에서 볼 때, 병자년(1636)에 '재조지은(再造之恩)'을 입고 청과 군신 관계를 맺은 조선과 대등하게 경계를 나눌 생각이 없었으며, 조선에 군림하고자 하는 태도를 보여주고자 했을 것이다.

그럼에도 불구하고 목극등에게 밀유하여 사계(査界)를 진행하려 한 것은 백두산 답사에 대한 조선의 저지를 막기 위해서이며, 조선을 강박하여 사계를 진행하려는 생각이 없었음을 보여준다.

청조가 밀유의 형식으로 사계를 진행하려 한 것은 오히려 조선의 의구심을 증폭시켰다. 조선은 '영고탑패귀(寧古塔敗歸)설'의 영향으로 청조의 사계를 장차 옛 소굴인 영고탑으로 돌아가기 위해 길을 조사하는 것으로 여겼다.[17] 그리하여 목극등이 조선 경내를 통하여 백두산으로 향하려는 것을 극구 막았으며, 목극등은 부득불 중도에서 답사를 포기하였다.[18]

강희제는 이것으로 끝내려 하지 않았다. 그해(1711) 겨울 조선 동지사가 북경에 왔을 때, 조선으로 하여금 그 다음해(1712) 목극등의

---

17) 영고탑패귀설에 관해서는 배우성, 『조선후기 국토관과 천하관의 변화』, 일지사, 1998년, 64~124쪽 ; 이화자, 『조청국경문제연구』 부록 1 참조.

18) 1711년 목극등의 제1차 사계에 관해서는 이화자, 『조청국경문제연구』, 140~148쪽 참조.

답사를 도울 것을 요청하였다. 제2차 사계에 대한 강희 유지의 내용은 다음과 같았다(『청성조실록』).

전에 타생오라 총관 목극등을 파견하여 봉황성으로부터 장백산에 가서 변계를 조사하도록 하였으며, 그들이 조사한 곳에 대해 그림을 그려 올릴 것이다. 그러나 길이 멀고 물이 커서 가려던 곳에 이를 수 없었다. 내년 봄 얼음이 녹을 때 의주로부터 작은 배를 타고 강을 거슬러 올라가며, 갈 수 없는 곳에 이르러서는 육로를 통해 토문강으로 갈 것이다. 다만 길이 아득히 멀므로 중도에서 저애(沮礙)가 있을 경우 조선인으로 하여금 공급하도록 하라. 이 같은 사정을 예부로 하여금 동지사로 온 조선국 관원에게 알려주며, 그들로 하여금 유지를 국왕에게 전하도록 하라.[19]

이 밖에 『동문휘고(同文彙考)』에 목극등을 파견할 데 대한 예부 자문이 들어 있으며, 그 상세한 내용은 다음과 같았다.

올해 목극등 등으로 하여금 봉황성으로부터 장백산에 가서 우리 변경을 조사하도록 하였는데, 길이 멀고 물이 커서 그들(조선을 가리킴 | 필자주) 경내에 이르지 못하였다. 내년 봄 얼음이 녹을 때 다시 관원을 파견하여 목극등과 함께 의주강원으로부터 작은 배를 타고 거슬러 올라가며, 만약 작은 배가 나갈 수 없을 경우 육로를 통해

---

19) 『淸聖祖實錄』 권246, 강희 50년 5월 계사, 제6책, 448쪽.
   前差打牲烏喇總管穆克敦[登]等 査看鳳凰城至長白山邊界 伊等業將所査地方繪圖呈
   覽 因路遠水大 故未能至所指之地 着於來春氷解之時 自義州乘小舟 遡流而上 至不可
   行之處 令其由陸路向土門江査去 但道里遼遠 萬一途中有沮 令朝鮮人供應 將此情由
   令該部曉諭來朝正之朝鮮國官員 書旨給與帶付伊王.

토문강으로 가서 우리 지방을 조사하라. 이는 우리 변경을 조사하기 위한 것이며, 그들(조선을 가리킴 | 필자주) 나라와는 상관이 없다. 다만 우리 경내가 길이 멀고 매우 험준하여 중간에 저애가 있을 경우, 조선으로 하여금 조금 살피도록 하라.[20]

위와 같이 예부 자문에는 목극등을 재차 파견하는 것이 우리(청을 가리킴) 변경을 조사하기 위한 것이며 조선과는 상관이 없다고 하였다. 그러나 앞에서 본 『청실록』의 강희 유지에는 이 같은 내용이 없다. 그 이유에 대해 생각해 보면, 청 예부가 일부러 이런 내용을 첨부하여 조선의 저지를 막고자 한 의도가 강하다. 한편 제2차 사계를 순조롭게 진행하기 위하여 목극등은 황제에게 주문을 올려 조선의 공물 중에 백금과 표피(豹皮)를 면제해 주도록 하였다. 또한 조공사신이 머물 찰원(察院)을 수선해주기도 하였다.[21] 이로써 제2차 사계에 대한 조선의 협조를 얻고자 하였다.

예부 자문이 조선에 도착하자 조선은 청조의 사계가 결코 조선과 무관하다고 생각하지 않았다. 그 이전 1710년(강희 49, 숙종 36) 연말에 강희제가 창춘원(暢春苑)에서 조선 사신을 접견할 때, 경계를 나누는 일에 대해 초문(招問)한 일이 있었기에 목극등을 파견하는 것이 경계를 나누기 위한 것임을 알았다.[22] 그리하여 군신 상하가 대책 마련에 급급하였다.

---

20) 『동문휘고』 원편 권48, 疆界, 제1책, 905~906쪽.
 今年穆克登等自鳳凰城 至長白山查我邊境 因路遠水大 未獲即抵彼處 俟明春氷泮時 另差司員同穆克登 自義州江源 造小船泝流而上 若小船不能前進 即由陸路往土門江 查我地方 此去特爲查我邊境 與彼國無涉 但我邊內路途遙遠 地方甚險 倘中途有沮 令朝鮮稍爲照管.
21) 『숙종실록』 권51, 숙종 38년 4월 병진.
22) 『비변사등록』 64책, 숙종 38년 3월 7일.

특히 백두산 이남 지역이 여진인의 영역이었으나 그들이 떠나간 지 백년이 되도록 여전히 공지로 남아 있었으며, 조선의 진보·파수가 천지 남쪽 5·6일정에 있었다. 일부 신하들은 백두산 이남 공지가 조선에 속해야 하지만, 지명 표식도 없고 의거할 문서도 없음에 고민하였다. 또 일부 신하들은 『성경통지(盛京通志)』(강희 23년)의 「오라영고탑 형세도」에 "남쪽으로 장백산까지 1300여 리 조선계"라는 내용에 근거하여 백두산 이남이 조선에 속해야 한다고 주장하였다. 이에 국왕은 접반사 박권(朴權)에게 "강역을 정하는 일은 매우 중요하므로 반드시 끝까지 힘써 다퉈야 한다"고 명하였다.[23] 즉 백두산 천지이남이 조선에 속함을 주장하도록 하였다. 이것이 조선의 정계 목표라고 할 수 있었다.

일부 중국학자들의 경우 조선에서 접반사를 파견한 것은 청사 목극등 일행을 마중하기 위한 것이며, 정계의 자격과 전권이 없다고 주장하였다. 그러나 이는 조공책봉 관계 하의 형식에 불과하며 진실은 이와 달랐다. 앞에서 보았듯이 강희제의 유지에 "중간에 저애가 있을 경우 조선으로 하여금 조금 살피도록 하라"고 하였기에, 조선은 접반사를 파견하여 청사 일행을 마중하였다. 박권이 접반사로 임명되었고 함경도 관찰사 이선부를 함께 파견하여 협조해주도록 하였다. 이들 두 사람은 조선의 2사(使)로 불렸으며 실은 조선의 정계사와 같았다. 특히 접반사 박권이 국왕으로부터 경계를 다투는 임무를 맡았으며, 의정부 우참찬(2품 당상관) 명의로 파견되어 정계의 자격과 전권이 부여되었다.

또 일부 학자들은 박권과 이선부가 목극등과 함께 산에 올라가

---

23) 『비변사등록』 64책, 숙종 38년 3월 7·9·15·24일.

비석을 세우는 과정에 참여하지 못했기에 공동으로 경계를 정했다고 할 수 없다고 주장하였다. 조선의 두 사신이 정계 과정에 참여하지 못한 것은 절차상의 하자라고 볼 수 있다. 그러나 대신 조선의 군관·역관과 차사원 등이 접반사가 맡겨준 임무를 잘 완수하였다. 그들의 인도 하에 목극등이 천지에 올랐고 이어 천지에서 내려와 동남 기슭에 비를 세워 정계하였다. 결과적으로 조선은 천지 남쪽 공지를 얻었을 뿐만 아니라, 천지 동쪽 두만강 상류 지역도 영토로 확보하였다.

접반사 박권의 역할에 대해 다시 알아보기로 하자. 박권은 연로한 관계로 조선측 수석대표였지만 천지에 올라 수원을 찾고 입비하는 과정에서 제외되었다. 그럼에도 불구하고 그 역시 정계사의 임무를 다하기 위해 노력하였고 상당한 역할을 해냈다.

백두산에 오르기 전에 박권의 명에 따라 역관 김지남과 김경문 부자가 목극등에게 천지 남쪽이 조선땅임을 누누이 강조하였다.[24] 또한 목극등이 정계비를 세우고 산에서 내려오자 박권이 두만강 정원에 대해 그와 논쟁하였다. 목극등이 홍토산수를 정원으로 정한 데 대해 박권은 홍기하가 진정한 두만강이라고 주장하였다. 박권의 말대로 홍기하를 경계로 삼을 경우 조선은 더 많은 땅을 얻게 된다. 이에 대해 목극등이 반대하였으며, 홍기하를 정원으로 삼을 경우 수원을 다시 찾아 정계해야 했다. 하물며 그가 이미 필첩식(筆帖式)에게 주문을 가지고 황제에게 보고하러 가게 한 후였다. 이에 목극등은 수원이 만일 잘못되었을 경우 조선국왕이 황제에게 주문하여 수원을 찾아야 한다고 답하였다. 이에 박권이 물러나고야 말았다.[25]

이 밖에 정계 후 박권은 두 가지 일을 더 했다. 하나는 역관 김지남으

24) 김지남, 『북정록』, (1712년) 4월 29일, 72쪽.
25) 『숙종실록』 권51, 숙종 38년 6월 을묘.

로 하여금 목극등에게 청나라 화원이 그린 산도(山圖)를 얻도록 요구한 것이다. 조선의 두 사신이 정계비를 세우는 과정에 참여하지 못한 부분을 메우기 위해서였다. 목극등은 이를 들어주었으며, 지도 2부를 작성하여 하나를 황제에게 올리고 다른 하나를 조선국왕에게 전달하도록 하였다. 오늘날 서울대학교 규장각에 소장된 『백산도』(그림 3)가 이 산도의 모사본일 것이다. 『백산도』 제기(題記)에 "康熙五十一年 我肅宗三十八年壬辰 穆胡克登定界時所模 朴權定界使"라고 기록하고 있다. 제기가 후에 첨부되었음을 알 수 있다. 국왕 숙종의 묘호가 그의 생전에 있을 수 없기 때문이다. 또한 목호에서의 '호(胡)'는 오랑캐를 뜻하며 목극등에 대한 폄칭이다.

박권의 또 다른 역할은 무산에서 목극등을 만난 후 두만강 단류처(斷流處)에 설표(設標)할 것을 논의한 것이다. 목극등이 목책으로 경계를 정하는 것이 어떻겠냐고 묻자, 박권이 목책은 그곳에 나무가 있을 수도 있고 없을 수도 있으니, 편하게 흙을 쌓거나 돌무지를 만들거나 목책을 세우는 것이 좋겠다고 답하였다. 그러자 목극등이 그의 의견을 따랐다.[26] 설표 문제에 있어서 박권의 의견이 받아짐으로써 정계사의 위신이 세워지게 되었다.

다음으로 목극등이 일을 처리하는 방식에 대해 생각해보자. 그가 조선의 두 사신을 따돌리고 직위가 낮은 조선의 군관·역관 및 차사원을 데리고 수원을 찾고 정계비를 세운 것은 효율적으로 일을 마무리하여 황제에게 보고하기 위해서였다. 그러나 조선의 중신을 따돌리고 정계를 완성한 것은 절차상 문제가 있었다. 또한 정계비를 세운 후 조선의 두 사신이나 국왕의 의견을 청취하지 않고 곧바로 황제에게

---

26) 『숙종실록』 권51, 숙종 38년 6월 을묘 ; 『동문휘고』 원편 권48, 疆界, 제1책, 907쪽.

필첩식을 보내 결과를 주문하였다.

이러한 점으로 미루어 볼 때 백두산정계는 청이 주도한 것임을 알 수 있다. 즉 다시 말하여 조선을 평등한 정계 대상으로 보지 않았으며 부차적인 위치에 두었다. 이는 조공책봉 관계의 성격과 무관하지 않지만, 다른 한편으로 속전속결하여 수원을 찾고 정계를 끝냄으로써 조선의 저지를 막기 위해서였다.

3. 조선에서 땅을 얻었다는 범위

목극등의 국경조사가 양국 간의 정계라고 보는 학자들의 경우 목극등이 했다는 이른바 조선에서 땅을 얻었다는 말을 자주 인용하곤 한다. 그렇다면 조선에서 새로 얻은 땅의 범위는 어떠한가?

사료에 의하면, 목극등은 여러 차례 조선에서 땅을 많이 얻었다고 말하였다. 예컨대 두만강 수원을 찾을 때 목극등은 세 갈래 물줄기 중에서 가장 북쪽에 있는 제1파(初派)를 수원으로 정하려 하였고, 조선은 그 남쪽에 있는 제2파(湧出處)가 정원이라고 하였다. 이에 대해 목극등이 "초파에 설책할 경우 당신네 나라가 말하는 이른바 용출처보다 10여 리 더 멀어지며, 당신네 나라에서 땅을 더 얻으니 다행입니다"라고 말하였다.[27] 즉 북쪽에 있는 제1파로 정계할 경우 남쪽에 있는 제2파보다 조선에서 10여 리 땅을 더 얻는다는 것이었다.

이 밖에 분수령에 정계비를 세울 때 목극등이 한 말에 대해 군관 이의복(李義復)은 다음과 같이 묘사하였다.

---

27) 『숙종실록』 권52, 숙종 38년 12월 병진.

분수령 협곡은 너비 30보(步)이다. 오른쪽 서남과 왼쪽 동북에 모두 골짜기가 있었다. 왼쪽 산 아래에 평지가 약간 돌출한 곳에 바위가 있었는데 받침대로 썼다. 청사가 며칠간 머물면서 물길이 나뉘는 형세를 두루 살펴보고 돌에 글을 새겨 기록하였으며, 언덕 위에 돌을 세워 놓았다. 그리고 우리 사람에게 말하기를 "당신네 나라에서 땅을 많이 얻었습니다."라고 하였다.[28]

즉 목극등이 이른바 조선에서 땅을 많이 얻었다고 하는 것은 파수가 설치되어 있지 않는 백두산 천지이남 지역을 가리켰다.[29]

기실 정계를 통하여 조선에서 얻은 땅은 백두산 이남 지역뿐만 아니라 백두산 이동 두만강 상류 지역도 포함되었다. 무산·박하천 지역으로서 명대 초기에는 여진인의 영역이었으나 그들이 철거한 지 백년이 되는 동안 많은 곳이 조선 유민에 의해 개간되었다. 예컨대 무산은 처음에 차유령 이남에 세워졌으나 여진인이 철거한 후 강변으로 이설됨과 동시에 부사진(府使鎭)으로 승격되어 부성(府城)이 축조되었다. 또한 박하천은 무산 서쪽에 위치하였는데, 조선 유민들이 많이 이주하여 점차 개간되었다. 그러나 이러한 곳의 귀속이 불분명하

---

28) 김노규, 『북여요선(北與要選)』, 양태진, 『한국국경사연구』 부록, 법경출판사, 1992년, 340쪽.
分水嶺峽 廣三十步許 右邊未坤 左邊寅甲 俱有界谷 而左偏山下 平地微突 上有巖石 以此仍作壟臺 淸使留此多日 周覽分水之形勢 勒石爲記 依壟鑿石而立 顧謂我人日 爾 國得地頗廣云.

29) 목극등이 김지남에게 백두산 이남에 파수가 설치되어 있는가고 물었을 때, 김지남이 답하기를 "이곳은 땅이 절험하고 인적이 드물고 황폐하여 파수가 없어 마치 대국(청을 가리킴)의 책문 밖의 땅과 같습니다."라고 하였다. 또 목극등이 천지 남쪽이 조선땅이라고 하는 문서적 근거가 있냐고 묻자, 김지남이 답하기를 "나라를 세운 후 지금까지 전해져 내려왔는데 어찌 문서가 필요하겠습니까?"라고 답하였다(『숙종실록』 권51, 숙종 38년 5월 정해).

여 자칫하면 변민들이 범월(犯越)죄로 다스려질 수 있었다.[30] 이러한 문제가 정계를 통하여 잘 해결되었다. 목극등이 홍토산수(오늘날 赤峰 수원)를 수원으로 정함에 따라, 그 아래에서 두만강에 흘러드는 지류 예컨대 홍단수·어윤강·박하천이 모두 조선 내지로 되었고 무산도 그 속에 포함되었다. 조선에서 땅을 얻은 범위에 대해 접반사 박권이 다음과 같이 묘사하였다.

> 오시천에서 어윤강까지 그리고 장백산(경성 관모봉을 가리킴 | 필자 주)이북 백두산 이남까지 주위 천여 리가 모두 우리나라 땅이었으나, 『여지승람(輿地勝覽)』과 『북관지(北關志)』에 모두 '저들 땅'이라고 기록하였습니다. 그리하여 우리나라 수렵자들이 범월의 우려 때문에 마음대로 다닐 수 없게 되었습니다. 오늘에 이르러 계한이 이미 정해졌으니 변경민들이 이곳이 우리 경내임을 알게 되었습니다. 그 사이에 있는 서수라덕·허항령·완항령 및 보다회산 주위에는 삼밭이 있고 초서(貂鼠)가 산출됩니다. 백두산 아래 이른바 천평·장파 등에도 자작나무가 줄지어 서 있으며 끝이 보이지 않습니다. 삼갑(삼수·갑산 | 필자 주)·무산 세 읍의 백성들이 이런 곳에서 채취하는 것을 허락할 경우 의식이 풍족해질 수 있습니다.[31]

---

30) 『비변사등록』 57책, 숙종 32년 4월 14일 ;『승정원일기』 470책, 숙종 38년 7월 20·25일.

31) 박권, 『북정일기』, 1712년, 동북아역사재단 편, 『백두산정계비자료집』 06, 2006 년, 130~131쪽.
自吾時川至魚潤江 長白山以北 白頭山以南 周圍千餘里之地 本是我國之土 而以輿地 勝覽及北關志中 皆以彼地懸錄之 故我國人之採獵者恐犯潛越之禁 不敢任意往來是自 如乎 今則界限既定 沿邊之人皆知此地明爲我境 其間西水羅德 虛項嶺緩項嶺等地 及 甫多會山左右前後 皆是蔘田是白遣 貂鼠則在在産出是白乎□ 白頭山下所謂天坪長坡 等地 樺木簇立 一望無際 三甲茂山三邑之民 若許採於此中 則衣食自可饒足是白在果.

즉 동서로 압록강 상류 오시천에서 두만강 상류 어윤강까지, 남북으로 경성 장백산에서 백두산에 이르기까지 천여 리 땅이 조선에 속하게 되었다는 것이다. 이 밖에 서수라덕·허항령·완항령과 보다회산의 인삼·초피 등을 마음대로 채취할 수 있게 되었고, 천평·장파 등의 자작나무도 변민들이 마음대로 채취할 수 있게 되어, 의식을 풍족히 할 수 있다는 것이었다. 이상에서 열거한 지명은 백두산 이남과 이동에 속하며, 전에 소속이 모호하였으나 정계를 통하여 조선 땅임이 확실해졌다.

조선 영의정 서종태(徐宗泰) 역시 조선의 강역이 넓어졌음을 말하였다. 그는 국왕에게 계문할 때 북도의 정계하는 일은 "청나라 관리가 우리나라 일을 순조롭게 처리해 주어서 시간이 오래 걸리지 않고 끝낼 수 있었습니다. 또한 정계 후 강역이 넓어진 것은 참으로 다행스런 일입니다."라고 하였다. 이에 대해 국왕이 "처음에는 백두산 남쪽 땅을 다투는 우려가 없지 않았으나, 끝에 가서 순조롭게 정계를 마치게 되었다"고 기뻐하였다. 서종태가 건의하기를 "마땅히 사은해야 합니다"라고 하자 국왕이 그 해 동지사로 하여금 사은사를 겸하도록 하여 청에서 사신을 파견하여 정계한 데 대해 사은을 표하였다.[32]

같은 해(1712) 11월 조선국왕의 명의로 올린 '사정계표(謝定界表)'의 내용은 다음과 같았다.

작년 여름에 청사가 경계를 조사하러 왔을 때, 외국(조선을 가리킴 |필자주)의 공급을 번거롭게 하지 않고 변경의 계한을 바로 하였으며, 이는 모두 황제의 자소지덕(字小之德)을 보여준 것이며, 간사한 무리들의 범월하는 우려를 없애기 위해서입니다. 소방(조선을 가리킴 |필

---

32) 『승정원일기』 469책, 숙종 38년 6월 20일.

자주)의 군신들은 이에 감격하고 칭송하며 하늘을 우러러 추대하며, 삼가 받들어 표를 올려 감사를 표합니다. … 청사가 우리나라에 와서 강역의 일을 바르게 하고, 두 지방 사이 금지와 방어를 엄하게 하였으며, 물로써 계한을 삼고 산으로써 남북을 표하였으며 돌을 새겨 세웠습니다. 또한 우리나라에서 공급하는 수고를 없앴으며, 예리한 생각으로서 간사한 무리들의 범월의 우려를 없애서 영원한 계책으로 삼았습니다. … 이에 삼가 표를 올려 감사를 표하며 계문합니다.[33]

즉 청에서 사신을 파견하여 경계를 조사하고 조선의 공급의 폐단을 없애고 변경의 계한을 바로 잡아 조선인들이 경계를 몰라 월경하는 우려를 없앤 데 대해 사은을 표하였다. 한편 "물로써 계한을 삼았다"고 한 것은 압록강·두만강을 가리키며, "산으로써 남북을 표했다"는 것은 백두산을 가리키며, 그 이북이 청에 속하고 이남이 조선에 속한다는 뜻이다. 요컨대 위 표문은 사은을 표함과 동시에 국왕 문서의 형식으로서 정계 결과를 인정하는 함의도 포함되었다.

이뿐만 아니라 국왕은 시를 지어 기쁜 마음을 토로하기도 하였다. 국왕의 시구는 『백두산도』에 대한 제시(題詩)로서 나타났으며, 그 상세한 내용은 다음과 같았다.

그림(繪素)으로 봐도 가장 북에 있으니, 산에 올라 가본들 기가 어떠하랴. 누가 구름이 멀다 하였느냐, 별과 닿을 듯하도다. 꼭대기

---

33) 『동문휘고』 원편 권48, 彊界, 제1책, 907~908쪽.
去夏皇華審界之行 不煩外國之供億 克正邊疆之界限 莫非皇上字小之德 庶絶奸民犯禁之患 小邦君臣聚首感頌 不勝瞻天愛戴之忱 謹奉表稱謝者 … 詎意皇華之枉辱 特軫彊事之修明 嚴兩地之禁防 指水爲限 表一山之南北 立石以鐫 省陋邦供頓之煩 曲垂睿念 絶奸氓犯越之患 用作永圖 … 謹奉表稱謝以聞.

깊은 물이, 호호탕탕한 하천으로 흐른다. 전에 있었던 쟁계(爭界)의 우려가 스스로 사라지누라.[34]

위 시구에서 '회소(繪素)'란 그림 즉 『백두산도』를 가리키며, 청나라 화원이 그린 산도일 것이다. 또 "그림으로 봐도 가장 북에 있으니, 산에 올라 가본들 기가 어떠하랴"는 백두산이 그림에서 가장 북에 놓여 있으며, 이로써 경계를 나눈다는 뜻이다. "누가 구름이 멀다 하였느냐, 별과 닿을 듯하도다"는 백두산이 요원하고 웅장하다는 뜻이다. "꼭대기의 깊은 물이, 호호탕탕한 하천으로 흐른다"는 백두산 정상에 있는 천지가 압록강·두만강 발원지임을 표한 것이다. "전에 있었던 쟁계(爭界)의 우려가 스스로 사라지누라"는 백두산이 두 나라 경계가 되고 산 남쪽이 조선에 속함으로 경계를 다투는 우려가 사라지게 된 가벼운 심정을 토로하였다.

한 가지 주의할 점은 목극등이 무엇 때문에 그렇게 쉽게 조선에 땅을 양보했는가 하는 문제이다. 일부 학자들의 말대로 그가 조선 사람들의 속임을 당해 천지에 올랐고 천지에서 가까운 동남 기슭에 비를 세워 정계한 것인가?

앞에서 보았듯이, 목극등은 김지남과의 대화를 통하여 백두산 남쪽에 공지가 존재하며, 조선에서 파수를 세우지도 않았고 문서로도 조선에 속함을 증명할 수 없음을 알고 있었다. 그럼에도 불구하고 결과적으로 조선은 백두산 이남 공지를 얻게 되었다. 이는 조선에서 적극적으로 땅을 얻으려 하였고 또 목극등을 인도하여 천지에 오른 것과

---

34) 김노규, 『북여요선』, '白頭圖本考', 양태진, 『한국국경사연구』 부록, 337쪽.
繪素觀猶北 登山氣若何 雲霄誰謂遠 星斗定應摩 巓有深深水 流爲浩浩河 向時定界慮 從此自消磨.

무관하지 않다.

우선 박권의 지시에 따라 역관 김지남이 목극등에게 압록강·두만강이 백두산 천지에서 발원하며 천지 남쪽이 조선 땅이라고 말하였다. 이는 목극등이 천지 가까운 물줄기를 수원으로 정하는 데 영향을 주었다.

다음으로 목극등은 조선 토인들의 이른바 '두만강이 천지에서 발원하여 중간에 백여 리 끊겼다가 다시 땅위로 솟아난다'는 말에 근거하여, 흑석구를 두만강 수원의 '단류처(斷流處)'로 정하고, 그 아래 홍토산수를 정원으로 정하였다. 그리고 흑석구와 홍토산수 사이를 퇴책으로 이어놓도록 하였다.[35] 홍토산수가 백두산 천지와 가장 가까운 두만강 물줄기이기 때문이다.

목극등이 이처럼 쉽게 조선에 땅을 '양보'한 것은 조공책봉 관계의 특수성 특히 청의 조선에 대한 유화정책과 무관하지 않다고 생각된다. 백두산 이남 지역은 여진인이 철거한 지 백년이 되도록 여전히 공지로 남아 있었으며, 조선 유민들의 발자취가 아직 미치지 못하였다. 이곳 자연조건이 열악하고 기후가 한랭하여 농경에 불리하기 때문이었다. 그럼에도 불구하고 조선에서 천지이남 지역을 확보하고자 한 것은 관방의 필요성 때문이라고 생각된다. 이 밖에 백두산 이동에 위치한 두만강 상류 무산·박하천의 경우 여진인이 철거한 후 조선 유민에 의해 개간되었고 일부가 조선의 행정구역으로 편입되었다(무산부 설치). 청은 조선에 대한 회유정책의 구현으로 이러한 곳이 조선에 속함을 인정해 주었다. 그렇지 않고 여진인이 살고 있었을 경우 정계의 결과가 달랐을 것이다.

---

35) 목극등이 홍토산수를 두만강 정원으로 정한 내용은 이화자, 『한중국경사 연구』 제1장 참조.

또 한 가지 주의할 점은 조공책봉 관계 속의 양국 경계가 현대 국제법 하의 국경선처럼 그렇게 엄격하지 않다는 것이다. 목극등이 여러 차례 조선에서 땅을 얻었다고 한 말은 거꾸로 청에서 땅을 양보했다는 뜻이다. 이는 현대 국제법 하의 주권 국가에서는 상상할 수 없으나 조공책봉 관계에서는 가능하였다. 여하튼 양국의 특수 관계 속에서 목극등이 땅을 양보했다는 말을 자주 하게 되었고 우호적인 분위기 속에서 두만강 발원지 설표 공사도 조선에서 단독으로 완성하였다.

재미있는 것은 설표 공사를 할 때 조선에서 땅을 차지한 것이 아니라 일부 영토를 내놓았다는 사실이다. 목극등이 귀국한 후 조선은 두만강 상류 물이 없는 구간에서 설표를 시작하였다. 이때 목극등이 지정한 두만강 수원이 잘못되었음을 발견하였다. 마땅히 청에 통고하여 다시 정계해야 하지만, 목극등이 아닌 다른 사람이 나올 경우 수월하지 않을까 우려하였다. 즉 "정계할 때 혹시 오히려 땅이 축소될 우려가 있을까 걱정하였다." 그리하여 조선은 수원의 잘못을 스스로 고쳐놓았으며, 목책을 정확한 두만강 수원에 이어놓았다. 이것이 바로 목극등이 정하고자 했던 제1파 남쪽에 있는 제2파 수원이었다.[36] 결과적으로 조선의 영토가 남쪽으로 10여 리 축소된 셈이다. 다시 말해 목극등이 이른바 '조선에서 땅을 10여 리 더 얻었다'는 그 부분을 다시 내놓은 것이다.

---

36) 『숙종실록』 권52, 숙종 38년 12월 병진.

4. 정계의 의의와 영향

청에게 백두산정계의 영향은 다음과 같았다. 첫째로 목극등의 실지답사를 통하여 백두산에서 발원하는 압록강·두만강 수원을 찾았으며, 강원비를 천지 동남 기슭 분수령에 세움으로써 백두산 경계를 명확히 확정하였다. 이로부터 5년 뒤 완성된『황여전람도』(강희 56, 1717)에 표시된 백두산과 압록강·두만강 경계는 정계의 결과를 반영하였다. 이로써 목극등이 청조 여도(輿圖)의 제작에 공헌했음을 알 수 있다.

둘째로 조선 변민들의 북진 태세를 압록강·두만강과 백두산 이남 지역에 제한하는 역할이다. 전술했듯이 명대 초기에 백두산 이남과 압록강·두만강 유역은 여진인의 영역이었다. 1616년 누르하치가 후금을 건립하는 과정에서 여진인들을 대거 흥경(興京) 지방으로 이주시켜 팔기(八旗)에 편입하였다. 또한 1644년 청군의 중원입관(中原入關)과 더불어 여진인들은 만주의 옛 터전을 떠나게 되었다. 이로 인하여 조선 변경과 가까운 지역에서 살던 여진부락은 별로 없었다.

한편 압록강·두만강을 사이에 두고 살던 조선 변경민들은 빈번이 월경하여 땔나무를 채취하거나 인삼을 캐갔으며 사냥하는 등 경계를 범하는 것이 끊이지 않았다. 청은 만주의 자신들의 발상지를 보호하기 위하여 강희대에 관내(關內, 산해관 안쪽) 한인(漢人)들이 산해관을 넘어 만주로 들어가는 것을 금함과 동시에, 조선인들이 압록·두만 양강 이북으로 넘어가는 것을 엄금하여 범월죄로 다스렸다.[37]

1712년 정계를 통하여 양국이 압록강·두만강을 경계로 함을 재확인

---

37) 청대 조청 양국이 조선인 월경문제를 둘러싼 교섭은 이화자,『조청국경문제연구』제1~3장·7장 참조.

하였을 뿐만 아니라, 백두산 경계를 명확히 정함으로써 조선 유민들의 월경 활동을 억제하게 되었다. 뿐만 아니라 조선 변경민들의 북진 개발 시도를 저지하는 역할도 하였다. 이는 청조의 만주 발상지 보호에 유리할뿐더러 변경을 공고히 하는 데도 유리하였다.

조선에게 백두산정계의 영향과 의의는 다음과 같았다. 첫째로 비문에 "서위압록, 동위토문, 분수령에 돌을 새겨 기록한다"고 쓴 것은 단지 압록강·두만강을 경계로 하는 것에 그치지 않았으며, 조선의 국경 안전을 보장받는 정치적 의미가 포함되었다. 즉 다시 말하여 압록강·두만강을 경계로 국경이 침범당하지 않는다는 보증이 되었다. 그런 이유 때문에 목극등이 귀국한 후 조선은 즉시 국왕의 명의로 '사정계표'를 올렸다. 백두산정계의 결과를 인정함과 동시에 국가 안전이 보장된다는 정치적 함의도 포함되었다.

둘째로 흉흉하기 짝이 없던 '영고탑패귀설'의 영향이 약해지는 계기가 되었다. 그 이전 강희제가 여러 차례 사람을 파견하여 백두산을 답사하는 데 대하여, 조선은 청이 장차 옛 소굴인 영고탑으로 패하여 돌아갈 때 길을 빌리기 위해 미리 답사하는 것이라고 보고, 청의 답사를 저지하기에 급급하였다. 그러나 정계를 통하여 청의 전국지도 제작 및 『일통지』 편찬을 위한 것임을 알게 되었으며, 영고탑패귀설의 영향이 줄어들게 되었다.

그 이후 청의 국내 형세가 점차 안정되고 국력이 강화되고 판도가 넓어짐에 따라, 조선은 청의 중원 통치 능력을 믿게 되었으며, 18세기 후기에 이르러서 영고탑패귀설은 자취를 감추었다. 이처럼 청에 대한 위기의식이 약화됨에 따라 양국 간의 신뢰가 두터워졌고 문화교류가 활발해졌으며, 조선이 청을 따라 배우는 이른바 '북학'운동이 흥기하는 기초를 마련하였다.

셋째로 조선의 국경의식이 강화되는 계기가 되었다. 조선은 변경민들이 압록강·두만강 이북 지역에 넘어가는 것을 엄금하였을 뿐만 아니라 중국인들이 조선 경내로 넘어오는 것을 막기 위해 노력하였다.

1714년(강희 53) 조선은 두만강변에서 경작하고 거주하는 청인들을 철거하여 강에서 멀리 떨어진 곳에 거주하도록 요구했고, 청은 이에 동의하였다. 이는 이후 하나의 관례로 남게 되었으며, 두만강 이북 강변에서 청인이 거주하거나 개간하는 것은 금지되었다.

이 밖에 옹정·건륭대에 이르러 조선은 청이 압록강변에 초소를 세우는 것을 철거하도록 요구하여 청의 동의를 받았다. 이로써 또 하나의 관례가 남게 되었으니, 청이 압록강 이북 강변에 군사시설을 설치하지 못하며, 청인들이 강변 가까이에 거주하거나 개간하는 것이 금지되었다.[38)

이로써 조선은 청의 유화정책과 만주 지역에 대한 봉금정책을 이용하여 압록강·두만강 이북에 사람이 거주하지 않는 완충지대를 구축하게 되었다. 이처럼 청나라의 한쪽 영토만 비워두는 것을 학자들은 '일방적인 구탈(片面甌脫)'정책이라고 일컬었다. 이는 조선에 유리하지만 청나라에 불리하였으며, 1870~1880년대에 이르러 조선 변경민들이 대거 강북으로 월경·개간하게 된 것은 이와 무관하지 않았다.

넷째로 조선의 백두산 인식이 변화하는 계기가 되었다. 조선초기에 백두산은 오랑캐의 땅(胡地) 즉 야인의 땅으로 보였지만, 정계 이후 그 절반은 청에 속하지만 나머지 절반은 조선에 속한다고 보았다.[39)

---

38) 강희대 조청 양국이 두만강 이북 작사·간전을 둘러싼 교섭과 옹정·건륭대 조선측이 압록강 이북에 초소를 설치하는 것을 철회하도록 요구한 것은 張存武, 「淸韓陸防政策及其實施—淸季中韓界務糾紛的再解釋」, 中央研究院近代史研究所 편, 『中央研究院近代史研究所集刊』, 3기, 1972년 ; 이화자, 『조청국경문제연구』 제5장 참조.

한편 백두산에 대한 관심도가 높아짐에 따라 조선 선비들의 백두산 여행기가 나왔고 백두산에 대한 친근감이 더해졌다. 특히 조선의 지도 제작열이 일어났으며 많은 관찬·사찬 지도가 만들어졌다.

이들 지도에는 백두산 천지가 표기되었을 뿐만 아니라 천지 동남쪽에 세워진 정계비와 그 동쪽 두만강 발원지까지 설치된 토석퇴·목책이 표기되었다. 조선의 국경의식이 높아지고 있음을 말해준다. 이후 영조 대에 이르러 조선은 백두산을 조선왕조의 발상지로 간주하여 갑산에 망제각(望祭閣)을 세워 봄·가을에 제사를 지냈다.[40] 시간이 흐를수록 백두산은 조선의 산으로 간주되었으며, '아국(我國) 백두산' 또는 '아동 (我東) 지(之) 백두'라고 불려졌다.[41]

다섯째로 조선의 변경지역 개발과 변경민의 생활을 안정시키는 데 유리하였다. 그 전에 조선은 청을 방비함과 동시에 변경민들의 월경 채삼으로 청과 마찰이 생기는 것을 피하고자 소극적인 변경정책을 실시하였다. 압록강 상류 폐사군 지역의 경우 변민들의 월경 우려 때문에 공지로 남겨 두었고 개발을 제한하였다. 비록 일부 신하들이 백성들이 입주하고 개간하는 것을 허락할 것을 요구했지만 허락하지 않았다. 그러나 정계 이후 그런 우려가 많이 해소되었다. 18세기 후기에 이르러 백성의 입주가 가능해졌으며, 후주진(後州鎮)을 복설하여 도호부로 승격하였다. 이로써 압록강 상류 지역이 개발의 새 시대를 맞게 되었다.[42]

39) 『승정원일기』 204책, 현종 8년 10월 3일 ; 1269책, 영조 43년 7월 9일.

40) 조선왕조의 백두산 제사활동에 대해서는 강석화, 『조선후기 함경도와 북방영토의식』, 103~106쪽 ; 이화자, 『朝鮮王朝的長白山認識』, 『中國邊疆史地研究』, 2007년 2기 참조.

41) 『고종실록』 권17, 고종 17년 9월 계유 ; 권21, 고종 21년 6월 기축.

42) 18·19세기 조선의 압록강 상류 '폐사군'에 대한 개발은 강석화, 『조선후기 함경

두만강 상류에 있는 무산도 조선 내지로 된 후 유민들이 점점 많이 모여들었으며, 땅이 비옥하여 조선의 북도 대읍으로 성장하였다.[43] 무산 서쪽에 있는 박하천·어윤강도 조선 내지로 되었으며, 조선에서 사창(社倉)을 설치하여 빈민들을 구제하였다.[44] 홍단수 서쪽에 있는 장파의 경우 1785년에 사창을 설치한 후 1년 사이 수십 호가 늘어났으며, 3년 뒤에는 200호가 되었다. 장파창(倉)의 설치는 1885·1887년 감계 담판 때 조선측에 유리한 증거가 되었다. 장파창이 홍단수 서쪽에 있었으며, 백여 호의 주민이 백년 넘게 살고 있었기에, 중국측은 부득불 홍단수를 포기하고 그 서쪽에 있는 석을수로써 경계를 나눌 것을 요구하게 되었다.[45]

여하튼 백두산정계가 조청 양국에 미친 영향은 매우 컸다. 양국 간의 조공책봉 관계의 발전, 특히 변경정책에 영향을 미치게 되었다. 조선은 백두산 이남 지역을 영토로 확보한 후 관방 형세가 유리해졌고 국가의 안전도가 높아졌다. 이는 청에 대한 위기의식을 극복하고 청을 중심으로 하는 천하질서에 편입되는 데 유리하며, 양국의 관계 발전에도 유리한 것이었다.

도와 북방영토의식』, 152~178쪽 참조.

43) 18·19세기 조선의 두만강 상류 지역에 대한 개발은 강석화, 『조선후기 함경도와 북방영토의식』, 130~151쪽 참조.

44) 조선에서 두만강 상류 지역에 사창을 설치한 것은 『북관장파지도』(1785년), 이찬 편, 『한국의 고지도』, 범우사, 1991년 영인본, 64쪽 참조.

45) 總理衙門 편, 『吉朝分界案』, 1853쪽 ; 『정조실록』 권46, 정조 21년 2월 병신.

5. 맺는말

1712년 목극등은 천지 동남 기슭 약 4km에 정계비를 세움으로써 정계를 완성하였다. 이로써 압록강 동원-정계비-흑석구-홍토산수를 잇는 선으로 경계를 나누게 되었다. 표면상으로 볼 때 이는 청에서 사신을 파견하고 조선에서 접대하는 형식으로 진행되었으며, 양측이 평등하게 담판을 통하여 행해진 것이 아니었다. 특히 정계사 자격을 갖춘 조선의 두 사신이 연로한 관계로 수원을 찾고 입비하는 과정에서 제외되었으며, 비석에 이름을 새겨 넣기를 거부한 것은 절차상에 하자를 남긴 것이다. 그럼에도 불구하고 이는 양국 간의 정계가 확실하며, 조공책봉 관계 속에서 청이 주도한 정계였다. 청은 조선을 평등한 정계 상대로 보지 않았으며, 부차적인 위치에 두었다.

그럼에도 불구하고 정계 결과는 조선에 불리하지 않았다. 목극등은 조선인들의 수원에 대한 인식과 백두산 천지이남이 조선 땅이라는 주장을 받아들여, 천지에서 가까운 물줄기를 압록·두만 양강 수원으로 정하였고 입비처도 천지에서 가까웠다. 결과적으로 조선은 천지이남 공지를 얻었을 뿐만 아니라, 천지이동 두만강 상류 지역을 영토로 편입하는 데 성공하였다. 특히 두만강 상류의 무산·어윤강 지역은 여진인의 옛 영역이었으나 그들이 떠나간 지 백년이 되는 동안, 조선 유민에 의해 점거되거나 개간되었다. 이러한 지역이 조선땅임을 인정함으로써 조선 변경민들의 생활 안정에 유리하였다.

백두산정계가 조선에 미친 영향은 컸다. 비문에 "서위압록, 동위토문, 분수령에 돌을 새겨 기록한다"고 한 것은 단지 양강 발원지를 확인한 것에 그치지 않고 두 강을 경계로 조선의 영토 안정이 보장됨을 의미하였다. 조선은 국왕의 명의로 '사정계표'를 올림으로써 정계

결과를 인정함과 동시에 조선의 국가 안전을 보장 받았다. 백두산정계는 조선이 청에 대한 위기의식을 극복하고 청을 중심으로 하는 천하질서에 편입되는 데 유리하며, 양국의 조공책봉 관계 발전에도 유리하였다.

백두산정계는 조선의 변경 개발에도 유리하였다. 두만강 상류의 무산·어윤강 및 홍단수 유역의 장파에 조선 유민들이 이주하여 개간하였으며, 조선은 사창을 설치하는 등의 조치로써 영토에 편입시켰다. 이 밖에 압록강 상류 폐사군 지역도 백성이 입주하여 행정기구가 복설되는 등 개발의 새 시대를 맞게 되었다.

뿐만 아니라 조선은 청의 만주 지역에 대한 봉금정책과 조선 변경에 대한 유화정책을 이용하여, 압록강·두만강 이북 강변에 사람이 거주하지 않으며, 청에서 군사시설을 설치하지 않는 등 방법으로 완충지대를 구축하게 되었다. 이는 조선 변경에 유리하지만 청에 불리하였으며, 1870~1880년대 조선 변경민들이 대거 양강 이북 청 경내로 이주하게 되는 결과를 초래하게 되었다.

백두산정계의 청에 대한 영향은 다음과 같이 요약할 수 있다. 첫째로 오라총관 목극등의 실지답사를 통하여, 백두산에서 발원하는 압록·두만 양강의 수원을 찾았으며, 백두산 경계를 처음 확정하게 되었다. 그 결과가 강희『황여전람도』와 그후에 제작된 청 여도에 반영되었다.

둘째로 백두산정계를 통하여 조선 변경민들의 북진 개발을 압록강·두만강과 백두산 이남 지역에 제한하는 역할이 있다. 이는 청의 만주 지역 발상지 보호와 변경을 공고히 하는 데도 유리하다. 그 이후 조청 양국은 변경지역에서 '통순회초(統巡會哨)'제를 실시하여 공동으로 양강 이북 지역을 개발하는 것을 금하였으며 제도화하였다. 이 제도는 청조가 만주 지역에 대한 봉금을 완전히 해제하고 개발을 실시하는 동치(同治)·광서(光緒)대까지 지속되었다.

백두산정계와 두만강 수원

머리말

기존 연구에서 필자는 백두산정계 시 입비처가 천지 동남쪽 10여 리(약 4㎞)에 있으며, 정계비의 위치가 이동되지 않았음을 주장하였다. 그 증거로서 정계비 동쪽으로부터 두만강 상류 홍토산수까지 석퇴(石堆)−토퇴(土堆)−목책이 설치되어 있으며 이는 조청 양국이 두만강을 경계로 하는 증거임을 밝혔다.[1]

이 글에서는 백두산정계 시 청조 화원이 그린 산도(山圖)의 모사본으로 추정되는 규장각 소장 『백산도』(그림 3)와 그 후에 제작된 조선의 고지도 및 필자가 두만강 발원지를 답사한 경험 등을 결부시켜,[2] 목극 등이 지정한 두만강 상류 경계에 대해 알아보고자 한다.

---

[1] 이화자, 『한중국경사 연구』 제1장.

[2] 필자가 2010년부터 여러 차례 백두산을 답사하였으며, 천지 동남 기슭 약 4㎞에 있는 정계비터와 그 동쪽에서 시작되는 흑석구의 석퇴·토퇴 유적을 답사하였으며, 두만강 발원지(적봉), 두만강 상류 모수림하·약류하 발원지 및 홍토수·모수림하 합류처 등을 조사하였다. 상세한 내용은 이화자, 「중국·북한 국경 답사기 : 백두산 토퇴군(土堆群)의 새로운 발견」, 『문화역사지리』 제24권 제3호(2012), 140~159쪽 참조.

1. 두만강 수원을 잇는 퇴책의 방향

백두산에서 발원하는 3대 수계(압록강·두만강과 송화강) 중에서 송화강만이 백두산 천지에서 떨어져 폭포를 이루고 수원을 형성하였다. 그 외에 두 수계 즉 압록·두만 양강 수원은 천지물과 연결되지 않았으며 천지에서 직접 발원하지 않았다.

천지와 가장 가까운 압록강 물줄기가 약 300m 떨어진 곳에서 샘물로 솟아났다.[3] 또 다른 압록강 물줄기 '대한하(大旱河, 동원)'의 경우 처음에는 마른 골짜기로 있다가 약 3~4㎞ 지나서 물이 흐르기 시작하였다. 계속 아래로 흘러 약 10㎞(천지로부터) 지점에서 작은 폭포가 흘러드는데 '사기문(思技文)' 폭포였다.[4]

두만강 발원지는 천지와 좀 멀리 떨어져 있었으며, 가장 가까운 홍토수[5]가 천지 동쪽 약 80~90리에서 발원하며, 그 아래 홍단수가 천지 동남쪽 약 130리에서 발원하며,[6] 서두수(어윤강·서북천이라고도 함)가 천지 남쪽 약 400~500리 조선 길주에서 발원하였다.[7]

입비처는 '분수령'이라고도 칭하며 압록강·두만강 수원의 분수령을 말하지만, 실은 압록강 발원지일뿐 두만강 발원지가 아니었다. 두만강 발원지는 여기서 약 백리 떨어져 있었다. 이처럼 두만강 수원이 멀리

---

3) 2012년 여름 필자가 백두산 동파(북한 경내)를 관광할 때, 천지에서 가장 가까운 압록강 수원을 보았는데 작은 샘물터였다.

4) 사기문 폭포가 압록강 상류 대한하(大旱河)에 위치했으며, 필자가 백두산 동파에서 관광할 때 이곳에 머무른 적이 있다.

5) 홍토수는 홍토산수라고도 하며, 홍토산(적봉)의 명칭에서 유래되었다. 1885·1887년 공동감계 때 홍토산수라고 명명하였다.

6) 이중하, 『첩정(牒呈)』, 1885년, 통리교섭통상사무아문 편, 『土門地界審勘謄報書』, 규장각 소장, 규26677.

7) 통리교섭통상사무아문 편, 『문답기』, 1885년, 마이크로필름 35쪽.

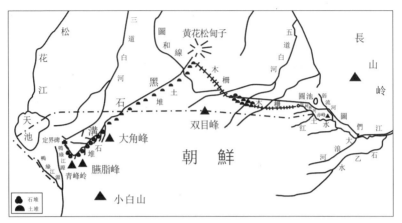

〈그림 5〉 1712년 백두산정계 약도

떨어져 있었기에 목극등이 입비처와 두만강 수원 사이를 토석퇴·목책
으로 이어놓도록 한 것이다.

백두산정계 이후 약 170년이 지난 1885·1887년 공동감계에 이르러,
양측 대표들은 황화송구자(黃花松溝子, 오늘날 흑석구)의 동남 기슭에
석퇴·토퇴가 설치되어 있는 것을 발견하였다.

황화송구자는 흑석구라고도 칭하며, 골짜기에 검은 돌이 많고 또
낙엽송이 많기 때문에 붙여진 이름이었다. 흑석구의 방향을 놓고 볼
때, 천지 동남쪽에 있는 입비처로부터 동북으로 수십 리 연장하며,
처음에는 얕은 골짜기이다가 골이 점점 깊어져 가장 깊은 곳은 약
100m에 달했다. 하류에 이르러 골이 점점 얕아져 완전히 사라졌다.
1908년 봉천 후보지현(候補知縣) 유건봉(劉建封)이 답사한 후 흑석구에
대해 다음과 같이 묘사하였다.

흑석구는 일명 흑석하(黑石河)라고 한다. 청풍령에서 발원하여 서
북쪽으로 목석(穆石, 정계비를 일컬음 | 필자주)까지 백여 보(步)이다.

물의 흐름이 가늘고 검은 돌이 많으며, 물이 있는 곳이 별로 없다. 남안(南岸) 상류에 석퇴가 있고 하류에 토퇴가 있으며, 골짜기 길이가 46리이다.[8] 황화송전자(黃花松甸子)에 이르러 지세가 평평해지고 흔적이 사라진다.[9]

이처럼 유건봉이 지은 흑석구 이름은 지금까지 사용되고 있다.[10] 흑석구는 주로 마른 골짜기로 존재하며, 물이 흐르는 구간이 적었다. 여름 장마철에 일부 구간에 물이 흐르는 외에 대부분 말라 있었기 때문에 '건천(乾川)'이라고 불렸다.[11]

1712년 정계 시 흑석구를 경계로 정하고 또 흑석구와 두만강 사이를 이어놓도록 한 것은 압록강 동원을 가까이하고 있었고, 천지 동쪽에 있는 깊은 골짜기가 천연적인 경계로 되었기 때문이었다. 목극등과 함께 백두산에 올랐던 조선 군관 이의복은 흑석구가 "산이 높고 골이 깊으며, 계한이 분명하여 하늘이 남북을 갈라놓은 것"이라고 묘사하였다.[12]

그러나 흑석구는 하류에 이르러 지형이 평평해지고 골의 흔적이

---

8) 청말에 이르러 1화리(華里)가 약 576m이며, 유건봉이 말하는 흑석구 길이 46리가 약 26㎞이다.

9) 劉建封, 『長白山江崗志略』(李澍田 주편, 『長白叢書』 初集, 吉林文史出版社, 1987년, 344~345쪽). 黑石溝 一名黑石河 源出淸風嶺 西北距穆石百餘步 河身微細 多黑石 有水之處甚鮮 南岸上游 壘有石堆若干 下游積有土堆若干 溝長四十六里 至黃花松甸 卽平衍無蹤.

10) '중조국경의정서'에 흑석구 명칭이 있다. '중조국경조약'(1962년)과 '중조국경 의정서'(1964년)의 내용은 서길수, 『백두산 국경 연구』, 여유당, 2009년 부록 참조.

11) 김정호가 제작한 『동여도』(규장각 소장, 1850년대)에는 '강희임진정계(康熙壬 辰定界)'·'건천(乾川)' 등이 표기되어 있다.

12) 김노규, 『북여요선』, '이의복기사(李義復記事)', 양태진, 『한국국경사연구』 부록, 340쪽.

점차 사라졌다. 특히 하류로부터 두만강 발원지까지 30~40리 사이는 지형이 평평하고 높은 산이 별로 없었다. 이에 목극등이 조선측에 각별히 주의를 주었으며, 두만강 단류처(斷流處)에 설책하여 "여러 사람들로 하여금 경계가 있음을 알도록 하며, 월경하여 사단을 일으키는 일을 없애도록" 요구하였다.[13] 그는 또 "단류처와 비록 물길이 있더라도 얕고 평평한 곳에 이르러서는 피차 민이 쉽게 넘어올 우려가 있으므로 다른 곳보다 중요시여기며, 목책을 세우고 설표한 후에도 자주 조사하는 일을 잊지 말도록 하라"고 당부하였다.[14] 이 요구에 따라 조선은 흑석구 동남안에 석퇴와 토퇴를 설치하였을 뿐만 아니라, 흑석구 하류 토퇴 끝으로부터 두만강 발원지까지 목책과 토돈을 설치해 놓았다.

흑석구 하류로부터 두만강에 이르기까지 목책이 존재한다는 사실을 주목한 학자는 별로 없었다. 후세에 이르러 목책이 다 부식된 것과 무관하지 않지만, 일부 중국학자들의 경우 정계비터와 퇴책을 국경의 표식으로 인정하지 않았기에, 그 아래에 목책이 있는지에 대해 관심이 없었다. 한국학자들의 경우 비록 천지 근처에 있는 정계비터와 흑석구의 토석퇴를 정계의 표식으로 인정하지만, 송화강 상류에 연결되었다고 보았기에 두만강 수원까지 목책이 이어진 데 대해 역시 관심이 없었다.

그러나 역사적 사실은 쉽게 인멸되지 않았다. 1885년 제1차 감계 때 조선 감계사 이중하(李重夏)가 흑석구와 두만강 사이를 연결시켜 놓은 옛 경계의 흔적을 발견하였다. 그는 조선 조정에 올린 비밀 보고서 『추후별단』에 다음과 같이 기술하였다.

---

13) 『동문휘고』 원편 권48, 疆界, 제1책, 907쪽.
14) 김지남, 『북정록』, (1712년) 5월 23일, 200쪽.

정계비 형편을 놓고 볼 때, 지금 밖으로 보면 동쪽의 토퇴·석퇴는 송화강 상류 수원에 이어져 있으니, 당초 정계한 사실에 대해 의문이 생기지 않을 수 없습니다. 그러나 고사를 상고해볼 경우 전혀 의심스럽지 않습니다. 우리나라에서 토문강이라고 한 것은 그 연유가 있는 것입니다. 목극등이 비 동쪽 골짜기를 두만강 상류 수원이라고 말하고 비를 세워 '동위토문'이라는 글을 새겨 넣었습니다. 그리하여 우리나라는 목극등이 돌아간 후 몇 년 동안 역사를 벌여 비 동쪽으로부터 토퇴를 설치하여 동쪽으로 두만강 수원에 닿았습니다. 그러나 두만강 수원은 이 골짜기에 접하지 않았으므로 완만한 비탈에 목책을 설치하여 비의 동쪽 골짜기에 연결시켜 놓고 이를 '토문강원'이라고 불렀습니다. 수백 년이 지난 오늘에 이르러 목책이 다 썩어버리고 초목만 울울하여 옛날의 표식을 저들이나 우리나 다 알아볼 수 없게 되었으니, 오늘의 분쟁이 일게 된 것입니다. 이번에 입산할 때 그 형태와 위치에 대해 몰래 찾아보았더니 수풀 속에 간간이 보였는데 저들 눈에 들키지 않아 다행입니다. 일이 몹시 위태롭고 당황스러우므로 그 실상에 대해 감히 상세히 보고하지 않을 수 없습니다.[15]

위 인용문과 같이, 정계비 동쪽 골짜기(흑석구를 가리킴)로부터

---

15) 이중하, 『추후별단(追後別單)』, 1885년, 『토문감계』(규21036), 마이크로필름 10~11쪽.
定界碑形便 今以外面見之 則東邊土石堆 乃接於松花江上源 當初定界之事實若可疑 然詳考古事 則實非可疑 我國以爲土門江源者 本有其故 穆克登但以碑東溝道是豆滿上源 而立碑而刻之日 東爲土門 故我國於穆克登入去之後 數年爲役 自碑東設土石堆 東至豆江源 而豆江之源 本不接於此溝 故平坡則設木柵 以接於碑東之溝 而遂稱之以土門江源矣 今則數百年間 木柵盡朽 雜木鬱密 舊日標限 彼我之人皆不能詳知 故致有今日之爭卞 而今番入山之行 默察形址 則果有舊日標識 尙隱隱於叢林之間 幸不綻露於彼眼 而事甚危悚 其實狀裏許 不敢不詳告.

두만강 수원까지 완만한 비탈에 목책을 설치하였으나 그 후에 목책이 다 부식되어, 토문이 두만이 아니라는 논쟁이 일게 되었음을 피력하였다. 그리하여 "그 형태에 대해 자세히 살펴보았더니", "과연 옛날 표식이 수풀 속에 간간이 보였다"는 것이었다. 즉 흑석구와 두만강 수원을 잇는 목책 또는 토퇴의 흔적을 발견한 것이다. 이를 통하여 토문·두만이 동일한 강이며, 조청 양국이 토문강 즉 두만강을 경계로 정했음을 알게 되었다.[16]

이중하의 이 같은 발견이 있었기에, 1887년 제2차 감계에서 조선측은 토문·두만이 동일한 강임을 인정하였다. 즉 조청 양국이 두만강을 경계로 함을 인정하고 두만강 이북 조선 유민들을 잘 안치할 것을 청에 요구하였다.[17] 이와 동시에 조선은 홍토산수가 대도문강(大圖們江)이며 즉 두만강 정원임을 주장하여, 정계비·흑석구의 토석퇴와 홍토산수를 잇는 선으로서 경계를 나눌 것을 요구하였다.

제2차 감계 시 이중하는 조선 조정에 홍토산수에 대하여 다음과 같이 보고하였다.

이 일은 단지 시간이 오래되고 목책이 다 부식되어 토퇴 끝으로부터 홍토수원까지 40리 사이에 표식이 없어졌기 때문입니다. 그리하여 오늘날 보건대 계한이 분명하지 않습니다. 그러나 대도문강 수원(大圖們江, 두만강 수원임 | 필자주)은 홍토수가 확실합니다. 홍토수로서 □를 해야 비석·토석퇴와 서로 맞출 수 있습니다. 그리하여 신(臣, 이중하 | 필자주)이 끝까지 홍토수를 고집하였으며, 달이 차도록 서로 대치하고 있어 해결을 볼 기미가 전혀 없었습니다.[18]

---

16) 中央研究院近代史研究所 편, 『淸季中日韓關係史料』 제4권, 1972년, 1911~1915쪽.
17) 王彦威·王亮 편, 『淸季外交史料』 권69, 文海出版社, 1985년 영인본, 1295쪽.

이와 동시에 이중하는 중국측 감계 대표에게도 흑석구와 홍토수 사이가 이어졌으며, 그 남쪽에 옛날 흔적이 있다고 말하였다. 그 상세한 내용은 다음과 같았다.

도문강(圖們江, 홍토산수 | 필자주) 수원은 비석과 좀 떨어져 있어서 토퇴를 연속 설치하여 이어놓았습니다. 오늘날 압록강을 보면 무지가 없지만 동쪽(흑석구 | 필자주)에는 무지가 있으며, 이로써 알 수 있습니다. 또한 무지 끝(흑석구 하류 끝 | 필자주)의 남쪽을 자세히 살펴보면 가려낼 수 있습니다.[19)]

이처럼 이중하의 발견은 목책이 연결된 두만강 수원에 대한 단서를 제공하며, 백두산정계 사료로 되돌아가 흑석구와 두만강 수원 사이 퇴책에 관한 실마리를 찾게 한다.

설책에 관한 1차 사료를 통해 보면, 1712년 6월 목극등이 정계를 마치고 귀국한 후 8월에 조선에서 북평사 홍치중을 파견하여 두만강 수원의 물이 흐르지 않는 구간에 설표하고자 하였다. 이때 차사원 허량·박도상 등이 목극등이 지정한 두만강 수원이 잘못되었음을 발견하였다. 이 두 사람의 말에 의하면, 목극등이 백두산 천지에서 내려온 후 감토봉(甘土峰) 아래 세 갈래 물줄기 중에서 가장 북쪽에 있는 제1파를 수원으로 정하고자 하였으나, 그보다 더 북쪽 10리 밖에 있는

---

18) 이중하, 『정해별단초』, 1887년, 『토문감계』(규21026), 마이크로필름 12쪽.
此事只緣年久柵朽 自堆尾至紅土水源 橫距四十里之間也 無所標識 則在今日所見 界限誠不分明 然至於大圖們之源頭 則紅土水一派之確無疑 必以紅土水爲□ 然後碑堆自可照應 故臣 始終以紅土水堅執 積月相持 終無決定之期是白如乎.

19) 이중하, 『감계사교섭보고서』, 마이크로필름 6~7쪽.
圖們之源 距碑稍遠 故沿設土堆而接之也 今見鴨綠無堆 而東邊有堆 則可以想知也 又細看堆尾之迤南 則漸可卞晰也.

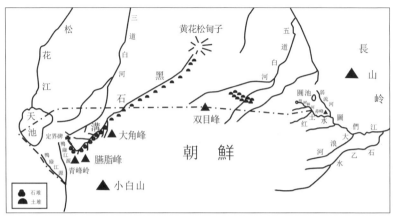

〈그림 6〉 1712년 백두산정계 석퇴·토퇴 유적도

송화강 지류(오도백하일 가능성)로 잘못 정하고 말았다는 것이었다.

이에 북평사가 두만강 수원이 잘못 정해진 이상, 일단 입비처로부터 단류처(斷流處)까지만 설표하도록 명하였다. 즉 정계비 동쪽의 흑석구에 한하여 설표하도록 한 것이다. 왜냐하면 흑석구 길이가 수십 리 되었기에 이곳에 설표하는 것이 시간이 걸리기 때문이었다. 이와 동시에 북평사는 단류처로부터 용출처(湧出處, 물이 솟아나는 곳)까지는 당분간 설표하지 말며, 그가 조정에 보고한 후 다시 결정하기로 하였다. 그러나 차사원들이 북평사의 명을 어기고 단류처 이상(흑석구)에 설표하였을 뿐만 아니라, 단류처로부터 물이 솟아나는 제2파 수원까지 목책을 이어놓았다.[20]

같은 해 12월 차사원 허량·박도상이 사사로이 수원을 변경한 일로 인하여 서울로 압송되어 심문을 받았다. 이때 허량·박도상의 공술 내용은 다음과 같았다.

---

20) 『숙종실록』 권52, 숙종 38년 12월 병진 ; 『비변사등록』 65책, 숙종 39년 1월 28일.

여러 차원들과 의논한 뒤, 비를 세운 곳에서 아래로 25리는 목책을 세우거나 돌을 쌓았으며, 그 아래 물이 나오는 곳 5리와 건천(乾川) 20여 리는 산이 높고 골이 깊어 내의 흔적이 분명하기에 푯말을 세우지 않았습니다. 그 아래에서 물이 솟아나오는 곳까지 40여 리는 모두 목책을 세우되, 그 중간의 5~6리는 나무나 돌이 없고 토질이 강하기 때문에 단지 토돈(土墩)을 세웠습니다. 전후의 실상이 이와 같습니다.[21]

즉 입비처로부터 25리를 목책 또는 돌을 쌓았다고 하는데 이는 후에 발견된 흑석구에 석퇴가 있는 곳이며, 목책은 다 부식되어 없어졌다. 그 아래로 5리에 물이 있다고 하였는데 여름 장마철에만 물이 흘렀다. 그 아래로 20여 리가 건천으로서, 산이 높고 골이 깊어 내의 흔적이 분명하기에 설표하지 않았다고 하지만, 뒤의 시기에 여기서도 토퇴를 발견하였다. 이는 영의정 이유(李濡)의 건의에 따라 토퇴를 보충한 부분이다.[22] 또 그 아래 물이 솟아나는 곳까지 40여 리에 모두 설책하였으며, 중간에 5~6리에 토돈을 설치했다는 것이었다. 여기서 물이 솟아나는 곳이란(용출처) 두만강 발원지를 말하며, 마지막 40여 리 목책이 두만강 발원지에 연결되었음을 알 수 있다.

한편 흑석구와 두만강 발원지까지 거리를 따져 볼 경우, 홍토수가 40여 리를 만족시킨다. 다른 지류의 경우 이에 맞지 않았다. 그러므로

---

21) 『비변사등록』 65책, 숙종 39년 1월 28일.
　　與諸差使員等相議後 自立碑下二十五里段 則或木柵或累石是白遣 其下水出處五里 及 乾川二十餘里段 山高谷深 川痕分明之故 不爲設標是白乎彌 又於其下至湧出處四十餘 里良中 皆爲設柵是白乎矣 而其間五六里 則旣無木石 土品且强乙仍於 只設土墩是白 如乎 前後實狀 不過如斯白乎等於.
22) 『숙종실록』 권53, 숙종 39년 4월 정사(강석화, 『조선후기 함경도와 북방영토의 식』, 71쪽에서 재인용).

40여 리 목책·토돈이 홍토수에 연결되었다고 볼 수 있다. 여하튼 설표한 총 길이를 합하면 약 100리이다. 그 중에서 앞의 50여 리가 흑석구 길이이며, 그 동남안에 석퇴·토퇴가 설치되었다. 뒤의 40여 리가 흑석구 토퇴 끝으로부터 홍토수에 연결된 목책이며, 단지 중간에 5·6리가 토돈이었다. 즉 조선 토인들이 이른바 두만강이 백두산 천지에서 발원하여 백여 리를 '복류(伏流)'하다가 다시 땅위로 솟아난다는 말과 맞아떨어진다.[23]

2. 두만강 발원지와 설책한 물줄기

두만강 발원지는 물이 땅위로 솟아난다는 뜻에서 '용출처(湧出處)' 또는 '수출처(水出處)'라고 불렀다. 물이 흐르기 시작하는 곳이며 진정한 두만강 발원지였다. 이와는 대조적으로 천지 동남 기슭에 있는 입비처의 경우 비록 압록강·두만강 수원의 분수령이라고 하지만, 실은 압록강 발원지이며 두만강 발원지가 아니었다. 여기서 동쪽으로 백리를 더 가야 두만강 발원지가 나타났으며, 사료에서 말하는 감토봉 아래 용출처이다.

1712년 5월 함경도 관찰사 이선부(李善溥)가 두만강 수원에 대해 다음과 같이 보고하였다.

혜산 첨사로 하여금 두만강 수원을 자세히 조사하게 하였는데, 강원이 백두산 꼭대기에서 나와 중간이 80~90리를 끊겼다가 감토봉

---

23) 『숙종실록』 권51, 숙종 38년 5월 정유·6월 을묘.

(甘土峰) 아래에서 흙구덩이에서 솟아나와 무릇 3파를 이루는데 두만 강 수원이라고 하였습니다.[24]

즉 두만강이 백두산 천지에서 발원한 후 중간이 80~90리 끊겼다가 다시 감토봉 아래 흙구덩이에서 솟아나 세 갈래 물줄기를 형성하는데 두만강 수원이라는 것이었다.

아래에 규장각 소장 『백산도』를 통하여 감토봉 밑에서 솟아나는 두만강 수원에 대해 알아보기로 하자.[25]

〈그림 3〉과 같이, 백두산 천지 동남쪽에 비석이 세워져 있는데 '강원 비(江源碑)'라고 표기하였다. 그 서쪽에 '압록강원'이 있고 동쪽에 '토문 ' 즉 토문강이 있다. 토문강은 동쪽으로 흐르다가 중간이 끊기는데 '입지암류(入地暗流)'라고 표기하였다. 그 동쪽에 평평한 곳을 사이 두고 '감토봉(甘土峰)'이 있으며, 그 위에서 물이 솟아났는데 '수출(水 出)'을 표기하였다. 이곳이 진정한 두만강 발원지이다.

한편 감토봉 아래에서 세 갈래 물줄기가 발원하는데, 제1파가 감토 봉 북쪽에서 발원하여 동남쪽으로 흐르며, 제2파가 감토봉 동남쪽에

---

24) 『숙종실록』 권51, 숙종 38년 5월 정유.
　　更令惠山僉使 詳審豆滿江源 則江源出自白頭山巔 中間斷流幾八九十里 至甘土峰下一
　　息許 始自土穴中湧出 凡三派 而爲豆滿江源云.

25) 필자가 『明淸時期中朝邊界史硏究』(知識産權出版社, 2011년)에서 『백산도』에 표기
　　된 두만강 수원에 대하여, 제1파가 오늘날 모수림하인 듯하고 제2파가 오늘날
　　홍토수(합류하기 이전)인듯하다고 서술하였다. 그러나 2010~2011년 필자는 세
　　차례 두만강 발원지를 답사한 후, 앞의 주장을 수정하였다. 물의 크기에 있어서,
　　북에서 남으로 흐르는 모수림하가 서에서 동으로 흐르는 홍토수(북한 경내)보다
　　더 크다는 것을 확인하였기 때문이다. 이는 사료에 이른바 제1파가 산골짜기에서
　　흘러내려오는 작은 물에 불과하며, 제2파가 원류가 분명하여 조금도 의심할 바가
　　없다는 말과 맞지 않는다. 즉 모수림하가 제1파가 될 수 없으며, 홍토수(합류
　　이전)보다 크기 때문이다.

서 발원하여 동쪽으로 흘렀다. 1파·2파가 합류한 후 계속 동남쪽으로 흘러 제3파와 합쳤다. 제3파의 경우 감토봉 동남쪽 약간 떨어진 곳에서 발원하며, 증산 서북쪽에서 1파·2파의 합류한 물과 합친 후 증산 동쪽을 거쳐 동남쪽으로 흘렀다. 그 아래에서 홍단수·어윤강·박하천 등 지류와 합친 후 무산에 이르렀다.

이처럼 〈그림 3〉에 표기된 두만강 발원지 감토봉을 훗날 쌍목봉(雙目峰, 쌍두봉이라고도 함)에 비정할 수 있다.[26] 또한 감토봉 북쪽으로부터 두만강 물줄기를 따라 긴 산맥이 동쪽으로 뻗어내려 온 것이 오늘날 장산령(長山嶺)이다. 사료에는 '진장산(眞長山)'이라고 기록하였다.[27] 장산령은 오도백하(송화강 지류) 수계와 두만강 수계의 분수령이자 홍기하(紅旗河, 두만강 지류)와 홍토산수의 분수령이기도 했다.

오늘날 두만강 발원지로 일컬어지는 적봉(赤峰)은 백두산 천지 동쪽 30~40km에 자리하고 있다. 적봉 근처에서 주로 두 갈래 물줄기가 발원하는데, 하나가 적봉 북쪽에서 동남으로 흐르는 약류하(弱流河)이고, 다른 하나가 적봉 서쪽에서 동쪽으로 흐르는 홍토수이다. 1885·1887년 감계 시 약류하를 '원지수(圓池水)'라고 불렀으며, 원지 동쪽에서 발원하였다. 홍토수가 적봉 서쪽에서 다시 두 갈래로 나뉘며, 하나가 오늘날 북한 경내에서 발원하여 서에서 동으로 흐르는 홍토수이고, 다른 하나가 원지 서쪽 중국 경내에서 발원하는 모수림하(母樹林河)이다. 이 두 물이 적봉 서쪽에서 합친 후 여전히 홍토수라고 불렀으며, 적봉 남쪽을 감돌아 흘러 동쪽에 이른 후 약류하(원지수)와 합쳤다.[28]

---

26) 이화자, 『黑石溝土石堆考』, 『淸史硏究』, 2014년 1기, 41쪽.

27) 『숙종실록』 권52, 숙종 38년 12월 병진 ; 『비변사등록』 65책, 숙종 39년 정월 28일·3월 18일.

28) 홍토수(합류 이전)와 모수림하를 같은 물로 보는 경우가 많으며, 1885·1887년 감계 시 홍토수 또는 홍토산수라고 불렀다.

합류처 아래로부터 정식으로 두만강이라고 칭하였다.[29] 즉 약류하와 홍토수가 합치는 적봉 동쪽을 두만강 발원지라고 불렀다.

한편『백산도』에 표기된 감토봉 동쪽 물줄기를 오늘날 두만강 상류와 맞춰볼 수 있다. 〈그림 3〉과 같이, 가장 북쪽에 있는 제1파를 오늘날 적봉 물줄기 즉 두만강 정원(홍토수·약류하가 합친 물줄기)에 비정할 수 있다. 그 아래 제3파가 증산(甑山) 서북에서 발원하는데 오늘날 석을수에 비정된다. 중간에 있는 제2파가 이름 없는 작은 물줄기이다.

사료에 의하면, 목극등이 백두산 천지에서 내려온 후 먼저 조선 사람들더러 물이 솟아난다는 제2파에 가서 기다리도록 하였다. 그가 곧 뒤따라갔으며 물이 솟아난다는 곳에서 10여 리 못 미쳐 작은 물을 발견하고 두만강 수원으로 정하였다. 그는 이 작은 물로 경계를 나눌 경우 조선 사람들이 말하는 물이 솟아난다는 제2파보다 10여 리 더 멀어져 조선에서 땅을 더 얻게 되어 다행이라고 말했다. 즉 그가 지정한 작은 물이 제2파 북쪽 10여 리에 있다. 그러나 얼마 후 그가 지정한 물줄기가 잘못되었음이 발견되었다. 이 물을 따라 계속 내려갈 경우, 30리를 더 가서 동북쪽으로 꺾어져 다른 곳으로 흘러갔으며, 두만강에 흘러들지 않았다.[30] 몇 달 후 설책 공사에 나왔던 북평사는 목극등이 지정한 작은 물이 복류하다가 솟아나는 물로서, "제1파 수원의 북쪽 10여 리 밖의 사봉(沙峰) 밑에 있다"고 말하였다.[31] 즉 목극등이 동북쪽

---

29) 1962년에 체결된 '중조국경조약'과 1964년에 체결된 '중조국경의정서'에 의하면, 양국의 국경선은 홍토수와 모수림가 합치는 곳(20호 국경비)부터 수류(水流) 중심선을 따라 내려가다가 적봉 동쪽의 약류하와 홍토수가 합치는 곳(21호 국경비)부터 두만강이라 불렀고 경계로 하였다. 서길수,『백두산국경연구』부록 참조.

30) 『숙종실록』 권52, 숙종 38년 12월 병진 ; 『비변사등록』 65책, 숙종 39년 1월 28일.

31) 『숙종실록』 권52, 숙종 38년 12월 병진.

으로 송화강에 흘러드는 물을 두만강 수원으로 잘못 지정한 것이다.

필자의 실지답사에 의하면, 오늘날 적봉·원지 근처가 두만강 수계의 발원지이자 송화강 오도백하 수계의 발원지였다. 이곳 물 흐름이 극히 복잡하고 또 화산 지형의 원인으로 복류하다가 흘러나오는 물이 많았다. 전술했듯이 목극등이 지정한 작은 물이 복류하다가 흘러나오는 물이며, 이 밖에 오도백하 지류 동붕수(董棚水) 역시 복류하다가 동북쪽으로 흘러갔다.[32] 또한 오도백하 수계와 두만강 수계 사이가 매우 가까웠으며, 예컨대 동붕수(오도백하 지류)와 가까운 두만강 지류가 4리가량 떨어져 있다고 하며,[33] 필자의 답사에 의하면 수백m에 지나지 않았다.

이처럼 목극등이 용출처(제2파)에서 10여 리 못 미친 곳에서 작은 물(a)을 수원으로 지정한 후, 두 명의 조선 사람으로 하여금 이 작은 물을 따라 내려가 동쪽으로 두만강에 흘러드는지 알아보도록 하고, 그 자신은 육로를 통하여 물이 솟아난다는 제2파(c, 모수림하인듯 함)에 이르렀다. 그는 제2파를 따라 8·9리를 내려가다가 제1파(b, 약류하인듯 함)가 북쪽으로부터 와서 합치는 것을 보았다. 그는 그가 지정한 작은 물이(a, 잘못 지정한 물줄기) 여기에 와서 제2파(c)와 합치는 줄로 알았다.[34] 그러나 그가 지정한 작은 물(a)과 제1파(b) 수원은 각기 다른 물줄기였으며, 하나(a, 잘못 지정한 물줄기)가 송화강에 흘러들고, 다른 하나(b, 약류하)가 두만강에 흘러들었다. 즉 목극등이 약류하(제1파)를 수원으로 정하려다가 그 북쪽에 있는 송화강 오도백

---

32) 『圖們界卞晰考證八條』, 1887년, 『토문감계』(규21036), 마이크로필름 33~34쪽.

33) 이중하, 『감계사교섭보고서』, 1887년, 마이크로필름 22~23쪽.

34) 『숙종실록』 권52, 숙종 38년 12월 병진 ; 『비변사등록』 65책, 숙종 39년 1월 28일.

하로 잘못 지정한 것이다.

비록 목극등이 수원을 잘못 지정했다고 하더라도 필경 그가 정하고자 했던 물이 제1파 수원(약류하)이었으므로 여기에 설책해야 하지만, 설책 공사에 나왔던 조선의 차사원들은 제1파(약류하)에 설책하지 않고 제2파(홍토수)에 설책해 놓았다. 제1파가 산골짜기에서 흘러나오는 작은 물에 불과하며, 제2파가 "물의 원류가 분명하고 조금도 의심할 여지가 없다"는 이유에서였다. 이 밖에 제2파가 제1파와 가까이 있어서 영토 손실이 있더라도 그리 크지 않기 때문이었다.[35]

조선 조정은 백두산정계를 통하여 천지 남쪽 땅을 얻었다고 생각하고 있었기에, 차사원들이 설책한 제2파 수원이 진장산(眞長山, 장산령) 안에서 두만강에 흘러드는 물이라는 점을 확인한 후, 그들이 사사로이 수원을 변경한 책임을 묻지 않고 사실을 묵인해 버렸다.[36] 요컨대 조선에서 설책한 제2파 수원이 적봉 남쪽을 감돌아 흐르는 오늘날 모수림하(홍토수의 북쪽 지류)이며, 목극등이 정하려던 제1파가 오늘날 약류하이며, 그가 잘못 정한 물이 약류하 북쪽에 있는 송화강 오도백하일 것으로 생각된다.

3. 조선 고지도에 나타난 두만강 수원과 퇴책

백두산정계 사실이 조청 양국 지도에 반영되어 참고할 수 있다. 예컨대 1717년 완성된 강희『황여전람도』의 경우 '토문강색금(土門江色禽)'을 표기하고 있으며, 건륭『대청일통여도』에는 '토문오라색흠(土

---

35) 『비변사등록』 65책, 숙종 39년 1월 28일.
36) 『승정원일기』 476책, 숙종 39년 3월 15일.

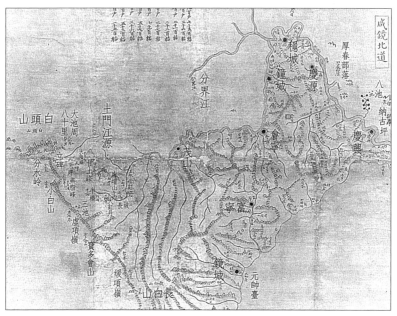

<그림 7> 정상기, 『동국지도』 함경북도(1740년대, 서울역사박물관 제공 [서13216])

門烏喇色欽)'을 표기하고 있다. 여기서 '오라'란 강을 뜻하고 '색흠'이란 수원을 뜻하며 즉 두만강 수원을 가리킨다. 이는 백두산정계 결과 수원을 정한 것이었다.

　18세기 이후 제작된 조선 고지도에도 백두산정계 결과가 반영되고 있다. 정계 이후 조선의 북부 관방에 대한 관심이 증대되면서 많은 관찬·사찬 지도가 제작되었다. 예컨대 1740년대 정상기(鄭尙驥)가 만든 『동국지도』의 함경북도도(그림 7), 18세기 중기에 만든 『해동지도』의 함경도도(그림 8)와 『서북피아양계만리지도(西北彼我兩界萬里之圖)』(그림 9), 1765년의 관찬 『여지도서』의 「북병영지도」(그림 10), 1770년 신경준(申景濬)이 왕명에 의해 만든 『조선지도』의 함경북도도(그림 11), 18세기 후기에 만든 『북계지도(北界地圖)』(그림 12), 1785년 함경

〈그림 8〉『해동지도』함경도 (18세기 중기, 서울대학교 규장각 소장)

북도에서 그려 올린 『북관장파지도(北關長坡地圖)』(그림 13), 1872년
함경북도에서 만든 『무산지도』(그림 14) 등이 있었다.

　위와 같은 조선 고지도를 살펴볼 경우, 천지 동남쪽 분수령에 비석이
세워져 있으며, '정계비' 또는 '임진정계비'라고 표기하였다. 여기서

〈그림 9〉『서북피아양계만리지도』(18세기 중기, 서울대학교 규장각 소장)

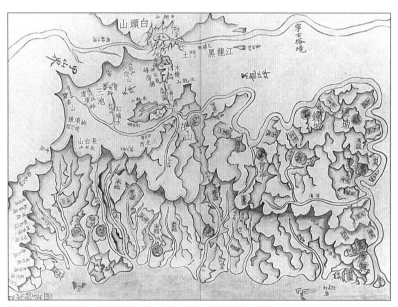

〈그림 10〉『여지도서』, 북병영지도 (1765년, 한국교회사연구소 소장)

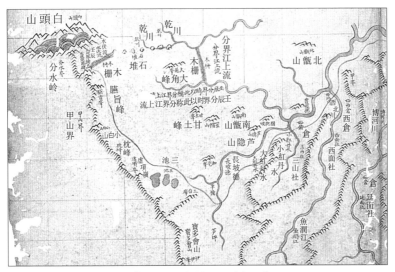

〈그림 11〉『조선지도』 함경북도 (1770년, 서울대학교 규장각 소장)

'임진'이란 1712년을 가리키며 백두산정계의 해이다. 이 밖에 정계비로
부터 두만강 수원까지 퇴책이 설치되어 있으며, '석퇴(石堆)'·'토돈(土
墩)'·'목책(木柵)'을 표기하였다. 다만 퇴책의 방향에 있어서 각기 다르
게 표기하였으며, 다음의 세 유형으로 나눌 수 있다.

첫째로 〈그림 8·9·10〉과 같이 남쪽으로 향한 목책만을 표기하고
있다. 이는 퇴책의 마지막 부분을 표현한 것으로서 흑석구 끝에서
홍토수에 이르는 목책이었다.

둘째로 〈그림 11·12〉와 같이 퇴책이 동쪽으로 향하다가 남쪽으로
꺾어졌다. 동쪽으로 향한 부분이 목책·토돈·석퇴이고 남쪽으로 꺾어
진 부분이 목책이었다. 이 유형이 퇴책의 실제 상황과 제일 유사하였
다.

셋째로 〈그림 13·14〉와 같이 동남쪽으로 향한 토돈·목책만이 표기
되어 있었다. 이 유형 역시 퇴책의 마지막 부분을 표현하였다.

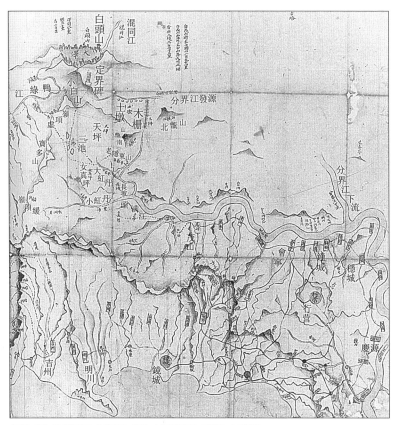

〈그림 12〉『북계지도』(18세기 후기, 서울대학교 규장각 소장)37)

---

37) 이찬은『한국의 고지도』(범우사, 1991년)에서『북계지도』가 19세기 후기 작품
이라고 하였지만 이보다 이른 시기 작품이다. 지도상에 평안도의 폐사군이
표기되어 있는데, 1796년에 조선에서 후주진을 복설하고 1823년에 도호부로
승격하여 후창군으로 개칭하였다. 이런 변화에 대해 아무런 반응 없이 여전히
'폐사군'으로 표기하였다. 그러므로 이 지도는 1796년 이전 작품이라고 할
수 있다. 이 밖에 1800년에 함경북도 이성(利城)이 이원(利原)으로 개칭되었는
데 여전히 이성으로 표기되어 있으므로 1800년 이전 작품임을 알 수 있다.
또 지도에는 1787년에 설치된 장진부(長津府)가 표기되어 있다. 그러므로 1787
년 이후의 작품이라고 하겠다. 이 밖에 지도에는 '□□□橋金承旨宅家藏'이라는 이상에서 본 세 유형의 공동 특징은 정계비로부터 남쪽 또는 동남쪽으로 두만강 수원까지 퇴책이 이어진 것이다. 또한 두만강 수원은 천지 동쪽에서 가장 가까운 물줄기임이 틀림없다. 이는 목극등이 천지 동남쪽에 정계비를 세운 것과 동쪽으로 두만강 수원까지 퇴책을 설치한 것을 사실에 가깝게 반영하고 있다.

한편 앞의 지도에는 두만강 수원 말고 천지 또는 정계비로부터 동류하는 또 다른 물줄기를 표현하고 있으며, '분계강(分界江)'이라고 표기하였다. 〈그림 7·8·9·11·12·13〉과 같이 단류(斷流)하는 물줄기이며, 중간이 끊겼다가 종성(鍾城)·온성(穩城) 근처에서 다시 두만강에 흘러들었다. '분계강'의 물 흐름으로 보아 오늘날 서에서 동으로 흐르는 해란강과 유사하다. 그러나 주지하다시피 해란강은 백두산 천지에서 발원하지 않으며 단류(斷流)하는 물줄기도 아니었다.

그렇다면 단류하는 '분계강'은 무엇을 뜻하는 것일까? 이는 실존하는 물줄기가 아니라 조선인들이 상상해낸 물에 불과하다. 즉 목극등이 땅속에서 흐르다가 땅위로 솟아나는 물을 두만강 수원으로 정한 것을 동류하는 해란강에 접목시켜 놓았다. 그러나 이른바 '분계강'은 잘못된 지리인식에 속하며, 두만강 수원에 대한 착각에서 기인한 것이었다.

이 밖에 지도에 나타난 두만강 수원은 거의 다 무명수(無名水)로 처리되었다. 오늘날 적봉 근처 두만강 지류에 명칭이 생기게 된 것은 1885·1887년 감계 때부터였다. 홍토수·원지수(약류하)의 경우 1885년 제1차 감계 때 생긴 이름이며, 근처의 홍토산(적봉)과 원지(圓池)에서

제기(題記)가 있는데, 김승지 댁에서 소장했던 작품임을 알 수 있다. 한편 지도에 표기된 두만강 상류의 형태와 토돈·목책과 천지의 형태, 그리고 분계강의 흐름으로 보아 18세기 후기 조선지도의 전형적인 특징을 갖추고 있다. 그러므로 이 지도가 18세기 후기 작품이라고 할 수 있다.

따왔다. 석을수가 1887년 제2차 감계 때 생긴 이름이며 '도랑수(島浪水)'라고도 불려 물 흐름이 크지 않음을 말해준다. 석을수는 서남쪽에서 동북쪽으로 흘러 남증산 서쪽에서 두만강에 합류하였다.

특기할 것은 1908년 동삼성 총독 서세창의 명으로 유건봉이 백두산을 답사할 때, 원지수를 약류하(弱流河)로 고쳤으며, 홍토수와 석을수 사이 새 지류를 대랑하(大浪河)라고 명명하였다. 대랑하는 서에서 동으로 흐르는 짧은 지류이지만 물 흐름이 꽤 컸다. 그리하여 유건봉이 대랑하를 두만강 정원으로 보고 이로써 경계를 나눌 것을 주장하였다.[38]

이보다 앞서 1785년 조선에서 장파(長坡)에 사창을 세우면서 장파수(長坡水)를 명명하였다(〈그림 13〉『북관장파지도』참조). 장파수는 석을수와 홍단수 사이에서 남쪽에서 두만강에 흘러드는 지류였다.

또한 지도상에서 두만강 수원을 분별할 때, 아래와 같은 지명에 유의할 필요가 있다. 하나가 두만강 발원지가 위치한 '천평(天坪)'이다. 기록에 따르면, 천평의 지리범위는 백두산 천지로부터 시작하여 동남쪽으로 완항령(緩項嶺)·장백산(경성 관모봉)에 이르고, 동북쪽으로 장산령(북증산이라고도 함)에 이르며, 동쪽으로 남증산·노은동산에 이르렀다. 그 사이 수백 리 평탄한 지대를 '천평'이라고 일컬었다. 삼지연(三池淵)이 천평에 놓여 있었다.[39]

천평은 여진인들이 백두산 근처에 살 때 생겨난 이름이며, 세종대

---

38) 王瑞祥·劉建封 등, 『長白山靈蹟全影』, 1911년, 58쪽, 북경대학도서관 소장 ; 劉建封, 『長白山江崗志略』, 365·454쪽 ; 張鳳臺 등, 『長白滙征錄』, 李澍田 주편, 『長白叢書』 初集, 吉林文史出版社, 1987년, 64쪽.

39) 천평의 지리범위는 필자가 『조선왕조실록』·『비변사등록』·『승정원일기』 및 조선 후기 선비들의 유람기(박종의 『백두산유록』), 1885년 이중하가 쓴 『백두산일기』 등을 참고하여 정리한 것임.

여진인의 공격을 막기 위하여 천평에 간봉(間烽)을 설치한 기록이 있었다.[40] 한편 두만강 물줄기가 천평에서 발원한다고 한 것은 이곳 지형이 평탄함을 말해준다. 이러한 지형 조건 때문에 이곳에 40여 리 목책을 설치할 수 있었던 것이다.

18세기에 편찬된 조선 지리서에도 두만강이 천평에서 발원한다고 기록하였다. 신경준의 「사연고(四沿考)」에는 두만강에 대해 다음과 같이 기술하였다.

> 두만강은 사전(祀典)에서 북독(北瀆)에 속한다. 백두산에서 발원하여 남류(南流) 즉 복류(伏流)하며, 복류처에 토돈·목책을 설치하여 두 나라 경계를 나눈다. 땅속에서 흘러나와 천평에서 삼산사(三山社, 무산부 서쪽 120리)에 이르며 허항령 동쪽 물과 합친다.[41]

즉 두만강이 백두산 천지에서 발원하여 남쪽으로 복류(伏流)하며, 토돈·목책을 설치하여 두 나라 경계를 나눈다는 것이었다. 또한 위 인용문에서 "물이 땅위로 솟아난 후 천평으로부터 삼산사에 이르러 허항령 동쪽 물과 합친다"고 하였는데, 삼산사란 삼산창이라고도 불리며 사창이 설치되면서 생겨난 이름이다.[42] 허항령 동쪽 물이란 허항령·삼지연 동쪽에서 발원하는 홍단수를 가리키며, 서에서 동으로 흘러 삼산사 근처에서 두만강과 합쳤다.

---

40) 『승정원일기』 1049책, 영조 25년 10월 30일.

41) 신경준, 『여암전서』 권8, 사연고, 경인문화사, 1976년 영인본, 281~282쪽. 豆滿江 祀典係北瀆 源出白頭山 南流卽伏流 伏流處設土墩木柵 以定兩國之界 復流由天坪中至三山社(在茂山府西一百二十里) 與虛項嶺以東之水合.

42) 삼산창의 위치에 관해서는 1765년의 관찬 『여지도서』 '북병영지도', 1770년에 신경준이 왕명에 의해 제작한 『조선지도』의 '함경북도도', 1785년 함경북도에서 만든 『북관장파지도』 등을 참조함.

이처럼 신경준은 천평에서 흐르기 시작하는 북쪽 지류를 두만강 수원으로 보아 토돈·목책이 설치되어 경계를 나눈다고 주장하였다. 또한 그가 편찬한『동국문헌비고』'여지고'에서도 "두만강이 백두산 남쪽 갑산 천평에서 발원한다"고 기록하였다.[43]

이 밖에 18세기 관찬 지리서인『여지도서』에도 "두만강이 백두산 아래 천평에서 발원하여 육진을 감돌아 흐르며 경흥 녹둔도에 이르러 바다에 흘러들어간다"고 기록되어 있다.[44] 이상의 기록을 통하여 두만강 발원지가 천평에 있음을 알 수 있다.

앞에서 본 천평 말고도 남증산·노은동산을 유의할 필요가 있다. 우리가 알고 있는 두만강 상류 지리지식에 의하면, 발원지로부터 동남쪽으로 흘러 남증산·노은동산 서쪽과 북쪽을 경유하며, 삼산사 근처에서 홍단수와 합치는 물줄기가 적봉 수원 즉 홍토산수였다. 비록 석을수도 남증산·노은동산 서쪽에서 두만강에 흘러들지만 물 흐름 방향이 서남쪽에서 동북쪽으로 흐르며, 동남쪽으로 흐르는 적봉 수원(오늘날 두만강)과 구별되었다. 한편 앞 지도에서『북관장파지도』(그림 13)의 두만강 수원의 물 흐름이 실제 상황과 제일 유사하다.

『북관장파지도』는 국립중앙도서관과 서울대학교 규장각에 소장되어 있다.[45] 이 지도는 1785년(정조 9) 함경북도 절도사 민의혁(閔義爀)

---

43) 『증보문헌비고』 권20, 여지고 8, 동국문화사, 1959년 영인본, 317쪽.

44) 『여지도서』 관북읍지, 국사편찬위원회, 1973년 영인본.

45) 『북관장파지도』의 서울대학교 규장각 소장본의 명칭은『장파지도』이며, 비변사 인이 찍혀 있다. 이찬은『한국의 고지도』에서『북관장파지도』가 1880년 이후에 제작된 것으로 보았지만 이보다 이른 시기의 작품임을 알 수 있다. 지도에 장파에 설진할 위치와 노은동산에 봉수를 설치할 위치를 표기하고 특히 장파수가 두만강에 흘러드는 입구에 "인가육호(人家六戶)"라고 적어놓은 것이『정조실록』(정조 9년 7월 14일)에 기록된 함경도 절도사 민의혁의 장계 중에 "강구평에 6호밖에 없다"고 한 내용과 일치하다. 이로써 이 지도가 1785년 민의혁이 장파 설진을 요구하여 올린 「장파형편도」임을 알 수 있다.

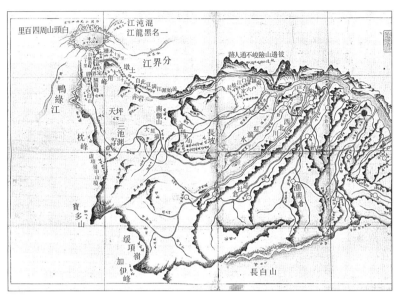

〈그림 13〉『북관장파지도』(1785년, 국립중앙도서관 제공)

이 장파에 진을 설치할 것과 노은동산에 봉수를 설치할 것을 청하여 올린 『장파형편도』이다.[46]

　〈그림 13〉과 같이, 두만강 상류 지류와 연안 지명을 표기하였을 뿐만 아니라, 각 지류를 따라 설치한 사창·강변파수와 봉수 위치를 표기해 놓았다. 예컨대 장파에 진을 설치할 위치와 노은동산에 봉수를 설치할 위치를 표기하였다. 이 밖에 두만강 상류 지류로서 박하천·서 북천(어윤강·서두수라고도 함)·홍단수·장파수 등을 표기하였다. 더 위로 올라갈 경우 두만강 수원에 다다르나 구체적인 명칭이 없다. 또한 두만강 상류로부터 백두산에 이르는 도로·사창과 강변파수를 잇는 도로를 표시하였다. 이처럼 이 지도는 두만강 상류 지역과 백두 산 천지 남쪽 형세를 표현한 관방지도이다.

---

46) 『정조실록』 권20, 정조 9년 7월 신유.

『북관장파지도』(그림 13)를 다시 보면, 백두산 천지에서 발원하는 4대 수계를 표현하고 있다. 즉 남류하는 압록강, 북류하는 송화강, 동류하는 분계강, 동남쪽으로 흐르는 두만강이다. 여기서 분계강은 전술했듯이 실존하는 물이 아니라 조선인들이 상상해낸 물에 불과하다.

다시 두만강 수원을 살펴보면, 적암(赤巖)으로부터 흐르기 시작하며 지도상에 "두만강 수원이 여기서부터 흐른다"고 표기하였다. 적암 위로 더 올라갈 경우 "토돈 35리"·"목책 15리"가 있으며, 더 위로 올라가면 분수령상의 정계비와 천지가 있다. 여기서 '적암'은 훗날의 홍토산 즉 오늘날 적봉에 비정되며, 산체 암석이 붉은 색을 띤데서 유래되었다.

지도(그림 13)에서 두만강 수원의 물 흐름을 살펴보면, 적암에서 시작하여 동남쪽으로 흐르며, 남증산·노은동산 북쪽을 경유하였다. 또 남쪽으로부터 두 갈래 작은 지류가 흘러드는데 '장파수'라고 표기하였다. 계속 동쪽으로 흘러 남쪽에서 홍단수·서북천·박하천이 차례로 흘러들어와 무산에 이르렀다. 이처럼 적암수가 오늘날 적봉 수원에 비정되며, 여기에 목책·토돈이 연결된 것으로 나타났다.

한편 지도(그림 13)에 표기된 사창의 위치로부터 두만강 상류 지역의 개척이 진전되었음이 발견된다. 조선 유민들의 발자취가 이미 무산을 넘어 서쪽으로 박하천·서북천(어윤강)과 홍단수 연안에 이르렀으며, 홍단수를 넘어 계속 서쪽으로 나아가고 있었다.

기록에 따르면, 1785년 함경북도 절도사 민의혁(閔義爀)이 『장파형편도』를 올리게 된 것은 장파수가 두만강에 흘러드는 입구인 강구평(江口坪)에 진보를 설치하여 북부 관방을 강화하기 위해서였다. 지도(그림 13)에는 강구평에 진보를 설치할 위치와 노은동산에 봉수를 설치할 위치를 표기해놓았다. 특히 강구평의 설진할 곳에 "인가육호(人家六戶)"라고 적어놓은 것은 『정조실록』에 기록된 이른바 "강구평에 6호밖에 없다"고 한 내용과 일치한다. 이처럼 인가가 드문 곳이었기에 민의혁의 설진 요구가 받아들여지지 않았으며, 사창을 먼저 설치하되 주민이 늘어난 후 다시 설진하도록 하였다.[47]

그 후에 편찬된『무산부지(茂山府志)』에 의하면, 1785년 장파에 사창을 설치한 후 그해 주민이 75호에 달하였고, 3년 후 1788년에 53호가 더 늘어났으며,[48] 1797년에 이르러 200호를 넘었다고 하였다.[49]

장파창의 설치는 1885·1887년 공동감계 시 중국측이 무시할 수 없는 요소로 작용하였다. 장파창이 홍단수 서쪽에 놓여 있었기 때문에 중국측의 요구대로 소백산·홍단수로서 경계를 나눌 경우, 장파가 길림(吉林) 땅이 되어버렸다. 조선측 반대에 부딪쳐 중국측은 부득불 한발 물러나 장파 서쪽에 있는 석을수와 그 서쪽에 있는 소백산을 경계로 할 것을 요구하게 되었다.[50]

『북관장파지도』(그림 13)와 유사한 지도로서 1872년 함경북도에서 그려 올린『무산지도』(그림 14)가 있다.『무산지도』의 지리범위가『북관장파지도』와 비슷하며, 두만강 상류 지역과 백두산 천지 남쪽 관방 형세를 나타내고 있었다.

〈그림 14〉와 같이,『무산지도』에는 장파창이 표기되어 있을 뿐만 아니라, 위치가 무산 "읍 서쪽 115리"에 있음을 표기하였다. 장파창 동쪽에 홍단수가 있고 서쪽에 장파수가 있다. 장파수는 남증산 동쪽에서 발원하여 북쪽으로 흘러 두만강과 합류하였다. 두만강은 천지 동쪽에서 발원하며 그 위에 '토돈'·'목책'·'지계비(地界碑)'[51](정계비)가 있

---

47) 『정조실록』 권20, 정조 9년 7월 신유.
48) 總理衙門 편,『吉朝分界案』, 1853쪽.
49) 『정조실록』 권46, 정조 21년 2월 병신.
50) 이중하,『감계사교섭보고서』, 1887년, 마이크로필름 20~21쪽.
51) 지도상에 '지계비(地界碑)'란 '정계비(定界碑)'를 가리킴.

고 더 위로 올라가 백두산 천지가 나타났다.

이 밖에 『무산지도』(그림 14)에는 두만강 상류 지류를 따라 설치된 사창·강변파수 및 봉수가 그려져 있으며, 허항령·완항령에서 무산에 이르는 도로가 표시되어 있다. 특히 허항령을 출발하여 삼지연을 경유하여 백두산 천지로 오르는 두 갈래 길이 표기되어 있는데, 그 중 한 갈래가 정계비를 거쳐 천지 동파(東坡)로 올라갔다. 이는 이 시대 사람들의 천지를 유람하는 길로서 조선후기 선비들의 유람기에 자주 등장하였다.[52]

『무산지도』(그림 14)에 나타난 조청 양국 경계도 명확하였다. 두만강 이북에 '피지' 즉 청나라 경임을 표기하여 양국이 두만강을 경계로 함을 나타냈다.

또한 지도(그림 14)에 두만강 수원의 물 흐름은 천평에서 시작하여 동남쪽으로 흘러 증산·노은산 북쪽을 경유하며, 남쪽으로부터 장파수·홍단수·박하천이 차례로 와서 합쳤다. 두만강 수원은 여전히 홍토산 수 즉 오늘날 적봉 수원이며, 그 위에 목책·토돈을 표기하여 백두산정계의 수원임을 나타냈다.

『무산지도』(1872년, 그림 14)의 제작 연대가 『북관장파지도』(1785년)보다 늦은 관계로, 『무산지도』에는 두만강 상류 지역의 변화상을 나타내고 있었다.

〈그림 14〉와 같이 장파수가 두만강에 흘러드는 입구에 장파창을 표기함과 동시에, 홍단수가 두만강에 흘러드는 입구에 사창이 더 늘어나 '삼상창(三上倉)'과 '삼하창(三下倉)'으로 나뉘었다. 두만강 상류 지역 개발이 진척됨에 따라 인구가 늘어나 사창을 증가해야만 했던

---

52) 서명응의 『유백두산기』, 이의철의 『백두산기』, 박종의 『백두산유록』 참조. 세 편의 유람기는 이상태 등 역, 『조선시대 선비들의 백두산 답사기』에 수록됨.

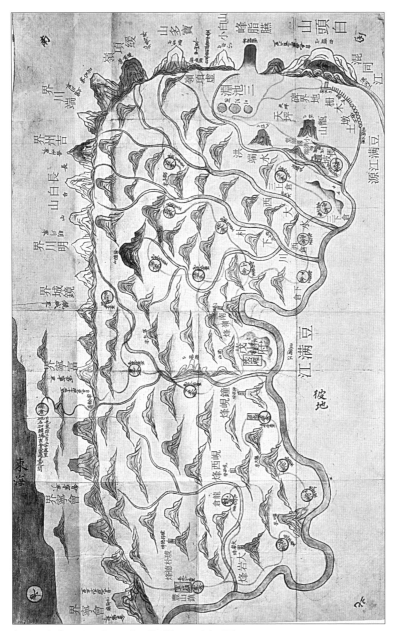

〈그림 14〉『무산지도』(1872년, 서울대학교 규장각 제공)

사회상을 반영하고 있다. 여하튼 장파창은 두만강 상류 지역에서 가장 서쪽에 위치한 공적 시설로서, 더 서쪽으로 갈 경우 지세가 점점 높아져 농경에 불리했으므로 천지까지 미개척지로 남게 되었다.

4. 백두산정계의 결정 요소 및 정계의 영향

백두산정계의 결정 요소는 다음과 같이 요약할 수 있다. 첫째로 조청 양국이 압록강·두만강을 경계로 한 사실과 이 두 강이 백두산 천지에서 발원한다는 지리인식에 근거하였다.[53] 이에 기초하여 천지에서 발원하는 압록·두만 양강 물줄기가 어떤 것인지를 조사하여 이로써 경계를 나누고자 하였다. 그러나 압록·두만 양강이 직접 천지에서 흘러나오는 것이 아니었기에 천지에서 가까운 물줄기를 찾는 데 주력하였다.

목극등의 등산 경로를 놓고 볼 때, 그가 천지 남쪽 비탈을 내려오면서 압록강 수원을 찾았다. 이것이 '대한하(大旱河)'이며 즉 압록강 동원이다. 대한하가 시작되는 곳인즉 천지 동남쪽 약 4㎞이며, 그 동쪽에서 흑석구가 시작되었다. 흑석구는 조선인들에 의해 두만강 단류처로 지목되었으며, 물이 땅속에서 복류하다가 다시 땅위로 솟아난다고 여겼다. 목극등은 흑석구를 두만강 '입지암류(入地暗留)'처로 지정하고 흑석구와 가까운 홍토산수를 수원으로 지정하였다.[54] 그리고 둘 사이

---

53) 이화자, 『조청국경문제연구』, 140~170쪽.
54) 목극등이 홍토산수(적봉 수원)의 북쪽 지류 약류하를 수원으로 정하려다가 더 북쪽에 있는 송화강 오도백하로 잘못 지정했지만 그가 홍토산수를 두만강 수원으로 정한 것은 사실이다.

를 목책으로 이어놓도록 하였다. 입비처는 천지 근처의 압록강 대한하(동원)와 흑석구 사이 이른바 '분수령'이었다.

둘째로 조선인들의 수원에 대한 습관적인 인식이 목극등 정계에 큰 영향을 미쳤다. 조선 토인들은 두만강이 백두산 천지에서 발원하며, 동쪽으로 백여 리 복류하다가 다시 땅 위로 솟아난다고 여겼다. 이 복류하던 물이 "감토봉 아래 약 1식(息)을 지나 흙구덩이 속에서 솟아나 무릇 3파를 이루며 두만강원이다."라는 것이었다.[55] 전술했듯이 이에 근거하여 목극등은 흑석구를 두만강 단류처(斷流處)로 지정하고 감토봉 아래 가장 북쪽에 있는 제1파(약류하)를 두만강 수원으로 정하였다. 비록 그가 더 북쪽에 있는 송화강 지류로 잘못 지정했지만, 조선은 설책 시 그의 오류를 시정하여 남쪽에 있는 두만강 제2파(모수림하)에 목책을 설치하였다.

셋째로 백두산 천지 남쪽에 대한 조선의 영토 요구가 목극등 정계에 영향을 미쳤다. 조선은 조정 논의를 거쳐 백두산 천지 남쪽이 조선땅이라는 정계 목표를 세웠으며, 역관 김지남·김경문을 통하여 그런 뜻을 청사 목극등에게 누누이 강조하였다.[56] 그리하여 목극등으로 하여금 천지 가까이에 정계비를 세우는 데 성공하였다.

백두산정계가 양국의 국경 환경 및 변경 정책에 미친 영향을 살펴보면 다음과 같다. 첫째로 전에 모호하던 백두산 일대 경계를 명확히 확정하였으며, 서쪽으로 정계비-대한하-압록강을 경계로 하고, 동쪽으로 정계비-흑석구-홍토수를 경계로 하였다.

둘째로 조선이 추구하던 정계 목표를 이루었다. 목극등이 천지 근처

---

55) 『숙종실록』 권51, 숙종 38년 5월 정유.
56) 『숙종실록』 권51, 숙종 38년 5월 정해 ; 홍세태, 『백두산기』, 133쪽 ; 김지남,
『북정록』, (1712년) 4월 29일(72쪽), 5월 5일(81쪽).

의 두 갈래 물줄기를 압록·두만 양강 수원으로 정하면서 조선은 백두산 천지이남·이동의 많을 땅을 얻게 되었다. 이는 조선의 관방 형세에도 유리하며, 국가 안전도를 높일 수 있었다.

셋째로 정계 이후 조선은 자국 변경민들의 월경을 엄금하였을 뿐만 아니라, 청인이 조선 경내로 넘어오는 것을 금지하였다. 조청 양국의 노력으로 변경 환경이 개선되었고 안정된 국면이 이루어졌으며, 이는 변경민들의 생활안정에 유리하였다.

넷째로 조선이 두만강 상류 지역을 개발하고 국경을 공고히 하는 기회를 얻게 되었다. 무산 서쪽의 박하천·어윤강 지역은 여진인이 떠난 후 조선 유민에 의해 개간되었으며, 백두산정계를 통하여 조선에 속함이 확정되었다. 더 서쪽으로 나아가 장파의 경우 처음에는 주민이 없었으나 1785년 조선에서 사창을 세운 후 점점 많은 유민들이 모여들어, 1885·1887년 감계 때에는 백여 호의 부락이 형성되고 백여 년의 역사를 갖게 되었다. 장파가 두만강 상류 개발의 새 거점으로 성장하게 되었다.

다섯째로 백두산정계 이후 오랜 시기 두만강 본류와 홍토수 경계는 조선인들의 북진 개척을 제한하는 요소로 작용하였다. 이로부터 160년 이후 '기경대재(己庚大災, 1869·1870년)'의 영향으로 조선 북도민들이 대규모로 두만강 이북에 넘어가 땅을 개간하고 이주하게 되었다. 이는 조선 서북 변경의 개발로 인하여 인구가 증가하여 새로운 개척지를 찾게 된 것 및 청의 만주 지역에 대한 봉금정책의 해제와 관계되었다.

백두산정계의 소극적인 영향은 다음과 같다. 첫째로 천지 동남쪽 입비처로부터 두만강 발원지까지 설치되었던 국경 표식이 시간이 흐름에 따라 점차 모호해졌다. 특히 흑석구 하류 토퇴 끝으로부터 홍토수까지 설치되었던 40여 리 목책이 다 부식되어 경계가 어디인지 알 수 없었다. 1880년대에 이르러 양국 사이 두만강을 둘러싼 국경 분쟁이 일게 된 것은 조선인들의 두만강 이북 지역으로의 이주·개간과 무관하지 않지만, 두만강 상류를 잇는 목책이 다 부식되어 상류 경계가 모호해지면서 본류 경계에도 영향을 미쳤음을 말해준다.

둘째로 목극등이 흑석구를 두만강 단류처로 지정한 것도 문제의 소지를 안고 있었다. 흑석구의 지리위치를 놓고 볼 때, 입비처로부터 동북쪽으로 수십 리 뻗어나가 하류에 이르러서는 천지 동북쪽에 놓여 있었다. 그 주위가 온통 송화강 지류에 의해 둘러 있었으며, 예컨대 두도백하·이도백하·삼도백하·사도백하·오도백하 등 지류가 근처에서 발원하여 북으로 흘러갔다. 특히 오도백하 수계가 흑석구와 가까이 있었으며, 물 흐림 방향도 북으로 향하였다. 그리하여 흑석구가 비록 대부분 시간 마른 골짜기로 존재하였지만 지리적 위치로 보아 송화강 상류라고 할 수 있었다. 이른바 토문·두만 2강설이 여기서 기원하였다.

이와 동시에 두만강 수원 홍토수의 지리위치가 흑석구 하류에서 동남쪽으로 약 40리 떨어졌으며, 동남으로 흘렀다. 그런 관계로 홍토수는 흑석구와 아무런 관계없듯이 보였다. 중간에 목책이 있을 때에는 경계라고 볼 수 있지만 목책이 다 부식되어 없어진 후에는 경계를 확인할 길이 없었다.

셋째로 백두산정계는 청조의 전국지도와 일통지 편찬을 위한 일시적인 조치였으며, 장원한 타산에서 이루어진 것이 아니었다. 정계 결과 백두산 일대 육지 국경선을 처음 확정하였으며, 물이 흐르지 않는 구간에 퇴책을 설치하여 경계의 표식으로 삼았지만, 그 이후 사람들의 무관심 속에서 점차 사라지게 되었다. 특히 목책 부분이 쉽게 썩어 없어져 경계가 모호해졌다. 자연 환경이 고한(高寒)지대여

서 농작물 생산에 불리하였으며 주민의 거주가 어려운 것도 한몫을 더 하였다. 후세에 이르러 두만강 경계를 둘러싼 분쟁이 일게 된 것은 백두산정계의 문제점과 무관하지 않았다.

5. 맺는말

백두산정계의 입비처는 천지 동남쪽 약 4㎞에 있다. 그 서쪽에 압록 강 수원 '대한하'가 있고, 동쪽에 흑석구(황화송구자)가 있다. 흑석구 는 두만강 수원의 단류처 즉 물이 땅속에서 복류하는 곳으로 지목되었 다. 목극등의 요구에 따라 조선은 흑석구 동남안에 석퇴·토퇴를 설치 하였을 뿐만 아니라, 흑석구 하류 토퇴 끝으로부터 두만강 수원까지 목책과 토돈을 이어놓았다. 목극등이 정하고자 했던 제1파 수원이 오늘날 약류하이며, 잘못 지정한 물줄기가 제1파(약류하) 북쪽에 있는 송화강 지류(오도백하)이다. 이른바 물이 땅위로 솟아난다는 제2파 수원 즉 용출처가 오늘날 모수림하(홍토수의 북쪽 지류)이다. 조선은 설책 시 수원의 잘못을 시정하여 두만강 제2파(모수림하) 수원에 목책 을 이어놓았다.

18세기 조선 고지도에 표기된 두만강 수원을 보면, 물 흐름과 지리형 세를 분석할 경우 홍토산수 즉 오늘날 적봉(赤峰, 두만강 발원지) 수원 임이 확인된다. 이 물에 석퇴·토퇴와 목책이 표기되고 분수령상의 정계비와 연결되어 있었다. 이처럼 오늘날 적봉 수원이 두만강 발원지 로 지목된 것은 역사적 유래가 있는 것이었다.

백두산정계의 결정 요소는 조청 양국이 압록·두만 양강을 경계로 한 사실과 양강이 백두산 천지에서 발원한다는 지리인식에 근거를 둠과 동시에, 조선 토인들의 두만강 수원에 대한 습관적인 인식 및 조선의 백두산 이남 지역에 대한 영토요구 등이 복합적으로 작용하였다. 이에 기초하여 목극등이 천지에서 가까운 두 물줄기를 압록·두만 양강 수원으로 정하였으며, 즉 압록강 대한하와 두만강 홍토수이다. 입비처는 대한하와 흑석구(두만강 수원의 복류처) 사이에 놓이게 되었다.

그 결과 조선은 백두산 천지 이남·이동의 많은 땅을 얻게 되었을 뿐만 아니라, 백두산의 보호를 받게 되어 국토 안전도가 높아졌으며 북부 관방에도 유리하게 되었다.

백두산정계의 소극적인 영향은 송화강 상류에 놓인 흑석구를 두만강 수원의 단류처로 지정한 것, 그리고 두만강 수원을 잇는 목책이 다 썩어 없어져 두만강 상류 경계가 모호해진 것이 본류 경계에도 영향을 미친 것 등이다.

제2편

한중 국경사의 의문점과 난점에 대한 탐구

조청 국경의 역사적 유적 - 흑석구의 토석퇴

머리말

흑석구는 백두산 동쪽 기슭에 놓여 있었으며, 화산분출로 형성된 천연적인 골이었다. 두 차례 공동감계 때 이깔나무가 많다 하여 황화송구자(黃花松溝子)라고 불렸다. 그 방향을 보면, 천지 동남쪽 입비처(立碑處)로부터 동북쪽으로 수십 리 뻗어나가 끝에 가서는 천지 동북쪽에 놓여 있었다.

흑석구가 백두산정계의 옛 경계이지만 학자에 따라 견해가 달랐다. 일부 중국학자들의 경우 흑석구와 동남안에 있는 토석퇴를 백두산정계의 표식물로 인정하지 않았으며, 조선 사람들이 소백산 정상에 있던 정계비를 몰래 천지 근처로 옮겨놓은 후 그 옆에 설치해놓은 위조된 경계선이라고 보았다.

한국학계의 주요 문제점은 흑석구의 토석퇴가 송화강 상류에 이어졌다고 보며, 비문에 이른바 '동위토문(東爲土門)'이란 송화강 상류를 가리키며, 토문·두만이 각기 다른 강이라고 주장한 것이다. 2강설은 두만강 경계를 부인함과 동시에 간도가 조선땅이라는 기초를 제공하였다.[1]

이 글에서는 백두산정계의 1차 사료를 검토함과 동시에 1885·1887

년 공동감계 시 양측의 조사 보고서 및 필자의 백두산 답사성과를 결합하여, 흑석구의 길이와 동남안에 있는 석퇴·토퇴 분포와 길이, 흑석구가 송화강 상류에 연결되었는지 여부에 대해 알아보고자 한다.

1. 백두산정계의 1차 사료를 통해본 흑석구

1712년 5월(음력) 청사 목극등을 수행했던 조선의 군관·역관이 접반사에게 보고서를 올림과 동시에 그들의 일기를 통하여 정계 과정을 기록하였다.

조선 군관 이의복(李義復)이 그들 중 한 사람으로서 목극등과 함께 천지에 올랐으며, 수원을 찾고 비를 세우는 과정에 참여하였다. 백두산정계의 목격자로서 그의 이름이 정계비에 새겨지게 되었다. 그의 기록을 통하여 흑석구에 대해 알아보기로 하자. 그가 기술한 백두산정계 과정은 다음과 같았다.

백산을 쳐다보니 서쪽 산비탈의 눈이 녹아 산등성이가 보였으며, 동쪽 산골짜기에는 눈이 그대로 쌓여있었다. 수풀을 헤치고 절벽을 기어올라 위에서 자세히 보았더니, 백두산은 서북으로 자리를 하고 동남을 앞으로 두었다. 큰 못을 내려다보니 마치 신용(神龍)과 같이 꿈틀거리고 있었으며 푸른 파도를 이루었다. 보다회·장백 등 여러

---

1) 신기석은 1955년에 쓴 「간도귀속문제」(『중앙대학교30주년기념논문집』)에서 토문·두만이 각기 다른 강이며, 간도가 조선에 속한다고 주장하였다. 그의 주장은 일본인 시노다 지사쿠(篠田治策)의 『白頭山定界碑』(樂浪書院, 1938년)의 영향이 컸다. 그 이후 많은 한국학자들이 이 주장을 따랐다. 배성준, 「한·중의 간도문제 인식과 갈등구조」, 『동양학』 43, 2008 참조.

산이 낮게 있어 마치 눈썹과 같았다. 북쪽의 저들(청을 가리킴|필자주) 산과 동북쪽의 육진 산이 한눈에 다 들어왔다. 토문강 물이 동북으로 흘러 80리가 되었다. 혼동강이 큰 못에서 나와 북쪽으로 흘러갔다. 두 산이 벽처럼 서 있었으며, 멀리 바라보니 마치 문과 같았다. … 토문강변에 이르렀더니 물의 너비가 30여 보(步) 되었으며, 흰 모래가 평평하게 덮여 있었으며 물이 흐른 자국이 낭자하였다. 5~6리를 걸었더니 골짜기가 깊어지고 바위가 많아졌으며 물 흐름이 보였다. 왼쪽 산 위로 올라가서 위를 따라 4~5리 걸었더니 산세가 점점 높아졌다. 북쪽에서 산을 내려왔더니 토문강 수원의 용출처(물이 솟아나는 곳) 였다. 물이 2~3리 흐르다가 땅속으로 들어가 30여 리를 은류(땅속에서 흐름)하였으며 다시 솟아나 큰물이 되었다. 그 위에 물이 흐르지 않는 곳은 계곡이 되고 골짜기가 되며, 산이 높고 골이 깊어 계한이 분명하기에 이것이야말로 하늘이 남북을 갈라놓은 것이다. 분수령 골짜기 너비가 30여 보(步)이고 오른쪽 서남과 왼쪽 동북에 다 골짜기 가 있었다. 왼쪽 산 아래에 평지가 약간 두드러져 보였는데 그곳에 바위가 있어서 받침돌로 썼다. 청사가 이곳에 여러 날 머물러 있으면 서 주위의 물이 나뉘는 형세를 다 살펴보고 돌을 새겨 기록하였으며, 돈대 위에 돌을 새겨 세웠다. 그리고 머리를 돌려 우리에게 말하기를 "너희 나라에서 땅을 많이 얻었다."고 하였다.[2]

---

2) 김노규, 『북여요선』, '이의복기사(李義復記事)', 양태진, 『한국국경사연구』 부
   록, 337~340쪽.
   望見白山 西邊崗巒雪消露脊 東邊巷谷斑雪積落 穿林攀崖 登臨詳審 則白頭亥壬爲座
   巳丙爲前 俯瞰大澤 神龍屈伸 碧浪空打 甫多會 長白山等山 低小若一眉 坎癸方彼地山
   寅甲方六鎭山 皆入眼中 土門江水流入丑寅方 所見爲八十里之遠 混同江出於大澤 流
   坎癸方 兩山壁立 遠望如門 … 到土門江邊 水廣可三十餘步 白沙平鋪 流痕狼藉 沿行五
   六里 谷轉深而巖多 且有流水 復登左邊德 上行四五里 漸有陞高之勢 自北邊下山 乃土
   門江源湧出處 而流二三里 復入地中 隱流三十餘里 復湧出 而始成大川 其上無水處

위와 같이 목극등을 수행한 일행은 백두산 정상에 올라 천지를 본 후 천지에서 내려와 토문강 물길을 따라 내려갔다. 토문강에 대하여 이의복은 "동북으로 흘러 80여 리가 되었다"고 하고 또 "토문강변에 이르렀더니 물의 너비가 30여 보 되었으며, 흰 모래가 평평하게 덮여 있었고 물이 흐른 자국이 낭자하였다."고 하였다. 이 부분 묘사는 2012년 여름 필자가 북한 경내 흑석구 상류에서 본 경관과 비슷하다. 그 곳 흑석구의 너비가 꽤 넓었으며, 골짜기 밑바닥에 흰 모래가 덮여 있었고 물이 흐른 자국이 남아 있었다. 여름 장마철 때 골짜기에 물이 흘렀음을 말해준다.

계속 아래로 "5~6리를 걸었더니 골짜기가 깊어지고 바위가 많아졌으며 물 흐름이 보였다."고 하였는데, 이는 필자가 중국쪽 '임간통시도(林間通視道)' 근처에서 본 흑석구의 모습과 비슷하다. 골짜기에 검은 돌이 많았고 7~8월에 계곡에 물이 흘렀으며, 골짜기 깊이가 수십m 되었다.

계속 아래로 내려가 "왼쪽 산 위에 올라가서 위를 따라 4~5리 걸었더니 산세가 점점 높아졌다. 북쪽으로부터 산을 내려왔더니 토문강 수원의 용출처였다."고 하였는데, 골짜기 서쪽 꼭대기에 오른 후 앞으로 나가다가 더 앞(북쪽)에서 평지로 내려와 토문강 수원의 용출처 즉 물이 솟아나는 곳으로 향한 것이다.

이어 "물이 2~3리 흐르다가 땅속에 들어가 30여 리를 은류하였으며 다시 솟아나 큰물이 되었다."고 하였는데, 이는 흑석구에서 평지로 내려온 후 용출처까지 30여 리를 더 가야 함을 뜻한다.

或澗或峽 山高谷深 界限分明 此乃天所以限南北也 分水嶺峽 廣三十步許 右邊未坤 左邊寅甲 俱有界谷 而左偏山下 平地微突 上有巖石 以此仍作壟台 淸使留此多日 周覽 分水之形勢 勒石爲記 依壟鑿石而立 顧謂我人曰 爾國得地頗廣云.

〈그림 15〉 천지 동남 기슭 정계비터(2012년 여름 촬영)

이상의 서술을 기초로 이의복은 "그 위에 물이 흐르지 않는 곳은 계곡이 되고 골짜기가 되며, 산이 높고 골이 깊어 계한이 분명하기에 이것이야말로 하늘이 남북을 갈라놓은 것이다."라고 총괄하였다. 즉 물이 솟아나기 전의 구간이 계곡이고 깊은 골짜기라는 것이다.

인용문의 끝부분에서 이의복은 입비처의 주위 형세를 묘사하기도 하였다. 즉 분수령 골짜기 너비가 30보이고 서남과 동북 양쪽에 골짜기가 있다는 것이다. 이는 서쪽의 압록강 골짜기와 동쪽의 흑석구 등을 가리켰다. 또한 동쪽 산 아래 평지가 약간 두드러진 곳을 입비처로 삼았으며, 물이 나뉘는 형세를 조사한 후 이곳에 돌을 새겨 비를 세웠다고 하였다.

이는 오늘날 북한 경내에 있는 정계비터와 매우 흡사하다. 필자의 실지답사를 통하여, 정계비터가 천지 동남쪽 약 4㎞에 있으며, 서쪽으로 압록강 골짜기가 있고 동북쪽으로 송화강 골짜기, 동남쪽으로 흑석구가 있음을 확인하였다. 즉 정계비터가 양쪽 산골짜기 사이 평평한 곳에 자리 잡고 있었으며, 그 아래가 1m 가량 뚝 떨어져 마치 돈대와 같았다.

위에서 본 이의복의 기록 말고도 정계 이후 두만강 단류처에 설표 공사를 행한 조선 차사원들의 공술을 통해서도 정계비 동쪽에 골짜기가 존재함을 알 수 있다.

목극등이 귀국한 후 같은 해(1712년) 여름, 조선은 북평사 홍치중을 파견하여 차사원과 일꾼들을 데리고 두만강 단류처에 설표하도록 하였다. 이때 차사원 허량·박도상 등이 목극등이 지정한 제1파 수원이 잘못되었음을 발견하였다. 이 물은 동쪽으로 한동안 흐르다가 점차 동북으로 흘러갔으며, 두만강에 흘러들지 않았다. 이에 홍치중이 차사원들에게 '단류처 이상'에서 설표하되, 그 아래 물이 솟아나는 곳에 이르러서는 잠시 설표하지 말고 조정에 보고한 후 다시 정하자고 하였다. 이른바 '단류처 이상'이란 흑석구를 가리키며, 이곳에만 설표할 것을 지시한 것이다.

그러나 차사원들은 자신들이 수행원으로서 수원을 잘못 정한 책임이 두려워 북평사의 명을 어기고 '단류처 이상'(흑석구)에서 설표하였을 뿐만 아니라, 그 아래 물이 솟아나는 곳 제2파 수원까지 목책을 이어놓았다. 이들은 사사로이 수원을 바꾼 일이 탄로나 서울로 압송되어 조사를 받았다. 이때 차사원 허량·박도상의 설표에 관한 공술 내용은 다음과 같았다.

여러 차원들과 의논한 뒤, 비를 세운 곳에서 아래로 25리는 목책을 세우거나 돌을 쌓았으며, 그 아래 물이 나오는 곳 5리와 건천(乾川) 20여 리는 산이 높고 골이 깊어 내의 흔적이 분명하기에 푯말을 세우지 않았습니다. 그 아래에서 물이 솟아나오는 곳까지 40여 리는 모두 목책을 세우되, 중간의 5~6리는 나무나 돌이 없고 토질이 강하기 때문에 단지 토돈(土墩)을 세웠습니다. 전후의 실상이 이와 같습니다.[3]

위와 같이, 입비처로부터 25리에 목책과 돌을 쌓았다고 하는데, 이는 후세에 발견된 흑석구 동남안에 석퇴·토퇴가 있는 곳이다.[4] 또 "그 아래 물이 나오는 곳 5리와 건천 20여 리는 산이 높고 골이 깊어 내의 흔적이 분명하기에 푯말을 세우지 않았습니다."고 하였는데, 이는 흑석구의 골이 가장 깊은 곳으로서 여름 장마철에 일부 구간에 물이 흘렀다. 그 아래 20여 리는 건천 즉 물이 흐르지 않는 구간이었다. 비록 이곳에 이때 설표하지 않았지만, 그 후에 영의정 이유(李濡)의 건의에 따라 보강 공사를 진행하면서 설표하였다.[5] 즉 후세에 발견된 흑석구 동남안에 토퇴가 있는 곳이다. 여기까지의 거리를 합하면 50여 리로서, 이른바 북평사가 '단류처 이상'에서 설표하도록 한 부분이다.

그러나 차사원들은 여기서 멈추지 않았고, "그 아래에서 물이 솟아 나오는 곳까지 40여 리는 모두 목책을 세우되, 중간의 5~6리는 나무나 돌이 없고 토질이 강하기 때문에 단지 토돈을 세웠습니다."라고 하여,

---

3) 『숙종실록』 권52, 숙종 38년 12월 병진.
　故與諸差員等相議後 自立碑下二十五里 則或木柵或累石 其下水出處五里 及乾川二十餘里 則山高谷深 川痕分明之故 不爲設標 又於其下至湧出處四十餘里 皆爲設柵 而其間五六里 則旣無木石 土品且强 故只設土墩 前後實狀 不過如斯.

4) 허량 공술에 의하면, 목책(200m)·석퇴 길이가 25리 되지만 그 후에 발견한 흑석구의 석퇴 길이가 12~13리밖에 안 되었다. 영의정 이유의 건의에 따라 보강 공사를 진행할 때 석퇴의 일부를 토퇴로 개축했을 가능성이 크다. 그리하여 석퇴의 길이가 줄어들고 토퇴의 길이가 늘어났다.

5) 『숙종실록』 권53, 숙종 39년 4월 정사.

흑석구 끝으로부터 그 아래 물이 솟아나는 곳까지 40여 리 목책을 설치하였다. 단지 중간의 5~6리에 토돈(흙무지)을 설치했을 따름이었다. 이 마지막 40여 리 목책·토돈은 흑석구를 따라 갈 수 없었다. 왜냐하면 송화강 상류 오도백하에 연결되기 때문이다. 사료를 통해 알아보면 용출처 즉 물이 솟아나는 곳이란 두만강 수원을 가리키며, 40여 리 목책·토돈이 두만강 수원 즉 제2파에 연결되었던 것이다. 이것이 차사원들이 북평사의 명을 어기고 사사로이 수원을 변경한 부분이다.[6]

이제 서울대학교 규장각에 소장된 『백산도』(그림 3)를 통하여 흑석구와 두만강 수원에 대해 알아보기로 하자. 앞의 〈그림 3〉과 같이, 토문강이 천지로부터 동남쪽으로 흐르다가 끊기는데, '입지암류(入地暗流)'라고 표기하였다. 곧 물이 땅속에서 복류함을 뜻한다. 그 동쪽에 약간 간격을 두고 작은 산이 있는데, '감토봉(甘土峰)'이다. 감토봉 동북쪽에 '수출(水出)'을 표기하여, 물이 땅위로 솟아남을 나타냈다.

한편 〈그림 3〉에서 토문강물이 흐르다가 끊기는 곳('入地暗流' 표기)의 동북쪽에 여러 갈래의 송화강 지류가 보이지만, '토문강'은 송화강 지류와 연결되지 않고 감토봉 아래에서 다시 땅위로 솟아 두만강으로 흘렀다. 감토봉 위 '수출(水出)'을 표기한 것은 이를 말해준다. 이는 토문·두만이 동일한 강임을 보여주는 대목이기도 하다.

그러면 〈그림 3〉에 표기된 토문강의 방향에 대해 알아보기로 하자. 천지로부터 동남쪽으로 흐르며, 입비처를 지나고 대각봉(大角峰) 북쪽을 경유하여 동남쪽으로 흘렀다. 방향에 있어서 약간 문제가 있지만 대체적으로 흑석구라고 판단할 수 있다.

---

6) 『숙종실록』 권52, 숙종 38년 12월 병진.

필자의 답사에 의한 흑석구의 실제상황은 다음과 같았다. 입비처로부터 동남으로 연장하다가 다시 동북으로 방향을 돌려 수십 리 뻗어나갔으며, 대각봉 서북쪽을 경유하였다. 골짜기 끝부분 즉 '입지암류'를 표기한 곳에 이르러서는 천지 동북쪽에 놓였다. 그러나 『백산도』의 경우 흑석구는 물론이고 두만강 발원지 및 두만강 상류의 무산 등이 전체적으로 남쪽으로 기울어져 있었다.

지도에서 물이 땅위로 솟아난다는 감토봉에 대해 알아보기로 하자. 군관 이의복의 보고서에 의하면, 목극등이 두만강 수원을 찾기 위하여 "가찰봉(加察峰) 아래 물이 솟아나는 곳으로 갔다"고 하였다.[7] 여기서 가찰봉이란 감토봉과 동일한 것인가? 그 위치를 알려주는 지도가 있어 주목된다. 1785년 함경도에서 그려 올린 『북관장파지도(北關長坡地圖)』(그림 13)이다.

이 〈그림 13〉을 참고할 경우, 대각봉 동남쪽에 '대가차봉(大加次峰)'이 있고 그 동쪽에 '적암(赤巖)'이 있다. 적암은 두만강 발원지이며 목책·토돈이 설치되어 정계비와 연결되었다. 적암의 명칭과 지리위치로 보아 오늘날 두만강 발원지 적봉(赤峰)과 비슷하다. 그럴 경우 적암 서쪽에 있는 대가차봉(가찰봉과 동일함)을 감토봉으로 볼 수 있다. 왜냐하면 사료에서 "가찰봉 아래 물이 솟아나는 곳"이라고 하였고 또 "감토봉 아래 1식(息)에서 흙구덩이 속에서 물이 솟아난다"고 하였기 때문이다. 여기서 1식이란 조선에서 30리이며, 감토봉(가찰봉)이 적봉 서쪽 30리에 있게 된다. 이는 오늘날 쌍목봉(雙目峰, 雙頭峰이라고도 함) 근처이다. 즉 감토봉 또는 가찰봉이 오늘날 쌍목봉에 비정된다.

앞에서 서술했듯이, 오늘날 적봉은 두만강 발원지로서 그 근처에서

---

7) 박권, 『북정일기』(1712년) 5월 19일, 121쪽.
   更向加察峰下 湧出之水.

주로 세 갈래 물줄기가 발원하였다. 하나는 북에서 남으로 흐르는 약류하(원지수라고도 함, 중국 경내)이고, 하나가 서에서 동으로 또 남으로 흐르는 모수림하(홍토수의 북쪽 지류, 중국 경내)이며, 다른 하나가 서에서 동으로 흐르는 홍토수(홍토수의 남쪽 지류, 조선 경내)였다. 홍토수와 모수림하가 적봉 서쪽에서 합류한 후 여전히 홍토수라고 불리며, 적봉 남쪽을 감돌아 흘러 적봉 동쪽에 이른 후 약류하와 합쳤다. 합류처 아래로부터 정식으로 두만강이라고 칭하였다.

목극등은 흑석구를 두만강 단류처(복류처)로 지정함과 동시에 적봉 근처 한 갈래 물줄기를 두만강 수원으로 정하였다. 그러나 흑석구의 물 흐름 방향에 대해 걱정하여 청조 대통관과 조선의 군관·역관 및 길잡이로 하여금 골짜기를 따라 내려가 물이 어디로 흘러가는지 확인하도록 하였다. 그 실상에 대하여 홍세태의 『백두산기』에는 다음과 같이 기록하였다.

갑오(1712년 5월 12일 ᛁ필자주)에 극등이 이르기를 "토문강 원류가 중간이 끊겨 물이 땅속에서 흐르며 경계가 분명하지 않기에 감히 비석을 세울 수 없습니다."라고 하였습니다. 이에 두 사람으로 하여금 애순(愛順)과 함께 물길을 찾아보도록 하였습니다. 김응헌(金應瀗)·조태상(趙台相)이 그 후 60여 리를 갔으며 날이 저물어서야 돌아와 물이 과연 동쪽으로 흐른다고 하였습니다. 이에 극등이 사람을 시켜 돌을 캐도록 하였으며, 너비 2척 길이 3척이 넘었습니다. … 이윽고 돌에 글을 새기고 비를 세웠습니다. 일을 다 마친 후 산에서 내려와 무산에 이르렀습니다. 극등이 두 공(公, 박권과 이선부임 ᛁ필자주)에게 이르기를 "토문강 수원이 끊기는 곳에 토돈을 만들어 하류와 연결시켜 표기를 하시오."라고 하였습니다.[8]

이 밖에 김지남의 『북정록』에도 그의 아들이자 역관인 김경문의 수본(手本) 내용을 다음과 같이 인용하였다.

총관(목극등)이 비를 세워 정계하려 할 때, 대통관과 우리나라 군관 조태상·역관 김응헌으로 하여금 길잡이를 데리고 60여 리를 가서 조사하게 하였는데, 분명히 물길이 있으며 의심스럽지 않다고 하였습니다.[9]

이상의 두 인용문은 조선의 수행 역관인 김경문에게서 나온 것이었다. 『백두산기』는 김경문의 구술 내용을 그의 친구인 홍세태가 기록한 것이고, 『북정록』은 그의 부친인 김지남이 그의 수본에서 인용한 것이었다.

위 인용문에서 목극등이 "토문강 원류가 중간이 끊겨 물이 땅속에서 흐르며, 경계가 분명하지 않기에 감히 비석을 세울 수 없습니다."라고 한 말에서 동류하는 물길이란 흑석구를 가리킴을 알 수 있다. 즉 그는 흑석구의 물이 다른 곳 예컨대 송화강 상류로 흘러들까 우려되어 청 대통관과 조선 군관으로 하여금 동쪽 물길을 따라 끝까지 가보도록 하였다. 이처럼 대통관 등이 동쪽 물길을 따라 60여 리를 내려갔을 경우 골짜기 끝에 이르렀을 것이고, 골짜기가 동쪽으로 연장하지만

---

8) 홍세태, 『백두산기』, 138쪽.
   甲午 克登謂 土門源流間斷 伏行地中 疆界不明 不可輕議堅碑 乃令其二人 同愛順往審
   水道 金應瀗 趙台相 隨後行六十餘里 日暮 二人者還白 水果東流矣 克登乃使人伐石
   廣可二尺 長三尺餘 … 遂鐫而立之 旣竣事 下山 歸到茂山 克登謂二公曰 土門源斷處
   可築墩 接其下流以表之.

9) 김지남, 『북정록』, (1712년) 5월 15일, 129~130쪽.
   總管方欲立碑定界 而東流之水 令其大通官及我國軍官趙台相 譯官金應瀗 率指路人等
   往審六十餘里 明有水道 似無可疑云云.

송화강에 연결되지 않았음을 확인했을 것이다. 이 점에 대해서는 『백산도』(그림 3)의 '입지암류'의 물줄기가 송화강과 연결되지 않음을 통해 알 수 있다.

이처럼 분수령에 비를 세운 후에도 목극등은 두만강 단류처에 대해 마음 놓을 수 없었다. 그리하여 무산에 도착한 후 접반사와 관찰사에게 두만강 단류처에 설표할 것을 누누이 강조하였다. 박권은 『북정일기(北征日記)』에서 이에 대해 다음과 같이 기록하였다.

> 23일(1712년 5월 23일임 | 필자주) 계속 (무산에 | 필자주) 머물러 있었다. 목차(穆差, 목극등임 | 필자주)가 만나자고 하기에 감사와 함께 군복차림으로 들어갔다. 읍례(揖禮)을 하고 자리에 앉았다. 두만강 원류가 끊기는 곳에 목책을 세우거나 흙을 쌓으며 돌을 쌓도록 하여, 편한 대로 할 것을 의논하고 흩어졌다.10)

이 밖에 김지남의 『북정록』에도 이들 세 사람의 대화 내용을 전하고 있었다. 즉 두만강 수원의 단류처에 목책·토퇴·석퇴를 설치하되 농사철을 피해서 하며, 청에서 사람을 파견하여 검사하는 일이 없을 것이며, 진행 상황을 동지사가 북경에 들어올 때 통관에게 알리고 다시 목극등에게 전할 경우 황제에게 주문한다는 것과 두만강 단류처에 설표한 후 수시로 사람을 파견하여 순찰하도록 하는 내용이었다.11)

이처럼 목극등이 조선의 두 사신을 만나서 두만강 단류처에 설표할

---

10) 박권, 『북정일기』, (1712년) 5월 23일, 122쪽.
　　廿三日 仍留 穆差要與相見 故與監司以戎服進去 行揖禮就座 豆江源流斷涸處 或設柵 或築土 從便爲之事 停當而罷.
11) 김지남, 『북정록』, (1712년) 6월 23일, 156~159쪽.

것을 논의하였을 뿐만 아니라, 서로 간에 문서를 교환함으로써 증거를 남기고자 하였다.『동문휘고』에 기재된 목극등의 자문(咨文)과 조선 사신의 정문(呈文)이 증빙 자료이다.[12] 이로써 두만강을 경계로 정했으며, 입비처로부터 두만강 수원까지 설표할 것을 논의했음을 알 수 있다.

2. 1885·1887년 공동감계와 흑석구

19세기 중기 이후 조선에는 전례 없던 자연재해가 발생하였다. 1869·1870년의 기경대재이다. 조선의 변경민들은 처음에 압록강 이북 지역으로 잠월하던 데로부터 대규모로 두만강 이북 지역에 넘어가 땅을 개간하기 시작하였다. 특히 1880년 무산 부사 홍남주(洪南周)가 변민들이 두만강 이북에 넘어가 땅을 개간하는 것을 허락하는 이른바 '경진개척'을 시초로, 두만강 이북 간도 지역으로의 월경 개간 및 이주가 시작되었다.[13]

청조는 조선 월경 개간민들의 수가 적지 않고 쇄환하기 어려운 점을 고려하여 '귀화입적'하도록 하였지만, 조선국왕은 변경민들을 쇄환할 것을 요구하여 청이 이를 동의하였다. 1882년 겨울 청조의 길림장군이 조선에 공문을 보내어, "토문강 이서·이북에서 땅을 차지하여 개간하는 조선 빈민들을 쇄환할 것"을 요구하였다.[14] 그 다음해

---

12)『동문휘고』원편 권48, 疆界, 제1책, 907쪽.
13) 김춘선,「1880~1890년대 청조의 '移民實邊' 정책과 한인 이주민 실태 연구 – 북간도 지역을 중심으로」,『한국근현대사연구』8, 1998, 17쪽.
14) 김노규,『북여요선』, 探界公文考, 양태진,『한국국경사연구』, 부록, 348쪽.

4월 길림장군에 속해 있던 돈화현(敦化縣)으로부터 종성·회령 두 읍에 통고하여, "맞은 편 백성들을 모두 귀환할 것"을 요구하였다.[15]

이때 마침 경원(慶源)에 있던 조선 서북경략사 어윤중(魚允中)이 사람을 파견하여 백두산을 답사한 후 이른바 토문·두만 2강설을 내놓았으며, 토문 이북, 두만 이남에 있는 개간지가 조선에 속함을 주장하였다.

어윤중의 명으로 백두산을 답사했던 김우식(金禹軾)이 『탐계노정기(探界路程記)』를 통하여 백두산 입비처와 흑석구의 토석퇴를 묘사하였는데 그 상세한 내용은 다음과 같았다.

> 입비처로부터 정계 표식을 살펴보았더니, 비석 동쪽에 큰 돌 세 개가 있었다. 젖은 곳에 나무가 한 줄로 서 있었으며, 나무뿌리가 반척(半尺) 넘게 보였다. 계곡이 시작되어 동북쪽으로 크게 열렸는데, 나무뿌리가 끝나는 곳으로부터 계곡의 동쪽에 돌을 설치해놓은 것이 10여 리이고, 그 아래 돌을 쌓은 것이 15리이며, 돌이 끝나는 곳으로부터 나무 사이에 흙을 쌓은 것이 60여 리가 되었다. 17일(1883년 5월 17일임 | 필자주)에 흙을 쌓은 곳으로부터 아래로 내려갔더니 계곡물이 부석 사이로 은은히 흘렀으며, 건포(乾浦) 30여 리를 지나 물이 땅위로 솟아나 점차 하천을 이루었다.[16]

---

15) 김노규, 『북여요선』, 探界公文考, 348쪽.

16) 김노규, 『북여요선』, 探界公文考, 350쪽.
　　自立碑處看審定界表 則碑東邊仍築三磊 濕處一馬連樹 木株露半尺餘 浦墍始坼 大開
　　艮卯間 而木株盡處 浦東邊種種築石者十餘里 其下往往屯石十五里 石盡往往土屯於樹
　　木間 六十餘里而止 十七日 從土屯處而下 則浦水隱漏爲泡石 乾浦三十餘里 隱水更出
　　次次成川.

위와 같이 "젖은 곳에 나무가 한 줄로 서 있었으며, 나무뿌리가 반척(半尺) 넘게 보였다."고 한 것은 입비처로부터 동쪽으로 흑석구가 시작되는 곳까지 수백m 목책이 남아 있음을 뜻한다. 또 그 아래로부터 "계곡이 시작되어 동북쪽으로 크게 열렸다"고 한 것은 흑석구가 시작된다는 뜻이다. 또 골짜기 동쪽에 석퇴가 25리, 토퇴가 60여 리 있다고 한 것으로 보아 토석퇴의 총 길이가 80여 리 또는 90리 된다는 말이다. 또 그 아래에 30여 리 건포를 지난 후 물이 땅위로 솟아나 점차 하천을 이룬다고 하였는데, 건포와 이어진 하천은 뒷 부분 기록에서 알 수 있는바 송화강 상류를 가리켰다. 즉 다시 말하여 흑석구의 토석퇴가 80여 리 또는 90리 연장되며, 그 아래에서 30여 리 건포를 지나 송화강 상류에 이어진다는 것이었다.

같은 해 6월 어윤중의 지시에 따라 김우식과 오원정(吳元貞)이 재차 백두산을 답사하였으며, 입비처로부터 흑석구를 따라 내려가 송화강 상류 삼강구(三江口)에 이르렀다. 김우식은 『탐계일기(探界日記)』에서 이에 대해 다음과 같이 기술하였다.

14일(1883년 6월 14일임 | 필자주) 산봉우리가 서 있는 곳 아래에 이르렀더니 큰 비가 내리기 시작하였다. 18일 비가 멈췄으나 여전히 신통치 않았다. 아침을 먹고 나서 입비처에 올라갔다. 다섯 사람이 각각 비옷으로 비석을 감싸 안았다. 여덟 장을 찍어냈으나 전혀 모양이 없었으며, 바람과 비에 쫓겨 내려왔다. 이튿날 기후가 어제와 같았으나 다시 올라가 20장을 찍어왔다. 서쪽으로 대각봉을 지나 돌무지 끝으로부터 흙무지가 토문을 나오는 곳을 지났다. 포석포(泡石浦) 80여 리에서 투숙하였다. 이상 건천이 백리가 되며, 그 아래에서 점차 하천을 이루며 길게 흘러 크게 되었다. 21일 60여 리를 아래로 더

가서 서쪽으로 토문강을 건넜으며, 삼목포(杉木浦)에서 잤다. 22일 북쪽으로 5리를 가서 동쪽에서 토문강을 건넜다. 북쪽에서 장산(長山)의 끝자락을 지났으며, 고개를 끼고 동쪽으로 80여 리를 가서 석릉(石陵)의 세 강이 합치는 곳에서 머물러 잤다. 토문강 원류가 북증산(北甑山)에서 발원하여 서쪽으로 흐르는 것이 황수(黃水)이고 북쪽으로 흐르는 것이 황구령수(黃口嶺水)이다. 세 강이 여기서 합쳐서 북쪽으로 흘러 흑룡강에 들어갔다. 강가에는 길이 없었으며 얼음이 언 후에야 길림으로 통할 수 있다고 한다.[17]

위 인용문과 같이, 김우식 등이 입비처에 도착한 후 비문을 20장 탁본한 후 흑석구를 따라 내려가 송화강의 세 갈래 지류가 합치는 삼강구에 이르렀다. 인용문에서 '토문강'이 황수·황구령수와 함께 흑룡강으로 흘러든다는 말로부터 이른바 토문강이란 송화강 상류를 가리키며, 두만강을 가리키지 않음을 알 수 있다.

답사가 끝난 후 어윤중의 지시에 따라 종성 부사가 중국측 돈화현에 조회문을 보내어, "두만 외에 토문강 별파(別派)가 있으며", "강희대에 경계를 나눈 사실에 근거하여 귀현(貴縣, 돈화현임 | 필자주)에서 사람을 파견하여 먼저 백두산정계비를 조사하여 토문 발원처가 존재함을 알도록 하며, 경계를 조사하여 강토를 구분할 것"을 요구하였다.[18]

---

17) 김노규,『북여요선』探界公文考, 351~352쪽.
　　十四日 到堅峰下 霖雨始作 至十八日 天明止而未快 朝後上立碑處 五人各以雨衫荷環
　　抱碑 僅刊八張 全不成樣 爲風雨所驅而下 翌日 氣勢如昨 又往刊二十張 西邊大角峰
　　從土屯出土門下來 泡石浦八十餘里止宿 以上乾川近百里 以下次次成川 長流而大 二
　　十一日 從派下往六十餘里 西渡土門江 止宿杉木浦 二十二日 北向五里 東渡土門江
　　北邊長山端 挾嶺東行八十餘里 止宿於石陵之三江合口 源流土門江 而二水源出北甑山
　　西流者黃水 北流者黃口嶺水 三江會此 北流入於黑龍江 沿無陸路 但由水待合水 往來
　　吉林云.

즉 토문·두만 2강설을 제기함과 동시에 양국 경계를 다시 조사할 것을 요구한 것이다.

조선의 요구대로 1885년 양국이 각기 대표를 파견하여 공동 감계를 실시하였다. 조선측 감계 대표인 이중하(李重夏)는 처음부터 정계비와 흑석구의 토석퇴를 조사할 것을 요구하였으며, 중국측 대표에게 흑석구가 두만강에 연결되지 않고 송화강 상류에 연결되었음을 보여주려 하였다.

그러나 중국측 대표들이 이를 반대하였으며, 정계비터와 흑석구의 토석퇴는 믿을 수 없으며, 정계비는 사람의 힘에 의해 얼마든지 이동될 수 있고 토석퇴도 후세 사람에 의해 수축될 수 있다고 주장하였다. 다만 양국이 두만강을 경계로 하는 것은 변하지 않는 사실로서 강물을 따라 강원을 찾아 어떤 물이 두만강 정원인지를 가려 경계를 나눌 것을 요구하였다.[19]

이처럼 양측이 처음부터 토문·두만이 1강인지 2강인지를 놓고 첨예하게 대립했지만 곧 타협을 보아 두만강 본류를 따라 물을 거슬러 올라가면서 세 갈래 지류(서두수·홍단수·홍토산수)를 조사함과 동시에 정계비터와 흑석구의 토석퇴를 조사하기로 하였다.

한편 제1차 공동감계를 통하여 조선측 감계사 이중하의 생각이 크게 변했다. 그는 청조의 여도(輿圖) 및 조선에 보관되어 있던 지도와 문헌자료를 통하여, 목극등이 정계한 물이 송화강이 아니라 두만강임을 알게 되었다. 특히 이중하가 두만강 상류 홍토산수 일대에서 조사하던 중 목극등 정계의 표식물로 간주되는 목책 또는 토퇴의 유적을 발견한 것은 큰 사안이었다. 전술했듯이 그는 조선 조정에 올린『추후

---

18) 김노규,『북여요선』, 探界公文考, 352~353쪽.
19) 통리교섭통상사무아문 편,『문답기』, 1885년, 마이크로필름 19~20쪽.

별단』을 통하여 이 일을 비밀리에 보고하였다.

이와 같은 발견이 있었기에 1년 뒤 진행된 제2차 감계(1887년)에서 조선측은 토문·두만이 동일한 강임을 인정함과 동시에,[20] 정계비·흑석구의 토석퇴와 홍토산수를 잇는 선으로서 경계를 나눌 것을 요구하였다. 한편 흑석구와 홍토수를 잇는 목책이 다 썩어 없어진 점을 고려하여, 이중하는 홍토산(오늘날 적봉) 위에 비석을 세워 옛 경계를 지킬 것을 요구하였다. 그는 또 "이른바 송화강 수원(흑석구임 | 필자주)이란 다만 건천일 뿐 물이 전혀 없다."고 함과 동시에 "정계비 동쪽에서 콸콸 흐르는 물은 홍토산수뿐이며, 이것이 지도에 기재된 두만강이다"라고 하여,[21] 정계비-토석퇴-홍토산수가 옛 경계이며 이로써 경계를 나눌 것을 요구하였다.

이처럼 조선측 주장이 크게 달라진 반면, 중국측 대표의 주장에는 변화가 없었다. 그들은 여전히 정계비터와 토석퇴가 송화강 손바닥 안에 있음을 들어, 옛 경계임을 부정하였다. 이뿐만 아니라 비석이 처음에 잘못 세워졌거나 조선인에 의해 몰래 천지 근처로 옮겨졌다고 보았다. 이른바 이비설의 최초 발단이다. 이와 동시에 흑석구 동남안의 토석퇴를 사냥꾼이 길을 잃을까 두려워 만들어놓은 표식이라고 우겼다.[22]

---

20) 이중하, 『圖們界卞晰考證八條』, 1887년, 『토문감계』, 마이크로필름 29~30쪽.
21) 이중하, 『감계사교섭보고서』, 1887년, 마이크로필름 10쪽.
　　所謂松花之源 只是乾川 元無點水.
　　自碑界以東 則潑潑之水 惟紅土山水而已 此是地圖所載圖們江.
22) 總理衙門 편, 『吉朝分界案』, 1810~1814쪽.
　　필자의 실지답사에 의하면, 흑석구의 토석퇴 특히 토퇴의 규모가 컸으며, 높이가 약 1.5m이며 흑석구 동남안을 따라 규칙적으로 연속 분포되어 20여㎞ 연장되었다. 이러한 큰 규모의 공정은 사냥꾼이나 어떤 개인의 힘으로 이루어질 수 없다.

이처럼 중국측 대표가 정계비와 토석퇴가 옛 경계임을 인정하지 않는 것은 다음과 같은 이유 때문이었다. 첫째로 중국측에 백두산정계 1차 자료가 부족하여 정계의 실상을 알 수 없었다. 예컨대 목극등이 올린 주문과 청조 화원이 그린 지도가 내각 대고(大庫)의 화재로 인하여 다 소실되고 말았다.[23)

둘째로 정계비와 토석퇴가 백두산 천지와 송화강 상류를 가까이 하고 있어서, 청조의 발상지인 백두산에 저애될 뿐만 아니라 송화강에 저애된다고 여겼다.[24) 그리하여 입비처와 흑석구가 목극등이 정한 옛 경계일지라도 받아들일 의향이 전혀 없었다.

한편 중국측 대표들은 실지답사를 통하여 소백산 남쪽과 홍단수 발원지 일대가 경계를 나누는 데 적합한 지점이라고 인식하였다. 송화강 지류가 없을뿐더러 천지와 좀 떨어져서, 송화강과 백두산에 저애가 없다고 여겼다. 소백산의 경우 천지 남쪽 50여 리에 있었고 홍단수 발원지 역시 천지에서 130여 리 떨어져 있었다.[25)

그리하여 제2차 감계 담판에서 중국측 대표들은 삼지연·홍단수로서 경계를 나눌 것을 요구하였다. 그러나 조선측 대표 이중하의 반대에 부딪히자 한발 물러나 소백산·석을수(홍단수의 서북쪽에 위치함)로써 경계를 나눌 것을 요구하였다. 여전히 이중하의 반대에 부딪혔으며, 후자의 경우 정계비-토석퇴-홍토산수가 옛 경계이며 이를 지킬 것을 끝까지 요구하였다.[26)

요컨대 두 차례 감계에서 중국측 대표는 줄곧 흑석구가 송화강

23) 中央研究院近代史研究所 편,『淸季中日韓關係史料』5권, 1972, 1961~1962쪽.
24) 總理衙門 편,『吉朝分界案』, 1810~1814·1903쪽.
25) 總理衙門 편,『吉朝分界案』, 1810~1814쪽.
26) 總理衙門 편,『吉朝分界案』, 1810~1814쪽.

상류이며, 비석이 송화강 손바닥 안에 있다고 주장하였다. 거꾸로 이는 중국측이 조선측 주장(정계비−토석퇴−홍토산수)을 반대하는 이유가 되었다. 필경 양국 경계선은 먼저 송화강(흑석구)에 연결된 후 다시 두만강(홍토산수)에 연결될 수 없기 때문이었다. 그런 관계로 두 차례 감계의 결과물인 두 폭의 지도에 흑석구가 송화강에 연결되었으며 즉 송화강 지류로 처리되었다.

이후 1907년에 이르러 일본이 '간도문제'를 도발하였다. 일본은 두만강 이북 간도 지역에 대한 침투·확장의 야심을 품고 있었기에, 그들이 그린 지도에는 흑석구를 송화강과 연결시켜 '토문강'이라고 표하여 두만강과 구별하였다. 즉 토문·두만 2강설을 이용하여 간도 지역에 대한 침투·확장을 시도하였다. 이로써 흑석구의 진실이 계속 베일에 가리게 되었으며, 송화강 상류에 연결된 줄로 착각하게 되었다.

3. 흑석구와 동남안의 토석퇴 길이

흑석구의 길이와 동남안에 있는 토석퇴의 길이를 정확히 아는 것은 목극등 정계의 표식물이 송화강 상류에 이어졌는지 아니면 두만강 상류에 이어졌는지를 가려내는 데 중요한 단서를 제공한다. 이제 백두산정계 시 흑석구에 관한 기록을 통하여 그 길이에 대해 알아보기로 하자.

이의복의 기사(記事)에 의하면, "토문강 물이 동북으로 흘러 80리가 된다."고 하였다. 여기서 80리는 흑석구 길이만이 아니라 흑석구로부터 두만강 용출처(물이 솟아나는 곳)까지의 길이도 포함된다. 또 기록하기를 "북쪽으로부터 산을 내려왔더니 토문강 수원의 용출처였다.

물이 2~3리 흐르다가 땅속에 들어가 30여 리를 은류(땅속에서 흐름)하였으며 다시 솟아나 큰물이 되었다."고 하였는데,[27] 흑석구에서 평지로 내려온 후 두만강 용출처까지 30여 리 은류(隱流)처가 더 있다는 말이다. 그럴 경우 80리에서 30여 리를 덜어낸 나머지 40~50리가 흑석구의 길이이다.

　이 밖에 청조 대통관과 조선의 군관·역관 등이 동쪽 물길(흑석구)을 따라 내려간 거리가 60여 리였다.[28] 이를 통해서도 흑석구의 길이가 50~60리임을 알 수 있다.

현존하는 사료를 통하여 흑석구의 길이를 가장 잘 알 수 있는 것이 차사원 허량·박도상의 공술이다. 그 내용을 살펴보면, 두만강 단류처에 설표한 총 길이가 90여 리이다. 여기서 앞의 50여 리에 목책(200~300m)과 석퇴를 설치하였는데 흑석구이다. 그 아래로부터 두만강 용출처까지 40여 리에 목책·토돈을 설치했는데, 흑석구 끝에서 두만강 상류 홍토수까지이며, 이의복이 말한 이른바 물이 은류한다는 부분이다. 『백산도』(그림 3)의 경우 '입지암류'라고 표기하였다. 1885년 이중하가 이곳에서 옛 경계표식을 발견하였다. 2012·2013년 필자는 이곳에서 토퇴군(群)을 새로 발견하였는데,[29] 사료에 기록된 40여 리 목책 중간의 5~6리 토돈일 것으로 생각된다.

목극등이 조선의 두 사신에게 보낸 자문에도 "토문강 수원으로부터 물을 따라 조사해보았더니 수십 리 흐르다가 물의 흔적이 없어져

27) 김노규, 『북여요선』, '이의복기사', 337~340쪽.
28) 홍세태, 『백두산기』, 138쪽.
29) 필자가 새로 발견한 토퇴군의 위치는 '도화선(圖和線, 도문－화룡)' 도로 298~302 이정표 사이이다. 평탄한 고원지대에 위치하였으며, 대형 토퇴가 군을 이루며 도로 양쪽에 분포되었다. 이는 흑석구 끝에서 두만강 발원지까지의 중간 지점이다. 토퇴군이 서에서 동으로 약 3㎞ 연장되었으며, 띠 모양을 이루었다. 그 동쪽에 홍토수의 여러 물줄기가 분포되었다.

돌 틈 사이로 흘렀으며, 백리에 이르러 큰물이 되어 무산으로 흘렀다." 고 하였다.[30] 즉 흑석구의 길이가 수십 리이고 두만강 용출처까지 백리라는 것이었다.

이상과 같이 백두산정계 1차 사료를 통하여, 흑석구의 길이가 50~60 리이며, 흑석구를 두만강 수원의 단류처 즉 물이 흐르다가 끊기는 곳으로 간주하였으며, 흑석구 하류로부터 두만강 용출처까지 30~40리 의 은류처가 더 존재함을 알 수 있다. 이 두 부분을 합할 경우 80~90리 또는 100리이며, 사료에서 말하는 두만강 수원이 백두산 천지에서 발원하여 백여 리 단류하다가 다시 땅위로 솟아난다는 말의 참뜻이 다.[31]

백두산정계로부터 170년이 지나 1885·1887년 감계에 이르러 흑석구 에 대한 기록이 백두산정계 사실과 맞지 않을뿐더러 실제 상황과도 어긋났던 것이다.

1885년 11월 8일 조선측이 중국측에 보낸 조회문을 살펴보면, 흑석 구에 대한 기록은 다음과 같았다.

비 동쪽으로부터 몇 발자국 안 가서 골짜기 하나가 있었는데, 이깔 이개 손안이 되며 중국어로 '황화송구자'라고 부른다. 백두산 동쪽 기슭을 감아 돌아 동북쪽으로 가다가 동남안에 먼저 석퇴(石堆)가 있고 이어 토퇴(土堆)가 있으며 총 180여 개이다. 대각봉(大角峰)을 지나서 골짜기가 갑자기 좁아지며 서안(西岸)의 토퇴 높이가 여러 길이 되었으며, 조선은 이를 가리켜 토문이라고 불렀다. 토퇴가 끝나 는 곳은 비에서 90리나 떨어져 있었다. 여기서 또 수십 리를 가야

---

30) 『동문휘고』 원편 권48, 疆界, 제1책, 907쪽.
31) 『숙종실록』 권51, 숙종 38년 5월 정유·6월 을묘.

골짜기에 물이 보이기 시작하며, 더 내려갈 경우 골짜기 동쪽에 있는 사을수(斜乙水), 그 동쪽에 있는 동유와붕수(董維窩棚水)와 합쳐 양양고(孃孃庫)에 흘러들어갔다. 계속 서북쪽으로 흘러 양강구(兩江口)에 이르러 송화강에 흘러들어갔다.[32]

　즉 정계비 동쪽 수보(步)에 골짜기가 있는데, 백두산 동쪽 기슭을 감아 돌아 동북쪽으로 뻗어나가며, 동남안에 먼저 석퇴가 있고 이어 토퇴가 있으며 총 180여 개이며, 토퇴의 끝에 이르러 정계비까지 90리이며, 그 아래로 수십 리를 더 가야 골짜기에 물이 흐르기 시작하며 송화강에 흘러든다는 것이었다. 즉 토석퇴가 90리 연장되며 여기에다가 송화강 상류까지의 수십 리를 더할 경우 총 길이가 백리를 훨씬 넘었다.

　다음으로 다시 흑석구에 대한 중국측 기록을 살펴보기로 하자. 제1차 감계 담판이 끝난 뒤 1885년 12월 16일 중국측 감계 대표인 진영(秦煐)·가원계(賈元桂)가 길림장군에게 다음과 같이 보고하였다.

　　산의 남쪽 기슭에 작은 돌로 만든 비석이 있습니다. 비의 정면에 한문(漢文)으로 강희년 오라총관이 변계를 조사하고 경계를 정했으며, 서쪽은 압록강이고 동쪽은 토문이라는 글을 새긴 것이 똑똑하게 남아 있습니다. 비의 서쪽에 골짜기 하나가 있는데 서남쪽으로 압록강에 흘러들어가며, 비의 동쪽에 골짜기 하나가 있는데 장백산 동록

---

32) 『光緒十一年十一月初八日照覆』, 『백두산정계비관계서류』, 규 26302.
　　碑東不數武有一溝 卽伊戞力蓋之上掌 譯華言爲黃花松溝子 下繞長白山之東麓 東北行 其東南岸 上首有石堆 下首有土堆 共一百八十餘個 過大角峰 溝形忽窄 西岸土堆高深數丈 朝鮮呼爲土門 堆之盡處距碑已九十里 自此而下數十里 此溝始見水 再下與此溝東之斜乙水 東之董維窩棚水 合而入孃孃庫 西北行至兩江口 入松花江.

을 감돌아 동북쪽으로 가며, 조선에서 '이깔이개'라고 불렀고 중국어로 황화송구자라고 불렀습니다. 골짜기 동남안에 석퇴가 백여 개 있으며, 돌에 이끼가 끼어 있고 돌 틈 사이에 흙이 채워져 있지 않습니다. 석퇴의 끝에 이르러서는 장백산 정동(正東)인 대각봉입니다. 이곳을 지나 계속 동북으로 행할 경우 골짜기 동남안에 토퇴가 수십 개 있습니다. 토퇴 위에 나무가 자라난 것이 토퇴 옆 평지 나무와 크기나 높이가 같습니다. 토퇴 끝은 비와 90리 떨어져 있습니다. 또 동북으로 수십 리를 가야 골짜기에 물이 보이기 시작하며, 양양고(孃孃庫, 안도 송강진을 가리킴 | 필자주)에 흘러들어가며 서북으로 꺾어져 송화강에 흘러들어갑니다.[33]

즉 흑석구의 동남안에 석퇴가 백여 개 있고 이어 토퇴가 수십 개 있으며, 토퇴의 끝에 이르러 정계비까지 90리이며, 계속 동북으로 수십 리 더 가야 물이 흐르기 시작하며 송화강에 흘러든다는 것이었다.

이상의 중국측 보고서는 앞에서 본 조선측 조회문과 동일한 내용으로서 중국측에서 조선측 조회문을 그대로 옮겨 베꼈을 가능성이 크다.

이처럼 토석퇴의 길이가 90리이고 흑석구의 길이가 100리 넘는다는 착오가 발생한 것은 제1차 감계 때 양측 대표가 흑석구 하류에 대한 조사를 진행하지 않은 것과 관계된다. 흑석구 중류와 상류의 경우

---

33) 總理衙門 편, 『吉朝分界案』, 1810~1814쪽.
　　山之南麓下 有小石碑 碑面漢文有康熙年烏喇總管査邊定界 西爲鴨綠 東爲土門等字樣 字劃完好 碑之西有一溝 西南去入鴨綠江 碑之東有一溝 繞長白山之東麓東北去 朝鮮 呼伊戞力蓋 譯華語爲黃花松溝子 溝之東南岸有石堆百餘 石有苔斑 縫無土塞 石堆盡 處 已至長白山正東爲大角峰 過此 仍東北行 溝之東南岸 又有土堆數十 堆上有樹 與堆 旁平地之樹 大小高低相等 土堆盡處 距碑已九十里 又東北行數十里 此溝始見水 入孃 孃庫 折而西北 流入松花江.

홍토수에서 백두산 정계비터로 들어가는 길목에 있기 때문에 쉽게 볼 수 있지만, 하류 특히 토퇴가 끝나는 곳에 이르러서는 특별히 조사를 하지 않을 경우 그 실상을 알 수 없었다.

특히 중국측 대표가 흑석구의 토석퇴를 경계 표식으로 인정하지 않았기에 흑석구에 대한 조사를 진행하려 하지 않았다. 게다가 1차 감계가 겨울철 무릎까지 오는 눈 속에서 진행되었기에 흑석구 하류를 조사할 겨를이 전혀 없었다. 그러므로 이른바 토석퇴가 총 180여 개이고 토퇴 끝으로부터 입비처까지 90리라고 한 것은 조선측에서 제공한 수치일 가능성이 크다.

1885년 10월 27일 이중하 장계(狀啓)에서 처음 나왔고, 11일 8일 중국측에 보낸 조회문에서 재차 나왔으며, 그 이후 12월 16일 중국측 대표 진영이 길림장군에게 올린 보고서에 똑 같은 내용이 나왔다.[34]

1년 뒤 제2차 감계 때도 흑석구 하류에 대한 조사가 이루어지지 못했다. 비록 양측 대표들이 두만강 상류 여러 물줄기를 포함하여 발원지까지 자세히 조사하여 양측이 대체로 수긍하는 측량 수치를 얻었지만, 흑석구 하류에 대한 측량은 없었다. 그리하여 "토퇴 끝으로부터 비석까지 90리"이며 송화강에 연결되었다는 오류를 시정할 겨를이 없었다.

그렇다면 흑석구 토석퇴의 실제 상황은 어떠하였는가? 전술했듯이 흑석구는 백두산 동록에 위치한 깊은 골짜기로서 한쪽 끝이 정계비와 연결되고 다른 한쪽 끝이 천지 동북쪽에 놓여 있었다. 필자의 실지답사에 의하면, 흑석구 하류에 이르러 주위에 송화강 지류 오도백하 물줄기가 분포되어 있었으며, 흑석구 끝에서 오도백하 발원지까지

---

34) 이중하, 『을유장계』, 1885년 ; 『광서 11년 11일 8일 照覆』, 『백두산정계비관계 서류』 ; 總理衙門 편, 『吉朝分界案』, 1809쪽.

약 10㎞ 떨어져 있었다.

흑석구의 길이에 대해 알아보면, 입비처로부터 약 200m 가량 목책을 설치하여 흑석구가 시작되는 곳에 이르렀고, 여기서부터 동남쪽으로 약 1.6㎞ 연장되며, 이어 동북으로 20여㎞ 연장되었다. 흑석구의 총 길이가 약 24㎞였다.[35]

흑석구 동남안에 있는 토석퇴의 분포를 살펴보면, 먼저 석퇴가 있고 높이가 약 1m로서 백두산 지역의 천연 돌로 쌓아 놓았다. 석퇴와 석퇴 사이 간격이 40~50m이고, 5㎞ 넘게 연장되었다. 대각봉에 이르러 석퇴가 끝나고 토퇴가 시작되었으며, 토퇴의 높이가 약 1.5m이고, 토퇴 간의 거리가 80~90m 또는 100m 가량 되며, 약 18㎞ 연장되었다. 토석퇴의 전체 길이가 약 23㎞였다.

토퇴의 끝인즉 골짜기 끝에 다다랐다. 마지막 토퇴가 있는 곳으로부터 앞으로 수백m 더 나가서 골짜기가 완전히 사라졌으며, 단지 물이 흘러 지나간 흔적 즉 모랫길만이 삼림 속을 뻗어나갔다. 마지막 토퇴로부터 모랫길이 사라지는 곳까지 약 1㎞였다. 이 모랫길은 황화송전자(黃花松甸子, 삼림 속 초지)를 앞에 500m 가량 두고 끝났다. 즉 다시 말하여 흑석구에서 흐르던 물이 여기까지 와서 전부 땅속에 스며들어 없어졌다. 이처럼 흑석구는 대부분 시기에 마른 골짜기로 존재하였으며, 여름 장마철에 일부 구간에 물이 흐를 따름이었다.

여하튼 필자가 목격한 흑석구 하류의 상황은 토퇴가 골짜기보다 먼저 사라졌고 이어 골짜기가 사라졌고 마지막에 모랫길이 황화송전

---

35) 5만분의 1 지도와 10만분의 1지도 및 '구글위성지도'를 참고로 할 경우, 흑석구의 길이가 약 20㎞이다. 그러나 이는 지형적 요소를 고려하지 않은 수치이며, 흑석구의 상류와 하류의 해발고도 차가 약 1000m 되기 때문에 약 20%의 경사도에 따른 거리 수치를 더해줘야 한다. 즉 20㎞에다가 4㎞(20×20%)를 더할 경우 흑석구의 길이가 약 24㎞이다.

자를 500m 앞에 두고 완전히 사라졌다. 이로써 흑석구가 송화강 상류에 이어지지 않았으며, 흑석구의 물이 송화강 상류에 흘러들기도 전에 전부 땅속에 스며들어 자취를 감춘다는 사실을 알게 되었다. 이것이 흑석구의 감춰진 비밀이다.

아래에 흑석구의 토석퇴 길이를 조선의 리(里)로 환산할 경우 얼마나 되는지 알아보기로 하자. 앞에서 말했듯이 흑석구의 토석퇴 길이가 약 23㎞이며, 1리를 420m[36]로 환산할 경우 약 54리이다. 이 밖에 흑석구의 총 길이 24㎞가 약 57리이다. 필자가 얻은 이 두 수치는 1712년 백두산정계 시 기록에 나오는 50~60리와 근접한다.

그렇다면 1885년 제1차 감계 담판 시 이른바 토퇴 끝으로부터 입비처까지 90리라는 수치는 어떻게 얻어진 것일까? 90리가 잘못되었음을 전해주는 자료가 있어 주목된다.

1907년 흑석구를 답사했던 연길변무방판(延吉邊務幇辦) 오록정(吳祿貞)은 그 잘못에 대해 "토석퇴가 90리 연결되었다고 한 말은 실로 측정하지 않은 말이다."고 지적하였다.[37] 그 이듬해 봉천후보지현 유건봉이 흑석구를 답사한 후 기록하기를 "흑석구는 흑석하(河)라고도 부른다. 청풍령(淸風嶺)에서 시작하여 서북으로 목석(穆石, 정계비를 일컬음)까지 백여 보(步)이다. 하천이 미미하고 작으며, 검은 돌이 많고 물이 있는 곳이 적다. 남안 상류에 돌을 쌓고 하류에 토퇴를 만들어 놓았으며, 골짜기 길이가 46리이다. 황화송전자에 이르러 골짜

---

36) 조선시대 사용한 척은 주로 황종척·영조척·포백척·주척·조예기척 등이다. 이 중에서 주척(周尺)은 주로 양전이나 거리 등을 재는 데 사용하였다. 학자들의 연구에 따르면, 조선의 1주척은 약 20㎝이며, 1보(步)=6척, 1리=350보로 계산할 경우, 1리가 약 420m이다. 한국학중앙연구원 편, 『한국민족문화대백과』 '도량형' ; 인터넷 'NAVER 지식백과' ; 이종봉, 「조선후기 도량형제 연구」, 『역사와 경계』 53, 2004년 등 참조.

37) 吳祿貞, 『延吉邊務報告』, 73~75쪽.

기가 평평해지며 자취를 감춘다."고 하였다.[38] 여기서 흑석구의 길이 46리를 청대의 1리에 약 576m로 환산하면, 26㎞이다.[39] 이는 필자가 얻은 24㎞와 근접한 수치이다.

다시 1885년의 이른바 토석퇴가 90리 연장되었다는 기록으로 돌아가보자. 우선 도량형의 요소를 고려하지 않을 수 없다. 만약 조선의 도량형이 후대에 이르러 전대보다 작아졌을 경우, 토석퇴의 길이가 상대적으로 커질 수 있다. 그렇다면 토석퇴의 실제 길이 23㎞(23,000m)가 변하지 않는 전제 하에서 1리가 몇 m 되어야 길이가 90리인가? 이는 극히 간단한 나누기 계산법으로 해결되며, 1리가 256m일 때 길이가 90리이다.

그러나 조선왕조 전시기 도량형을 다 살펴보아도 1리가 256m인 경우가 없으며, 1리가 약 420m이다. 1909년에 이르러 일본의 도량형 제도가 도입된 후 1리가 약 3,927m였으나 조선은 여전히 1리를 392m 또는 400m로 계산하였다.[40] 즉 다시 말하여 조선의 도량형 제도가 아무리 변해도 토석퇴의 실제 길이 23㎞가 90리일 수 없다. 그러므로 이른바 토석퇴가 90리 연장된다는 것은 조선의 도량형이 변한 결과가 아니다.

한편 두 차례 감계 담판 때 조선의 1리가 얼마인지를 알려주는 거리 수치가 있다. 1887년 제2차 감계 때 이중하의 『도문계변석고증팔조(圖們界卞晰考證八條)』에 기록하기를 "홍토 수원으로부터 서쪽으로

---

38) 劉建封, 『長白山江崗志略』, 344~345쪽.
39) 청대의 1영조척(營造尺)은 32㎝이며, 1보=5척, 1리=360보=1800척이다. 그럴 경우 1리가 약 576m이다. 중국에서 1리를 500m로 환산하기 시작한 것은 1929년부터이다. 인터넷 『위키백과(중국어)』 '市制·營造尺庫平制·度量衡' 참조.
40) 한국학중앙연구원 편, 『한국민족문화대백과』 '도량형' 및 이종봉, 「조선후기 도량형제 연구」, 『역사와 경계』 53, 2004년 참조.

백두산정계비와 정계비 서쪽 압록강 수원까지 약 70리이다." 또 기록하기를 "목 총관이 정계비를 세울 때 토석퇴를 세운 것이 대각봉 옆에 이르며, 삼포(杉浦)에 이르러 끝났다. 삼포로부터 남쪽으로 홍토수·원지수(圓池水)까지 약 40리이다."라는 것이다.[41]

두 인용문에서 두 수치가 보이는데, 하나는 홍토수 수원으로부터 서쪽으로 입비처까지 약 70리이고, 다른 하나는 삼포 즉 흑석구 하류 끝으로부터 동남쪽으로 홍토수·원지수(약류하라고도 함)까지 약 40리이다. 여기서 우리는 모수림하(홍토수의 북쪽 지류) 발원지를 홍토수 수원으로 설정하고 적봉을 홍토수·원지수까지의 거리로 설정할 수 있다(이 두 물이 적봉에서 합침). 그리고 5만분의 1 지도와 10만분의 1 지도 및 '구글위성지도'를 통하여 측정할 경우, 모수림하 발원지(홍토수 수원)로부터 천지 동남쪽에 있는 입비처까지 약 30㎞이며 즉 71리(1리가 420m)이다. 또한 흑석구 하류 끝(삼포)으로부터 적봉(홍토수·원지수 합류처)까지 약 16.5㎞이며,[42] 즉 39리이다. 이는 이중하가 앞에서 말한 70리·40리와 비슷한 수치로서, 이때의 1리가 420m에서 크게 벗어나지 않음을 말해준다.

그렇다면 흑석구의 토석퇴 길이 23㎞(약 54리)가 무엇 때문에 90리로 변한 것일까? 앞에서 보았듯이 두 차례 감계 담판 때 양측 대표들이 흑석구 하류에 대한 자세한 조사를 진행하지 않았다. 이른바 토석퇴가 90리 연장된다는 것은 조선측에서 제공한 수치이며, 1883년 어윤중의 지시에 따라 김우식 등이 조사한 결과를 그대로 옮겨놓았다.

---

41) 이중하, 『圖們界卞晰考證八條』, 『토문감계』(규21036), 마이크로필름 33쪽.
42) 10만분의 1 지도에서 흑석구 끝으로부터 적봉까지의 직선거리가 약 15㎞이다. 여기에다가 10%의 경사도(지형이 평탄하고 해발차가 작음)에 따른 거리 수치를 더할 경우 실제 거리가 약 16.5㎞이다.

김우식 등은 어윤중의 지시를 좇아 입비처와 흑석구를 답사하여 송화강 상류에 이르렀다. 그들의 기록에 의하면, 흑석구 동남안에 먼저 석퇴가 25리 있고 이어 토퇴가 60여 리 있으며 포석포까지 80여 리이며,[43] 또 그 아래에서 건포 30여 리를 지나 송화강 상류와 이어진다고 하였다. 이처럼 이들은 1883년에 흑석구를 답사하였을 뿐만 아니라, 1885·1887년 이중하의 수행원으로 감계에 참여하였다. 그럴 경우 이른바 토석퇴가 90리 연장된다는 것은 이들이 제공한 수치일 가능성이 더욱 커진다.

재미있는 것은 김우식이 말한 이른바 석퇴 25리, 토퇴 60여 리가 1712년 백두산정계 시 허량 공술에서 나오는 퇴책의 거리와 교묘하게 맞아떨어진다는 점이다. 다만 허량의 공술은 흑석구에 토퇴를 설치하기 이전 상황을 반영한 것이다.

허량의 공술을 보면, "입비처로부터 아래로 25리에 목책과 석퇴를 설치하고, 그 아래 물이 있는 곳 5리 및 건천 20여 리는 산이 높고 골이 깊으며 하천의 흔적이 분명하기에 설표하지 않았습니다."라고 하였다. 즉 앞의 25리에 목책과 석퇴를 설치하고 뒤의 25리는 골짜기가 깊은 이유로 설표하지 않았다. 그러나 그 후에 영의정 이유의 건의에 따라 보강공사를 행할 때 토퇴를 쌓아 놓았다. 이것이 흑석구 동남안에 토퇴가 있는 구간이다. 또 "그 아래에서 물이 솟아나오는 곳까지 40여 리는 모두 목책을 세우되, 그 중간의 5·6리는 나무나 돌이 없고 토질이 강하기 때문에 단지 토돈을 세웠습니다."라고 하였다. 이는 흑석구 하류 끝으로부터 두만강 용출처까지 목책·토돈을 설치한 곳이

---

43) '포석포(泡石浦)'란 부석이 많은 개천을 일컫는 말로서, 흑석구 하류를 가리키며 '삼포(杉浦)'라고도 불렸다. 필자의 실지답사에 의하면, 흑석구 하류에 이르러 얕은 모랫길로 변하며, 화산 분출로 형성된 부석이 많았다.

다.

김우식의 기록으로 돌아가 보면, 앞의 25리가 석퇴이고 뒤의 60여리가 토퇴이다. 즉 앞의 25리가 허량 공술의 25리와 맞아 떨어지고, 뒤의 60여 리가 허량 공술의 물이 있는 곳 5리, 건천 20여 리, 두만강 용출처까지의 40여 리를 전부 합한 결과이다. 즉 다시 말하여 흑석구에 속하지 않는 맨 끝의 40여 리의 목책·토돈을 흑석구의 토퇴에 포함시킴으로써 흑석구 토석퇴의 전체 길이가 80여 리 또는 90리로 변하게 되었다. 그 의도인즉 설표한 전부가 흑석구에 놓이게 함으로써 송화강 상류와 이어지듯이 하기 위해서이다. 그래야만 토문·두만 2강설이 성립되고 두만강 이북 '간도' 지역이 조선에 속하게 되기 때문이었다.

앞에서 보았듯이 흑석구 상류 동남안에 먼저 석퇴가 있고 대각봉에 이르러 석퇴가 끝나고 토퇴가 시작된다. 관련 지도와 '구글위성지도'를 통하여 측정해볼 경우, 흑석구의 시작점으로부터 대각봉까지 약 5㎞ 즉 12리(1리에 420m)이다. 석퇴 길이를 알려주는 자료가 더 있어 주목된다. 1948년 7월 북한학자 황철산(黃鐵山)의 실지답사에 의하면, 흑석구 동남안에 석퇴가 106개 있으며, 5,391m 연장된다고 하였다.[44] 이는 곧 12.8리이다. 이로써 흑석구의 석퇴 길이가 12~13리임을 알 수 있다.

이로 보아 김우식이 말하는 이른바 석퇴 길이가 25리라고 하는 것도 믿을 수 없다. 이들이 1712년 정계 시 허량의 공술을 참고했는지는 알 수 없지만, 이들 배후에 서북경략사인 어윤중이 있고 또 그가 두만강 이북 간도 지역이 조선에 속한다고 주장하는 강경파 인물임을 고려할 때,[45] 그의 지시에 따라 토석퇴의 수치가 과장되었거나 조작되

---

44) 『NewsMaker』 611호, 2005년 2월 15일 참조.

45) 金允植·魚允中, 『從政年表·陰晴史』, 국사편찬위원회 편, 『한국사료총서』 6,

었을 가능성을 배제하기 어렵다.

4. 맺는말

1712년 백두산정계 1차 사료를 통하여 목극등이 흑석구를 양국 경계로 정했음을 확인할 수 있다. 그가 흑석구를 두만강 수원의 단류처 즉 물이 흐르다가 끊기는 곳으로 간주하였으며, 물이 솟아나는 용출처는 오늘날 적봉 근처의 두만강 지류로 정하였다. 이의복의 기사를 통하여 단류처와 용출처 사이에 30여 리의 은류(隱流)처 즉 물이 땅속에서 흐르는 곳이 더 있음을 알 수 있다. 규장각에 소장된 『백산도』의 경우 그곳에 '입지암류(入地暗流)'를 표기하였다.

1885년 제1차 감계 담판 때 양측 보고서에 이른바 흑석구의 "토퇴 끝으로부터 입비처까지 90리"라고 한 것은 1712년 정계 시 설표한 거리와 맞지 않을뿐더러 흑석구의 실제 상황과도 어긋난다. 이는 조선에서 제공한 수치로서 서북경략사 어윤중의 지지 하에 김우식 등이 허량 공술을 참고하여 조작한 혐의가 제기된다.

허량 공술을 보면, 설표한 절반이 흑석구에 있고 나머지 절반이 흑석구로부터 두만강 사이에 있지만, 김우식은 그 전부를 흑석구에 포함시킴으로써 흑석구의 토석퇴 길이를 80여 리 또는 90리에 가깝게 만들었다. 그 이유인즉 설표의 전부가 흑석구에 놓이게 함으로써 송화강 상류에 이어지듯이 하기 위해서였다. 토문·두만 2강설을 주장하고 간도가 조선에 속한다는 근거로 이용하기 위해서였다.

1955, 162쪽 참조.

흑석구의 진실을 알기 위해서는 문헌자료 외에 실지답사를 필요로 한다. 문헌연구와 실지답사를 결합하여 살펴볼 경우 흑석구와 동남안의 토석퇴의 실황은 다음과 같다. 천지 동남쪽 약 4㎞ 지점의 입비처로부터 200m 가량 목책을 설치하여 흑석구가 시작되는 곳에 이르렀다. 여기서부터 골짜기가 동남쪽으로 약 1.6㎞ 연장되며, 이어 동북쪽으로 20여㎞ 연장된다. 그리하여 흑석구 하류에 이르러서는 천지 동북쪽에 놓이게 된다.

흑석구 동남안의 토석퇴 분포를 살펴보면, 먼저 석퇴가 있으며, 높이가 1m 가량 되고 석퇴 사이 간격이 40~50m이며, 5.3㎞ 연장되어 대각봉에 이른다. 여기서부터 토퇴가 시작되며 높이가 1.5m, 토퇴 사이 간격이 80~90m 또는 100m 가량이며, 18㎞ 연장되어 골짜기 끝에 이른다. 마지막 토퇴가 있는 곳으로부터 골짜기가 앞으로 수백m 더 나가다가 자취를 감춘다. 물이 흘러지나간 흔적 즉 모랫길만이 삼림 속을 수백m 뻗어나가다가 황화송전자를 앞에 500m 가량 두고 완전히 사라진다.

요컨대 흑석구는 여름 장마철에 일부 구간에 물이 흐를 뿐 대부분 시간에는 물이 흐르지 않는 마른 골짜기 즉 건천이었다. 흑석구에서 흐르던 물이 송화강에 흘러들기도 전에 전부 땅속에 스며들어 자취를 감추며 이보다 앞서 골짜기가 먼저 사라진다. 즉 다시 말하여 흑석구 지표상의 물이 직접 송화강에 흘러들지 않으며, 흑석구 동남안의 토석퇴도 송화강에 연결되지 않았다. 흑석구의 토석퇴 길이는 약 23㎞ 즉 54리(1리가 420m)이며, 흑석구의 전체 길이는 약 24㎞ 즉 57리이다.

두만강 정원(正源)의 형성 요소

머리말

1962년에 체결된 '중조국경조약'에 의하면, 약류하·홍토수가 합치는 곳으로부터 바다로 흘러들기까지가 정식으로 두만강이라고 칭한다. 이 두 물이 합치는 곳이 적봉(赤峰, 길림성 화룡시) 동남쪽이며, 오늘날 두만강 발원지이다.

적봉은 일명 홍토산(紅土山)이라고도 하며, 홍토수·홍토산수의 명칭이 여기서 유래되었다. 서술상의 편의를 위하여, 이 글에서는 적봉수원, 즉 약류하·홍토수가 합치는 물을 홍토산수로 칭하며, 실은 오늘날 두만강 본류이다. 이로써 그 아래에서 두만강과 합류하는 석을수·홍단수·홍기하·서두수 등과 구별하고자 한다.

홍토산수가 두만강 정원으로 된 것은 자연지리적 요소 외에 역사적 관습, 1712년 백두산정계, 1885·1887년 공동감계 등과 밀접한 관련이 있다. 이 글에서는 국경사의 시각에서 홍토산수가 두만강 정원으로 된 과정을 살펴봄과 동시에 지리학에서 수원을 확정하는 원칙으로부터 홍토산수가 어떤 지리적 요건을 갖추었는지를 알아보고자 한다.

1. 목극등이 정한 두만강 수원

1712년 청에서 목극등을 백두산에 파견하여 정계한 것은 조·청 양국
이 압록강·두만강을 경계로 한 사실과 이 두 강이 백두산 천지에서
발원한다는 지리인식에 근거하였다. 이 같은 지리인식은 원·명·청
3대 지리지에 기록되었으며,『원일통지』·『명일통지』및『성경통지』
(1684년, 강희 23)에 관련 기록이 있다.

강희제가 목극등을 파견할 때도 이 점을 강조하였다. 강희 유지를
살펴보면, 압록강이 장백산 동남에서 흘러나와 서남으로 흘러가며,
압록강 서북이 중국이고 동남이 조선이며, 토문강이 장백산 동쪽에서
흘러나와 동남으로 흘러 바다로 들어가며, 토문강 서남이 조선이고
동북이 중국이며 역시 강을 경계로 한다고 하였다.[1]

강희제의 압록·두만 양강에 대한 지리인식은 여러 차례 사람을 파견
하여 백두산을 답사한 결과에서 얻었다. 예컨대 1677년(강희 16) 내대
신(內大臣) 무묵눌(武黙訥)을 파견하여 송강하를 거슬러 올라가 백두산
을 답사하였으며, 1684년(강희 23) 주방협령(駐防協領) 늑초(勒楚)를
파견하여 압록강을 거슬러 올라가 백두산에 이르렀다.[2] 강희제는 이
에 만족하지 않고『황여전람도』편찬에 즈음하여, 압록·두만 양강
수원을 조사하여 백두산 일대 경계를 확정하고자 하였다. 이에 1711년
에 이어 1712년 목극등을 재차 파견하여 백두산정계를 행하였다.

1712년 4월 목극등은 화원(畵員)·통사(通事)·갑군(甲軍) 등 수십 명
을 거느리고 조선 관원들과 함께 압록강을 거슬러 백두산 천지에

---

1) 『淸聖祖實錄』권246, 강희 50년 5월 계사, 제6책, 441쪽.
2) 강희제가 武黙訥·勒楚를 파견하여 백두산을 답사한 내용은 이화자,『한중국경
   사 연구』제4장 참조.

이르렀고 이어 천지에서 내려오면서 압록·두만 양강 수원을 찾았다.[3]

전술했듯이 압록강 수원은 천지 동남 기슭에서 발원하였기에 곧바로 수원으로 정했지만, 두만강 발원지는 천지에서 좀 멀리 떨어져 있었다. 예컨대 천지 동쪽에서 발원하는 홍토수와 동남쪽에서 발원하는 홍단수가 천지에서 백리 넘게 떨어져 있었으며, 가장 긴 서두수의 경우 천지 동남쪽 400~500리에 있는 학항령(鶴項嶺)에서 발원하였다.[4] 또 홍기하는 천지 동북쪽 약 170여 리(75㎞) 증봉령(甑峰嶺)에서 발원하였다.[5] 서두수와 홍기하의 경우 천지와의 거리가 먼 관계로 백두산정계 대상에서 제외되었다.

목극등이 정한 두만강 수원에 대한 학계의 주장은 서로 엇갈린다. 일부 중국학자들은 홍단수를 정했다고 보며,[6] 다른 학자들은 홍토산수를 정했다고 보며,[7] 한국학계의 경우 송화강 상류를 정했다고 보아 토문·두만 2강설을 주장한다.

백두산정계 결과를 반영하고 있는 강희『황여전람도』속의「조선도」와 서울대학교 규장각에 소장된『백산도』(그림 3) 및 제소남(齊召南)의『수도제강(水道提綱)』을 결부시켜 두만강 수원이 어떤 물줄기인지 알아보기로 하자.

『황여전람도』(그림 16)와『백산도』(그림 3)를 살펴보면, 두만강 상류의 경우 서에서 동으로 다음과 같은 물줄기가 있다. 즉 두만강 본류·홍단수·어윤강(오늘날 서두수)·박하천(오늘날 연면수)·서수라천(오늘날 성천수)·소도문강(홍기하) 등이다. 이처럼 지도상의 명칭이 오늘

3) 홍세태,『백두산기』, 133~138쪽.

4) 總理衙門 편,『吉朝分界案』, 1807~1808쪽.

5) 楊光浴 주편,『中華人民共和國地名辭典』, 吉林省, 商務印書館, 1994년, 369쪽.

6) 陳慧,『穆克登碑問題研究－淸代中朝圖們江界務考證』, 93~184쪽.

7) 이화자,『한중국경사 연구』제1장.

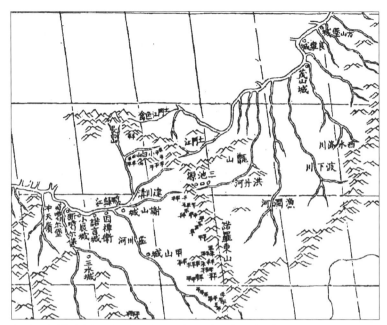

〈그림 16〉『황여전람도』「조선도」의 부분도(1943년 福克司 영인본)

날 두만강 지류 명칭과 차이가 나지만 대체로 맞아떨어진다.

두만강 본류의 가장 위쪽에 '토문강색금(色禽)' 즉 두만강 수원을 표기하고 있으며, 천지 동남 기슭에서 발원하여 동류하며, 그 아래에서 많은 지류가 합류하였다. 이 두만강 수원이 오늘날 적봉에서 흘러내리는 물줄기 즉 후세에 홍토수·홍토산수로 불리는 것임이 틀림없다.

다시 『황여전람도』(그림 16)로 돌아가 보면, 두만강 본류를 거슬러 올라가 두 갈래 지류가 있다. 하나가 남쪽 지류이고 다른 하나가 북쪽 지류이다. 남쪽 지류는 소백산 동쪽에서 발원하여 서에서 동으로 흐르며, 증산(甑山) 북쪽을 흘러 두만강 본류와 합류하였다. 그 위치와 물 흐름 방향으로 보아 석을수(石乙水)임이 확인된다. 북쪽 지류를 살펴보면, 동남쪽으로 흐르며, 또 북·중·남 세 갈래로 나뉜다. 중간의

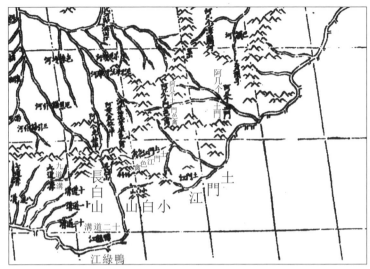

<그림 17>『황여전람도』압록강·두만강 이북 부분도(1943년 福克司 영인본)

수원에 '토문강색금'을 표기하고 있는데, '색금'이란 만주어로 강원을 뜻한다. 이로 보아 북쪽 지류의 중간 물줄기가 두만강 정원임을 알 수 있다. 그렇다면 토문강색금은 오늘날 어떤 물줄기를 가리키는가?

아래 제소남의 『수도제강』을 통해 알아보기로 하자. 제소남은 절강 (浙江) 태주(台州) 사람으로서 1736년(건륭 1) 박학홍사과(博學鴻詞科) 에 합격하여 한림원(翰林院) 편수관이 되었다. 같은 해 청『일통지』 편찬에 참여하였으며, 일통지관(館)에 오래 있은 관계로 천하 지도를 두루 섭렵하였으며, 특히 강희『황여전람도』를 가까이에서 볼 수 있었 다. 그가 늙어서 귀향한 후『수도제강』을 편찬하였다.8) 그리하여 두만 강 수계에 관한 내용이 강희『황여전람도』와 백두산정계 1차 자료를 참고했음이 발견된다.

---

8) 齊召南, 『水道提綱』, 提要·原序, 『景印文淵閣四庫全書』, 臺灣商務印書館, 1986년 영인본, 583-1~583-4쪽.

『수도제강』은 두만강 수계를 다음과 같이 묘사하였다.

　토문강은 장백산 꼭대기 동쪽 기슭에서 발원하는데 토문색금(土門色禽, 토문강원 | 필자주)이라고 부르며, 동쪽으로 보였다 안 보였다 수십 리 흐르다가 또 동북쪽으로 수십 리 흐른다. 서북쪽에서 한 갈래의 물이 흘러들어오고 남쪽에서 두 갈래가 한 갈래로 합쳐 흘러들어오는데 모두 장백 지봉(支峰)이다. 동남쪽으로 백여 리 흐르다가 두 갈래가 한 갈래로 합쳐 서남쪽에서 흘러들어온다(수남이 조선국이다). 동북쪽으로 꺾어 백여 리를 흐르다가 남쪽에서 작은 물 둘과 큰 물 하나를 받아들인다(작은 물 둘은 모두 증산 북쪽에서 북류하여 약 백리를 흐른다. 큰 물이란 홍단하원(洪丹河源)을 말하며 서남쪽에서 큰 산을 나와 삼지연의 물과 합쳐 동쪽으로 백여 리를 흐르다가 동북쪽으로 흐른다. 동쪽의 작은 물과 합쳐 북쪽으로 흘러 증산 동쪽 기슭을 거쳐 동북쪽으로 백여 리를 흐르다가 토문강에 들어간다). 약간 동쪽에 아기개토문(阿几个土門)이 있는데 서북에서 한 갈래의 물과 합쳐 동남쪽으로 흘러들어온다. … 또 동북쪽으로 백리를 흐르다가 남쪽에서 두 갈래 물을 받아들인다(하나가 어순하(漁順河)이며, 남쪽에서 두 개의 수원을 합쳐 북쪽으로 흐르다가 또 한 갈래의 물과 합쳐 300여 리를 흐르다가 토문강에 들어온다. 다른 하나가 파하천(波下川, 박하천을 가리킴 | 필자주)인데 세 개의 수원이 합쳐 북쪽으로 구불구불 2백여 리를 흐르다가 토문강에 들어온다). 큰 산의 동쪽 기슭에서 북쪽으로 흐르다가 동쪽에서 두 갈래의 물을 받아들인다. 동안(東岸)이 조선 무산성이다.[9]

---

9) 齊召南, 『水道提綱』 권26, 東北海諸水·土門江.
　　土門江源出長白山頂之東麓 曰土門色禽 東流若隱若見數十里 折東北流又數十里 有一

위 인용문에서 "보였다 안 보였다" 흐르는 '토문색금'을 『백산도』(그림 3)의 '입지암류'하는 토문강에 비정할 수 있다. 즉 흑석구의 토석퇴와 그 아래 홍토수를 잇는 목책에 비정된다. 이는 실존하는 두만강 수원이 아니라 두만강 발원지를 이어놓는 인공 표식물이었다.

다시 『수도제강』으로 돌아가 보자. 토문색금을 따라 내려갈 경우 "서북쪽에서 한 갈래 물이 흘러들어오고 남쪽에서 두 갈래가 한 갈래로 합쳐 흘러들어오는데 모두 장백 지봉(支峰)이다."라고 하였다. 여기서 북쪽 지류가 오늘날 서북에서 동남으로 흐르는 약류하이고, 남쪽 지류가 홍토수·모수림하가 합쳐 흐르는 물줄기 즉 홍토수이다. '장백 지봉'이란 근처에 있는 적봉·장산령 등을 가리킨다.

계속하여 "동남쪽으로 백여 리 흐르다가 두 갈래가 한 갈래로 합쳐 서남쪽에서 흘러들어온다(수남이 조선국이다)."라고 하였는데, 오늘날 석을수이다. 『황여전람도』에 석을수를 '토문강'이라고 표기하고 있는데, 남쪽 지류로서 큰 물줄기임이 틀림없다.[10]

계속하여 "동북쪽으로 꺾어 백여 리를 흐르다가 남안에서 작은 물 둘과 큰 물 하나를 받아들인다."고 하였다. 여기서 남안의 작은 물

水自西北 一水合二源自南來竝會 俱長白支峰也 東南流百餘里 有一水合二源 自西南來會(水南卽朝鮮國) 折而東北流百數十里 南岸受小水二大水一(二小水 皆甑山以北北流 僅百里許 大水曰洪丹河源 西南出大山 合三源派之水 東流百數十里 折東北流 合東一小水 又北流 經甑山東麓 又東北而北百餘里 入土門江) 稍東有阿几个土門 自西北合一水 東南流來會 … 又東北百里 南岸受水二(一曰漁順河 自南合兩源北流 又合一水 行三百餘里 入土門江 一曰波下川 三源合而北流 曲曲二百數十里 入土門江) 至大山東麓折北流 受東來二水 其東岸朝鮮茂山城也.

10) 일부 학자들은 청조 여도(輿圖)에 석을수를 '토문강'이라고 표기했다고 하여, 목극등이 석을수를 경계로 정했다고 보는가 하면, 또 그 서쪽에 있는 소백산에 정계비를 세웠다고 주장한다(馬孟龍, 「穆克登查邊與'皇輿全覽圖'編繪－兼對穆克登'審視碑'初立位置的考辨」, 『中國邊疆史地研究』, 2009년 3기). 그러나 사료를 통해 보면, 목극등이 정한 것은 '토문강색금' 즉 두만강 수원이며, 훗날의 홍토산 수이다.

둘이란 증산 동북에서 북류하는 '장파수'이다. 또 남안에서 흘러드는 큰 물이란 홍단수를 가리키며, 삼지연 동쪽에서 발원하여 동북으로 흘러 두만강에 흘러들었다. 이처럼 홍단수가 두만강에 흘러든다고 한 이상, 두만강 본류 또는 수원이 될 수 없다. 거꾸로 홍단수와 합치는 북쪽 지류 즉 홍토산수가 정원이며, 석을수 역시 지류이지 정원이 아니다.

계속 아래로 내려가 "약간 동쪽에 아기개토문(阿几个土門)이 있는데, 서북에서 한 갈래의 물과 합쳐 동남쪽으로 흘러들어온다"고 기록하였다. 여기서 '아기개(阿几个)'란 만주어로 '작다'는 뜻을 나타내며, 소토문강이란 오늘날 홍기하를 가리킨다.

홍기하에 대해 특기할 것은 백두산정계 시 청사 목극등과 조선 접반사 박권이 이에 대해 논쟁한 일이다. 목극등이 홍토산수를 수원으로 정한 후 어윤강변에 도착했을 때, 박권이 홍기하가 진정한 두만강 즉 정원이라고 하면서, 홍기하를 거슬러 올라가 다시 수원을 찾을 것을 건의하였다. 이에 대해 목극등이 반대했으며, 이미 필첩식을 황제에게 보냈으니 국왕이 황제에게 주문해야 다시 조사할 수 있다고 답하였다.[11] 이처럼 둘 사이에 두만강 정원을 놓고 논쟁한 때문인지 5년 뒤 완성된 『황여전람도』(1717년)에 홍기하를 '아기격토문' 즉 소도문강이라고 표기하여 두만강 본류와 구별하였다. 그 후에 편찬된 청 『회전도(會典圖)』의 경우, 대도문강(大圖們江)과 소도문강(小圖們江)으로 분별하였다. 즉 "대도문강은 장백산 동록에서 나와 두 줄기가 합쳐 동류하며, 소도문강은 북쪽 산에서 나와 두 줄기가 합쳐 동남쪽으로 흘러와 합친다."고 기록하였다.[12]

---

11) 『숙종실록』 권51, 숙종 38년 6월 을묘.
12) 『欽定大淸會典圖(嘉慶)』 권91, 輿地, 文海出版社, 1992년 영인본, 3176쪽.

계속 본류를 따라 내려갈 경우 "동북쪽으로 백리를 흐르다가 남쪽에서 두 갈래 물을 받아들인다. 하나가 어순하(漁順河)이며, 남쪽에서 두 개의 수원을 합쳐 북쪽으로 흐르다가 또 한 갈래의 물과 합쳐 300여 리를 흐르다가 토문강에 들어온다."고 기록하였다. 여기서 남쪽에서 흘러들어오는 두 갈래 중에 하나가 어윤강이며 즉 오늘날 서두수이다. 다른 하나가 박하천 즉 오늘날 연면수이다.

또 그 아래에서 "큰 산 동록에서 북류하며, 동쪽에서 두 갈래 물을 받아들인다. 동안(東岸)이 조선 무산성이다."라고 하였는데, 동쪽에서 오는 두 갈래 중에서 하나가 무산 근처에서 두만강에 흘러드는 오늘날 성천수이며, 『황여전람도』에 '서수락천(西水洛川)'이라고 표기하였다.

이상과 같이 『수도제강』의 내용은 두만강이 천지 동록에서 발원하여 연도에서 많은 지류를 받아들여 무산까지 흐르는 양상을 묘사하고 있다. 마치 『황여전람도』를 펼쳐놓고 보면서 묘사한 듯하다. 그럼에도 불구하고 일부 내용은 지도에 나타나지 않은 부분으로서, 예컨대 "동쪽으로 보였다 안 보였다 수십 리 흐르다가 또 동북쪽으로 수십 리 흐른다."이다. 이는 저자 제소남이 백두산정계의 또 다른 자료를 참고했음을 말해준다.

이상과 같이 『황여전람도』・『백산도』 및 『수도제강』을 통하여, 목극등이 홍토산수를 두만강 정원으로 정했음이 확인된다.[13] 특기할 것은 여도에 표기된 '토문강색금' 즉 두만강원이 실존하는 물줄기가 아니라 홍토산수를 잇는 토석퇴・목책 등 인공 표식물임이 확인된다.

---

13) 사료에 의하면, 목극등이 정하고자 했던 물은 두만강 수원의 북쪽 지류(제1파 약류하)였으나 근처에 있는 송화강 지류 오도백하로 잘못 지정하였다. 그 이후 조선은 설책 시 그의 오류를 시정하여 정확한 두만강 수원에 목책을 설치하였다. 이것이 두만강 수원의 남쪽 지류(제2파)이며 오늘날 모수림하(홍토수의 북쪽 지류)이다. 이화자, 『한중국경사 연구』 제1장 참조.

2. 1885·1887년 공동감계와 두만강 수원

1885·1887년 조청 양국이 대표를 파견하여 공동으로 감계(勘界)를 행한 것은 조선 변민들이 두만강을 넘어가 강 이북 지역을 개간하면서 두만강 경계를 부정한 것과 관련된다. 조선측 주장대로라면 토문·두만이 각기 다른 강이며, 토문강이란 흑석구와 연결된 송화강 상류를 가리키며, 두만강을 경계로 하지 않는다는 것이었다. 그럴 경우 두만강 이북 조선 변민에 의해 개간된 이른바 간도가 조선에 속하게 되었다.

이처럼 양측이 두만강 경계에 대한 주장이 달랐기에 두 차례 감계가 주로 두만강 상류 물줄기를 조사하는 데 중점을 두었다. 그리하여 동쪽에서 서쪽으로 두만강을 거슬러 올라가면서 서두수·홍단수·홍토 산수 등 지류를 조사함과 동시에 흑석구와 백두산 입비처를 답사하였다.

양측 대표의 행진 노선을 살펴보면, 두만강을 거슬러 올라가 먼저 회령에 이르고, 계속 강을 따라 올라가 삼강구(三江口, 서두수·홍단수· 홍토산수가 합치는 곳, 오늘날 화룡시 숭선)에 이른 후 세 팀으로 나뉘어 세 지류를 조사하여 발원지까지 이르렀다.[14]

우선 한 팀이 서두수를 답사하였는데 그 결과가 다음과 같았다. 서두수의 상류가 동·서 두 수원으로 나뉘며, 동원이 백두산 동남쪽 약 400~500리 학항령에서 발원하여 400여 리(173㎞[15])를 흘러 두만강 과 합쳤다. 또 서원이 서두수 정원이었으나 길이 멀고 눈이 깊어 발원

---

14) 1885·1887년 두 차례 감계 과정에 대해서는 楊昭全·孫玉梅, 『中朝邊界史』, 253~368쪽 참조.
15) 김정배·이서행 등 편, 『백두산 – 현재와 미래를 말한다』, 한국학중앙연구원출 판부, 2010년, 218쪽.

지까지 이르지 못하였다. 한편 서원이 보다회산(蒲潭山·寶髻山·胞胎山이라고도 함)에서 발원하며, 발원지가 백두산 동남쪽 약 180리에 있었으며, 약 280리를 흘러 동원과 합쳤다. 보다회산 서쪽 약 2~3리에서 압록강이 흘렀으며, 압록·두만 양강이 마주하고 있는 것으로부터 하나의 분수령임을 알 수 있었다. 비록 서두수의 물 흐름이 다른 두만강 지류보다 길었지만 발원지가 천지에서 멀리 떨어져 있었고 조선 내지를 흘렀기에, 얼마 후 두만강 수원의 조사 대상에서 제외되었다.16)

다음으로 양측 대표들이 홍단수를 답사하였다. 홍단수는 중국측 대표가 두만강 정원으로 지목하여 경계를 나누고자 한 지류였다. 홍단수의 발원지가 백두산 동남쪽 약 130리 삼지연 동쪽에 있으며, 압록강 발원지와 약 70리 떨어져 있었다. 보다회산 말고 이곳 역시 하나의 분수령이며 조선은 '허항령'이라고 불렀다.

제1차 감계가 끝난 후 중국측 대표들이 삼지연·홍단수로서 경계를 나눌 것을 요구하였다. 그 이유는 다음과 같았다. 첫째로 압록·두만 양강 수원이 마주하고 있다. 둘째로 삼지연·홍단수 이남에 송화강 지류가 없으며, 송화강에 저애가 되지 않는다. 셋째로 천지와 좀 떨어져 있어서(130리), 백두산에 저애가 없다. 여하튼 홍단수는 삼지연 동쪽에서 발원하여 동쪽으로 200여 리(76㎞17)) 흘러 두만강과 합쳤으며, 또 30여 리를 흘러 서두수와 합쳤다.18)

그 다음으로 양측 대표들이 홍토산수를 답사하였다. 홍토산수 발원지는 오늘날 적봉(홍토산이라고도 함) 근처이며, 주로 세 갈래 물이 흘렀다. 즉 홍토수·약류하·모수림하이다. 적봉은 천지 동쪽 약 백리에

---

16) 總理衙門 편, 『吉朝分界案』, 1807~1814쪽.
17) 김정배·이서행 등 편, 『백두산-현재와 미래를 말한다』, 218쪽.
18) 總理衙門 편, 『吉朝分界案』, 1807~1814쪽.

있으며, 근처에서 발원하는 홍토산수가 아래로 120여 리(63㎞[19]) 흘러 홍단수와 합쳤다.[20]

　홍토산수는 제2차 감계 때 조선측이 주장한 두만강 정원이자 경계를 나누고자 한 물줄기였다. 조선측 근거는 다음과 같았다. 첫째로 청나라 여지도(민간 번각본)와 『회전도(會典圖)』를 통하여 목극등이 정한 수원이 홍토산수임을 알 수 있다. 둘째로 실지답사를 통하여 이중하(李重夏)가 흑석구와 홍토산수를 잇는 옛 경계 표식을 발견하였다. 이로써 홍토산수가 목극등이 정한 두만강 정원이며, 옛 경계라는 것을 알게 되었다.[21]

　이 밖에 석을수(石乙水)가 제2차 감계 때 중국측 대표가 정원으로 지목하여 경계를 나누고자 한 물줄기였다. 한국어로 '도랑수(島浪水)'라고 불리며 물줄기가 그리 크지 않았다. 석을수 발원지는 소백산 이동에 위치하여 있었으며 물 흐름이 가늘고 길며, 서남에서 동북으로 40여 리(실제 약 17㎞[22]) 흘러 홍토산수와 합쳤다. 석을수는 소백산에서 발원하지 않지만 그 동쪽에 위치하였으며, 특히 지형상으로 골짜기로서 통했기 때문에 소백산 물로 보기 십상이었다.[23] 제2차 감계 조사에 의하면, 석을수 발원지로부터 골이 서쪽으로 12리 뻗어나가고, 중간에 약 5리의 풀밭을 지나, 또 골이 서쪽으로 약 22리 뻗어나가

---

19) 필자가 '구글위성지도'를 통하여 얻은 수치임. 약간의 오차가 있을 것임.

20) 總理衙門 편, 『吉朝分界案』, 1807~1814쪽.

21) 1885·1887년 감계 시 양측 주장에 대해서는 이화자, 『한중국경사 연구』제3장 참조.

22) 김정배·이서행 등 편, 『백두산－현재와 미래를 말한다』, 217쪽.

23) 보통 홍토산수를 백두산 물로 보고 홍단수를 삼지연 물로 보며, 석을수를 소백산 물로 본다. 왜냐하면 백두산·삼지연·소백산을 분수령으로 하여, 압록강 지류와 마주하고 있기 때문이다. 비문의 이른바 '서위압록, 동위토문'을 기준으로 판단한 것이다.

소백산 서쪽 첫 봉우리 동록(麓)에 이른다고 하였다.[24]

이처럼 양측 대표들은 홍단수·홍토산수·석을수 세 지류 중에서 정원을 분별하여 경계를 나누고자 하였다. 조선측은 목극등 정계의 옛 경계를 찾는 데 중점을 두었으며, 정계비-토석퇴-홍토산수가 옛 경계이며 이로써 경계를 나눌 것을 요구하였다. 그러나 중국측 대표들은 이른바 '분수령'을 찾는 데 중점을 두었으며, 백두산 천지와 그 동쪽에서 발원하는 홍토산수를 정원으로 삼는 것을 피하고자 하였다. 백두산에 저애가 될 뿐만 아니라 송화강에도 저애가 된다고 여겼기 때문이다. 그리하여 삼지연과 그 동쪽에서 발원하는 홍단수를 선택했다가, 그 이후 한발 물러나 소백산과 그 동쪽에서 발원하는 석을수를 택하게 되었다.

기실 두 차례 감계를 통하여 양측 대표들이 두만강 정원에 대한 차이가 별로 없었다. 중국측이 주장하는 석을수와 조선측이 주장하는 홍토산수는 매우 가까운 물줄기였으며, 발원지까지 10여 리 차이가 났다. 이보다 더 중요한 것은 그 서쪽에 있는 분수령이었다. 조선측은 천지 동남 기슭(입비처)을 분수령으로 보았고 중국측은 소백산을 분수령으로 보았다.

제2차 감계의 성과는 양측이 두만강 본류를 경계로 하는 데 일치를 본 것이다. 특히 홍토산수·석을수 합류처 이하에서 두만강을 경계로 함에 합의를 보았다. 이는 후세의 중일 '간도협약'[25] 및 1962년 '중조국경조약' 체결에 영향을 미치게 되었다.[26]

---

24) 이중하,『감계사교섭보고서』, 1887년, 마이크로필름 23쪽.

25) 1909년 중일 '간도협약' 제1조에 "중한(中韓) 양국이 두만강을 경계로 하며, 정계비로부터 석을수로서 경계로 한다"고 규정하였다. 여기서 석을수가 제2차 감계 때 중국측이 경계를 나누고자 했던 물줄기이고, 정계비터가 조선측이 경계를 나누고자 했던 곳이다. 중일 양국의 타협의 산물임을 알 수 있다.

3. 지리학적 요소로 본 두만강 수원

하천의 정원을 확정함에 있어서 지리학계에는 통일된 기준이 없다. 그러나 대체로 아래와 같은 원칙에 준한다. 1) 강원이 먼 곳을 택하며, 하구(河口)에서 가장 먼 곳을 하천의 발원지로 인정한다. 즉 하천의 길이에 따라 가장 긴 것을 정원으로 본다. 2) 하천망의 평면도에서 상·하류의 일치성에 따른다. 즉 하천의 원류가 하류 본류의 물 흐름과 근접하며 형식상 물 흐름의 자연 연장으로 볼 수 있을 경우 정원으로 간주한다. 3) 물 양의 다소에 따라 양이 많은 것을 정원으로 삼는다. 4) 역사적인 관습에 따른다. 사람들이 오랜 시간동안 형성된 관습을 유지하며 쉽게 변경하지 않는다. 5) 하곡의 발육기에 따라 발육기가 이른 것을 정원으로 본다. 이 밖에 유역 면적의 크기 및 발원지 해발고도를 보는 경우도 있다.[27]

위에서 본 지리학에서 강원을 확정하는 원칙에 따라 두만강 정원의 근거가 충분한지에 대해 알아보기로 하자.

전술했듯이 두만강 상류에는 다음과 같은 지류가 존재하였다. 즉 서두수·홍단수·홍토산수·석을수·홍기하이다. 이제 이들 하천의 길이, 물의 양의 크기, 물 흐름 방향이 본류와 비교할 때 곧은지 여부 및 역사적으로 강원을 보는 습관 등으로부터 어떤 하천이 강원의 조건에 부합되는지 알아보기로 하자.

---

26) 1962년에 체결된 '중조국경조약'과 1964년에 체결된 '중조국경의정서'에 의하면, 중국·북한 양국 국경선이 서남에서 동북으로 천지를 가로질러 두만강 상류 홍토수와 모수림하가 합치는 곳에 이른 후, 홍토수를 따라 내려가다가 적봉 동쪽에 이르러 홍토수와 약류하가 합치는 곳부터 두만강을 경계로 하였다. 여기서 국경 하천인 홍토수가 목극등이 정한 옛 경계이고 두 차례 감계 담판 때 조선측이 주장한 두만강 정원이다.

27) 石銘鼎, 「關於長江正源的確定問題」, 『地理研究』 제2권 1기, 1983년, 29~30쪽.

첫째로 하천의 길이를 놓고 볼 때, 서두수(173㎞)가 가장 길고, 홍단수(76㎞)가 그 다음이며, 홍기하(65㎞)와 홍토산수(발원지로부터 홍단수와 합치는 곳까지 63㎞)가 짧다.

둘째로 물 흐름의 방향이 본류와의 일치성을 놓고 볼 때, 두만강 본류는 온성(穩城) 근처에서 '궤(几)'자 형을 이루면서 동남으로 흐르는 외에 대부분 동북쪽 또는 동쪽으로 흐른다. 이 같은 물 흐름에 가정 근접한 것이 홍단수이고 그 다음으로 홍토산수이다. 서두수의 경우 물 흐름이 본류와 거의 수직 관계를 이루며 남에서 북으로 흘러들어온다. 홍기하의 경우도 서북에서 동남으로 흐르며 역시 본류와 수직 관계를 이룬다. 즉 다시 말하여 서두수가 남쪽에서 수직에 가깝게 흘러들어오고 홍기하가 북쪽에서 수직에 가깝게 흘러들어왔다.

셋째로 하천의 물의 양을 따져 보면, 두만강 상류의 경우 정확한 수문 측량 수치가 없어서 설명하기 어렵다. 그러나 역사적인 조사결과를 필자의 답사 결과와 결부시켜 분석할 수 있다.

우선 서두수가 두만강에 합류하는 곳에 가볼 경우, 오늘날 서두수의 수량(水量)이 두만강 본류에 미치지 못한다. 백두산정계 결과를 반영한 규장각의 『백산도』(그림 3)와 강희 『황여전람도』(그림 16)를 통해 보아도 서두수(어윤강)가 두만강 본류보다 작다. 두 지도에 표기된 하천의 굵음을 보면 어윤하(漁潤河, 서두수)가 두만강 본류보다 가늘게 표시되어 있다.

다음으로 홍기하가 두만강에 합류하는 지점에 가볼 경우, 오늘날 홍기하의 수량이 본류와 비슷하다. 백두산정계로 돌아가 『황여전람도』(그림 16)를 볼 경우, 이 두 물이 막상막하이며, 홍기하가 두만강 본류보다 조금 작다. 그런 이유에서인지 접반사 박권이 목극등에게 홍기하가 두만강 정원(진정한 두만강)이라고 논쟁하였다.

그 다음으로 홍단수가 두만강에 합류하는 지점에 가볼 경우, 오늘날 홍단수가 두만강 본류보다 매우 작다. 이는 북한쪽 대홍단군에서 홍단수를 관개용으로 쓴 것과 무관하지 않다. 한편 1887년 감계 때도 조선 측 감계사 이중하가 홍토산수(오늘날 두만강 정원)의 수량이 홍단수보다 수배나 크다고 말하였다.[28] 거꾸로 홍단수가 홍토산수보다 작다는 뜻이다.

마지막으로 석을수와 홍토산수를 비교해 보자. 석을수와 홍토산수는 본류에서 중첩되는 부분이 상당히 많다. 단지 적봉에서 약 8㎞ 떨어진 곳에서 남쪽으로부터 한 갈래 지류가 흘러들어오는데 석을수이다. 이 두 물의 길이를 보면, 홍토산수(홍토수라고도 함)는 발원지로부터 석을수와 합류하는 지점까지 약 16㎞이고,[29] 석을수는 발원지로부터 두 물이 합류하는 지점까지 약 17㎞로서,[30] 길이가 비슷하다. 물의 양을 보아도 막상막하이다.[31] 다시 『백산도』(그림 3)를 통해

---

28) 이중하, 『감계사교섭보고서』, 1887년, 마이크로필름 28쪽 ; 『圖們界卡晰考證八條』, 『토문감계』(규21036)에 수록됨, 마이크로필름 35쪽.

29) 필자가 '구글위성지도'에 근거하여 얻은 수치임. 약간의 오차가 존재할 것임.

30) 김정배·이서행 등 편, 『백두산－현재와 미래를 말한다』, 217쪽.

31) 1887년 제2차 감계 때 이중하는 홍토산수가 석을수보다 더 크다고 하였고 중국측 대표는 석을수가 홍토수보다 더 크다고 하였다. 예컨대 이중하가 "물의 크기를 논할 경우 소홍단 합류처에 가서 좌우 두 물을 보면, 홍토수가 홍단수보다 더 큽니다. 또한 석을수 합류처에 가보면, 큰 수원과 작은 물에 대하여 여러 사람이 눈으로 확인할 수 있을 것이니, 어찌 구구이 변명하겠습니까?"라고 말하였다. 즉 홍단수가 홍토산수보다 작고, 석을수가 홍토산수보다 작다는 뜻이다. 이와는 대조적으로 중국측 대표 진영 등이 길림장군에게 올린 보고서에는 "석을·홍토 두 물의 합류처에 가볼 경우, 석을수 너비가 3장(丈)이 넘고 홍토수는 단지 2장(丈)이며, 너비가 거의 절반의 차가 납니다. 또한 두 물의 길이를 볼 때, 석을수 수원이 홍토수 수원보다 길며, 원류가 관통하여 서로 이어집니다."라고 말하였다. 즉 너비나 길이로 볼 때 석을수가 홍토산수보다 크다는 것이었다. 그러나 물의 양에 있어서는 이중하 말대로 홍토산수가 석을수보다 더 컸을 것이다(이중하, 『감계사교섭보고서』, 1887년, 마이크로필름 28쪽 ; 總理衙門 편, 『吉朝分界案』,

보면, 홍토산수(감토봉 아래 두 물줄기)가 석을수(증산 북쪽 물줄기)보다 좀 가늘지만 더 길게 그려져 있다. 다시『황여전람도』(그림 16)를 통해 보면, 홍토산수가 석을수보다 더 굵고 길다. 홍토산수가 정원임을 나타내고 있다.

이상을 통하여, 홍토산수가 두만강 정원으로 정해진 것은 수량이 많기 때문임을 알 수 있다. 즉 두만강 본류를 따라 강을 거슬러 올라갈 경우, 홍기하·석을수가 본류와의 격차가 별로 없으며, 서두수·홍단수가 본류보다 작았다. 즉 다시 말하여 본류를 따라 거슬러 올라갈 경우 홍토산수가 상대적으로 큰 물줄기였다.

넷째로 역사적 습관으로부터 볼 때, 두만강은 일찍부터 백두산에서 발원하는 물로 간주되었으며, 원·명·청 3대의『일통지』, 청대의『성경통지』및 조선초기 관찬 지리서인『동국여지승람』등에 기록되어 있었다. 백두산정계 시 이 같은 지리인식에서 출발하여 백두산 천지와 가까운 물줄기 즉 홍토산수를 정원으로 정하였다.

그 이후 1962년 중국·북한 양국이 '중조국경조약'을 체결할 때, 천지를 절반으로 나눔과 동시에 천지 동쪽에 위치한(약 37㎞임[32]) 홍토산수를 두만강 정원으로 정하였다. 이는 천지를 압록·두만 양강 발원지로 보아 경계선을 확정한 결과이기도 하였다.

이처럼 백두산과의 위치를 따져 볼 때, 길이가 가장 긴 서두수나 수량이 큰 홍기하나 석을수의 우세가 없어졌다. 요컨대 홍토산수가 두만강 정원으로 택해진 것은 물의 양이 큰 것 외에 백두산 천지 동쪽에 위치하여 백두산에서 발원하는 물로 간주된 결과였다.

이상에서 보았듯이, 두만강 상류 지류 중에서 홍토산수가 유량(流

1855~1856쪽 참조).

32) 1964년『중조국경의정서』에 의하면 천지에서 적봉까지 약 37㎞이다.

量)이나 본류와 비슷한 유로(流路) 및 백두산 천지 동쪽에서 발원하는 등 자연적 요소로 인하여 백두산 물로 간주되었으며, 천지에서 가장 가까운 첫 수원에 속했다. 비록 길이가 가장 긴(서두수가 가장 김) 하천이 아니지만, 1712년 백두산정계에 이어 1962년에 재차 두만강 정원으로 정해져 양국의 경계를 나누는 하천으로 되었다.

홍토산수 지류 상황에 대해 알아보기로 하자. 홍토산수는 적봉 동쪽에서 남·북 두 갈래로 나뉜다. 북쪽 지류가 약류하(원지수라고도 함[33])이고 남쪽 지류가 홍토수이다. 이 두 물은 길이로 볼 때, 홍토수가 약 7.5㎞이고 약류하가 약 1.7㎞이며,[34] 홍토수가 더 길고 정원이었다. 유량에 있어서도 홍토수가 약류하보다 더 컸다. 이 점은 약류하의 명칭으로 보아 알 수 있다.

또한 홍토수는 적봉 서쪽에서 남·북 두 수원으로 나뉘며, 북원(北源) 모수림하가 중국 경내에서 발원하고, 남원(南源) 홍토수가 북한 경내에서 발원한다. 이 두 수원이 합친 후 여전히 홍토수라고 불리며, 남원이 정원임을 알 수 있다. 이는 1962년 체결된 '중조국경조약'에 의해 규정되었다.

필자의 실지답사에 의하면, 홍토수 남·북 두 수원 중에서 유량으로 볼 때, 북원 모수림하가 남원 홍토수(합류 이전)보다 더 컸다. 물 흐름의 길이로 볼 때, 모수림하가 약 3㎞이고, 홍토수(합류 이전)가 약 4.5㎞이며, 홍토수가 더 길었다.[35] 유로(流路)를 놓고 볼 때, 홍토수가

---

33) 약류하를 '원지수(圓池水)'라고도 하지만 실은 원지(圓池)에서 발원하지 않았다. 필자의 실지답사에 의하면, 발원지가 원지 동쪽에 있었으며 작은 샘물로 시작하여 보였다 안 보였다 동남쪽으로 흘러 적봉 동쪽에 이른 후 홍토수와 합쳤다.

34) 홍토수·약류하의 길이는 5만분의 1 지도·구글위성지도 및 필자의 실지답사(약류하 발원지) 등을 결합하여 얻은 수치이다.

35) 홍토수(모수림하와 합류 이전)·모수림하 길이는 5만분의 1 지도, 구글위성지도

더 곧게 서쪽으로 쭉 뻗어있으며 모수림하의 유로가 굴곡이 좀 심하였다. 그런 이유에서인지 비록 모수림하의 유량이 더 컸지만, 길이와 유로의 곧은 면에서 홍토수가 우세였기에 홍토수가 정원이고 모수림하가 지류로 간주되었다.

오늘날 두만강 발원지란 적봉 동쪽에 있는 홍토수·약류하의 합류처를 가리켜며, 이는 1962년 '중조국경조약'에 근거하여 확정된 것이다. 비록 지리학적으로 물이 솟아나는 곳은 아니지만, 중요한 지류 홍토수와 약류하가 합치는 곳이고 뚜렷한 지리 표식인 적봉이 존재하였기에 두만강 발원지로 지정되었다.

필자의 실지답사에 의하면, 약류하 발원지나 모수림하 발원지의 경우 거의 다 평평한 초지인 데 비해, 적봉은 뚜렷한 지리적 표식이었다. 역사적으로도 적봉은 두만강 발원지로 간주되었다. 1785년에 제작된 『북관장파지도』(그림 13)의 경우 두만강 발원지에 '적암(赤巖)'을 표기하고 있는데 오늘날 적봉일 것이다.

4. 맺는말

역사적으로 홍토산수가 2회에 걸쳐 두만강 정원으로 정해졌다. 1712년 백두산정계와 1962년 '중조국경조약' 체결을 통해서이다. 그 이유를 따져보면, 자연 지리적 요소와 역사적 습관 외에 조청 양국의 정계·감계 활동과도 관계가 있다.

1712년 목극등이 정한 두만강 수원이 홍토산수(적봉 수원)이고, 조

를 통하여 얻은 수치이다.

선에서 설책한 물줄기도 홍토산수이다. 그 이후 1885·1887년 공동감
계를 통하여, 양측은 홍토산수·석을수 합류처 이하의 두만강 본류에
서 합의를 보았으나, 발원지까지 10여 리에서 합의를 보지 못하였다.
그러나 감계 담판의 성과가 그 이후 중일 '간도협약'(1909년) 체결
및 1962년 '중조국경조약' 체결에 영향을 미치게 되었다.

자연 지리적 요소로 볼 때, 홍토산수는 두만강 본류를 거슬러 올라가
면서 유량이 비교적 큰 물줄기이다. 본류와의 관계로 보아도 가장
곧게 서쪽으로 뻗어나가 본류의 연장선으로 볼 수 있었다. 또한 지리
위치로 볼 때 발원지가 천지 동쪽에 위치하여 천지와 가장 가까운
물줄기이며, 두만강이 백두산에서 발원한다는 역사적 관습과 인식에
부합되었다. 이러한 자연적 요소로 인하여 비록 가장 긴 지류가 아니
지만 역사적으로 2회에 걸쳐 두만강 정원으로 선택되어 양국의 경계를
나누는 하천으로 자리매김하게 되었다.

1885·1887년 공동감계에 대한 재평가

머리말

1885·1887년 조청 양국의 두 차례 공동감계에 대한 연구가 적지 않게 이루어졌다. 중국학자들의 주장을 살펴보면, 1885년 제1차 감계 담판 때 조선측이 토문·두만이 2강설을 주장하여 담판이 무산되었으며, 1887년 제2차 감계 담판에서 조선측이 비록 2강설이 잘못되었음을 인정하였지만, 정계비·토석퇴·홍토산수로서 경계를 나눌 것을 주장하였고 중국측은 소백산·석을수로서 경계를 나눌 것을 주장하여 서로 의견이 일치하지 않은 관계로 담판이 실패로 끝났다고 보았다.[1]

이 밖에 또 일부 중국학자들은 감계 담판이 끝난 후 중국측이 소백산·석을수를 따라 "화하금탕고(華夏金湯固) 하산대려장(河山帶礪長)"이 라는 '십자비(十字碑)'를 세웠으나 조선인들에 의해 파괴되었다는 '훼비설(毀碑說)'을 주장하였다.[2]

한국학자들의 주장을 살펴보면, 토문·두만이 각기 다른 강이며, 조청 양국이 토문강(송화강 상류를 가리킴)을 경계로 하며 두만강을

---

1) 張存武, 「淸代中韓邊務問題探源」, 『中央研究院近代史研究所集刊』 제2기, 1971 년 ; 楊昭全·孫玉梅, 『中朝邊界史』 제8·9장.

2) 楊昭全·孫玉梅(『中朝邊界史』)와 陳慧(『穆克登碑問題研究 - 淸代中朝圖們江界務考 證』)는 십자비가 조선인에 의해 파괴되었다고 주장한다.

경계로 하지 않지만, 중국측이 이를 부인하여 담판이 무산되었다고 보았다. 또한 제2차 감계 때 조선측이 정계비·토석퇴·홍토산수로서 경계를 나누는 데 동의한 것은 중국측 압력에 의해 부득이 양보한 것이라고 보았다. 이는 일본의 '통감부간도파출소' 총무과장을 맡았던 시노다 지사쿠(篠田治策)[3]의 영향이 컸다.[4]

이 글에서는 두 차례 감계에 관한 청조 총리아문의 두 통의 주문을 통하여, 중국측이 추구했던 감계 목표와 원칙에 대해 알아보며, 아울러 양측 감계 대표의 분수령·입비처 및 두만강 수원에 대한 서로 다른 인식을 살펴보며, 감계 담판이 실패하게 된 원인과 책임 및 이룩한 성과와 영향에 대해 재평가하고자 한다.

1. 제1차 감계와 총서(總署)의 주문(奏文)

1885년 제1차 감계는 조선 함경도 변경민들이 두만강 이북에 넘어가 땅을 개간한 후 두만강 경계를 부정한 데서 유래하였다.

같은 해 2월 조선 고종은 청 예부(禮部)에 자문을 보내어, 토문강과 두만강이 각기 다른 강임을 강조하고 또 지도와 비문의 탁본을 첨부하여, "옛 경계를 조사하여 밝힐 것"을 요구하였다.[5] 이에 대해 청조 북양대신 이홍장(李鴻章)은 회자(回咨)를 통하여, 조선으로 하여금 속

---

3) 1907년 시노다 지사쿠(篠田治策)가 '통감부임시간도파출소' 총무과정을 맡았다. 그는 『白頭山定界碑』(樂浪書院, 1938년)라는 책에서 1712년 백두산정계, 1885·1887년 두 차례 감계 담판 및 1909년 중일 '간도협약'의 체결 등을 서술하였다.

4) 篠田治策, 『白頭山定界碑』, 223~238쪽 ; 이한기, 『한국의 영토』, 서울대학교 출판부, 1996년, 328쪽.

5) 總理衙門 편, 『吉朝分界案』, 1793~1794쪽.

히 관원을 파견하여 길림에서 파견한 관원과 함께 공동조사를 행하여, 강계(疆界)를 분명히 할 것을 제기하였다.[6]

총리아문(약칭 총서)은 청조의 섭외 기관으로서, 문헌을 조사하고 주문을 작성하여 감계 원칙을 정하는 데 힘썼다. 총리아문의 주문(奏文)을 통하여 청이 추구했던 감계 목표를 알아볼 수 있다. 제1차 감계에 대한 총서의 주문 내용은 다음과 같았다.

조선은 대대로 번복(藩服)의 분수를 지켜 삼가 직분을 다해왔습니다. 조선과의 경계는 응당 신속하게 조사하여 확정하며, 무업 유민들로 하여금 안정을 찾아 중국이 조선에 대한 자소지인(字小之仁)에 부합해야 합니다. 다만 조선이 토문(土們)과 두만(豆滿)이 다른 강이라고 하는 것은 증거가 없으며, 그려 보낸 지도도 명확하지 않습니다. 문헌기록에 의해 조사해 볼 경우, 다음과 같은 세 가지 증거가 있습니다. 『흠정황조통전(欽定皇朝通典)』의 '변방문(邊防門)'과 『흠정황조사예고(欽定皇朝四裔考)』에는 길림과 조선이 토문(土們)을 경계로 한다고 기록하였으며, 두만 지류가 없는 것이 첫 번째 증거입니다. 『회전지도(會典地圖)』와 『일통여도(一統輿圖)』의 '직방(職方)' 기록에 의하면, 토문·압록 양강을 동서 경계로 함이 명시되어 있으며, 소토문강이 본류 북쪽에 있으나 두만이란 명칭을 가질 수 없는 것이 두 번째 증거입니다. 또한 조선 사람들이 지은 『지리소식(地里小識)』에도 백두산이 중국과 조선 경계에 있으며, 큰 호수가 있는데 둘레 주변이 10리이며, 서쪽으로 흘러 압록강이고 북쪽으로 흘러 송화강이고 동쪽으로 흘러 두만강이며, 두만·압록 남쪽이 조선이라고 하였습니다.

---

6) 中央研究院近代史研究所 편, 『淸季中日韓關係史料』 제5권, 1925쪽.

… 생각하건대 백두산은 장백산의 다른 명칭이고, 두만강은 토문강의 다른 발음이며, 서로 방언이 다를 뿐 실제로는 같은 강인 것이 세 번째 증거입니다. 조선의 자문에서 말한 강희 51년 오라총관 목극등 의 정계비문에 관한 것은 … 길림장군의 관청에 당안(檔案) 자료가 있을 것이며, 장군으로 하여금 경계를 명확히 조사하도록 하며, 적절 한 위원을 파견하여 조선에서 파견한 관원과 함께 명확한 증거를 찾아내어, 의심하거나 분쟁하는 일을 피해야 합니다. 아울러 유민들 을 거둬들여 안치시키고, 이사하기 어려운 자들은 주문을 올려 중국 에 귀속시켜 각기 생업에 종사하도록 하며, 번부(藩部)를 무마하고 변민들을 안착시켜야 합니다. 삼가 주를 올립니다. 광서 11년 7월 20일.[7]

위 주문 내용을 다음과 같이 요약할 수 있다.

1) 청나라 『통전』과 『사예고』의 기록을 보면, 길림과 조선이 토문강 을 경계로 하며, 두만강에 대한 기록이 없다. 2) 청나라 『회전도』와 『일통여도』에는 토문강·압록강을 경계로 하며, 소토문강이 토문강

7) 總理衙門 편, 『吉朝分界案』, 1795~1799쪽.
   原朝鮮世守藩服 恪供職貢 伊國邊界自應亟予勘定 俾無業遊民各安耕鑿 以副聖朝字小
   之恩 惟該國所指土門豆滿爲兩江者 實無依據 其所繪地圖亦不明晳 考之載籍 厥證有
   三 恭査欽定皇朝通典邊防門 欽定皇朝四裔考 均載明吉林朝鮮以土門爲界 別無豆滿枝
   流 一證也 會典地圖及一統興圖 載在職方者 土門鴨綠二江爲東西兩界 標劃分明 別有
   小土門江在經流之北 亦不得蒙豆滿之名 二證也 又朝鮮國人自著地理小識云 白頭山在
   中國朝鮮之界 有大澤 周回十里 西流爲鴨綠江 北流爲松花江 東流爲豆滿江 豆滿鴨綠
   之南卽朝鮮也 又云 … 蓋白頭乃長白之異名 豆滿卽土門之轉音 方言互殊 實爲一水
   三證也 至該國咨稱 康熙五十一年 烏喇總管穆克登定界碑文一節 … 吉林將軍署內當
   有檔案可稽 應請飭下該將軍 查明界址 派委妥員 會同該國所派官員 指證明確 俾免懷
   疑爭執 幷分別將流民收回安插 其難於遷徙者 奏明酌量隷入版圖 俾各安生業 以恤藩
   部 而靖邊氓.

본류의 북쪽에 있다고 기록하였다. 3) 조선에서 편찬한『지리소식』에는 백두산이 중국·조선 경계에 있으며, 두만강·압록강 이남이 조선 경이라고 기록하였다.

위와 같이 총서 주문은 중국측 권위적 문헌과 조선 자료를 통하여, 토문·두만이 같은 강이며, 다만 방언이 다를 뿐이라고 강조하였다.

4) 길림장군으로 하여금 조선 자문의 이른바 1712년(강희 51) 오라 총관 목극등의 정계 비문에 관한 공문서를 찾도록 요구하였다. 이는 청나라 내각 서고의 화재로 정계에 관한 자료가 소실되었고, 설상가상으로 청 예부(禮部) 자료도 부식되었기 때문이었다.[8]

5) 두만강 이북 조선 유민들을 안치하는 방법을 제시하였다. 조선에서 받아들일 수 있는 자는 안치시키고, 받아들일 수 없는 자는 중국에 귀속시켜 종번(宗藩)관계 하에 청이 조선 유민을 회유하는 정책을 구현하고자 하였다.

이상과 같이 총리아문이 길림장군으로 하여금 1712년 백두산정계에 관한 공문서를 제시하도록 요구했지만, 길림 당안(檔案)은 다 썩어 없어졌고, 영고탑부도통(寧古塔副都統) 당안은 도적이 침입하여 손실되었고, 훈춘협령(琿春協領)은 1714년(강희 53)에 설립되었기에 1712년(강희 51) 문서가 있을 리 만무하였다.[9]

이로 인하여 중국측 관련 자료는 1711년(강희 50) 강희제가 목극등을 백두산에 파견하는 데 대한 두 통의 황지(皇旨)[10]와 조선에서 보낸 정계비 비문이 전부였다. 자료의 결핍으로 인하여, 중국측은 목극등을

---

8) 總理衙門 편,『吉朝分界案』, 1829~1830쪽.

9) 中央研究院近代史研究所 편,『淸季中日韓關係史料』제5권, 1961~1962쪽·2041~2042쪽.

10)『淸聖祖實錄』246권, 강희 50년 5월 계사, 제6책, 441쪽 ; 247권, 강희 50년 8월 신유, 제6책, 448쪽.

파견한 것이 청의 일방적인 국경 조사인지 조청 양국의 정계인지조차 판단하기 어려워했다.

이와는 대조적으로 조선측에는 백두산정계에 관한 자료가 많이 남아 있었다. 예컨대 『조선왕조실록』·『비변사등록』·『승정원일기』·『동문휘고』·『통문관지』 등 관찬 자료가 있었다. 거기에는 접반사 박권과 함경도 관찰사 이선부의 장계(狀啓), 청 예부에서 조선에 보낸 자문, 청사 목극등이 두만강 발원지까지 목책을 설치할 것을 요구한 자문, 숙종이 강희제에게 보낸 '사정계표(謝定界表)' 등이 포함되었다.

이 밖에 사찬 자료로서 접반사 박권이 지은 『북정일기』, 역관 김경문이 홍세태에게 부탁하여 지은 『백두산기』, 역관 김지남이 지은 『북정록』 등이 있었다.[11] 또한 백두산정계 결과를 반영한 많은 관찬·사찬 지도가 남아 있었다. 예컨대 『함경도도』(18세기 중기)[12], 『북관장파지도(北關長坡地圖)』(1785년)[13], 『무산지도』(1872년),[14] 김정호가 제작한 『대동여지도』(1860년대)[15] 등이 있었다. 이 지도들을 통하여 천지 동남 기슭에 정계비가 세워져 있고, 정계비로부터 두만강 발원지까지 석퇴·토퇴·목책이 설치되어 있음이 확인되었다.

이상의 조선측 자료를 통하여, 목극등이 압록강·두만강을 경계로 정했음을 확인하기 어렵지 않았다. 이에 조선측 감계사 이중하는 이른바 정계비·토석퇴가 송화강에 연결되고 두만강에 연결되지 않았다는

---

11) 김지남이 지은 『북정록』은 그의 후손에 의해 비밀리에 보관되다가 1930년에 후손에 의해 공개되었으며, 1945년 조선총독부 '조선사편수회'에 의해 필사되었다. 필사본이 국사편찬위원회에 소장되어 있다.

12) 이찬 편, 『한국의 고지도』, 264~265쪽.

13) 이찬 편, 『한국의 고지도』, 64쪽.

14) 서울대학교 규장각 편, 『조선후기 지방 지도』, 강원도·함경도편, 2000년 영인본.

15) 서울역사박물관 소장, 서13157.

데 대해 회의를 품게 되었다.

같은 해(1885년) 9월말 조청 양국 대표들이 회령에 모여 제1차 감계를 시작하였다. 중국측 감계 대표는 길림장군이 파견한 독리상무위원(督理商務委員) 진영(秦煐), 훈춘부도통이 파견한 덕옥(德玉)·가원계(賈元桂) 등이었다. 조선은 안변부사 이중하를 감계 대표로 파견하였다.

회령으로부터 삼강구(三江口)16)까지 200여 리밖에 안 되었지만, 양측 대표들은 반달이나 걸려 도착하였다. 그리하여 수원을 먼저 조사할 것인지 아니면 정계비·토석퇴를 먼저 조사할 것인지를 놓고 끝없이 논쟁하였다. 중국측 대표들은 먼저 두만강을 조사하여 어떤 물이 정원인지를 밝힐 것을 요구하였으며, 조선측 대표 이중하는 먼저 정계비와 그 동쪽에 있는 토석퇴를 조사하여, 이것이 송화강에 연결되고 두만강에 연결되지 않았음을 밝히고자 하였다.

10월 15일에 이르러 양측 대표가 겨우 타협을 보아, 세 팀으로 나누어 수원과 정계비를 조사하기로 하였다. 즉 두만강 상류 지류인 서두수·홍단수·홍토산수를 각각 조사함과 동시에, 백두산 동남 기슭에 있는 정계비터와 그 동쪽에 있는 토석퇴를 조사하기로 하였다.17)

비록 양측 대표들이 동일한 노선을 갔지만 얻은 결론은 서로 달랐다. 먼저 중국측 대표의 조사 결과를 살펴보기로 하자.

첫째로 중국측 대표들은 천지 동남쪽 10여 리에 있는 정계비터가 압록강·두만강 분수령이 아니라 압록강·송화강 분수령이라고 보았다. 즉 정계비 동쪽에 있는 골짜기(황화송구자·흑석구)가 송화강 상류

---

16) 삼강구(三江口)란 서두수가 두만강에 흘러들어가는 합수목을 가리킨다. 오늘날 길림성 화룡시 숭선향에 있다. 서두수가 두만강에 흘러들기 전에 홍토산수·홍단수 두 갈래 지류가 흘러들어옴으로 '삼강구'라고 불리게 되었다.

17) 통리교섭통상사무아문 편, 『문답기』, 1885년, 마이크로필름 28쪽.

일 경우 비의 위치가 비문에 이른바 "서위압록, 동위토문, 분수령에 비를 세워 기록한다"는 내용과 맞아떨어지지 않는다고 주장하였다. 그리하여 비석이 후세 사람들에 의해 조작되었거나 잘못 세워졌다고 보았다.[18] 중국측 대표의 이 같은 주장은 제2차 감계가 끝날 때까지 변함이 없었으며, 두 차례 감계의 성과물인 두 폭의 지도에 황화송구자(흑석구)가 송화강에 연결되었다.

둘째로 중국측 대표들은 소백산 이남에서 압록강·두만강 분수령을 찾고자 하였다. 즉 천지 동남 기슭으로부터 동남쪽으로 연지봉·소백산·허항령·보체산(寶髢山, 보다회산·포태산이라고도 함)·완항령에 이르기까지 400~500리가 일대 분수령을 이루며, 그 서쪽이 압록강 수계이고, 동쪽이 두만강 수계이다. 그 중에서 소백산이 하나의 분수령이며, 그 북쪽이 송화강 수계이고, 남쪽이 두만강 수계라는 것이었다. 즉 다시 말하여 소백산 이남에서 압록강·두만강 수원이 서로 마주하고 있으며, 비문에 이른바 "서위압록, 동위토문"이라는 내용과 맞아떨어진다고 보았다. 그럴 경우 정계비가 소백산 이남에 있어야 하며, 이북에 있을 수 없다는 것이었다.[19] 이른바 비석이 이동되었다는 이비설의 발단이었다.

이처럼 중국측이 소백산 이남을 압록·두만 양강 분수령으로 본 결과 다음과 같은 문제점이 존재하였다. 1) 송화강 수계를 배제함과 동시에 두만강 첫 수원인 홍토산수를 함께 배제하였다. 2) 소백산 이남에서 압록·두만 양강 수원이 마주하고 있다고는 하지만 둘 사이 거리가 75리이며,[20] 이른바 "서위압록, 동위토문"에 딱 맞아떨어지지 않았다.

---

18) 통리교섭통상사무아문 편, 『문답기』, 1885년, 마이크로필름 33쪽.
19) 總理衙門 편, 『吉朝分界案』, 1810쪽.
20) 통리교섭통상사무아문 편, 『문답기』, 1886년, 마이크로필름 35쪽.

한편 중국측 대표의 대토문강·소토문강에 대한 인식에도 문제가 있었다. 그들은 두만강 첫 수원인 홍토산수를 배제한 후, 그 아래 홍단수를 정원으로 삼고자 하였다. 홍단수는 소백산 동남에 있는 삼지연 동쪽에서 발원하였으며, 서두수[21]·홍토산수를 제외하고 그 다음으로 큰 지류였다. 여하튼 중국측은 "압록강 수원과 마주하고 있으며, 백두산과의 거리가 가장 가까운 것이 소백산 동남쪽 삼지연 동쪽에서 발원하는 홍단수이며, 비를 세워 정계할 경우 마땅히 삼지연 일대 분수령에 세워야 비문에 이른바 '서위압록, 동위토문'과 맞아떨어지며, 경계선 또한 동서로 곧게 뻗어 있어 정연하게 나타난다."고 주장하였다.

또한 중국측 대표들은 "홍단수가 토문강 본류일 경우, 홍단수 북쪽 홍토산에서 발원하는 물줄기가 소토문강이며, 이는 총리아문의 주문 내용과도 부합된다."고 주장하였다.[22] 즉 다시 말하여 홍단수가 대토문강이고 그 북쪽에 있는 홍토산수가 소토문강이라는 것이었다.

그러나 전술했듯이 실제로 홍토산수 물이 홍단수보다 작지 않았으며, 홍토산수 발원지가 백두산 동록에 위치하여, 백두산에서 발원하는 큰 물 즉 대토문강이라고 할 수 있었다.[23] 청의 『일통여도』를 참고하더라도 소토문강(阿集格土門)[24]이란 홍토산수 북쪽에 있는 홍기하를 가리켰다. 이로 보아 중국측 대표들의 대토문강·소토문강에 대한 주장

---

21) 서두수가 가장 긴 지류이지만 발원지가 완항령(緩項嶺) 즉 조선 길주에 있으며, 백두산과의 거리가 멀기 때문에 곧 수원에서 제외되었다.

22) 總理衙門 편, 『吉朝分界案』, 1811쪽.

23) 두만강 상류 지류에 대해서는 李花子, 「圖們江正源形成考」, 북경대학한국학연구 중심 편, 『한국학논문집』 22집, 中山大學出版社, 2014년 참조.

24) 강희 『황여전람도』에는 '阿几个土門'(1943년 福克司 영인본)이라고 표기하였고, 건륭 『일통여도』에는 '阿集格土門'(건륭 25년 동판 인쇄, 全國圖書館文獻縮微複製中心, 2003년 영인본)이라고 표기하였다.

이 잘못되었음을 알 수 있다.

다음으로 조선측 감계사 이중하의 조사 결과를 살펴보기로 하자. 이중하는 처음부터 토문·두만 2강설에 대해 회의를 품고 감계에 임했다. 그는 문헌자료를 통하여, 백두산정계 시 양측이 논의한 것이 모두 압록·두만 양강이고 또 비변사 관문(關文)에 "중국에서 칭하는 장백산이란 백두산이고 토문강이란 두만강이다"라고 기록한 것을 알고 있었다.[25] 이에 대한 의문이 실지답사를 통하여 풀렸다. 특히 그는 황화송구자(흑석구) 끝으로부터 홍토산수까지 '옛날 표식'이 존재함을 발견하였다. 이를 통하여 그는 백두산정계의 표식물이 황화송구자 동남안에 설치되었을 뿐만 아니라, 골짜기 끝으로부터 홍토산수까지 완만한 비탈에 40여 리 목책이 설치되었으나, 그 후에 목책이 다 썩어 없어져 두만강 상류 경계가 모호해졌음을 알게 되었다. 즉 다시 말하여 1712년 백두산정계의 경계선이 정계비–퇴책–홍토산수임을 알게 되었다. 그는 이 상황을 비밀보고서를 통하여 조선 조정에 보고하였다.[26]

이와 동시에 이중하는 담판을 끝내고 귀국하기로 결심하였다. 그의 새로운 발견을 조정에 보고해야 했으며, 이는 두만강 이북 월경 개간민들의 쇄환과 안치에 관계되는 중요한 문제이기 때문이었다. 또한 중국측 대표들을 설득하기 쉽지 않다고 판단하였다. 중국측 대표들은 여전히 정계비 동쪽에 있는 황화송구자(흑석구)를 송화강 상류로 보았고, 비의 위치가 비문의 내용과 맞아떨어지지 않으므로, 소백산 이남에 있는 삼지연과 그 동쪽에서 발원하는 홍단수로써 경계를 나눌 것을 요구하였다. 그것도 그럴 것이 경계의 표식물이 먼저 송화강(황화송구자)에 연결되고 이어 두만강(홍토산수)에 연결된다는 것은 도리에

---

25) 이중하, 『정해별단초』, 1887년, 『토문감계』(규21036), 마이크로필름 11쪽.

26) 이중하, 『추후별단』, 1885년, 『토문감계』(규21036), 마이크로필름 10~11쪽.

〈그림 18〉 1885년 제1차 공동감계 지도

맞지 않았다. 이중하에게 있어서 이 점이 중국측 대표들을 설득하기 가장 어려운 문제였다. 결국 감계 담판이 최종적으로 실패한 원인도 여기에 있었다.

같은 해 11월 27일,[27) 양측 대표들은 공동으로 지도에 검인·사인하고, 각기 지도를 가지고 귀국하였다. 이로써 제1차 감계 담판이 끝났다.

2. 제2차 감계와 총서의 주문

제1차 감계가 끝나고 귀국하는 도중에, 중국측 대표들은 이중하로부터 편지 한 통과 책자 네 개를 받았다. 책자에는 무산·회령·종성·온성 4부 백성들이 두만강 이북에 넘어가 땅을 개간한 내용을 적었다. 재미있는 것은 책자 표지에 '두만강대안빈민기간(豆滿江對岸貧民起墾)'이라고 쓰여 있으나, 편지 속에는 '무회종온사읍월간인민전토안건(茂會鐘穩四邑越墾人民田土案件)' 및 '무산회령종성온성월간민인전토녹책(茂山會寧鐘城穩城越墾民人田土錄冊)'이라고 쓰여 있었다. 즉 책자 표지의 '기간(起墾)'을 편지속의 '월간(越墾)'으로 고쳤다.[28] 이로써 두만강 이북 조선 유민들의 개간이 국경을 넘어간 월경임을 암시함과 동시에 두만강을 경계로 한다는 것을 인정함을 보여주었다.

이처럼 이중하가 우회적인 방식을 취한 것은 조정 내 어윤중 등의 강경논자들을 의식한 것일 수 있다. 이뿐만 아니라 이중하가 원산에서 통상사무를 맡을 때에도 중국측 정보원인 요문조(姚文藻)에게 "송화강·해란강을 경계로 한다는 것은 잘못되었다"고 말한 적이 있었다.[29] 즉 그는 토문강이 송화강 상류이고 해란강이 분계강이라는 것이 잘못

---

27) 『勘明圖們江界址圖』(1885년 제1차 감계도)에 표기된 날짜가 '광서 11년 11월 27일'이다(楊昭全·孫玉梅, 『中朝邊界史』, 284~285쪽 삽도 및 일본외무성외교사료관 소장 지도, 141336 참조. 외무성외교사료관 소장 지도는 1907년 주북경 일본공사가 청 외무부에 부탁하여 모사한 것임).

28) 總理衙門 편, 『吉朝分界案』, 1831~1833쪽.

29) 總理衙門 편, 『吉朝分界案』, 1859쪽.

되었음을 시인하였다.

이 같은 상황을 파악한 청 조정은 조선과 재차 감계를 행하여 국경 분쟁을 해결하며, 두만강 이북 조선 유민들의 거취를 속히 정하고자 하였다.

그 다음해(1886년) 3월 총리아문은 길림장군이 제출한 보고서에 근거하여 더 구체적인 감계 요구를 제기하기에 이르렀다. 즉 제2차 감계에 대한 총서의 주문이다. 그 상세한 내용은 다음과 같았다.

첫째로 청의 권위적인 문헌인 삼통(三通) 즉 통전(通典)·통지(通志)·통고(通考) 및 『회전도설(會典圖說)』을 인용하여, 조청 양국이 두만강을 경계로 함을 강조함과 동시에 강희제의 두 통의 유지를 들어, 목극등을 파견하여 사계(査界)를 진행한 사실이 확실히 존재함을 다음과 같이 인정하였다.

> 『흠정황조통전(欽定皇朝通典)』·『문헌통고(文獻通考)』에 길림·조선이 도문강을 경계로 한다고 하였으며, 『흠정회전도설(欽定會典圖說)』에 대도문강이 장백산 동쪽 기슭에서 나와 두 줄기가 합쳐 동쪽으로 흐르며, 소도문강이 북쪽 산에서 나와 두 줄기가 합쳐 동남쪽으로 흘러와 합친다고 하였습니다. … 강희 50년 5월 5일에 다음과 같이 황지를 받들었습니다. "전에 특별히 계산에 능하고 그림을 잘 그리는 사람을 파견하여 동북 일대의 산천 지리를 하늘의 도수에 맞춰 계산하도록 하고 그림을 상세히 그려오도록 하였다. … 그러나 압록·토문두 강 사이가 분명하지 않아 오라총관 목극등을 파견하여 변계를 조사하도록 하였다."고 하였습니다. 또 같은 해 8월 4일에 다음과 같은 황지를 받들었습니다. "전에 오라총관 목극등을 파견하여 변계를 조사하도록 하였으나, 길이 멀고 물이 커서 그곳에 이르지 못하였

다. 내년 봄에 의주로부터 배를 타고 강을 거슬러 올라가되 육로를 통하여 토문강으로 가서 조사하도록 하라.”고 하였습니다. 신(臣) 등이 거듭 생각해 보건대, 강희연간에 사람을 파견하여 감계를 진행하였으며, 『흠정회전』·‘삼통(三通)’ 등이 모두 건륭 이후에 만들어졌기에 『일통여도(一統輿圖)』에 기재된 산천 맥락이 조사를 거쳐 확실해졌으므로 근거로 삼을 수 있습니다.[30]

위 인용문과 같이, 총서는 특별히 강희제가 목극등을 파견하여 사계를 진행한 후 삼통(三通)과 『일통여도』를 제작하였기에, 문헌과 지도에 기록된 산천 맥락이 명확하여 근거로 삼을 수 있음을 강조하였다.

둘째로 총서의 주문에는 반드시 조사해야 할 세 가지를 다음과 같이 지적하였다. 1) 토문·두만이 같은 강인지 방언이 서로 다른 것인지를 조사해야 한다. 2) 조선 변민들의 월경 개간지가 중국측 봉산금지(封山禁地)인지, 아니면 조선 관원들이 몰래 금지책을 어기고 땅을 확장하고자 한 음모인지를 조사해야 한다. 3) 길림장군이 이른바 홍단수가 소도문강이고, 서두수가 대도문강이며, 포담산(蒲潭山)이 비득리산(費德里山)이라고 한 것은 『일통여도』에 맞춰 볼 경우 잘못되었으므로, 이를 조사해야 한다.[31]

---

30) 總理衙門 편, 『吉朝分界案』, 1838~1839쪽.
　　欽定皇朝通典 文獻通考 均載明吉林朝鮮以圖們江爲界 又欽定會典圖說 載有大圖們江
　　出長白山東麓 二水合東流 小圖們江出其北山 二水合東南流來會 … 等語 康熙五十年
　　五月初五日 欽奉諭旨 前特差能算善畵之人 將東北一帶山川地理 俱照天上度數推算
　　詳加繪圖 … 但鴨綠土門二江之間地方 知之不明 派出打牲烏拉總管穆克登 往看邊界
　　等因欽此 又是年八月初四日 欽奉諭旨 前差烏拉總管穆克登等査看邊界 … 因路遠水
　　大 未能至所指之地 着於來春 自義州乘舟遡流而上 由陸路向土門江査去等因欽此. 臣
　　等反復紬繹 自康熙年間派員勘界 而欽定會典三通 皆乾隆以後 所繪一統輿圖 山川脈
　　絡自己考證明晳 確可依據.
31) 總理衙門 편, 『吉朝分界案』, 1840~1841쪽.

이상의 세 가지 의문점에 대해 총서가 제대로 짚어냈다고 할 수 있다. 즉 조선에서 토문·두만 2강설을 주장한 것은 두만강 이북 월경 개간지를 차지하고 유민들의 쇄환을 피하기 위한 것이었으며, 길림장 군이 이른바 대·소도문강과 포담산에 대한 주장도 잘못된 것이었다.

셋째로 총서의 주문에는 반드시 고증해야 할 다섯 가지를 다음과 같이 제기하였다. 1) 무산에서 서쪽으로 목극등이 비석을 세운 분수령 까지 280여 리가 강희 황지에서 말한 이른바 두 강 사이 명확하지 못한 곳으로서 반드시 상세히 조사하며, 이것이 감계의 중점이다.

2) "무릇 경계를 나누는 것은 산세를 따르든지 물의 형세를 따른다든 지 강의 수원을 확실히 조사하는 것이 중요하며, 동서로 곧게 뻗어 있고 정연하게 나누는 것이 목적이 아니다."[32] 이 말인즉 제1차 감계 보고서에서 중국측 대표가 이른바 "그때 비를 세워 경계를 정할 경우, 삼지연 일대 분수령에 세워야 비문에 이른바 '서위압록, 동위토문'이라 는 여덟 자와 맞아떨어지고, 경계선이 동서로 곧게 뻗어 있어 정연하 다."고 한 내용을 견준 말로서, 총서가 이에 대해 동의하지 않음을 내비쳤다. 이와 동시에 총서 주문에는 비석이 조선 개간민에 의해 몰래 북쪽으로 이동됐다고 한 데 대해서도 철저히 조사할 것을 요구하 였다.

3) 청 『회전』의 대도문강에 대한 기록에 근거하여, 백두산 동쪽 기슭에서 발원하는 두 물줄기란 홍단수 상류를 가리키는지, 아니면 다른 명칭의 물줄기가 있는지를 조사하도록 하였다.

4) 목극등 비문에는 경계를 나눈다는 말이 없고 다만 두 물의 수원을 기록한 것인데, 왜 조선 사람들이 비석을 근거로 경계를 나눈 것이라고

---

32) 總理衙門 편, 『吉朝分界案』, 1811쪽.

하는지 조사하도록 하였다.

5) 비문에 이른바 '審視(조사하여 살핌)'라고 한 것은 황지를 받들어 두 강으로서 경계를 삼는다는 말이며, 그럴 경우 홍단수가 두만강 수원이 될 수 없는지를 조사하도록 하였다.[33] 즉 목극등이 세운 비석이 정계비인지를 조사하도록 하고 나서 또 양강 수원으로 경계를 정한 것이 옳다고 함과 동시에 홍단수가 두만강 수원이 될 수 있는지를 조사하도록 하였다.

이처럼 총서 주문에 재차 홍단수가 두만강 정원인지를 조사하도록 요구한 것은 중국측 감계 대표 진영 등이 홍단수 발원지 삼지연 일대가 압록·두만 양강 분수령이며, 비문에 이른바 "서위압록, 동위토문"과 맞아떨어진다고 보고했기 때문이었다.

같은 해(1886년) 9월 조선에 주둔하고 있던 청나라 통상사의(通商事宜) 원세개(袁世凱)가 조선으로 하여금 관원을 파견하여 길림 위원과 함께 변계를 조사할 것을 재촉하였다. 이에 대하여 조선 외부독판 김윤식(金允植)은 전의 주장이 잘못되었음을 시인하고, 관원을 파견하여 공동으로 감계할 필요가 없으며, 땅을 빌려 조선 유민들을 안치시킬 것을 요구하였다.[34] 즉 다시 말하여 토문·두만 2강설이 잘못되었으며, 두만강을 경계로 함을 인정한 것이다.

같은 해 10월 청조 북양대신 이홍장이 재차 조선을 독촉하여 제2차 감계를 실시하고자 하였다. 이에 조선은 이중하를 파견하여 공동감계에 응하기로 하였다. 한편 조선은 정계비·토석퇴를 버릴 수 없는 것은 마치 청에서 수원을 버릴 수 없는 것과 같으며, 반드시 수원이 정계비·

---

33) 總理衙門 편, 『吉朝分界案』, 1841~1843쪽.

34) 王彦威·王亮 편, 『淸季外交史料』 권69, 文海出版社 1985년 영인본, 1295쪽 ; 楊昭全·孫玉梅, 『中朝邊界史』, 312~315쪽.

토석퇴와 맞아떨어져야만 옛 사람들이 경계를 정한 뜻에 부합할 수 있음을 강조하였다.[35] 즉 백두산정계의 결과인 정계비-토석퇴-홍토산수 선을 지킬 것을 요구하였다.

이 밖에 조선은 이홍장에게 보낸 자문에서도 홍단수·서두수가 분수령에서 발원하지 않으며, 홍토산수가 분수령에서 나와 40리를 복류하여 두만강 수원을 이루며, 정계비·토석퇴와 서로 맞아떨어지며, 이를 제외하고 달리 정계할 물이 없다고 주장하였다.[36] 이는 이중하의 발견에 기초한 것이었다.

그 다음해(1887년) 4월 양측 대표들이 다시 회령에 모여 제2차 감계를 실시하였다. 중국측 대표는 여전히 진영·덕옥이고 길림장군이 보용지현(補用知縣) 방랑(方朗)을 새로 파견하였다. 조선측 대표는 여전히 덕원부사(德源府使)로 임명된 이중하였다.

제2차 감계의 이동 노선을 살펴보면, 회령에서 출발하여 두만강을 거슬러 올라가 장파에 이르렀으며, 먼저 홍단수와 발원지를 조사하여 삼지연·허항령에 이르렀다. 다시 장파에 돌아온 후 홍토산수 발원지를 조사하였으며, 백두산 정계비터에 이르러 천지에 올랐다. 그리고 두만강을 따라 내려와 회령에 이른 후 감계를 끝냈다.[37]

앞에서 보았듯이 조선측은 감계 요구를 이미 중국측에 전달했으며, 그것은 정계비-토석퇴-홍토산수로서 경계를 나누는 것이었다. 담판 중에 이중하는 이를 견지하였으며, 홍토산수가 백두산 동쪽 기슭에서 발원하는 대도문강이며, 『회전도』·『일통여도』와도 맞아떨어지며, 목

---

35) 고려대학교아세아문제연구소 편, 『구한국외교문서』 제8권, 청안1, 고려대학교 출판부, 1970년, 328쪽.
36) 『통문관지』 권12, 기년속편, 今上 23년 병술, 부록, 56~57쪽.
37) 이중하, 『정해장계』, 1887년, 『토문감계』(규21036), 마이크로필름 17~29쪽.

극등이 정한 '옛 경계(舊界)'로서 이를 지킬 것을 요구하였다.[38]

그러나 중국측 대표들은 총서 주문에서 제기한 홍단수에 중점을 두었으며, 미리 15개 비석을 홍단수 입구에 운반해 놓고 삼지연·홍단수로서 경계를 나눌 것을 요구하였다.[39]

한편 중국측 대표들은 이중하가 제기한 정계비-토석퇴-홍토산수 주장을 전적으로 부정하였다. 천지 동남쪽에 세워진 정계비에 대하여, 이는 분계비(分界碑)가 아니라 사변비(査邊碑) 즉 경계를 조사한 비라고 하였다. 황화송구자(흑석구)에 설치된 토석퇴에 대해서도 경계의 표식이 아니라 사냥꾼이 길을 표기하기 위해 설치한 것이라고 하였다. 또 이중하가 이른바 홍토산수가 40리 복류하며 정계비·토석퇴와 연결되었다는 말에 대하여, 다른 물줄기 예컨대 동붕수(董棚水, 흐르다가 끊기는 물)를 끄집어내어 동붕수가 홍토산수와 연결되지 않았을 뿐더러 정계비·토석퇴와도 연결되지 않았다고 하였다.[40] 요컨대 중국측 대표들은 천지 동남쪽에 세워진 정계비와 그 동쪽에 설치된 토석퇴가 경계의 표식임을 부정하였을 뿐더러, 가까이에 있는 홍토산수가 두만강 정원임을 부정하였고 나아가 1712년 백두산정계의 성격마저 부정하기에 이르렀다.

이중하의 태도가 견결한 까닭으로 중국측 대표들이 한발 물러나기로 하였다. 이로써 조선측과 타협을 보아 총서에서 맡긴 경계를 나누는 임무를 완수하고자 하였다. 특히 홍단수 서쪽 장파에 조선 사람 백여 호가 백년을 살아온 점을 감안하여, 한발 물러나 장파 서쪽에 있는 석을수와 그 서쪽에 있는 소백산을 경계로 하고자 하였다.[41]

---

38) 이중하, 『감계사교섭보고서』, 1887년, 마이크로필름 5~7쪽.

39) 이중하, 『정해장계』, 1887년, 『토문감계』(규21036), 마이크로필름 17쪽.

40) 이중하, 『감계사교섭보고서』, 1887년, 마이크로필름 19~21쪽.

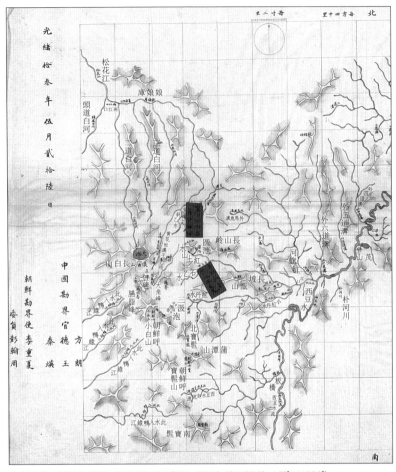

〈그림 19〉 1887년 제2차 공동감계 지도 (일본 외무성 외교사료관 소장[141336])

　　앞에서 보았듯이 석을수는 오늘날 두만강 정원의 남쪽 지류이고 홍토산수가 북쪽 지류이며, 다만 발원지까지 10여 리 차이가 났다. 그리하여 『회전도』나 『일통여도』에 맞춰볼 경우 석을수를 대도문강이

---

41) 總理衙門 편, 『吉朝分界案』, 1851~1861쪽.

라고 할 수 있었다. 이것이 그 이후 총서가 석을수를 두만강 정원으로 인정하고, 소백산·석을수로서 경계를 나누는 데 동의한 이유일 것이다.

이중하의 태도가 줄곧 견결했으며, 정계비-토석퇴-홍토산수로서 경계를 나눌 것을 주장하여, "내 머리가 잘려나가도 나라의 강토는 줄어들 수 없다"고 말하였다.[42] 이처럼 타협을 이루지 못하게 되자, 양측 대표들은 감계 결과를 지도에 그려서 총서에 보고한 후 황지를 받들어 경계를 정하기로 하였다.

같은 해(1887년) 5월 26일,[43] 양측 대표들이 지도에 공동으로 감인·사인한 후 제2차 감계 담판을 끝냈다.[44]

3. '십자비(十字碑)' 수립을 둘러싼 양측의 교섭

제2차 감계 담판이 비록 1887년 5월 말에 끝났지만 양측의 교섭은 끝나지 않았다. 같은 해 7월 2일 길림장군은 총리아문에 보낸 보고서에서, 소백산 동쪽 기슭에서 발원하는 석을수가 대도문강의 형세에 부합되며, 소백산으로부터 석을수를 따라 무산에 이르기까지, "화하금탕고(華夏金湯固) 하산대려장(河山帶礪長)"이라는 '십자비(十字碑)'를

---

42) 이중하, 『감계사교섭보고서』, 1887년, 마이크로필름 19~21쪽.

43) 『中韓勘界地圖』(1887년 제2차 감계도)에 표기된 날짜가 '광서 13년 5월 26일'이다(楊昭全·孫玉梅, 『中朝邊界史』, 338~339쪽 삽도 및 일본외무성외교사료관 소장 지도, 141336 참조. 외무성외교사료관 지도는 1907년 주북경 일본공사가 청 외무부에 부탁하여 모사한 것임).

44) 總理衙門 편, 『吉朝分界案』, 1858쪽 ; 이중하, 『정해장계』, 1887년, 『토문감계』(규21036), 마이크로필름 20쪽 ; 『覆勘圖們界址談錄公文節略』(石光明 등 편, 『清代邊疆史料抄稿本彙編』 제8책, 線裝書局, 2003년 영인본, 83~85쪽).

세울 것을 건의하였다.

한편 상기 방안을 통과시키기 위하여, 길림장군은 조선측 감계 대표 이중하가 비록 위 방안에 대해 동의하지만, 조선정부의 뜻에 따라 홍토산수를 견지한 것이며, 석을수를 지도에 그려 넣어 보고한 후 황지를 받들 것임을 건의하였다.[45]

그러나 같은 해 8월 말 국왕이 북양대신·예부에 보낸 자문과 양측의 담판 기록인 '담록공문절략(談錄公文節略)'[46]을 참고할 경우, 이중하가 전혀 동의하지 않았으며, 끝까지 홍토산수가 대도문강이며 정계비 ― 토석퇴―홍토산수로서 경계를 나눌 것을 요구했음이 확인되었다.[47]

총서는 그러한 담판 내막을 모르고 있었기에 단지 길림장군의 보고에 근거하여, 이중하가 "홍토산과 비석·토퇴의 잘못"을 알고 있는 줄로 여기고,[48] 소백산·석을수 방안을 허락하기에 이르렀다.

같은 해(1887년) 7월 22일 총서는 길림장군에게 보낸 자문에서, 길림 위원들이 제기한 석을수 두 갈래 물이 발원하는 데로부터 무산에 이르기까지 280여 리가 『흠정회전도설』의 이른바 "대도문강이 장백산 동쪽 기슭에서 발원하여 두 갈래 물이 합쳐 흐른다"는 방향과 거의 맞아떨어지므로, 소백산·황화송전자(黃花松甸子)·석을수·장파부교(長坡浮橋)에 이르기까지 열 곳에 비석을 세우되, 글자 순에 따라 번호를

---

45) 總理衙門 편, 『吉朝分界案』, 1867쪽.

46) 조선에서 청에 보낸 『覆勘圖們界址談錄公文節略』은 『淸季中日韓關係史料』(5권, 2392~2409쪽)에 수록되어 있다. 이는 규장각 소장의 『覆勘圖們談錄』(규장각 서호 : 21035)과 동일한 것이다. 이 밖에 중국국가도서관에 청초본(淸抄本)이 있는데 정본일 가능성이 크다. 기록한 내용을 통하여 1887년 제2차 감계 때 양측의 주요 쟁점과 합의점 및 감계 성과에 대해 알 수 있다.

47) 總理衙門 편, 『吉朝分界案』, 1886~1889쪽 ; 『覆勘圖們界址談錄公文節略』, 中央研究院近代史研究所 편, 『淸季中日韓關係史料』 제5권, 2392~2409쪽 참조.

48) 中央研究院近代史研究所 편, 『淸季中日韓關係史料』 제5권, 2391쪽.

매기는 것이 좋겠다고 동의하였다. 이와 동시에 길림장군이 일을 조사하여 밝힘이 극히 공평하다고 칭찬하기까지 하였다.[49]

그러나 광서황제는 오히려 길림장군의 소백산·석을수 주장에 대해 의견을 보류하는 태도를 보였다. 이는 아마도 조선측의 반대를 고려한 듯하다. 같은 해(1887년) 12월 광서제는 길림장군의 주접(奏摺)에 대한 주비(朱批)에서 "동 아문으로 하여금 알도록 하라(該衙門知道). 지도를 함께 발송한다(圖竝發 欽此)."고 답하였다.[50] 황제가 "논의대로 하라 (依議)."는 확답을 주지 않고, 긍정도 부정도 하지 않은 것은 조선을 강요하여 소백산·석을수로서 경계를 나눌 뜻이 없음을 내비쳤다.

그 이후 북양대신 이홍장이 조선에 주재하고 있던 원세개를 통하여 조선을 독촉하여 소백산·석을수를 따라 '십자비'를 세우고자 하였다. 그 다음해(1888년) 2·3월 원세개가 두 차례에 걸쳐 조선 외부독판 김윤식에게 이중하로 하여금 길림 위원들과 함께 소백산·석을수를 따라 '십자비'를 세우도록 요구하였다.

조선은 이를 들어주지 않았으며,[51] 그 전해(1887년) 8월말에 북양대신과 예부에 자문과 '담록공문절략'을 보낸 데 이어, 같은 해(1888년) 4월 재차 이홍장에게 자문을 보내어, 지도와 문헌에 근거할 경우 반드시 백두산에서 발원하는 두만강 첫 수원으로 경계를 정해야 하며 즉 홍토산수에 국경비를 세워야 하며, 석을수에 세워서는 안 된다고 주장하였다.[52]

---

49) 總理衙門 편, 『吉朝分界案』, 1871~1872쪽.

50) 總理衙門 편, 『吉朝分界案』, 1845쪽.

51) 고려대학교아세아문제연구소 편, 『구한국외교문서』 제8권, 청안1, 437·445쪽.

52) 『琿春副都統衙門檔案』(摘錄), '吉林將軍衙門來文, 광서 14년 5월 29일', 楊昭全·孫玉梅 주편, 『中朝邊界沿革及界務交涉史料匯編』, 吉林文史出版社, 1994년, 1230~1232쪽.

이에 대해 이홍장은 원세개에게 백두산 감계에 대하여 조선정부가 다른 의견이 있을 경우, 총리아문에 물어서 다시 조사·처리하도록 하라고 지시하였다. 얼마 후 이홍장은 또 조선과 상의한 후 다시 사람을 파견하도록 하라고 명하였다.[53] 즉 조선을 독촉하여 십자비를 세우려던 계획을 잠시 멈추도록 하였다.

이와 동시에 이홍장은 길림 감계대표에게 직접 문의하기로 하였다. 같은 해(1888년) 7월 이홍장의 문의에 대해, 전 감계대표인 방랑이 답하기를, 홍단수로서 경계를 나눌 경우 『회전도설』의 대도문강에 관한 기록에 부합되지만, 장파 일대에 조선인들이 살고 있었기에 석을수로 양보한 것이라고 하고 또 홍토산수로서 경계를 나누게 되면 백두산 발상지에 저애가 된다고 진술하였다. 이처럼 중국측 전 대표 방랑이 전의 주장을 고집하고 있었다. 비록 원세개가 방랑의 주장을 조선 외부에 전달하였지만, 조선은 여전히 물러서려 하지 않았다.[54]

한편 두 차례 감계 담판의 총지휘 기관이었던 총서는 '십자비'를 세우는 계획을 잠시 멈출 것을 요구하였다. 1889년 총서가 황제에게 올린 주문에서 "조선은 대를 이어 번봉을 지켜 왔으며, 오랫동안 보살핌을 받고 있으므로 너무 급히 처리할 필요가 없습니다. 잠시 늦추도록 할 것을 청합니다."라고 하였다. 이에 대해 광서제가 "논의대로 하라(依議)"는 유지를 내렸다.[55] 이로써 '십자비' 수립에 관한 교섭이 전부 끝났다.

이같이 총서와 광서제의 조선에 대한 관용적인 태도는 양국 간의 조공책봉 관계를 고려한 것이지만, 조선측 주장의 합리성을 어느 정도

---

53) 고려대학교아세아문제연구소 편, 『구한국외교문서』 제8권, 청안1, 451·463쪽.
54) 고려대학교아세아문제연구소 편, 『구한국외교문서』 제8권, 청안1, 476~478쪽.
55) 總理衙門 편, 『吉朝分界案』, 1884쪽.

인정한 것일 수도 있다.

4. 감계 담판이 실패한 원인 분석

중국측 감계대표 진영 등이 비 동쪽에 있는 흑석구를 송화강 상류라고 보아 천지 동남록의 정계비와 그 동쪽에 있는 흑석구의 토석퇴를 백두산정계의 옛 표식물로 인정하지 않은 것이 감계 담판이 실패하게 된 주요 문제점이라고 하지 않을 수 없다.

앞에서 보았던 총서의 두 통의 주문을 통하여, 청정부가 추구한 감계 목표는 1712년 목극등이 정한 두만강 옛 경계를 찾는 것이었으며 이로써 경계를 나누고자 했음이 확인된다.

조선측 대표 이중하가 문헌자료와 실지답사를 결부시켜 목극등이 정한 두만강 옛 경계를 찾아냈으며 즉 정계비-토석퇴-홍토산수였다. 이는 청조 여도 및 『회전도설』에 기록한 대도문강과도 맞아떨어졌다. 그럼에도 불구하고 중국측 감계대표가 자신들의 주장을 고집하여, 정계비-토석퇴를 인정하지 않았고 소백산 이남에서 분수령을 찾아 경계를 나누고자 하여 담판이 결렬되고 말았다.

중국측 대표가 이 같은 주장을 하게 된 데는 조선측 책임도 컸다. 감계 담판이 흑석구 때문에 발생하였고 또 그로 인해 실패했다고 보아도 과언이 아니다. 처음에 흑석구가 송화강 상류에 연결되었다고 한 것은 조선측이었다. 전술했듯이 1883년 조선 서북경략사 어윤중이 김우식 등을 파견하여 조사한 후, 골짜기가 송화강에 연결되었다고 제기하였다. 이것이 토문·두만 2강설의 단초였다.[56]

그러나 필자의 답사에 의하면, 흑석구가 하류에 이르러 형태가 사라지며 송화강에 연결되지 않았을 뿐더러 두만강에도 연결되지 않았다. 이 점에 대해서는 1712년 백두산정계 시 잘 알고 있었다.[57] 그리하여 조선 토인들이 이른바 두만강이 40여 리 복류한다고 하였고(흑석구 하류로부터 홍토산수까지 40여 리), 목극등이 골짜기와 두만강 사이를 목책으로 이어 놓도록 하였다.

그 이후 170년이 지나 감계 담판에 이르러서는 정계비와 흑석구의 토석퇴가 여전하였지만, 그 아래 40여 리 목책이 다 썩어 없어졌다. 비록 이중하가 골짜기 끝으로부터 홍토산수까지 목책이 이어졌음을 거듭 강조했지만, 중국측 대표들은 다만 비웃을 뿐 믿어주지 않았다. 이에 대해 이중하는 밝히기 어려운 사안이라고 개탄하지 않을 수 없었다.[58]

한편 입비처와 흑석구의 지리형세가 복작한 것도 중국측 대표들의 생각을 바꿀 수 없었던 이유 중의 하나였다. 흑석구의 지리위치를 놓고 볼 때, 입비처로부터 동남으로 1.6㎞ 연장되었고 이어 동북으로 20여㎞ 연장되었다.[59] 골짜기 주위에 송화강 지류가 분포되어 있었으며, 서쪽에 이도백하·삼도백하·사도백하가 있었고, 동쪽에 사을수·동부수 등 송화강 지류가 있었다. 또한 흑석구와 송화강 지류의 방향이 똑같이 동북으로 향하였다. 그리하여 비록 흑석구가 대부분 시간 마른

---

56) 흑석구 토석퇴 길이에 대해서는 이화자, 「백두산 정계의 표식물 : 흑석구(黑石溝)의 토석퇴에 대한 새로운 고찰」, 『동방학지』162집, 2013년 6월 참조.

57) 규장각 소장 『백산도』(그림 3 참조)를 통해 보면, 정계비로부터 동쪽으로 흐르는 물이 끊겨 있으며 '입지암류(入地暗流)'라고 표기하였다. 이 물은 송화강에도 연결되지 않고 두만강에도 연결되지 않았다. 지리위치로 볼 때 훗날의 흑석구임이 확인된다.

58) 이중하, 『정해별단초』, 1887년, 『토문감계』(규21026), 마이크로필름 13쪽.

59) 이화자, 「백두산 정계의 표식물 : 흑석구(黑石溝)의 토석퇴에 대한 새로운 고찰」, 『동방학지』162집, 2013년 6월 참조.

206 제2편 한중 국경사의 의문점과 난점에 대한 탐구

골짜기로 존재하였지만, 송화강 상류로 인식되었다. 일단 송화강 상류로 볼 경우, 정계비의 위치가 비문에 이른바 "서위압록, 동위토문, 분수령에 비를 세워 기록한다"는 내용과 맞아떨어지지 않았다.

이 밖에 중국측 대표들은 조선측이 제기한 정계비−토석퇴−홍토산수가 송화강에 저애될 뿐만 아니라,[60] 백두산 발상지에 저애된다고 여겼다. 송화강 지류를 가로 지나갈뿐더러 백두산 천지를 가까이 하고 있으며 또한 백두산 동록을 따라 경계를 나누게 되기 때문이었다.[61] 그리하여 천지와 좀 떨어진 남쪽의 소백산이나 삼지연 분수령으로서 경계를 나눌 것을 요구하게 되었다.

5. 맺는말

1885년 제1차 감계를 통하여, 조선측 감계 대표인 이중하는 정계비−토석퇴−홍토산수가 목극등이 정한 옛 경계임을 알게 되었다. 그리하여 1887년 제2차 감계에서 조선측은 두만강을 경계로 함을 인정함과 동시에 옛 경계를 지킬 것을 요구하였다.

이는 청조 총리아문(총서)이 두만강 옛 경계를 찾도록 요구한 감계 목표와도 일치한 것이었다. 그러나 길림장군이 파견한 감계대표가 정계비 동쪽에 있는 골짜기(황화송구자·흑석구)가 송화강에 연결된 줄로 착각하여, 정계비의 지리형세가 비문에 이른바 "서위압록, 동위토문, 분수령에 돌을 새겨 기록한다"는 내용과 맞지 않는다고 여겨,

---

60) 통리교섭통상사무아문 편, 『문답기』, 1885년, 마이크로필름 34쪽.

61) 고려대학교아세아문제연구소 편, 『구한국외교문서』 8권, 청안1, 476~477쪽 ; 總理衙門 편, 『吉朝分界案』, 1903쪽.

천지 동남록에 있는 정계비터와 그 동쪽에 있는 토석퇴를 정계의 표식물로 인정하지 않았을 뿐더러, 근처에 있는 홍토산수를 두만강 정원으로 인정하지 않았다. 이것이 제2차 감계 담판이 무산된 가장 큰 원인이었다.

두 차례 감계 담판이 실패로 끝나게 됨으로써 중국은 조선과 국경분쟁을 해소할 수 있는 좋은 기회를 놓치게 되었다. 이로 인하여 그 이후 일본이 한중 양국의 국경분쟁을 이용하여 이른바 '간도문제'를 도발하여 두만강 이북 간도지역으로 침투·확장하게 되는 구실과 기회를 제공하고 말았다.

그럼에도 불구하고 두 차례 감계의 성과에 대해 말하지 않을 수 없으며, 가장 큰 성과가 조청 양국이 두만강을 경계로 한다는 데 합의를 본 것이며, 특히 홍토산수·석을수 합류처 이하에서 두만강 본류를 따라 경계를 나누는 데 합의를 보았다. 이는 1712년 백두산정계를 통해 확정된 두만강 경계의 주요 부분이었으며, 청『회전도』에서 기록한 대도문강이었다. 이 같은 감계 성과는 그 이후 1909년 중일 '간도협약' 체결과 1962년 '중조국경조약' 체결에 영향을 미치게 되었다.

두만강변 '십자비' 설립 여부에 대한 고증

머리말

1887년 제2차 감계 담판이 끝난 후 중국측 대표가 소백산·석을수를 따라 '화하금탕고(華夏金湯固) 하산대려장(河山帶礪長)'이라는 '십자비(十字碑)'를 세울 것을 건의하였다.[1] 그러나 조선의 반대로 십자비 설립 계획이 실시되지 못하였다. 그 이후 1907년 일본이 두만강 이북에 통감부 '간도파출소'를 세워 '간도문제'를 도발하였다. 이때로부터 두만강변에 세웠던 십자비가 조선인에 의해 훼손되었다는 설이 나돌기 시작하였다.

일부 중국학자들의 경우 십자비가 훼손되었다는 '훼비설(毀碑說)'을 주장하며, 1888~1889년에 조선인에 의해 훼손당했다고 보는가 하면,[2] 1890년에 수립된 후 얼마 안 되어 훼손되었으며, 언제 누구에 의해 훼손되었는지 알 수 없지만 대체로 1907년 전에 훼손되었다고 주장한다.[3]

---

1) '華夏金湯固 河山帶礪長'이란 화하(중국을 가리킴)가 금탕(금으로 만든 성곽과 끓는 물로 만든 호성하를 뜻함)처럼 견고하고 황하와 태산이 띠와 숫돌이 될 때까지 길이길이 전한다는 뜻임.

2) 楊昭全·孫玉梅, 『中朝邊界史』, 352~366쪽 ; 楊昭全, 『'十字界碑'考』, 『中朝邊界研究文集』, 吉林省社會科學院, 1998년, 790~792쪽.

이 글에서는 1880년대 감계 담판 자료와 그 이후 일본의 답사자료를 이용하여, 십자비가 과연 두만강변에 세워졌는지, 조선인에 의해 훼손되었는지에 대해 알아보며, 이른바 '훼비설'이 나오게 된 원인에 대해 분석하고자 한다. 이를 통하여 한중일 삼국 간의 압록강·두만강 경계를 둘러싼 교섭과 투쟁의 진실을 밝히고자 한다.

1. 중국측 수립 계획과 조선의 반대

1885년 제1차 감계 담판이 끝난 후 중국측 감계 대표인 진영(秦煐) 등이 길림장군(吉林將軍)에게 올린 보고서에서 소백산·삼지연 일대가 압록·두만 양강의 분수령이며, 그 동록에서 발원하는 홍단수가 두만강 정원이라고 제기하였다.[4]

청조 총리아문은 길림 대표의 답사결과를 인정함과 동시에 다음과 같은 주문을 황제에게 올렸다. "압록강 수원이 압록이라 하지 않고 건천구(建川溝)라고 한 것은 도문강 수원이 도문이라 하지 않은 것과 같습니다." "그렇다면 홍단수를 도문강원이라고 하여 일괄적으로 볼 수 없겠습니까?"[5] 즉 홍단수를 두만강 정원으로 삼고자 주청하였다.

이에 준하여 1년 뒤 제2차 감계에 이르러, 중국측 감계 대표들이 15개 비석을 홍단수가 두만강에 흘러드는 곳에 운반하여, 홍단수를 따라 경계를 나누며 비석을 세우고자 하였다. 이중하의 '정해장계'(1887년)는 이에 대해 다음과 같이 보고하였다.

---

3) 陳慧, 『穆克登碑問題研究 – 淸代中朝圖們江界務考證』, 261~263쪽.

4) 中央研究院近代史研究所 編, 『淸季中日韓關係史料』 제5권, 2091~2095쪽.

5) 中央研究院近代史研究所 編, 『淸季中日韓關係史料』 제5권, 2091~2095쪽.

길림에서 파견한 독리상무 위원 진영이 3월 26일 먼저 회령에 도착하여, 15개의 비석을 홍단하구(洪丹河口)에 운반해 왔으며, 홍단수·삼지연에 비를 세우고자 기세등등해 하며 대기하고 있었습니다.[6]

위 인용문에서 '홍단하구'란 홍단수가 두만강에 흘러들어가는 입구를 말하며, 삼지연은 홍단수 발원지 서쪽에 위치하여 압록·두만 양강의 분수령으로 간주되었다.

한편 그 전에 중국측 감계 대표인 진영 등이 삼지연·홍단수에 대해 다음과 같이 보고하였다. "정계비를 세울 경우 마땅히 삼급포(三汲泡, 삼지연임 | 필자주) 일대 분수령에 세워야 비문에 이른바 '서위압록, 동위토문'의 여덟 글자와 맞아떨어지며, 경계선 또한 동서로 곧게 뻗어 있어 정연해집니다. 만약 홍단수를 토문강(두만강임 | 필자주) 본류로 볼 경우, 홍단수 북쪽에서 발원하는 홍토산수는 소토문강으로 볼 수 있습니다."[7]

제2차 감계에서 중국측 대표가 삼지연·홍단수로서 경계를 나누고자 한 것은 조선측 감계사인 이중하의 반대를 받았다. 이중하는 줄곧 정계비－토석퇴－홍토산수를 잇는 선으로서 경계를 나눌 것과 이것이 목극등 정계의 '옛 경계'임을 강조하였다.

이에 중국측 대표들은 부득불 한발 물러나 삼지연(천지 동남 약 50㎞)·홍단수의 북쪽과 서쪽에 있는 소백산(천지이남 약 30㎞)·석을수로서 경계를 나눌 것을 요구하였다.

---

6) 이중하, 『정해장계』, 1887년, 『토문감계』(규21036), 마이크로필름 17쪽.
吉林派員督理商務秦煐 於三月二十六日 先已來到於會寧府 預運十五碑於洪丹河口 將欲立界於洪丹三池之上 盛氣以待是白乎彌.

7) 總理衙門 편, 『吉朝分界案』, 1811쪽.

석을수는 제2차 감계 때 중국측 대표가 발견한 작은 지류이며, 홍단
수와 홍토산수 사이에 놓여 있었다. 조선 사람들은 이를 '도랑수' 또는
'돌수'라고 불렀다.[8] 지형적으로 볼 때 석을수 발원지가 서쪽으로 골짜
기를 통하여 소백산에 닿았으므로,[9] 소백산 분수령과 연결된 물로
간주되었다.

제2차 감계 담판이 끝난 후 1887년 6월 7일 중국측 감계 대표 진영
등은 길림장군에게 올린 글에서 소백산·석을수를 따라 '십자비'를 세
울 것을 다음과 같이 건의하였다.

경계가 정해진 후 마땅히 경계비를 따로 세워 이를 명시해야 합니
다. 목극등이 세운 비석은 경계와 상관이 없으며, 석퇴·토퇴가 송화강
에 다다르므로 비석을 없애지 않을 경우 장차 의구심이 생기고 사단을
일으킬 우려가 있으며 송화강에도 저애가 됩니다. 만약 석을수로서
정계할 경우, 소백산 동록으로부터 무산성에 이르기까지 적당한 곳에
비석을 세움으로써 경계를 분명히 하여 영원토록 지킬 수 있도록
해야 합니다. 경계비를 세울 곳을 미리 공동으로 의정(擬定)하여, 주접
뒤에 부록하여 편하게 하고자 합니다.[10]

화자비(華字碑)를 소백산 꼭대기에 세우고, 하자비(夏字碑)를 소백
산 동록 골짜기 입구에 세우며, 화자비와 15리입니다. 금자비(金字碑)

---

8) 이중하, 『감계사교섭보고서』, 1877년, 마이크로필름 24쪽.
9) 總理衙門 편, 『吉朝分界案』, 1855쪽.
10) 總理衙門 편, 『吉朝分界案』, 1859~1860쪽.
　　再界址定後 遵當令立界碑 申明舊界 所有穆克登所立之碑 旣與界址不相關涉 而石堆
　　土堆 又相引至松花江掌上 此時若不將此碑毀去 仍恐將來存爲疑案 別生枝節 且於松
　　花江有碍 如以石乙水源定界 則小白山東麓起 至茂山城止 自應擇要立碑 庶幾界劃分
　　明 永垂久遠 爰將應立界碑之處 預爲公同擬定 附開令摺之後 以省周折.

를 황화송전자가 시작되는 골짜기 입구에 세우며, 하자비와 22리입니다. 탕자비(湯字碑)를 황화송전자가 끝나는 물도랑 입구에 세우며, 금자비와 5리입니다. 고자비(固字碑)를 석을수 발원지에 세우며, 탕자비와 12리입니다. 하자비(河字碑)를 석을수·홍토수 합류처에 세우며, 고자비와 41리입니다. 산자비(山字碑)를 장파 부교(浮橋) 남안에 세우며, 하자비와 88리입니다. 대자비(帶字碑)를 석을수·홍단수 합류처에 세우며, 산자비와 23리입니다. 려자비(礪字碑)를 삼강구의 두만강·서두수 합류처에 세우며, 대자비와 36리입니다. 장자비(長字碑)를 두만강·박하천 합류처에 세우며, 려자비와 31리입니다.[11]

위 인용문과 같이, 진영 등은 목극등이 천지 동남쪽에 세운 옛 비석(정계비)을 철폐하고, 소백산·석을수를 따라 십자비를 세우며, 구체적인 위치를 지정하였다. 즉 소백산 꼭대기로부터 동쪽으로 골짜기를 따라 황화송전자(이깔나무가 있는 초지)에 이르며, 계속 동쪽으로 석을수 발원지에 이르고, 석을수를 따라 내려가 석을수와 홍토수 합류처에 이르며, 계속 두만강을 따라 내려가 장파 부교에 이르고 홍단수 합류처에 이르며, 계속 두만강을 따라 내려가 삼강구 즉 서두수 합류처(오늘날 崇善)에 이르며, 계속 두만강을 따라 내려가 박하천(오늘날 성천수) 합류처에 이르기까지 십자비를 세우자는 것이었다. 요컨대 총 길이 273리(華里)에서 화·하·금·탕·고·하·산·대·려·장으로 명명한

---

11) 『朝鮮隣邊勘界文略』, 照錄吉林將軍來文內淸摺, 중국국가도서관 소장.
　　華字碑立於小白山頂 夏字碑立於小白山東麓溝口 距華字碑十五里 金字碑立於黃花松甸子頭接口處 距夏字碑二十二里 湯字碑立於黃花松甸子盡頭水溝口 距金字碑五里 固字碑立於石乙水源出處 距湯字碑十二里 河字碑立於石乙紅土兩水匯流處 距固字碑四十一里 山字碑立於長坡浮橋南岸 距河字碑八十八里 帶字碑立於石乙紅丹兩水匯流處 距山字碑二十三里 礪字碑立於三江口之圖們江西豆水匯流處 距帶字碑三十六里 長字碑立於圖們江朴河匯流處 距礪字碑三十一里.

10개 비석을 세우자는 것이었다.

이와 같은 요구에 대하여 길림장군은 "옛 비석(정계비임 | 필자주)을 급히 파괴하는 것은 부적절하며, 정계 시 조선국과 함께 소백산 꼭대기에 세우고자 했던 '화'자비 옆에 옮겨놓아 참고할 수 있도록 해야 한다"고 건의하였다.[12]

같은 해(1887년) 12월 광서제의 주비(朱批) 유지는 다음과 같았다. "동 아문으로 하여금 알도록 하라. 지도를 함께 발송한다."[13] 즉 긍정도 부정도 하지 않는 유지를 내렸다.

그 이듬해(1888년) 2·3월 주조선 통상사의(通商事宜)였던 원세개가 두 차례에 걸쳐 조선 외무독판 조병식(趙秉式)에게 대표를 파견하여 중국측과 함께 소백산·석을수를 따라 십자비를 세울 것을 요구하였다.[14] 1888년 2월 26일 원세개의 조회 내용은 다음과 같았다.

전에 길림장군이 조선·길림이 공동으로 도문강(두만강임 | 필자주)을 조사할 것을 요구한 자문에 이르기를, 석을수와 홍토산수가 합류하는 곳이 대도문강이며, 소백산에서 압록강 수원까지 42리이며, '서위압록, 동위토문'이라는 말에 맞아떨어지므로 이곳을 경계로 삼아 경계비를 세우고자 합니다. … 조선국왕에게 자문을 보내 속히 위원을 파견하여 공동으로 길림성 위원과 함께 처리하며, 지연하는 일이 없도록 하기 바랍니다.[15]

---

12) 總理衙門 편, 『吉朝分界案』, 1861쪽.

13) 總理衙門 편, 『吉朝分界案』, 1850쪽 ; 고려대학교아세아문제연구소 편, 『구한국외교문서』 제8권, 淸案1, 437쪽. 該衙門知道 圖竝發 欽此.

14) 고려대학교아세아문제연구소 편, 『구한국외교문서』 제8권, 淸案1, 437·445쪽.

15) 고려대학교아세아문제연구소 편, 『구한국외교문서』 제8권, 淸案1, 437쪽.
前據吉林將軍咨請會勘朝鮮吉林圖們江界一案　現查明石乙水入紅土山水匯流處爲大

한 달 후 3월 27일 원세개가 재차 조병식에게 전문을 보내어, 길림장군이 이미 중국측 위원으로 하여금 조사하도록 하였으니, 조선측도 이중하로 하여금 속히 갈 것을 전보로서 독촉하며, 떠날 날짜를 중국측에 알려달라고 하였다.[16)

그러나 이중하는 소백산·석을수를 따라 십자비를 세우는 데 대해 반대하였다. 그는 "작년에 공동으로 감계할 때 의견이 달랐으므로 다시 갈 필요가 없습니다"라고 답하였다.[17) 같은 해(1888년) 4월 20일 국왕은 이홍장(李鴻章)에게 십자비 수립에 동의하지 않음을 다음과 같이 이자(移咨)하였다.

받들어 『황조통전(皇朝通典)』·『문헌통고』를 살펴보건대, 길림·조선은 도문강(두만강임 | 필자주)을 경계로 한다고 기록하였습니다. 또한 『흠정회전도설(欽定會典圖說)』에 대도문강이 백두산 동록에서 흘러나온다는 말이 있습니다. 오늘 만약 수원을 조사하여 옛 경계를 밝히고자 한다면 마땅히 백두산 동록을 따라 경계를 나누어야 합니다. 그러나 길림 주문(奏文)에 소백산으로부터 경계를 나누어 석을수까지 비석을 세우는 것이 타당하다고 합니다. 오늘 그들의 주문에도 『황조통전』·『문헌통고』·『회전도설』을 증거로 삼고 있지만, 백두산을 버리고 소백산을 경계로 하고자 하며 이는 모순되는 것입니다. 오늘 만약 다시 공동으로 감계를 할 경우 반드시 도전(圖典)에 따라 백두산에서 흘러나오는 도문강 첫 수원으로서 정계해야 하며, 그럴 경우

圖們江 由小白山測量鴨綠江上源 相距四十二里 與西爲鴨綠 東爲土門二語 尙能——
吻合 擬於此處酌定界址 竝設界牌等因 … 咨會朝鮮國王 迅派委員 會同吉省委員 妥速
辦理 勿稍稽延.

16) 고려대학교아세아문제연구소 편, 『구한국외교문서』 제8권, 淸案1, 445쪽.

17) 고려대학교아세아문제연구소 편, 『구한국외교문서』 제8권, 淸案1, 476쪽.

정계비를 홍토산수에 세워야 하며 석을수에 세우지 말아야 합니다. 이는 더 변명할 필요가 없으며 아주 명확한 것입니다. 또한 홍토산수·석을수 사이가 수십 리 산지로서 황폐하고 추운 곳입니다. 이른바 "천하에 왕의 영토가 아닌 곳이 없다"고 하는데 어찌 보잘것없는 땅으로 인하여 속방(조선을 가리킴 ┃필자주)으로 하여금 봉강을 지킬 수 없게 하는 것입니까?[18]

위 인용문과 같이 조선측은 청『통전』·『문헌통고』및『회전도설』을 인용하여 백두산 동록에서 발원하는 두만강 첫 수원인 홍토산수로서 경계를 나눌 것을 요구하고, 소백산과 그 동록에서 발원하는 석을수로서 경계를 나누는 것을 반대하였다.

같은 해(1888년) 4월 27일 조병식이 원세개를 만난 자리에서 "백산 감계의 일은 국왕이 전에 감계한 것이 합당하지 못하다고 여겨, 자문을 보내어 황제에게 전주(轉奏)하여 다시 감계할 것을 요구하였으며, 감계사 이중하가 일찍 가서 기다릴 필요가 없으며 비용만 많이 허비할 따름입니다. 예부와 총서의 회자(回咨)가 나온 후 다시 날짜를 정하여 파견하도록 하겠습니다."라고 말하였다.[19] 즉 국왕의 자문을 들어 이중하를 파견하여 십자비를 세울 의향이 없음을 밝혔다.

---

18) 고려대학교아세아문제연구소 편,『구한국외교관계부속문서』제8권, 간도안, 고려대학교출판부, 1974년, 194~195쪽.
恭査欽定皇朝通典文獻通考 均載明吉林朝鮮以圖們江爲界 又欽定會典圖說 載明大圖們江出於長白山東麓等語 今欲窮尋水源 申明舊界 宜由長白山東酌定界段 而吉林奏折有由小白山酌定界段 順石乙水立碑 似尚持得其平等語 今其折內 亦引皇朝通典文獻通考會典圖說爲證 而乃舍長白山 欲以小白山爲界 其語已自相矛盾矣 今若復行核察槖灤圖典 必以出自長白山之圖們江頭源定界 則界碑之設當於紅土山水 而不當於石乙水 不待多辨 而較然明甚 且紅土山水石乙水之間 不過數十里空山荒寒之地 竊謂普天之下莫非王土 豈其爲此區區尺寸之土 使屬邦不能保守其封疆也.

19) 고려대학교아세아문제연구소 편,『구한국외교문서』제8권, 淸案1, 451·463쪽.

조선의 요구에 대해 북양대신 이홍장은 원세개에게 전문(電文)을 보내어, "백산 감계의 일에 대해 한국측이 다른 의견이 있을 경우, 총서에 자문하여 처리하도록 하라"고 지시하였다.[20] 같은 해(1888년) 5월 이홍장이 직접 중국측 감계 대표였던 방랑(方朗)에게 소백산·석을 수로서 경계를 나누는 일에 대해 문의하였고, 7월에 원세개를 통하여 조선측 의견을 알아보았으나, 각자의 주장만 고집할 뿐 전혀 진전이 없었다.[21] 이로써 십자비 건립을 둘러싼 양측 교섭이 끝났다.

그렇다면 그 이후 중국측이 단독으로 두만강변에 십자비를 세운 것인가? 사료에 의하면, 1907년 십자비가 훼손되었다는 설이 나돌기까지 중국측은 줄곧 조선측과 함께 다시 경계를 조사하여 확정하고자 하였다.

이처럼 경계가 확정되지 않은 상황에서 중국측은 두만강 이북 조선 월간민들을 안치하는 방법을 강구하기에 급급하였다. 1889년 12월 청조 군기처(軍机處)로부터 조선 개간만에 대해 '영조납조(領照納租)'·'귀화입적' 정책을 실시할 것을 다음과 같이 주문하였다.

> 도문강 천연 계한이 있으니 다시 감계할 필요는 없습니다. 다만 조선에서 지금까지 지연하고 있고 쇄환하기 어려우므로, 전의 유지를 받들어 증서를 받고 세금을 내며(領照納租), 우리 판도에 귀화하도록 하며, 치발역복(薙髮易服)하여 우리 정교(政敎)를 준수하도록 해야 합니다. 저희들이 먼저 사람을 파견하여 토지 면적을 측량하고 적에 편입시키며 세금을 내도록 하여 변민들의 생활을 안정시키며, 서로 다투는 일이 없도록 하겠습니다. 무산 서쪽 석을수 경계를 조사하는

---

20) 고려대학교아세아문제연구소 편, 『구한국외교문서』 제8권, 淸案1, 451·463쪽.
21) 고려대학교아세아문제연구소 편, 『구한국외교문서』 제8권, 淸案1, 476·478쪽.

일에 있어서는 총리아문에 명하여 조선국왕에게 자문을 보내며, 독촉하여 위원을 파견하여 길림 위원과 함께 경계비를 세워 영원토록 준수하며, 침월하는 일이 없도록 해야 합니다.[22]

위 인용문과 같이, 청 군기처는 관원을 파견하여 조선 개간민들이 개간한 땅을 측량하여 세금을 내도록 하며, 치발역복하여 청나라 백성이 되도록 할 것을 건의함과 동시에, 조선국왕을 독촉하여 대표를 파견하여 길림 대표와 함께 석을수를 따라 비석을 세울 것을 요구하였다. 이로 보아 1889년 말까지 청측이 소백산·석을수를 따라 십자비를 세우지 못했음을 알 수 있다.

그 이듬해(1890년) 총리아문은 재차 조선 월간민에 대해 토지를 측량하여 세금을 바치도록 하는 정책을 실시할 것을 다음과 같이 주문하였다.

길림·조선 경계의 건은 전에 두 차례 공동으로 감계하였으나, 정하지 못한 곳인즉 무산 위에서 삼급포(三汲泡, 삼지연 | 필자주)에 이르는 200여 리 두만강 발원지입니다. 무산 아래는 두만강 본류가 천연적인 계한을 이루고 있으며, 강 남안이 조선 함경도 소속인 무산·회령·종성·경원·경흥 등 6부이며, 강 북안은 길림 돈화현과 훈춘 지방이며, 이에 대해 조선 감계사도 이견이 없습니다. … 지금 강원(江源)의 경계를 속히 확정할 수 없어 별도로 조사할 곳이 없으므로, 마땅히

---

22) 總理衙門 편, 『吉朝分界案』, 1904~1905쪽.
既有圖們江天然界限 本可勿庸再勘 該國遷延至今 斷難刷回 應亟祗遵前奉諭旨 飭令領照納租 歸我版圖 薙髮易服 遵我政教 奴才等 先行派員淸丈編甲升科 以期邊民相安 各無爭執 其茂山以西石乙水勘議之界 應請旨飭下總理衙門 咨催朝鮮國王 派員會同吉林委員 刊立界牌 永遠遵守 以杜侵越.

속히 변민들을 위무하여 그들이 귀속하려는 마음을 안정시켜야 합니다. … 길림장군으로 하여금 현명한 사람을 택하여 토지를 측량하여 세금을 바치는 일에 대하여 적당히 처리하며, 민속에 따라 가르치고 안정시키며, 사단을 일으키는 일이 없도록 해야 합니다. 증서를 발급하고 조세를 납부하도록 하여 지방관의 관할에 속하도록 하며, 상세한 장정(章程)은 길림장군으로 하여금 상황을 조사하여 주문하여 처리하도록 해야 합니다.[23]

즉 총서는 길림·조선 사이 경계가 확정되지 못한 곳은 단지 무산 위에서 삼지연까지 200여 리이며, 무산 아래는 두만강을 천연 계한으로 한다고 강조하였다. 특히 "지금 강원의 경계를 속히 확정할 수 없다"고 한 것으로 보아, 조선측의 반대로 소백산·석을수를 따라 십자비를 세우지 못했음을 말해준다.

2. '훼비설(毀碑說)'의 유래와 원인

'훼비설'이 나돌게 된 것은 1907년 일본이 '간도문제'를 도발하면서부터였다. 같은 해 8월(양력) 일본은 육군 중좌 사이토 스에지로(齋藤

---

23) 長順 등 편, 『吉林通志』 권31하, 11~12쪽, 『續修四庫全書』648, 史部·地理類, 上海古籍出版社, 2000년, 제2책, 558쪽.
査吉林朝鮮界務 前經兩次會勘 所未能卽定者 特茂山以上直接三汲泡二百餘里之圖門發源處耳 至茂山以下 圖門江巨流乃天然界限 江南岸爲該國咸鏡道屬之茂山會寧鍾城慶源慶興六府地方 江北岸爲吉林之敦化縣及琿春地方 該國勘界使亦無異說 … 現在江源界址 旣難克日劃淸 則無勘瓣處所 似宜及時撫綏 以慰流氓歸附之心 … 筋下該將軍 遴派賢員 將淸丈升科各事宜 妥爲經理 因俗施敎 務令相安 毋任操切滋事 所有領照納租 歸各地方官管轄 一切詳細章程 應由該將軍 體査情形 奏明試瓣.

季治郞)를 소장으로 하는 육군·헌병 수십명을 용정촌에 파견하여, '통감부임시간도파출소'를 설립하였다. 일본측은 두만강 이북 '간도'가 한중 어느 쪽에도 속하지 않는 미정지(未定地)라고 하면서, 조선인들이 마적과 청 관헌들에 의해 침해를 받는 것을 '보호'한다는 명목으로 두만강 이북 지역에 대한 침투·확장을 시도하였다. 이로부터 2년간 중일 양국이 '간도문제'를 둘러싼 교섭과 담판을 진행하였다.

담판에 응하기 위하여 중일 양국은 각기 사람을 파견하여 한중 국경을 답사하게 되었다. 일본 참모본부에서 측량사를 파견하여 '간도파출소'와 함께 조사를 행하는가 하면, 동삼성 총독인 서세창(徐世昌)이 '길림변무공서(邊務公署)' 방판(幫辦)인 오록정과 봉길(奉吉)감계위원 유건봉을 파견하여 백두산과 국경 지대를 답사하였다.

두만강변에 십자비가 있는지 여부도 양측 조사 대상이었다. 1907년 12월 17일(양력) '간도파출소' 소장인 사이토가 조사 결과를 통감부에 다음과 같이 보고하였다.

『길림통지』에 백두산으로부터 두만강 상류까지 강을 따라 10개의 국경비(같은 책 17권 20쪽 附圖 琿春條 참조)가 있다고 기록하였습니다. 이 사실을 조사하기 위하여, 11월 24일 스즈키(鈴木) 문학사를 파견하였는데, 그가 부도(附圖)에 근거하여 근처를 상세히 조사하고 15일 돌아왔습니다. 그의 보고에 의하면, 근처에 비석이 전혀 없으며, 그곳 늙은이들도 이를 들어본 적이 없다고 합니다. 이로 보아 『길림통지』의 기록이 완전히 허위입니다. 다만 광서 13년(1887년 | 필자주) 감계 때 국경비를 세우기 위하여, 청국 감계사가 15개의 비석을 운반해 왔는데, 아무 문자도 조각하지 않은 채로 무산에서 약 7리(일본리임 | 필자주) 떨어진 상류 홍단수 하구에 쌓아놓은 것을 발견하였습니다.[24)]

위와 같이, 일본측 문학사인 스즈키가 『길림통지』 기록에 근거하여 두만강변을 답사한 결과 강변에서 십자비를 보지 못했으며, 다만 홍단수가 두만강에 흘러들어가는 입구에서 15개 문자가 없는 비석을 발견했다는 것이었다. 이에 근거하여 사이토는 『길림통지』 기록이 허위라고 판단하였다. 그는 또 제2차 감계 시 중국측에서 15개 비석을 홍단수 입구에 운반해와 쌓아두었지만, 여전히 세우지 못했다고 보고하였다.

이처럼 사이토 보고서에 이른바 홍단수 입구의 15개 글이 없는 비석은 이중하의 '정해장계(丁亥狀啓)'에도 기록되어 있으며,[25] 이로써 1907년 말까지 두만강변에 십자비가 세워지지 않았음을 알 수 있다.

이에 앞서 두만강 이북 지역에서 중대한 사건들이 발생하였다. 1900년 중국에 의화단운동이 발생한 틈을 타서 러시아가 만주 지역을 점령하였으며, 두만강 이북 훈춘에 군대를 파견하여 초소를 세웠다.

1902~1904년에 대한제국 정부는 러시아가 만주 지역을 점령한 기회를 이용하여 두만강 이북에 이범윤(李範允)을 위시한 '북간도관리사'를 파견하였다. 이범윤은 '사포대(私砲隊)'를 조직하여 청조의 군대를 습격하였을 뿐만 아니라, 조선 개간민들의 호구를 조사하고 세금을 거둬들이며, 수령과 위원을 임명하여 두만강 이북 지역을 조선 관할에 넣고자 하였다.[26]

---

24) 국사편찬위원회 편, 『통감부문서』 4, 237조, '來電第一六二號', 1999년, 259쪽. 吉林通誌(書物ノ名)ニ長白山ヨリ豆滿江上流ニ沿ツテ十個ノ境界碑アルコトノ記載アルニ依リ(同書第十七卷二十枚目附圖琿春條圖参照)事實調査ノ爲十一月二十四日鈴木文學士ヲ派遣セシメタルニ同人ハ右附圖ニ依リ其ノ附近ヲ限ナク探險シ去ル十五日歸來セル報告ニ依レハ此ノ如キ石碑ハ全然無之又其地ノ古老モ一人トシテ此ノ如キ物ヲ見聞シタルコトナシト依ツテ吉林通誌ニハ全然虛僞ノ記載アルコトヲ確メ得タリ但シ光緖十三年勘界ノ際國境碑トシテ立ツル目的ヲ以テ淸國勘界使ノ運ヒ來リシ十五個ノ石碑ハ文字ノ彫刻モナク其ノ儘茂山ヲ去ル約七里ノ上流洪丹水河口ニ堆積シアルヲ發見セリ.

25) 이중하, 『정해장계』, 『토문감계』(규21036), 마이크로필름 17쪽.

이에 대해 중국측은 길림에 있는 러시아 주재관에 교섭하여 군대를 파견하여 강변을 숙청함과 동시에, 조선과 재차 공동감계를 시행하여 국경분쟁을 해소하고자 하였다.

1904년 1월과 4월(음력), 청조의 주조선 공사 허태신(許台身)이 두 차례나 조선 외부에 조회하여 공동으로 대표를 파견하여 감계를 실시할 것을 요구하였다.[27] 그러나 러일전쟁이 한창이라 주북경(駐北京) 일본공사 우치다(內田)가 전쟁이 끝난 뒤 다시 국경문제를 논의할 것을 제의하여 중국측이 이에 동의하였다.[28]

러일전쟁의 결과는 러시아가 패전하여 동삼성에서 군대를 철수하였으며, 1906년 두만강 이북 지역에서 러시아 군이 완전히 철퇴하였다.[29] 이와 동시에 일본의 침략이 강화됨에 따라 조선은 점차 주권을 상실하게 되었다. 1905년 조선은 일본의 '보호국'으로 전락되었으며, 일본이 서울에 '통감부'를 설치하여 식민통치를 강화하였다. 이와 동시에 1907년 8월 일본이 조선인을 보호한다는 명목으로 두만강 이북 용정촌에 통감부 '간도파출소'를 세웠으며, 이른바 '간도문제'를 도발하였다.

중국측은 '간도문제'에 대한 교섭과 담판에 응하기 위하여, 같은 해(1907년) 여름 길림변무 방판 오록정을 국경지역에 파견하였으며,

---

26) 이범윤의 두만강 이북 지역에서의 활동과 조·청 교섭에 관해서는 楊昭全·孫玉梅, 『中朝邊界史』, 408~445쪽 ; 이화자, 『大韓帝國時期(公元1897~1910年)的疆域觀與間島政策的出臺』, 『中國社會科學院歷史研究所學刊』 제7집, 商務印書館, 2011년, 483~498쪽 참조.

27) 고려대학교아세아문제연구소 편, 『구한국외교문서』 제9권, 淸案2, 고려대학교 출판부, 1970년, 670~672·690~691쪽.

28) 篠田治策, 『統監府臨時間島派出所紀要』, 大藏省纂現行法規集出版所, 1910년, 史芸研究所, 2000년 영인본, 33~34쪽 ; 고려대학교아세아문제연구소 편, 『구한국외교문서』 제9권, 淸案2, 695쪽.

29) 篠田治策, 『統監府臨時間島派出所紀要』, 35쪽.

이듬해 봉길감계위원 유건봉을 백두산에 파견하여 실지답사를 진행하였다. 이 두 사람은 답사를 마친 후 각기 십자비가 훼손되었다는 주장을 내놓았다.

오록정은 『연길변무보고(延吉邊務報告)』에서 십자비에 대해 다음과 같이 기록하였다.

오늘날 무산·혜산 사이에 비록 옛날 경계 표식이 보이지 않지만 『길림통지』에는 삼강구로부터 소백산에 이르는 곳에 경계비가 있음을 기록하고 있다. 비석은 무릇 열 개이며, '화하금탕고(華夏金湯固), 하산대려장(河山帶礪長)'이라고 하였으며, 거리를 상세히 기록하였다. 비록 목극등이 세운 것이라고 기록하지 않았지만, 그 때 사계를 위해 왕래한 서류를 보면 이곳에 경계 표식을 세우고자 결정했음을 알 수 있다. 또 일본인 모리타(守田利遠)가 쓴 『만주지지(滿洲地誌)』에 의하면, "강희 51년 오라총관 목극등이 '화하금탕고, 하산대려장'의 경계비를 세웠다"고 기록하고 있다. 이는 같은 날에 심시비(審視碑)를 세우는 외에 또 다른 비석을 세워 무산·혜산 사이 경계를 나눴음을 말해주며, 중외가 다 아는 일이다. 그렇지 않고서야 일본인이 지지(地誌)를 만들어 여러 가지 거짓말을 꾸며내어 우리 영토를 침범하고자 하는 때에, 정계에 대해서는 오히려 진실한 증거를 남길 수 있겠는가? 그 이후 백여년간 경계를 조사하는 사람이 없었으며, 간사한 백성들이 월경 개간하여 침월하고자 하였으니, 옛 비석은 기필코 그들에 의해 훼손되었을 것이다. 혹시 목 총관이 한민(韓民)들로 하여금 세우도록 하였지만, 한민들이 자신들에게 유리하지 않다고 여겨 겉으로 대답하고 뒤에 가서는 비석을 세우지 않았을지도 모른다. 그러나 비석을 세우는 일이 정해졌으나 세우지 않았거나, 또는 세웠으나

훼손된 것은 사실로 비추어 보아 확실하며, 또 역사책에 기록되어
있으므로 인멸될 수 없다.[30]

위 인용문과 같이, 오록정은 『길림통지』와 모리타의 『만주지지』에
근거하여 십자비가 1712년에 세워졌음을 주장하였다. 십자비의 행방
에 대해서는 두 가지 가능성을 제시하였으며, 1712년 세우기로 정했으
나 조선인들이 세우지 않았거나, 세웠던 것을 조선 월간민들에 의해
훼손당했다는 것이었다. 그가 모리타의 예를 든 것은 일본인의 기록을
통해 일본의 '간도'에 관한 주장을 반박하기 위해서였다.

그 다음해(1908년) 유건봉이 백두산을 답사한 후 지은 『장백산강강
지략(長白山江崗志略)』에서 십자비가 훼손되었음을 재차 서술하였다.
그 상세한 내용은 다음과 같았다.

『길림통지』에 의하면, 삼강구로부터 소백산에 이르기까지 경계비
가 무릇 열 개 있는데, '화하금탕고, 하산대려장'이라고 하였으며,
십자비라고 명명하고 거리 수를 상세히 적어 놓았다. 십자비는 목
총관이 세운 돌과 아무 상관이 없다.[31]

---

30) 吳祿貞, 『延吉邊務報告』, 74쪽.
今茂山惠山之間 雖不見當時界標之跡 然查吉林通志諸書 皆載有自三江口至小白山之
界碑 其碑凡十標 曰 華夏金湯固 河山帶礪長 記其距離里數甚悉 雖未載明爲穆克登所
立 而以當時查邊往來文件考之 則於此間必己商定設立碑識 自可斷定 且日人守田利遠
所著滿洲地志竝明言 康熙五十一年烏拉總管穆克登立有 華夏金湯固 河山帶礪長之界
碑等語 是當日於審視碑外 令立有碑 以劃明茂山惠山間之界 已爲中外所周知 不然彼
日人著此地志 造作種種讕言 正爲欲侵我領土張本 何獨於此次邊務 尙留此眞正實據也
此後百餘年來 更無人查視邊界 越墾奸民日謀侵越 舊時碑記久必爲彼等毀去 或穆總管
旣經商定委之韓員 韓員以不便於己 陽爲承諾 竟不立碑 亦未可知 然無論此碑定而未
立 或立而已毀 至其事實可征 史冊具在 則終不可磨滅也.
31) 劉建封, 『長白山江崗志略』, 368쪽.

이곳 화(華)·한(韓) 사냥꾼들이 말하기를, 30년 전에 포도산(葡萄山) 아래에 경계비가 있었고 또 성수거(聖水渠) 앞에 경계비가 있었는데, 한인(韓人)들에 의해 훼손되어 없어졌다고 한다. 이 두 곳의 비석을 조사해보았더니 십자비임이 틀림없었다.[32]

일본인 모리타(守田利遠)가 지은 『만주지지』에 기록하기를, 강희 51년 오라총관 목극등이 '화하금탕고, 하산대려장'이라는 경계비를 세웠다고 한다. 이는 무산·혜산 사이를 나누기 위한 것이며 중외가 다 아는 바이다. 그렇지 않고서야 일본인들이 한인들을 도와 경계를 헷갈리게 하기에도 부족한 데 어찌 십자비를 세웠다고 하겠는가? 이를 근거로 경계비가 어디에 있는지를 물을 경우, 한인(韓人)들이 알 것이고 일본인들도 모르지 않을 것이다.[33]

위와 같이 유건봉은 『길림통지』와 모리타의 『만주지지』를 들어 1712년에 백두산에 비석을 세우는 외에 두만강변에 십자비를 세웠음을 주장하였다. 이뿐만 아니라 사냥꾼들의 말을 빌어서 비석이 30년 전 포도산 아래 성수거 앞에 세워졌으나 조선인에 의해 훼손되었다고 주장하였다. 여기서 포도산이란 보다회산(포태산이라고도 함)을 가리

(圖們江)案 吉林通志載有 自三江口至小白山之界碑凡十 標曰 華夏金湯固 河山帶礪長 名爲十字界碑 記其距離里數 均甚詳明 是十字界碑 與穆總管所立之石 毫無干涉.

32) 劉建封, 『長白山江崗志略』, 369쪽.
案 該處華韓獵戶俱云 三十年前葡萄山下有一界碑 聖水渠前有一界碑 均被韓人所毁 後卽不見 査兩處之碑 其爲十字界碑無疑.

33) 劉建封, 『長白山江崗志略』, 369쪽.
案 日人守田利遠所著之滿洲地志有云 康熙五十一年烏喇總管穆克登 立有華夏金湯固 河山帶礪長之界碑 是當日劃明茂山惠山間之界 已爲中外所周知 否則日人方助韓人混 界之不暇 而安肯指名爲十字界碑也 執此而問界碑存亡 韓人知之 日人亦無不知之.

키며, 삼지연 근처에 있다. 성수거란 압록강 상류 이명수의 작은 지류를 가리킨다.[34] 즉 보다회산과 이명수 근처에 비석이 있었는데, 십자비 중의 하나라는 것이었다.

그러나 앞에서 보았던 감계대표 진영 등이 십자비를 세우고자 했던 위치를 살펴보면, 이 두 곳에 십자비가 존재할 리 만무하며 와전된 것임을 알 수 있다. 이 밖에 위 인용문에서 30년 전이라고 한 것은 1878년으로서 이 또한 근거가 부족하며, 십자비가 거론된 것은 1887년 제2차 감계 담판 이후였다.

앞의 오록정의 경우 정계비가 소백산 일대에서 이동된 것이라고 본 반면, 유건봉은 정계비의 합법성을 인정하지 않았으며 "목석(穆石)은 국경과 아무런 관계가 없다"고 주장하였다.[35] 그는 또한 "중한 간의 경계비(십자비를 가리킴 | 필자주)를 잃었노라! 포도산 아래에서. 경계를 조사한 목석을 보았노라! 장백산 남쪽에서."라고 감탄하였다.[36] 즉 십자비가 진정한 경계비였으나 조선인에 의해 훼손되었다는 것이다.

그렇다면 『길림통지』와 모리타의 『만주지지』에서 십자비를 어떻게 기록했는지 알아보기로 하자.

『길림통지』는 1891년(광서 17) 길림장군 장순(長順)에 의해 편찬되었다. 길림성 첫 지리지이며, 훈춘성(珲春城) 사지(四至)에 관한 내용에서 십자비를 다루고 있었다. 그 상세한 내용은 다음과 같았다.

34) 劉建封이 지은 『長白山江崗志略』의 삽도 『長白府區域詳圖』 참조(李澍田 주편, 『長白叢書』 初集 본에 삽도가 없으며, 국가도서관 소장본에 삽도가 있음).
35) 劉建封, 『長白山江崗志略』, 369쪽.
36) 劉建封, 『長白山江崗志略』, 379쪽.

훈춘성(琿春城) : 서남으로 두만강까지 180리이며, 두만강 박하천 합류처의 장자(長字)비까지 330리이다. 서쪽으로 려자(礪字)비까지 31리이고, 두만강 서두수 합류처 려자비까지 361리이다. 서쪽으로 대자(帶字)비까지 36리이고, 석을수와 홍단수 합류처 대자비까지 403리이다. 서쪽으로 산자(山字)비까지 23리이고, 장파 부교 남안 산자비까지 426리이다. 서쪽으로 하자(河字)비까지 88리이고, 석을수와 홍토수 합류처 하자비까지 514리이다. 서쪽으로 고자(固字)비까지 42리이고, 석을수 수원 고자비까지 546리이다. 서쪽으로 탕자(湯字)비까지 12리이고, 황화송전자 끝 골짜기 입구 탕자비까지 558리이다. 서쪽으로 금자(金字)비까지 5리이고, 황화송전자 두도구 입구 금자비까지 563리이다. 서쪽으로 하자(夏字)비까지 22리이고, 소백산 동록 골짜기 입구 하자비까지 585리이다. 서쪽으로 화자(華字)비까지 15리이고, 백두산 동남 소백산 꼭대기 화자비까지 600리이다. 이상 경계비의 두만강 남쪽이 조선경이다.[37)]

이상 『길림통지』에 기록된 십자비의 위치는 전술한 진영 등이 길림

---

37) 長順 등 편, 『吉林通志』 권17, 19~21쪽, 『續修四庫全書』 648, 史部·地理類, 제2책, 343~344쪽.
　　琿春城 西南到圖們江一百八十里 到圖們江朴水匯流處長字界牌三百三十里 西距礪字界牌三十一里 到圖們江西豆水匯流處礪字界牌三百六十一里 西距帶字界牌三十六里 到石乙及紅丹二水匯流處帶字界牌四百有三里 西距山字界牌二十三里 到長坡浮橋南岸山字界牌四百二十六里 西距河字界牌八十八里 到石乙及紅土二水匯流處河字界牌五百一十四里 西距固字界牌四十二里 到石乙水河源固字界牌五百四十六里 西距湯字界牌十二里 到黃花松甸子盡處溝口湯字界牌五百五十八里 西距金字界牌五里 到黃花松甸子頭道溝口金字界牌五百六十三里 西距夏字界牌二十二里 到小白山東麓溝口夏字界牌五百八十五里 西距華字界牌十五里 到長白山東南小白山頂華字界牌六百里 以上界牌之圖們江南俱朝鮮界.
38) 『길림통지』에 삽도 두 개가 있는데, 하나가 『吉林舊界全圖』이고 다른 하나가 『吉林新界全圖』이다. 비록 '훈춘성(琿春城)' 4지(至)에 십자비 위치와 거리가

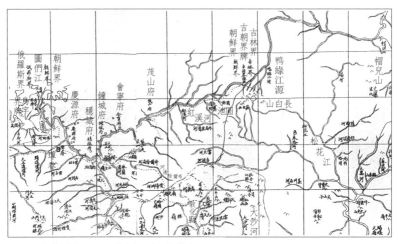

〈그림 20〉『吉林新界全圖』(『길림통지』삽도)38)

장군에 올린 보고서의 위치와 똑같다. 이로써 『길림통지』 기록이 진영
등의 보고서를 참고했음을 알 수 있다. 여하튼 조선측 반대로 십자비
는 설립되지 못했으며, 『길림통지』에 기록된 십자비의 위치도 실존한
것이 아니라 계획에 불과하였다. 그럼에도 불구하고 『길림통지』의
앞 기록은 후세에 십자비가 두만강 연안에 세워진 듯이 착각하게
만들었다.

다시 1906년 일본 육군 중좌 모리타가 편찬한 『만주지지』로 돌아가
보자. 모리타는 이 책에서 십자비에 대해 다음과 같이 기술하였다.
"지금의 경계선은 강희 51년 오라총관 목극등이 정한 것으로서, 두만
강 북안에 '화하금탕고 하산대려장'이라는 열 글자의 경계비가 있다."39)
즉 목극등이 두만강 북안에 십자비를 세웠다는 것이었다. 앞에서 보았

나와 있으나, 두 지도에는 십자비를 표기하지 않았다. 그림 20(『吉林新界全圖』)
에 표기된 '吉朝界牌'란 목극등이 세운 정계비를 가리킨다.
39) 守田利遠 편, 『滿洲地誌』 하권, 丸善株式會社, 1907년 재판, 472쪽.

던 오록정과 유건봉이 이 기록을 이용하여 1712년 두만강을 확정했다는 증거로 삼았다. 그러나 이른바 목극등이 두만강 북안에 십자비를 세웠다는 것은 사실과 맞지 않았다.

그럼에도 불구하고 십자비가 두만강 연안에 세워졌다는 말이 자주 나타나게 되었다. 예컨대 1908년 송교인(宋敎仁)이 지은『간도문제』라는 저서에서 "청 광서 14년(1888) 두만강 연안에 경계비 10개(즉'화하금탕고 하산대려장'의 경계비)를 세웠다"고 기록하였다.[40] 즉 제2차 감계 이후 두만강 연안에 십자비를 세웠다는 것이었다.

1911년 동삼성 총독 서세창이 주편한『동삼성정략(東三省政略)』에는 다음과 같이 기술하였다. "길림과 한국의 경계는 단지 강희 51년 5월 오라총관 목극등이 두만강 북안에 세운 십자비(화하금탕고 하산대려장)을 근거로 한다."[41] 즉 목극등이 백두산정계 시 두만강 북안에 십자비를 세웠다는 것이었다.

1933년 왕운생(王芸生)이 편찬한『60년래 중국과 일본(六十年來中國與日本)』이라는 책에서 "광서 13년(1887 | 필자주) 중한 양국이 재차 감계를 행하였으며, 중국은 석을수를 두만강 정원으로 양보하였으며, 홍단수 입구에 비석 열 개를 만들어 '화하금탕고, 하산대려장'이라는 열 글자를 조각하여 경계비 원래 자리에 각각 세웠으며 모두 증거가 확실하다."는 것이었다.[42]

이처럼 십자비가 세워졌으나 누구에 의해 훼손되었다는 설이 돌게

---

40) 宋敎仁,『間島問題』(1907년), 李澍田 主편,『長白叢書』初集, 吉林文史出版社, 1986년, 272쪽.

41) 徐世昌 등 편,『東三省政略』(상) 권1, 邊務·長臨附件, 李澍田 主편,『長白叢書』3集, 吉林文史出版社, 1989년, 264쪽.

42) 王芸生 편,『六十年來中國與日本』(1932년), 生活·讀書·新知三聯書店, 2005년판, 97~98쪽.

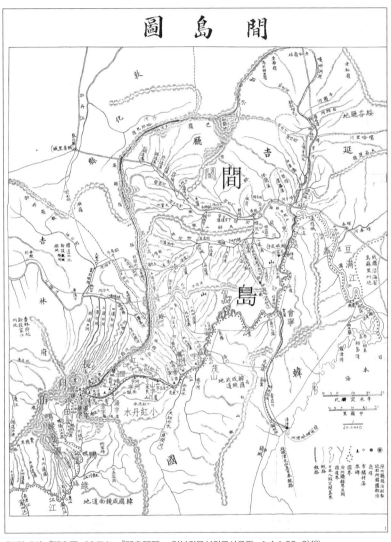

〈그림 21〉『間島圖』(宋教仁, 『間島問題』, 일본외무성외교사료관, 1.4.1.33-2)[43]

---

43) 일본 외무성 외교사료관에 소장된 『간도도』(그림 21, 14133-2)는 송교인의

된 것은 1907년 일본이 간도지역으로 확장하기 시작한 것과 관련되며, 중국의 애국인사들이 일본의 간도 영토귀속에 대한 왜곡을 반격하는 과정에서, 특히 두만강 경계를 강조하는 과정에서, 중국측이 설치하려다가 실행에 옮기지 못한 것을 사실화하였다.

중국측 인사들은 1712년 또는 1887년에 두만강을 따라 십자비를 세웠다고 기록하였을 뿐만 아니라, 지도에 십자비를 표기하기도 하였다. 송교인의 경우 1909년 중일 '간도협약'의 부도인 '간도도(圖)'에 소백산·석을수를 따라 십자비를 표기해 놓았다(그림 21 참조).[44] 그럼에도 불구하고 십자비는 실존하는 것이 아니었다. 이는 애국인사들의 두만강 국경을 고수하고자 하는 결심과 의지를 보여주는 것이었다.

3. 맺는말

1887년 제2차 감계 이후 중국측 대표 진영 등이 소백산·석을수를 따라 경계를 나누고자 십자비를 세울 것을 제기하였다. 그러나 조선측 반대에 부딪쳐 실행에 옮겨지지 못하였다. 1888년 2·3월과 7월에 중국측이 여러 차례 이중하를 파견하여 십자비를 세울 것을 제안하였으나 조선측의 반대로 실패하였다. 십자비 수립을 둘러싼 양측 교섭이 이로써 끝났다.

1902~1904년 대한제국 정부가 러시아가 동삼성 지역을 점령한 기회

저서 『간도문제』의 삽도로서, 소백산으로부터 석을수를 따라 박하천에 이르기까지 '華夏金湯固, 河山帶礪長'의 십자비를 표기해 놓았다.

44) 1909년 중일 『간도협약』에는 중한 양국이 두만강을 경계로 하며, 강원 지방은 정계비로부터 석을수로서 경계를 나눈다고 규정하였다.

를 타서, 이범윤을 '북간도관리사'로 파견하였으며, 조선 월간민의 힘을 빌어서 두만강 이북 지역을 조선의 관할에 넣고자 하였다. 이에 대해 중국측은 길강군(吉強軍)을 파견하여 강변을 숙청함과 동시에 조선측과 재차 공동감계를 실시하고자 하였다. 1904년 청조의 주조선 공사 허태신이 조선 외부에 두 차례나 조회를 보내 공동 감계를 제안하기에 이르렀다. 이에 대하여 주북경 일본공사 우치다가 저지하였으며, 러일전쟁이 끝난 후에 다시 국경 문제를 담판할 것을 건의하였다. 이로 인하여 중한 간의 제3차 감계 담판이 이루어지지 못하였으며 십자비도 설립되지 못하였다.

그럼에도 불구하고 십자비가 파괴되었다는 이른바 '훼비설'이 나오게 된 것은 1907년 일본이 '간도문제'를 도발하여 두만강 이북 간도지역으로 침투하고자 한 것과 관련된다. 같은 해 길림변무방판 오록정이 동삼성 총독 서세창의 명으로 국경지역을 답사할 때 처음으로 '훼비설'을 내놓았다. 이듬해 서세창의 명으로 백두산을 답사하였던 유건봉도 훼비설을 따랐다. 이들 두 사람이 두만강 연안에 십자비가 세워졌다는 근거는 『길림통지』의 관련 기록과 일본인 모리타의 『만주지지』의 기록이었다. 즉 1712년 목극등이 천지 동남록에 비석(정계비를 가리킴)를 세웠을 뿐만 아니라, 두만강 연안에 십자비를 세웠다는 것이었다. 그러나 십자비에 관한 내용은 백두산정계 사실과 어긋나며 훼비설도 성립되지 않았다.

한편 1907년 두만강 연안을 답사한 일본인 스즈키에 의하면, 홍단수 입구에서 15개 문자가 없는 비석을 보았다고 한다. 이는 1887년 제2차 감계 시 이중하가 『정해장계』에서 기록한 내용과 똑 같다. 그러므로 이때까지(1907년) 중국측에서 세우고자 했던 십자비가 설립되지 않았음을 말해준다.

요컨대 십자비의 수립과 훼비설은 중국측 애국인사들이 일본의 간도 영토귀속에 대한 왜곡을 반대하는 과정에서 특히 중한 양국이 두만강을 경계로 함을 강조하는 과정에서 제기한 것이며, 중국측이 설립하고자 했으나 실행에 옮기지 못한 것을 사실화하였다. 한발 더 나아가 이른바 훼비설을 제기하였으나 역시 사실이 아니었다.

제3편

'간도문제' 연구

1905~1909년 일본의
간도 영토귀속문제 조사의 내막

머리말

20세기 초 일본이 도발한 간도문제는 두 가지 측면이 포함되었다. 즉 간도 영토귀속권 문제와 간도지역 조선인 재판권 문제이다.[1] '간도' 란 1880년대 조선인들이 두만강을 넘어가 땅을 개간하면서 생겨난 명칭으로서 주로 오늘날 길림성 연변조선족자치주 일부분을 포함한다. 이 글에서 다루고자 한 간도 영토귀속문제란 두만강 이북 지역이 중국에 속하는지 아니면 조선에 속하는지에 관한 문제이다.

간도문제에 관한 기초자료인 『일본외교문서』·『통감부문서』 및 일본 외무성 외교사료관에 보관된 지도 자료 등을 통하여, 러일전쟁 이후 일본이 실지답사와 문헌연구를 통하여 간도의 가정 범위를 정하고 간도 귀속문제를 밝히며 아울러 청에 대한 담판책략을 모색하는 과정에 대해 살펴보고자 한다. 이로써 일본이 한중 간의 국경분쟁을

---

[1] 간도 조선인 재판권 문제에 관해서는 李盛煥, 『近代東アジアの政治力學－間島を めぐる日中朝關係の史的展開』, 錦正社, 1991년, 95~170쪽 ; 姜龍範, 『近代中朝日三 國對間島朝鮮人的政策研究』, 黑龍江民族出版社, 2000년 ; 白榮勛, 『東アジア政治· 外交史硏究－'間島協約'と裁判管轄權』, 大阪經濟法科大學出版部, 2005년 등이 있다.

이용하여 중국 동삼성 지역에 대한 이권을 확장하고자 했던 침략 본질을 밝히고자 한다.

1. 간도의 가정(假定) 범위 설정과 백두산 실지답사

러일전쟁 이후 일본이 두만강 이북 조선 개간민에 대한 관심이 증대되면서 간도 지리 범위를 조사하게 되었다. 간도란 고유 명사가 아니라 1870~1880년대 조선 변민들이 두만강 이북에 넘어가 땅을 개간하면서 생겨난 이름이었다.

처음에는 두만강이 종성·온성 사이를 흘러지나가 생긴 모래섬을 가리키는 말로서 간도(墾島)라고도 쓰였다. 개간한 섬이라는 뜻이다. 그 이후 조선 변경민들이 점차 두만강 이북에 넘어가 땅을 개간하면서 강 이북 지역을 통털어 간도라고 불렀다. 간도 범위가 명확하지 않았기에 어떤 이는 해란강 이남이 간도라고 하고 또 어떤 이는 부르하통하 이남이나 송화강 이남이 간도라고 하였다.

간도 범위와 귀속문제에 대한 조사에 처음 착수한 것이 조선에 주둔하고 있던 일본군이었다. 1905년 11월 주조선군 사령관 하세가와 요시미치(長谷川好道)가 육군 참모본부에 '간도경계조사자료'라는 보고서를 올렸다.[2] 이 보고서는 짤막한 글로서 주로 함경도 관찰사 조존우(1897년)와 경원군수 박일헌(1899년)의 조사기를 수록하였다. 그 상세한 내용은 다음과 같았다.

---

2) 『間島境界調査材料』(1905년 11월), 日本防衛省防衛研究所 소장, 陸軍省 - 日露戰役-M37-6-127, 1424~1431(인터넷 アジア歷史資料センター, レファレンスコード: C06040131500).

첫째로 1712년 백두산정계에 대하여, 조청 양국은 백두산에 관원을 파견하여 분수령에 비를 세웠으며, 서쪽으로 압록강, 동쪽으로 토문강을 경계로 정하였다. 토문강이란 정계비 동쪽에 있는 골짜기(흑석구)가 대각봉에 이르러 흙벽이 마주하고 있는 것이 마치 문과 같다하여 붙여진 이름이며, 석퇴 20리 토퇴 70리가 설치되어 180여 개 되며, 그 위에 아름드리나무가 자라 있다. 또 토석퇴가 끝나는 곳에 이르러서는 계곡 물이 흘러 삼포(杉浦)를 이루며, 삼포 물이 송화강에 흘러들어간다는 것이었다. 또한 두만강은 장산령 못에서 발원하며, 분수령 입비처까지 90리라는 것이었다.[3]

이상의 내용은 이른바 토문·두만 2강설을 주장한 것이다. 즉 다시 말하여 1712년 정계 시 토문강(송화강 상류)을 경계로 정하였고 두만강을 정하지 않았으며, 조선 변민들이 개간한 토문이남 두만이북의 간도가 조선에 속한다는 것이었다.

둘째로 조선 사람들의 이주 범위에 대하여, "무산 동쪽으로부터 온성에 이르기까지 600리, 길이 백리에서 수십 리, 너비 50~60리 또는 20~30리에 이르며, 한인(韓人) 이주자 수만 호가 청인(淸人)의 압제를 받고 있으며, 청인은 한인의 1%도 안 된다."는 것이었다.[4] 이것이 조선 유민들이 두만강 이북에서의 개간 범위 즉 간도 지리 범위였다.

다시 보고서에 첨부된 지도(그림 22)를 살펴볼 경우, 간도가 분계강(分界江)과 두만강 사이에 놓여 있었다. 분계강이란 부르하통하를 가리켰다.[5] 즉 간도가 부르하통하와 두만강 사이에 놓여 있다는 것이었다.

---

3) 『間島境界調査材料』, 陸軍省－日露戰役－M37-6-127, 1426~1429.

4) 『間島境界調査材料』, 陸軍省－日露戰役－M37-6-127, 1428.

5) 조선의 고지도에는 두만강 지류 해란강·부르하통하를 분계강(分界江)으로 표기하였다. 이는 잘못된 지리인식에 속하며, 1712년 백두산정계와 관련이 있다. 즉 목극등이 정했다는 남쪽으로 흐르는 물이 두만강 정원이 아니며, 천지에서

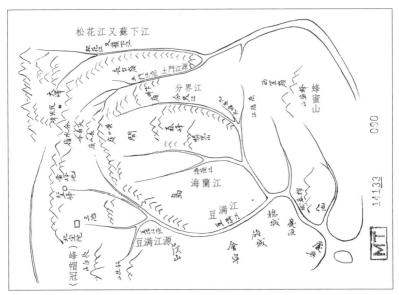

〈그림 22〉 간도범위도(『間島境界調査材料』삽도, 1905년)

　　그 다음해(1906년) 3월 주조선 일본군이 재차 보고서를 올렸는데
『간도에 관한 조사 개요』였다. 이 보고서는 기존 문헌을 참고했을
뿐만 아니라 일본군이 간도에 잠입하여 정보를 수집한 것을 첨부하여
내용 면에서 더 풍부해졌다. 간도 명칭의 유래, 간도 범위·지세·생산,
청인과 한인의 거주 상황, 청국인의 통치, 한국의 간도에 대한 정치,
국경문제의 유래 및 1885·1887년 감계 담판, 간도의 국방 가치 등을
서술하였다. 그리고 백두산정계비 비문의 초본(抄本)과 간도 범위도

　　발원하여 동류하는 물이야말로 두만강 정원이라고 인식하였다. 한편 해란강이
　　나 부르하통하가 서에서 동으로 흐르기 때문에 두만강 정원이라고 보았고
　　지도상에 분계강을 표기해 놓았다. 특히 1880년대에 이르러 조선 북도 변민들
　　이 두만강 이북에 넘어가 땅을 개간하고 안착하면서 분계강(해란강·부르하통
　　하를 가리킴)이남이 간도라고 칭하게 되었다(조선의 토문강·분계강 인식에
　　대해서는 이화자, 『한중국경사 연구』 제2장 1절 참조).

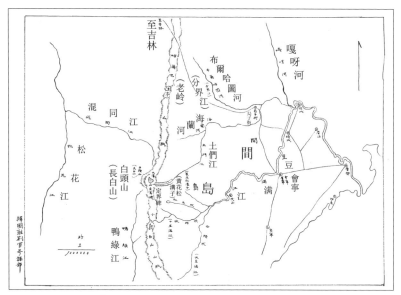

〈그림 23〉 간도범위도 (『間島ニ關スル調査槪要』삽도, 1906년)

(그림 23)를 첨부하였다.6)

보고서에 기술된 간도 범위를 살펴보면, 해란강과 두만강 사이였다. 즉 "백두산에서 시작하여 토문강을 따라 해란하의 합류점에 이르고, 다시 해란하를 따라 부르하통하의 합류점에 이르며, 여기서부터 북쪽 부르하통하를 따라 두만강에 이른다."7)고 하였다.

여기서 토문강이란 해란하 상류를 가리키며(그림 23 참조) 송화강 상류를 가리키지 않았다. 이는 주조선 일본군의 정계비 비문의 이른바 "동위토문"에 대한 인식과 관계된다. 즉 "한국인들이 전하는 말과 기록

---

6) 『間島ニ關スル調査槪要』(1906년 3월), 日本外務省外交史料館 소장, 『間島ノ版図ニ關シ淸韓兩國紛議一件』, 제1권(인터넷 アジア歷史資料センター, レファレンスコード: B03041192800,REELNo.1-0350/0444-0454).

7) 『間島ニ關スル調査槪要』, 『間島ノ版図ニ關シ淸韓兩國紛議一件』, 제1권(REEL No.1-0350/0445).

에 의하면, 토문강이 백두산에서 발원하여 동쪽으로 흐르고 또 북쪽으로 흘러 송화강에 흘러들어간다고 한다. 만약 이것을 토문강이라고 한다면 한국 영역이 매우 광대해지며 오늘날 러시아·청 영토가 모두 한국 영역이 된다. 그러나 이는 필경 한국인들의 특유한 구실일 뿐이다."[8]고 송화강 설을 부정하였다. 즉 다시 말하여 러시아와 청의 영토 현실로 보아 '토문강=송화강 상류'가 경계로 될 수 없다는 것이었다.

보고서에서 가장 두드러진 것은 간도의 국방 가치를 강조한 내용이다. 1) 간도는 길림에서 조선 함북으로 통하는 요충지에 있으며 물자가 풍부하다. 만약 적들이 간도를 점할 경우 직접 그곳에서 식량을 해결할 수 있는 편리를 얻게 되지만, 함북은 무인지역이어서 멀리 후방의 물자에 의지해야 한다. 2) 회령 대안에 있는 간도의 지세가 높으며 이 고지를 먼저 점할 경우 적에게 회령 평지를 내주는 것과 같다. 3) 만약 일본이 진공의 세를 갖추어 함북에서 길림으로 진군하려 할 경우 반드시 간도를 먼저 점해야 하며 그렇지 않고서는 목적을 이룰 수 없다. 이 때문에 간도가 청과 한국 어느 쪽에 속하는가 하는 것은 한국의 국토 방어에 있어서 매우 중요하다.[9]

이상의 보고서는 일본이 그 이듬해(1907년) 용정촌에 '통감부임시간도파출소'를 세우는 데 추진 역할을 하였다. 즉 조선에 대한 식민통치를 강화하고 만주 지역으로 확장하기 위한 거점으로 삼으며, 러시아를 견제하기 위한 전초 기지로서 간도를 경영할 필요가 제기되었다.

1907년에는 통감부간도파출소를 세우기 위한 조사가 이루어졌다.

---

8) 『間島ニ關スル調査槪要』, 『間島ノ版図ニ關シ淸韓兩國紛議一件』 제1권(REEL No.1-0350/0445).

9) 『間島ニ關スル調査槪要』, 『間島ノ版図ニ關シ淸韓兩國紛議一件』, 제1권(REEL No.1-0350/0451).

같은 해 3월 참모본부로부터 '동경제1지형측도반(測圖班)'이 두만강 상류 지역에 파견되어 측량을 실시하였다. 이 측도반은 네 팀으로 나누어 무산·회령·종성·온성 등지에서 측량을 실시하였으며, 5만분의 1 '간도국자가표면략측도(間島局子街表面略測圖)'를 그리고자 하였다. 이는 참모본부에서 실시하고 있던 외방측량 계획의 일부였다.[10]

이와 동시에 같은 해 4월 7~20일 일본 육군 중좌 사이토 스에지로(齋藤季治郎)와 촉탁 시노다 지사쿠(篠田治策)가 통감부의 명을 받고 두만강 이북 지역에 잠입하여 정보를 수집하였다. 그 목적인즉 이곳의 일반상황과 통감부파출소를 세울 위치를 물색하기 위해서였다.

이들은 회령에서 강을 건너 강 이북의 동성용·국자가(연길)·동불사·천보산·두도구·육도구(용정촌)을 경유하여 종성으로 돌아왔다. 2주 동안에 조선 개간민들이 집거하고 있던 해란강·부르하통하 유역을 조사하였으며, 해란강이 흘러지나가는 육도구(용정촌)에 간도파출소를 세울 것을 건의하였다.[11]

같은 해 8월 19일 일본은 정식으로 '통감부임시간도파출소'를 용정촌에 세웠다. 같은 날 북경 주재 일본공사가 청 외무부에 조회를 보내어, "간도가 중국 영토인지 한국 영토인지 아직 해결되지 못했습니다. 그곳의 한민(韓民)이 10여만이 되지만 마적과 무뢰배들의 능욕과 학대를 받고 있습니다. 이에 통감부에서 인원을 간도에 파견하여 보호하고자 함으로 속히 이곳의 중국 관원에게 전문을 보내어 오회를 없애도록 하기 바랍니다."고 하였다.[12]

---

10) 『外邦測量沿革史』 '草稿제2編前·明治40年度, 日本防衛省防衛硏究所 소장, 支那―兵要地志―129(인터넷 アジア歷史資料センター, レファレンスコード : C13110088 900, 0537).

11) 篠田治策, 『統監府臨時間島派出所紀要』, 47쪽.

12) 『日本外交文書』 40권 2책, 「間島問題一件」, 巖南堂書店, 1993년, 91~93쪽.

이에 대하여 8월 24일 청 외무부가 조회를 통하여, "이곳은 연길청에 속하며 확실히 중국 영토입니다." "조청 국경을 살펴보면 도문강(두만 강임 | 필자주)을 천연 계한으로 삼으며 간도 명칭이 없습니다." 일본 "조회문에 이른바 통감부에서 인원을 파견한다는 데 대해 중국은 절대 허락할 수 없습니다."라고 강하게 항의하였다.[13] 이로써 중일 간에 '간도문제'를 둘러싼 외교교섭이 시작되었다.

일본측은 간도파출소를 세움과 동시에 백두산정계 결과인 정계비 와 흑석구에 대한 조사를 실시하였다. 같은 해 9월 5일 참모본부로부 터 두 명의 측량수(測量手) 오소네 세이지(大曾根誠二)와 나카하라 사 조(中原佐藏)를 백두산에 파견하였다. 이 두 사람은 간도파출소의 스즈 키 신타로(鈴木信太郞)와 함께 떠났으며, 두만강을 거슬러 올라갔다. 중도에서 스즈키가 몸이 불편하여 무산에 머물러 있었고 다른 두 사람이 백두산에 이르렀다.

일행의 행진 노선을 보면, 두만강을 거슬러 발원지와 원지(圓池) 근처에 이르렀고, 천지 동남쪽에 있는 입비처를 본 후 천지에 올랐다. 천지에서 내려온 후 정계비 동쪽 골짜기(흑석구·황화송구자. 조선에 서 일컫는 토문강)를 따라갔으며, 동남 언덕에서 석퇴(돌무지)를 발견 하였다. 계속 골짜기를 따라 내려가 송화강 상류 소사하(小沙河) 입구 에 이르렀다. 이어 두만강 상류 홍기하를 따라 내려와 홍기하와 두만 강 합류처에 이르렀고, 계속 두만강 본류를 따라 10월 2일 용정촌에 돌아갔다(그림 24·25 참조).[14] 답사를 마친 후 두 측량수가 두 폭의 지도를 그렸는데, 하나가 5만분의 1 '백두산-소사하 노선도(自白頭山

---

13) 『日本外交文書』 40권 2책, 「間島問題一件」, 91~93쪽.

14) 篠田治策, 『統監府臨時間島派出所紀要』, 89~91쪽 ; 『통감부문서』 2, 「간도문제에 관한 서류 1-3」, 국사편찬위원회, 1998년, 349·356·369쪽.

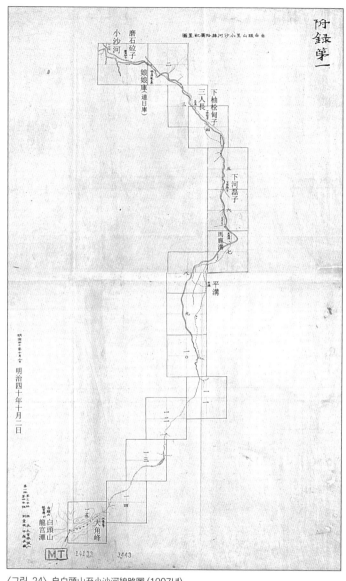

〈그림 24〉 自白頭山至小沙河線路圖 (1907년)

至小沙河線路圖)'(그림 24)이고, 다른 하나가 40만분의 1 '백두산부근선

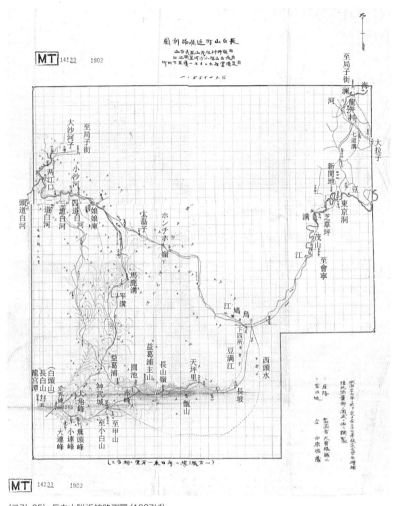

〈그림 25〉 長白山附近線路測圖(1907년)

로측도(長白山附近線路測圖)'(그림 25)였다. 이 밖에 정계비의 탁본과
사진을 남겼다.[15] 이상의 자료는 10월 18일 통감부를 거처 외무성에

---

15) 篠田治策, 『統監府臨時間島派出所紀要』, 90쪽.

전달되었으며, 간도정책과 청에 대한 담판책략을 결정하는 데 중요한 역할을 하였다.16)

이들의 실지답사 결과는 다음과 같았다. 즉 "정계비로부터 동쪽으로 하나의 골짜기(흑석구임 | 필자주)가 있는데 동북으로 뻗어나가며 토문강 본류이다." 그 동남안에 석퇴가 설치되어 있으며 길이 7㎞(5㎞라고도 함 | 필자주)이다.17) 석퇴의 끝에 이르러서는 양쪽 기슭의 절벽 깊이가 100m 되며, 높이 솟아 있는 것이 마치 문과 같다하여 토문이라 하였다. 석퇴 끝으로부터 골짜기가 하천 모양을 띠고 삼림 속에서 동북으로 16㎞(4일본리라고 기록함. 1일본리=3.927㎞임 | 필자주) 뻗어 나가며, 또 북으로 1㎞ 모래하천이 있다. 그 아래로 12㎞(3일본리=12㎞ | 필자주) 작은 하천이 있으며, 송화강 상류 이도백하와 합쳐 소사하(小沙河)에 이른다. 길 안내자의 말에 의하면 삼림 속에 24㎞(6일본리=24㎞ | 필자주)의 토퇴(돌무지)가 있다고 하지만 보지 못했다는 것이었다.18)

여하튼 일행은 흑석구를 따라 수십㎞ 내려가 송화강 상류 소사하에 이르렀다. 이로써 정계비와 동쪽의 토석퇴가 송화강에 이어졌음을 확인한 셈이다. 다시 말해, 정계비와 연결된 실제 수원이 두만강이 아니라 송화강임을 확인한 셈이다. 이는 이른바 토문·두만 2강설의 기초가 되었다. 그 이후 일본측은 2강설을 이용하여 중국측의 두만강

---

16) 『통감부문서』 2, 「간도문제에 관한 서류 1-3」, 415쪽.

17) 『통감부문서』 2(369쪽)에 의하면, 석퇴가 정계비로부터 5㎞ 연장되었다고 기록하였다. 그러나 『統監府臨時間島派出所紀要』에는 7㎞라고 기록하였다. 북한 학자 황철산(黃鐵山)의 1948년 답사에 의하면, 골짜기 동남안에 석퇴가 106개 있으며, 첫 번째 석퇴로부터 마지막 석퇴까지 5,391m라고 기록하였다(『NewsMaker』 611호, 2005년 2월 15일 참조).

18) 篠田治策, 『統監府臨時間島派出所紀要』, 90·91쪽 ; 『통감부문서』 2, 「간도문제에 관한 서류 1-3」, 369쪽.

경계론을 반박하였다.[19]

그러나 위 조사결과에는 두 가지 문제점이 제기된다. 첫째로 정계비 동쪽 골짜기 즉 흑석구가 과연 송화강 상류에 이어졌는가 하는 문제이다. 필자의 실지답사와 연구에 따르면 흑석구 하류 모래하천에 이르러 골짜기가 자취를 감추며 송화강에 연결되지 않았다.

흑석구 하류의 실제 상황은 다음과 같았다. 먼저 동남안에 있던 토퇴가 사라지고 이어 골짜기가 수백m 앞으로 나가다가 자취를 감추며, 그 아래에서 모랫길이 연장되다가 황화송전자(풀밭)를 500m 앞에 두고 완전히 사라졌다. 즉 다시 말하여 (여름 장마철) 골짜기에서 흐르던 물이 땅속에 스며들어 없어지며, 지표상의 물이 송화강에 흘러들지 않았다. 그 북쪽에 망망한 원시림이 분포되어 있으며, 원시림과 황화송전자를 건너뛰어야 송화강 상류 지류가 발원하였다.[20] 이뿐만 아니라 흑석구는 여름에 짧은 기간에 물이 흐를 뿐 대부분 시간 마른 골짜기로 존재하였다. 이 점에 대해서는 1887년 이중하 역시 "이른바 송화강 수원이란 건천(乾川)일 뿐 물이 전혀 없습니다."라고 증언하였다.[21]

둘째로 골짜기 동남안에 설치된 토퇴를 보지 못한 데 따른 의문이다. 실지답사를 할 경우 석퇴 아래에 십여㎞ 연장되는 토퇴를 못 볼 리 없지만 측량수가 보지 못했다고 한다. 그 이유를 알 수 없다. 혹시 토퇴가 끝나는 곳에 이르러 송화강에 닿지 않기에 그 존재를 숨기고자

---

19) 『日本外交文書』 41권 1책, 「間島問題一件」, 463, 455~457쪽.

20) 이화자, 「중국 북한 국경 답사기 : 백두산 토퇴군의 새로운 발견」, 『문화역사지리』 제24권 제3호, 2012년 ; 이화자, 「백두산 정계의 표식물 : 흑석구의 토석퇴에 대한 새로운 고찰」, 『동방학지』 제162집, 2013년 6월 참조.

21) 이중하, 『감계사교섭보고서』, 1887년, 마이크로필름 10쪽.
所謂松花之源 只是乾川 元無點水.

한 것이 아닌지 생각된다.

이처럼 일본 측량수가 흑석구에 대해 조사·측량하였을 뿐만 아니라, 천지 동남쪽에 있는 정계비터에 대해서도 조사·측량하였다. 그리하여 정계비 높이가 2척이 넘고 너비가 1척이 넘으며, 위치가 "백두산 꼭대기 호수 동남 기슭 1리(약 4㎞)여에 있으며, 압록·토문 양강 수원 사이에 끼여 있다고 보고하였다. 또한 정계비가 동남쪽으로 경사진 평탄한 안부(鞍部)에 있으며, 비석 정면이 남쪽으로 향하여 서북으로부터 30도 방향이 된다고 하였다. 또한 입비처로부터 서쪽 압록강 수원 절벽까지 약 3정(町, 1정=109m)이고, 동쪽 토문강까지 약 5~6정(545~654m)이다."라고 기록하였다. 즉 입비처가 천지 동남쪽 약 4㎞에 있으며, 서쪽 300여m에 압록강 수원이 있고, 동쪽 500여m에 토문강 즉 흑석구가 있다는 것이었다.[22]

이상의 조사결과를 볼 때, 흑석구가 송화강에 연결되었다는 부분만 빼면, 조사 수치의 정확도가 상당히 높다고 하겠다. 특히 조사의 성과물인 5만분의 1 등고선지도(그림 24)가 흑석구에 관한 가장 세밀한 지도였다.

이상 흑석구에 관한 기록을 통하여, 실제 길이를 알아볼 수 있다. 석퇴 길이가 7㎞(5㎞라고도 함)이며, 여기다가 삼림 속에서 연장하는 골짜기 길이 16㎞(실은 토퇴가 분포됨)를 더할 경우, 총 길이가 23㎞(혹은 21㎞)이다. 이는 필자의 연구·답사 수치와도 비슷하다.[23] 여기서 앞으로 더 나갈 경우 약 1㎞ 모래하천이 있으며 삼포(杉浦)라고 부른다

---

22) 篠田治策, 『統監府臨時間島派出所紀要』, 10~11쪽.

23) 이화자, 「중국 북한 국경 답사기 : 백두산 토퇴군의 새로운 발견」, 『문화역사지리』 제24권 제3호, 2012년 ; 이화자, 「백두산 정계의 표식물 : 흑석구의 토석퇴에 대한 새로운 고찰」, 『동방학지』 제162집, 2013년 6월.

고 하였다. 여기가 흑석구 하류에 속하며 실은 골짜기가 자취를 감췄다. 계속 앞으로 나갈 경우 12㎞ 작은 하천이 있다고 하였지만, 흑석구와 연결되지 않았다. 중간에 삼림과 황화송전자가 분포되어 가로 막았다. 즉 다시 말하여 흑석구와 송화강 상류 사이가 연결되지 않고 끊어졌다. 그럼에도 불구하고 보고서에 모래하천과 작은 하천 사이를 모호하게 서술함으로써 둘 사이가 이어지듯이 착각하게 만들었다(그림 24 참조). 이는 1883년 어윤중이 김우식 등으로 하여금 답사한 후 토문강이 송화강 상류라고 보고한 것과 동일한 수법이었다.[24] 토문·두만 2강설을 주장하기 위해서였다.

2. 나카이 기타로와 나이토 고난의 간도문제에 대한 문헌연구

러일전쟁 이후 일본은 간도문제에 대한 문헌연구에 착수하였다. 나카이 기타로(中井喜太郎)가 통감부 촉탁에 임명되었고, 나이토 고난(內藤湖南)이 참모본부·외무성 촉탁에 임명되어 문헌자료를 통하여 간도 범위와 영토귀속문제를 연구하게 되었다.

나카이 기타로는 '요미우리신문'의 총편과 주필을 맡았다. 1902년 '조선협회' 간사로 조선에 가서 '대러동지회'에 참석하였으며 주전론을 폈던 인물이다. 1905년 5월 러일전쟁이 끝난 직후 러시아인들이 간도에서 철수하기도 전에 그는 주조선 일본군 조사원들과 함께 간도에 잠입하여 정보를 수집하였다.[25]

---

24) 이른바 흑석구가 송화강에 연결되었다고 보는 것은 북도경략사 어윤중이 1883년 김우식 등을 파견하여 답사한 후 제기한 것이다. 그 이후 1885·1877년 감계 때 조청 양국 대표들은 이 착오를 수정할 겨를이 전혀 없었다.

그는 또한 서울에서 한국측 자료를 조사하기도 하였다. 예컨대 백두산정계에 관해서는 홍세태의 『백두산기』, 『숙종실록』의 관련 기술, 『동문휘고』의 설책(設柵)에 관한 자문, 『북여요선』(김노규 편) 중의 이의복의 기사, 숙종의 '백두산시' 등을 참고하여 연구를 진행하였다. 1885·1887년 감계 담판에 관해서는 이중하의 장계, 양측 왕복 서류와 담판 기록인 『복감도문계지담록공문절략(覆勘圖們界址談錄公文節略)』 등을 참고하였다. 1902~1904년 이범윤(李範允)의 두만강 이북에서의 활동에 관해서는 양측 교섭 문서와 이범윤의 보고서 등을 참고하였다. 이를 기초로 하여 1907년 9월에 『간도문제의 연혁』이라는 보고서를 작성하여 통감부에 올렸으며, 11월에 외무성에 전달되었다.[26]

나카이 기타로의 『간도문제의 연혁』은 세 부분으로 나뉘며 즉 정계사(목극등을 가리킴)·감계사(이중하를 가리킴)·시찰사(이범윤을 가리킴)였다. 그 상세한 내용을 살펴보면, 첫째로 백두산정계에 관하여, 청사 목극등이 백두산에 정계비를 세우고 두만강을 따라 무산에 이르렀으며 회령·경원에 도착하여 두만강 입해구(入海口)를 본 후, 경원에서 훈춘에 넘어가 북경으로 돌아갔다. 그러므로 목극등이 정한 것이 두만강임을 알 수 있다. 또한 목극등이 귀국한 후 조선은 정계비 동쪽으로부터 연이어 석퇴·토퇴를 설치하고 토퇴 끝으로부터 두만강 상류 홍토수까지 목책을 설치하였으나 그 이후 목책이 다 썩어 없어졌다. 이 역시 목극등이 두만강을 경계로 정했음을 말해준다고 보았다.[27]

25) 名和悅子, 『內藤湖南の國境領土論再考 - 二十世紀初頭の淸韓國境問題'間島問題'を通じて』, 52쪽.

26) 中井喜太郎, 『間島問題ノ沿革』(1907년 9월), 日本外務省外交史料館 소장, 『間島ノ版図ニ關シ淸韓兩國紛議一件』 제3권(인터넷 アジア歷史資料センター, レファレンスコード : B03041195400-B03041195600).

27) 中井喜太郎, 『間島問題ノ沿革』, 『間島ノ版図ニ關シ淸韓兩國紛議一件』 제3권(アジア歷史資料センター, レファレンスコード : B03041195500, REELNo.1-0352/0336-

또한 조선 사람들이 말하는 정계비 동쪽에 있는 토문강(흑석구)이란 실은 목극등이 토인(김애순)에게 속아 잘못 정한 두만강 수원이라고 보았다.[28] 여하튼 목극등이 두만강을 경계로 정했음을 인정하였다.

둘째로 1885·1887년 감계 담판에 관해서는 감계의 원인·경과와 결과에 대해 서술하였다. 즉 조선측은 "목극등 비의 이른바 토문강에 대하여 두만강임을 인정하였으며 이로써 경계를 나눌 것을 주장하였다(중앙정부의 명을 받들고 그렇게 했는지는 알 수 없다). 이로써 두만강 상류 경계 특히 무산 아래 회령·종성·온성 양쪽에 있어서는 명백히 두만강으로 조청 양국의 경계를 나누었음을 알 수 있다. 조선 정부를 놓고 볼 때 오늘날 간도가 청국 영토임을 확실히 인정했으며, 다만 홍토수 상류 두 물줄기 가운데 어느 물을 경계로 할 것인지를 해결하지 못했을 뿐이다."라고 평가하였다.[29] 이상 두 차례 감계 담판에 대한 나카이의 분석이 객관적이었다.

셋째로 1902~1904년 이범윤의 두만강 이북 지역에서의 활동에 따른 간도문제에 미친 영향에 대해서는 '한청조약'(1899년) 12조에 "변민이 이미 월경하여 개간을 진행했을 경우 업에 안착하여 생명·재산을 보호

0337.

28) 中井喜太郎, 『間島問題ノ沿革』, 『間島ノ版図ニ關シ淸韓兩國紛議一件』 제3권(アジア歴史資料センター, レファレンスコード : B03041195400,REELNo.1-0352/0272). 나카이가 정계비 동쪽에 있는 골짜기(흑석구·황화송구자)가 목극등이 잘못 정한 두만강 정원이라고 하지만, 필자는 이에 동의하지 않는다. 사료를 통해 보면, 이 골짜기는 처음부터 두만강 복류처 즉 물이 땅속에서 흐르는 부분으로 간주되었으며, 두만강 수원의 일부분으로 간주되었다. 잘못 정해진 두만강원은 따로 존재하며, 두만강 발원지 근처에 있는 오도백하 지류이다(이화자, 『한중국경사 연구』, 제1장 및 「康熙年間長白山定界與圖門江上流堆柵的走向」, 중국조선사연구회 편, 『조선·한국역사연구』 13집, 연변대학출판사, 2013년 참조).

29) 中井喜太郎, 『間島問題ノ沿革』, 『間島ノ版図ニ關シ淸韓兩國紛議一件』 제3권(アジア歴史資料センター, レファレンスコード : B03041195400, REELNo.1-352/0330·REELNo.1-0352/0368).

하도록 하며, 이후에 만약 변계를 몰래 넘는 자가 있을 경우 피차에 반드시 금해야 한다."는 규정으로 보아 조선측이 간도가 청국 영토임을 인정한 것이라고 지적하였다.

그럼에도 불구하고 나카이는 중한 및 중일 간의 다음과 같은 교섭에 주목하였다. 1904년 "청국정부가 한국측에 인원을 파견하여 감계할 것을 청했을 때, 일본 우치다(內田) 공사가 러일전쟁이 끝난 후 다시 논하자고 하였으며, 청국정부가 이를 승낙하였으므로 중한 간의 감계가 끝나지 않았음을 뜻하며, 일본은 이를 이용하여 중국측과 서서히 담판하고 교섭하여 시국의 발전을 기다리며, 얼마 지나지 않아서 청국은 곧 분할되어 분열의 국난을 맞게 될 것"이라는 것이었다. 이 마지막 한마디로부터 나카이가 일본 식민정책의 충실한 추종자임을 알 수 있다. 얼마 후 그가 식민지 조선의 함경북도 서기관으로 임명된 것은 자연스런 일이었다.[30]

아래 나이토 고난(內藤湖南)의 연구 결과에 대해 살펴보기로 하자. 나이토는 일본 동양사학계의 교토학파 창시자로 널리 알려져 있다. 그가 교토대학 교수로 임명되기 전에 오사카 '아사히신문' 논설위원으로 재직한 적이 있었다. 이때 참모본부와 외무성 촉탁에 임명되어 두 차례 간도문제를 조사하였으며, 두 편의 『간도문제조사서』를 올렸다. 이 두 조사서의 결론이 차이가 났는데, 참고한 문헌이 다르기 때문이었다.

1906년 1월 나이토가 참모본부에 의해 촉탁에 임명되어 간도문제를 조사하였다. 같은 해 2월 첫 번째 『간도문제조사서』를 완성하였다.[31]

---

30) 『日本外交文書』 40권 1책, 「間島問題一件」, 544·564쪽.
31) 名和悅子, 『內藤湖南の國境領土論再考 — 二十世紀初頭の淸韓國境問題'間島問題'を通じて』, 43~44쪽.

이 보고서에 열거한 참고문헌을 보면, 조선측 자료인『동국여지승람』·
『국조보감』·『대한강역고』·『통문관지』·『북여요선』등이 포함되었다.
중국측 자료로는 봉천(심양) 상봉각(翔鳳閣)에 소장되어 있는 만주어
'백두산지도', 만주어 '성경도', 숭모각(崇謨閣)에 소장된 한문(漢文) 당
안(檔案, 공문서) 및 『길림통지』와 제소남의『수도제강』등이 포함되었
다.

한편 참고자료의 부족함에 대하여, 나이토는 조선정부에 보관된
공문서와 청나라 성경장군과 길림장군에 보관된 공문서를 보지 못했
으며, 백두산 지역과 두만강 본류·지류에 대한 실지답사를 하지 못했
음을 기록하였다.[32] 여기서 조선정부에 보관된 공문서란 1885·1887년
감계 담판 자료를 말한다. 그런 이유 때문에서인지 그의 첫 보고서
결론이 한중 국경사의 진실을 제대로 반영하지 못하고 있다.

첫 보고서의 내용을 살펴보면, 지리적·역사적 시각으로부터 간도
귀속문제를 분석하였다. 첫째로 1712년 목극등이 압록강·두만강을
경계로 정하려 하였으나 그와 조선 관원들이 강원을 착각하여 송화강
상류(흑석구)를 두만강으로 잘못 보았다. 그 이후 조선 사람들이 잘못
본 송화강 상류를 따라 토석퇴와 목책을 설치하였다. 그러므로 지리적
으로 볼 때 한국의 정당한 주장은 현존하는 증거물을 근거로 삼아야
한다는 것이었다.[33] 즉 정계비·토석퇴와 송화강을 따라 경계를 나누
어야 하며 그럴 경우 간도가 조선에 속한다는 것이었다.[34] 여기서

---

32) 內藤湖南,『間島問題調査書』(1906年), 日本外務省外交史料館 소장,『間島ノ版図ニ
關シ淸韓兩國紛議一件』附屬書(內藤虎次郎囑託及調査報告)(アジア歷史資料セン
ター, レファレンスコード : B03041212500, REELNo.1-0364/0142~0143).

33) 內藤湖南,『間島問題調査書』(1906年)(アジア歷史資料センター, レファレンスコード
: B03041212500, REELNo.1-0364/0139~0140).

34) 內藤湖南,『間島問題調査書』(1906年)(アジア歷史資料センター, レファレンスコード
: B03041212500, REELNo.1-0364/0139~0140).

나이토가 한 가지 사실을 착각하고 있는데, 토석퇴와 목책이 다 흑석구에 설치되어 송화강에 연결된 줄로 알고 있지만, 실은 목책 부분이 흑석구에 있지 않고 흑석구로부터 두만강까지(홍토산수) 이어져 있었다. 이에 대한 착오는 두 번째 '간도문제조사서'에서 시정되었다.

둘째로 역사적으로 볼 때 간도의 소속이 조선에 유리한 증거를 다음과 같이 제시하였다. 1) 조선국왕의 조상들이 두만강 이북에서 활동하였으며 조상의 묘지가 그곳에 있다. 2) 명대 200년 간 두만강변에 살았던 여진인들이 조선의 관작을 받아 양속 상태에 처해 있었다. 3) 청태조 누르하치가 이곳에서 흥기한 후 다만 인민을 통치했을 뿐이며, 조청 양국은 다 같이 유민의 침입을 금했으며 두만강 이북이 실은 중립지(中立地)였다. 4) 압록강 대안 역시 중립지이며, 왕청·애양변문 밖의 공지가 청국인들이 금령을 어기고 개발한 곳인 만큼, 조선인이 금령을 어기고 개발한 간도도 조선 영토에 속해야 한다고 주장하였다.[35] 이상의 이른바 조선에 유리한 증거 특히 압록·두만 양강 이북에 '중립지'가 존재한다는 주장에 대하여,[36] 외무성은 반겼으며 이를 근거로 중국측의 두만강 경계론을 반박하고자 하였다. 이로 인하여 나이토가 재차 간도문제를 조사하게 되었다.

그는 곧 외무성 촉탁에 임명되어 간도문제를 조사하였다. 같은 해(1906년) 7월 서울에서 자료를 수집하였으며, 제1차 조사 때 보지 못했던 1885·1887년 감계 담판 자료를 보았다. 거기에는 이중하의 장계, 비밀 보고서(추후별단), 양측의 담판기록 등이 포함되었다. 서울에

---

35) 內藤湖南, 『間島問題調査書』(1906年)(アジア歷史資料センター, レファレンスコード : B03041212500, REELNo.1-0364/0139~0140).

36) 나이토 고난(內藤湖南)의 이른바 압록·두만 양강 이북에 귀속 미정의 '중립지'가 존재한다는 주장은 그 후에 시노다 지사쿠(篠田治策)에 의해 계승되었으며, 『白頭山定界碑』라는 책에 반영되었다.

머무는 동안 나카이 기타로(中井喜太郎)를 만나 서로의 생각을 교류하기도 했다. 같은 해(1906년) 8월 그는 재차 심양에 가서 자료를 수집하였다. 이듬해(1907년) 교토대학 교수로 임명된 후 계속 간도문제를 연구하였다.

그는 이미 많은 문헌자료를 수집하였다. 조청 양측 자료뿐만 아니라 프랑스의 듀알드가 편찬한 『중화제국전지(中華帝國全志)』를 참고하였다. 특히 책 속에 들어있는 지도와 레이지 비망록이 그의 관심을 끌었다. 이 삽도에는 두만강 이북에서 서에서 동으로 점선이 그려져 있었는데, 레이지(강희 『황여전람도』 편찬에 참여함)는 점선 남쪽에 조청 양국이 협의한 무인지대가 존재한다고 기록하였다. 나이토는 이것이 조선에 유리한 증거라고 보았다.[37]

근 1년간의 자료 수집과 연구를 통하여, 1907년 9월 두 번째 『간도문제조사서』를 외무성에 올렸다. 그 내용을 살펴보면 첫째로 1712년 백두산정계에 관하여,[38] "청국은 백두산을 판도에 넣기 위하여 정계를 행했으며, 경계를 나누는 비석을 백두산 남쪽 분수령에 세웠다. 이로부터 청국인이나 조선인이나 모두 두만·압록 양강 본류로서 양국의 계한으로 삼게 되었다." 또한 "간도문제가 발생한 후 조선 사람들이 이른바 청사 목극등이 지정한 경계가 분계강이라고 하거나 송화강 지류라고 한 것은 견강부회일 뿐이다. 김지남이 무산에서 경계를 넘어

---

37) 名和悅子, 『内藤湖南の國境領土論再考－二十世紀初頭の清韓國境問題'間島問題'を通じて』, 49~68쪽.

38) 나이토가 참고한 1712년 백두산정계에 관한 자료는 정계비의 비문, 홍세태의 『백두산기』, 『동문휘고』에 수록된 설책에 관한 자문, 『북여요선』에 수록된 이의복의 기록, 목극등의 주문, 국왕이 올린 '사정계표(謝定界表)', 『통문관지』에 실린 김지남전·김경문전, 제소남의 『수도제강』, 성경 상봉각의 만주어 장백산지도, 만주어 성경지도, 청 여도의 민간 간본(胡林翼·嚴樹森 편), 김정호의 『대동여지도』 등이 포함되었다.

간 조선 사람들에 대하여 힘겹게 분별하여 설명한 것을 통해서도 두만강을 경계로 함을 알 수 있다."[39] 여하튼 나이토는 목극등이 두만강을 경계로 정했음을 인정하였다.

그럼에도 불구하고 첫 보고서와 마찬가지로 간도가 조선에 유리한 증거를 다음과 같이 제시하였다. 즉 백두산정계 이후 조선은 실제로 압록강·두만강 이남 지역을 통치하였으나 청은 이북 지역을 공지로 남겨두어 통치 범위에 있지 않았으며, 강북 지역이 무인의 중립지 또는 간황(間荒) 상태로 있었다고 지적하였다.[40] 이로써 외무성의 이른바 간도의 영토귀속이 미정이라는 주장에 영합하고 있었다.

둘째로 1885년 제1차 감계에 대하여, 이중하의 장계와 비밀보고서 (추후별단) 및 1886년 조선이 토문·두만이 동일한 강임을 인정한 조회문을 인용하여, "이 문제는 단지 두만강 수원을 조사하여 정하는 데 머물렀으며 간도문제는 이미 포기되었다."고 주장하였다.[41]

1887년 제2차 감계에 대해서는 이중하의 장계에 근거하여 양국이 홍토수·석을수 합류처 이하에서 이미 조사를 끝냈으며, 다만 합류처 이상의 두 수원 사이에서 합의를 보지 못했다. 이중하가 홍토수를 요구하고 중국측 진영이 석을수를 요구한 것이라고 주장하였다.[42] 여하튼 두 차례 감계에 대한 그의 견해가 사실에 가까웠으며, 앞에서

39) 內藤湖南, 『間島問題調査書』(1907年), 日本外務省外交史料館 소장, 『間島ノ版図ニ關シ淸韓兩國紛議一件』附屬書(內藤虎次郎囑託及調査報告)(アジア歷史資料センター, レファレンスコード : B03041213600, REELNo.1-0364/0340~0341).

40) 內藤湖南, 『間島問題調査書』(1907年)(アジア歷史資料センター, レファレンスコード : B03041213600, REELNo.1-0364/0342).

41) 內藤湖南, 『間島問題調査書』(1907年)(アジア歷史資料センター, レファレンスコード : B03041213600, REELNo.1-0364/0359~0364).

42) 內藤湖南, 『間島問題調査書』(1907年)(アジア歷史資料センター, レファレンスコード : B03041213600, REELNo.1-0364/0364~0365).

본 나카이 기타로의 주장 특히 청 외무부 주장과 비슷하였다.

셋째로 1902~1904년 이범윤의 활동에 대해서는 대한제국 정부가 러시아나 일본의 힘을 빌어서 이 지역에서 국가의 위엄을 보이고자 한 것이라고 주장하였다.[43] 한편 그 역시 이범윤이 축출당한 후 청이 조선에 공동감계를 제안했을 때, 일본 우치다 공사가 러일전쟁 이후 조사할 것을 제안하였고 청이 이의를 제기하지 않았음을 들어, 조청간의 국경 조사가 끝나지 않은 점을 이용하여 중국측과 담판하여 이익을 챙길 것을 권고하였다.[44] 나이토 역시 일본정부의 간도 확장정책의 추종자임을 잘 보여주는 대목이다.

넷째로 간도 범위에 대하여, 부르하통하 서쪽에 위치해 있으며 백두산으로부터 동쪽으로 하발령·연산(連山) 산맥을 따라 두만강까지의 구역이며, 북간도라고도 칭한다고 하였다. 또한 백두산 서남, 압록강 상류이북 지역을 서간도라고 칭한다고 하였다. 한편 통감부 조사원들이 이른바 두만강 이북 가야하까지를 동간도라고 칭하며, 송화강 상류 지역을 서간도라고 칭하는 것은 아무런 근거가 없으며, 특히 일진회와 조선 사람들이 정계비와 토문하류(송화강 상류를 가리킴)를 근거로 간도 범위가 영고탑·길림까지 이른다고 한 것은 견강부회라고 일축하였다.[45] 이상 나이토가 제기한 간도 즉 북간도 범위가 실은 조선 사람들이 이주하여 개간한 범위로서, 그 이후 '간도협약'(1909년)에 규정된 조선인 잡거지역 범위와 비슷하다. 이로써 외무성이 나이토의 간도

---

43) 名和悦子, 『內藤湖南の國境領土論再考―二十世紀初頭の淸韓國境問題'間島問題'を通じて』, 126쪽.

44) 內藤湖南, 『間島問題調査書』(1907年)(アジア歷史資料センター, レファレンスコード : B03041213600, REELNo. 1-0364/0364·0366~0372).

45) 內藤湖南, 『間島問題調査書』(1907年)(アジア歷史資料センター, レファレンスコード : B03041213600, REELNo. 1-0364/0367).

범위 주장을 채납했음을 알 수 있다.

3. 외무성의 담판책략과 '간도협약'의 체결

일본 외무성은 청에 대한 담판의 전담 기구로서, 촉탁을 임명하여 간도문제를 연구하였을 뿐만 아니라 자체 내에서도 여러 경로를 통하여 자료를 수집하고 연구를 진행하였다. 예컨대 1907년 10월 30일 조선에 설치된 통감부를 통하여 이중하의 '계초(啓草)'·'정해별단초'·'변석고증팔조(辨晰考證八條)'와 두 통의 자문을 구해 왔다.[46) 또한 12월 3일 조선의 내각총리대신 이완용으로부터 『동문휘고』 중의 1711·1712년 왕복 자문(청 예부 자문이 포함됨)을 받아 왔다.[47) 그러나 조선 궁내부에 소장된 1887년 8월 19일 조선의 자문 가운데 지도와 담판기록 『복감도문계지공문절략(覆勘圖們界址公文節略)』이 빠져 있어서 주북경 일본공사로 하여금 청 외무부에 문의해 구해오도록 하였다.[48)

그리하여 1907년 12월 7일 청 외무부 나동(那桐)·원세개와 만났을 때 이를 제기하여 두 폭의 지도(1885·1887년 감계지도)를 모사하는 데 성공하였다. 두 폭의 감계지도를 포함하여 1887년 이중하가 진영에게 보낸 조회문, 조선국왕이 북양대신 이홍장에게 보낸 자문 등을 베껴왔다. 특히 외무성은 두 폭의 감계지도를 통하여 조선에서 말하는

---

46) 『통감부문서』 2, 「간도문제에 관한 서류 1-3」, 422~423쪽. 두 통의 자문이란 광서 13년(1887) 8월 19일 고종이 청 예부에 보낸 자문과 광서 14년(1888) 4월 20일 고종이 북양대신 이홍장에게 보낸 자문을 가리킨다.

47) 『통감부문서』 2, 「간도문제에 관한 서류 1-3」, 455쪽.

48) 『日本外交文書』 40권 2책, 「間島問題一件」, 141~142·145~147·171쪽.

이른바 토문강(황화송구자)에 아무런 명칭도 표기되지 않았음을 발견하고 조청 양국이 토문강=두만강에 있어서 별 차이가 없음을 알게 되었다.[49]

위와 같은 자료수집 및 조사연구를 통하여, 1907년 12월 6일 일본 외무성은 간도 영토귀속문제에 대하여 다음과 같은 결론을 내렸다. "우리측 조사를 통하여 간도문제에 대한 한국정부의 주장의 논거가 약하다"는 것이었다. 이와 동시에 주북경 공사로 하여금 경계의 기초를 정하기 위하여 먼저 상대방 즉 청측의 논거를 수집할 것을 명하였다.[50] 여기서 한국정부의 주장의 논거가 약하다는 것은 토문·두만 2강설에 기초하여 간도가 조선에 속한다는 주장이 성립되기 어렵다는 뜻이다.

이처럼 간도에 관한 한국정부의 논거가 약하다고 할 경우 마땅히 간도파출소를 철수하고 간도에 관한 교섭을 멈춰야 하겠지만, 외무성은 그렇게 하려 하지 않았다. 오히려 토문·두만 2강설과 나이토가 제기한 간도 소속이 조선에 유리하다는 증거를 이용하여, 중국측과 담판을 벌임으로써 간도 지역으로 침투하고자 하였다. 12월 28일 외무성은 '연혁 상 간도소속문제가 한국측에 유리한 증거의 제요령'을 제기하기에 이르렀다. 즉 나이토의 두 번째 조사서의 관점을 인용하여 다음과 같이 주장하였다.

1) 간도(間島)는 간도(墾島)·간토(墾土)라고도 하며 이주한 새 개간지를 말한다. 애신각라(愛新覺羅)씨가 흥기한 후 두만강 좌안(북안) 주민들을 이끌고 싸웠으나 간도 지방은 비워 두었다. 그리하여 청·한 양국이 각기 인민의 이주를 금지하여 중립지대와 같았다. 프랑스 사람

---

49) 『日本外交文書』 40권 2책, 「間島問題一件」, 173~175·187~188·190~191쪽.
50) 『日本外交文書』 40권 2책, 「間島問題一件」, 172쪽.

레이지의 '비망록'에 의하면, 장책(長柵)과 조선 국경 사이에 무인지대가 존재한다고 하였으며 두만강 좌안이 중립지대 성격을 띠었다는 증거이다.

2) 간도는 청국의 통치 밖에 있으며 주인이 없는 중립지대이다. 이곳에서 실력을 행사한 것은 한국 관헌으로서 이는 문헌을 통해 증명된다. 애신각라씨가 간도 지방에서 민을 이끌고 싸웠을 뿐 땅을 차지하는 데 뜻이 없었다. 그러나 이조(李朝)는 두만강 하류에서 발상(發祥)하였고 옛날의 능침이 모두 두만강 밖에 있다.

3) 두만강을 국경으로 한다는 청측 주장을 믿을 수 없으며, 강희제의 명을 받들고 국경을 조사한 레이지가 그린 지도를 보더라도 강 좌안 산맥으로서 청·한 국경을 나누었음을 알 수 있다. 그 이후 비록 강희제가 목극등을 파견하여 경계를 정했지만, 두만강 좌안에 대한 통치를 실시하지 않았다. 다만 하류에 훈춘청을 세웠으며, 상류는 전부 포기하여 대안에 집을 짓지 못하게 하였다.[51]

4) 한국측에 가장 불리한 것이 1887년 감계 때 이중하의 조치이다. 청이 힘으로써 석을수설을 주장하였고, 비석을 운반하여 위력으로 경계를 정하려 하였으나 아무런 협의도 맺지 못하였다. 이중하의 독단적 월권행위에 대하여 한국정부가 인정하지 않았으며, 그 후에 한국정부가 이범윤을 간도에 파견하여 무산 아래 두만강 좌안이 한국 영토임을 주장하고 또 관리하고자 한 사실을 통해서 증명된다는 내용이었다.[52]

같은 날 외무성은 위 요령과 레이지 비망록 및 프랑스어 지도 등을

---

51) 강희 53년 두만강 이북에서 청인이 집을 짓고 땅을 개간하는 것을 철회하도록 요구한 내용은 이화자, 『조청국경문제연구』 제5장 참조.

52) 『日本外交文書』 40권 2책, 「間島問題一件」, 192~194쪽.

정부 각 요해 부문 장관과 재외 대사관·영사관에 보냈다. 예컨대 총리대신·육군대신·해군대신·참모총장·군령부장·소네(曾彌) 부통감·주영대사·주안동 사무대리·이토 통감·야마가타 공작(山縣公爵) 및 재외 대사관·공관(주미·프·독·이·러 대사관, 주상해·천진·한구 공사관)에 보냈다.53) 그 의도인즉 조선에 유리하다는 증거를 이용하여 중국측과 담판을 벌일 것임을 알리기 위해서였다.

며칠 후(1908년 1월 15일) 주북경 공사로부터 '간도 경계 비문의 토문에 대한 의견' 즉 2강설이 잘못되었음을 지적한 내용이 도착하여, 외무성의 이른바 한국측 근거가 약하다는 결론을 지지하였다. 그 상세한 내용은 다음과 같았다.

1) 1712년에 세운 정계비 중의 토문과 1711년 유지 중의 토문은 모두 두만강을 가리키며, 한국측은 이에 대해 이의가 없었다.

2) 1885년 이중하가 잘못 정해진 물줄기(흑석구를 가리킴)로서 경계를 나눌 것을 요구했지만 청이 받아들이지 않았다.

3) 이중하의 비밀 보고서(추후별단)에 의하면, 정계비 동쪽에 있는 토석퇴·목책이 두만강변에 이른다고 하였다. 1886년 한국측은 두만강을 경계로 함을 인정하였고 1887년 홍토수설을 주장하였다. 그러므로 청·한(淸·韓) 경계 교섭은 1887년에 채 정하지 못한 부분만 남았다.

4) 외무성에서 보낸 참고서에 의거할 경우, 비문에 이른바 토문이 두만이 아니라는 한국측 주장이 극히 유감스럽고 근거가 부족하다. 이를 근거로 송화강에 흘러들어가는 지류로서 경계를 나누려는 것을 결코 지지할 수 없다. 잘못 정해진 송화강 지류를 경계로 하더라도

53) 日本外務省外交史料館 소장, 『間島ノ版図ニ關シ淸韓兩國紛議一件』 제5권(アジア 歷史資料センター, レファレンスコード : B03041197500, REELNo. 1-0353/0572~ 0581).

어디까지를 경계로 해야 할지 판단하기 어려우며, 결국에는 홍토수 부근의 문제일 뿐이다.

끝에서 주북경 공사는 간도문제 처리 대책을 다음과 같이 제시하였다. 이 문제를 이용하여 청을 견제하며 간도 지방이 한국과 긴밀한 관계가 있음을 인정하도록 하며, 국경무역조약을 체결하여 한국인의 보호관할 시설을 확장하자는 것이었다.[54] 여기서 보호관할 시설이란 영사관을 가리키며 간도 조선인에 대한 영사 재판권을 실시하고자 시도하였다.

4월 7일(1908년) 외무성은 주북경 공사에게 구체적인 대책으로서 '간도문제 내훈(內訓)'을 전달하였다. 즉 한국측 주장의 근거가 약하여 두만강을 경계로 함을 인정하지 않을 수 없으며, 청에 다음과 같은 요구를 제기한다는 것이었다. 1) 일본인과 한국인이 간도에 잡거하는 것을 허락한다. 2) 국자가(局子街)에 영사관을 설립하고 다른 중요한 곳에 분관 또는 출장소를 설립한다. 3) 한국인의 재판권은 영사관에서 행사한다. 4) '길장(吉長, 길림－장춘)'철도를 회령까지 연장한다. 즉 '길회(길림－회령)'철도를 수축할 것을 제의하였다. 이 밖에 천보산(天寶山) 광산 및 기타 사업에 대한 권리를 인정할 것을 요구하였다. 5) 청·한 양국이 두만강을 경계로 함을 인정하고, 홍토수·석을수에 대해서는 일·청 양국이 사람을 파견하여 공동으로 조사한다는 내용이었다.

이상의 조건에 대하여 청이 즉시 받아들이지 않을 것을 고려하여, 잠시 전의 방침 즉 간도의 영토귀속이 미정임을 견지하다가 적당한 시기에 앞 조건을 제시하자는 것이었다. 또한 길장철도 연장 건에

---

54) 『日本外交文書』 41권 1책, 「間島問題一件」, 418~420쪽.

관해서는 적당한 시기에 간도문제와 분리시킬 것을 제의하였다.[55]

이상의 이른바 '내훈'이 그 후에 체결된 '간도협약'(1909년)의 주요내용이 거의 다 망라되었다. 며칠 후 4월 11일 일본정부는 칙령으로서 '통감부임시간도파출소관제(官制)'를 반포하였다. 즉 간도파출소를 통하여 청측에 계속 압력을 가함과 동시에 청 외무부와 담판하여 위 목표를 실현하고자 하였다.[56]

이를 위하여 4월 14~28일 간도파출소 소장 사이토 스에지로(齋藤季治郎)가 북경에 출장하여 주북경 일본공사 하야시와 함께 중국측을 반박하는 조회문을 작성하였다.[57] 5월 10일 조회문이 완성되었으며, 핵심 내용인즉 토문·두만 2강설과 1887년 감계 결과의 무효를 주장하여, 청측의 두만강 경계론을 반박하였다. 그 상세한 내용은 다음과 같았다.

1) 청·한 양국 국경은 백두산 위에 있는 비석을 기점으로 하여 서쪽은 압록강, 동쪽은 토문강을 경계로 한다. 토문강은 정계비·토석퇴와 연결된 물줄기이며 두만강이 아니다.

2) 1885년 한국측이 토문강을 경계로 할 것을 요구하였으나 1887년 청측의 압력을 못 이겨 홍토수·석을수 합류처 이하에서 두만강을 경계로 함을 동의하였다. 그러나 합류처 이상에서 서로 간에 논쟁이 존재하여 결정을 보지 못하였다. 그러므로 1887년 감계의 결과는 전적으로 무효이다. 1888년 이후 두 나라 사이에 감계에 관한 교섭을 진행하고자 하였지만 아직까지 이루어지지 못하였다.

3) 1903년 한국은 이범윤을 파견하여 두만강 이북 지방을 관리하였

---

55) 『日本外交文書』 41권 1책, 「間島問題一件」, 437~439쪽.
56) 『日本外交文書』 41권 1책, 「間島問題一件」, 437~439쪽.
57) 『日本外交文書』 41권 1책, 「間島問題一件」, 437~439·441~442쪽.

고 청국에 조회하였다. 그러나 양국 사이 근래의 교섭을 살펴보면, 백두산 비석을 기점으로 그 동쪽 일대의 경계가 전혀 정해지지 않았다.

4) 1904년에 체결된 청·한 '선후장정' 제1조에 양국 경계는 백두산 위에 있는 비문을 증거로 삼는다고 하였다. 이로써 두만강이 양국 경계가 아님을 알 수 있다. 여기서 말하는 비문이란 동위토문을 가리키며, 두만강이 아님을 내비쳤다. 즉 토문·두만 2강설을 주장한 것이다.

이 밖에 조회문에는 역사상 간도가 조선에 유리한 증거를 다음과 같이 제시하였다.

a) 두만강 이북은 한국의 발상지이며, 내부(內附)하여 병풍과 같으며 옛 성지·고분 등 유적이 많다.

b) 강희연간에 로예령(老爺嶺)이남에 청국의 초소가 하나도 없었으며, 청국의 통치 밖에 있었음을 말해준다.

c) 백두산에 비석을 세운 후 청인들이 두만강 이북에 집을 짓고 땅을 개간하려 할 경우 한국인들이 항의하면 청국은 곧 철회하였다.

d) 1883년 이전 강북에 청국 지명이 없었다. 그러므로 양국이 예로부터 두만강을 경계로 한다는 것은 역사적 사실과 맞지 않다.[58]

이상의 조회문 내용은 참모본부 측량수의 답사 결과와 나이토의 두 번째 보고서에 근거했음을 알 수 있다.

한편 일본측은 간도에서 특권을 얻는 것으로 만족하지 않았다. 얼마 후 '만주 5안(案)'을 추가하여 이른바 '만주 6안'을 형성하였다. 이에 대한 1908년 9월 25일 일본 각의(閣議) 결정은 다음과 같았다. "한국정부 주장의 근거가 심히 약하다. 강희 정계 이후 청·한 양국의 교섭 역사와 청국이 한국에 앞서 이곳에 행정을 실시한 사실을 통하여,

---

58) 『日本外交文書』 41권 1책, 「間島問題一件」, 444·455~457쪽.

두만강이 양국 국경이라고 하는 것은 의심할 여지가 없다. 지금 남은 문제는 단지 두만강 원류(홍토수·석을수) 중에 어느 물줄기를 상류 경계로 삼는가 하는 것이다." 양측 관헌 사이 충돌 사건이 끊이지 않으며, 이변이 생겨 대세에 영향을 주는 일을 막고 만주 경영을 추진하기 위하여, 청에 다음과 같은 요구를 제기한다.

1) 두만강이 청·한 양국 국경임을 인정하며, 상류 지방의 경계는 일·청 양국의 공동조사위원이 조사하여 정한다.

2) 청은 일본인과 한국인이 간도에 잡거하는 것을 인정한다.

3) 국자가 및 기타 중요한 곳에 일본 영사관 또는 분관을 설치하며, 조약에 근거하여 영사 관리의 권리를 이행한다.

4) 청은 이곳에서 일본인과 한국인이 이미 얻은 재산 및 사업을 진행하는 것을 인정한다.

5) '길회'철도에 관하여 적당한 시기에 청측과 교섭한다.

6) '동삼성 5안'의 요구를 제기한다. 법고문(法庫門) 철도의 수축, 대석교·영구 철도의 철회, 무산·연대 탄광의 채굴, 경봉선(京奉線)을 봉천성 근처까지 연장하며, 안봉선(安奉線) 및 기타 철도 연선의 광산 채굴에 관한 요구를 제기한다는 등의 내용이었다.[59]

이듬해(1909년) 1월 11일 주북경 일본공사 이주인(伊集院)이 정식으로 청 외무부에 간도문제와 '만주 5안'을 함께 해결할 것을 제기하였다.[60]

2월 17일 양측이 진행한 제6차 담판에서 이주인은 중국측이 간도문제에 관한 다섯 가지 조건과 만주의 기타 현안을 받아들일 경우, 일본측은 간도 영토귀속문제에서 양보할 것이라고 말하였다.[61] 간도 영토

---

59) 『日本外交文書』41권 1책, 「滿洲に關する日淸協約締結一件」, 685~691쪽.
60) 『日本外交文書』42권 1책, 「滿洲に關する日淸協約締結一件」, 222~203쪽.

귀속문제를 담판 조건으로 내걸고 있음을 알 수 있다. 1909년 9월 4일 중일 양국은 정식으로 '간도협약'과 '만주5안 협약'을 맺었다.

'간도협약'의 주요 내용을 살펴보면, 중일 양국 정부는 피차간의 성명을 통하여 두만강이 중한 양국 국경이며, 강원(江源) 지방은 정계 비로부터 석을수까지를 경계로 한다고 규정하였다. 또 용정촌·국자가·두도구·백초구 네 곳을 통상지로 개방하며, 일본이 영사관 또는 분관을 설치할 수 있다고 규정하였다. 또 두만강 이북에 조선 사람들이 거주할 수 있는 잡거지 범위를 규정하여 지도에 표시하였다.

그 범위가 동쪽은 가야하이고 서쪽·북쪽은 로예령(老爺嶺)이고 남쪽은 두만강이었다. 잡거지 통치권이 중국에 속하며, 조선인에 대한 민형사 안건의 심판에 있어서 일본영사가 심판장에 가서 들을 수 있으며, 복심(覆審)할 것을 요구할 권리가 있다고 규정하였다. 이로써 장차 일본이 간도의 사법권을 간섭하게 되는 우환을 남기게 되었다. 또한 일본이 '길회'철도를 수축할 데 대해 규정하였다. 이 밖에 '만주 5안 협약'을 통하여, 일본이 신법철도 수축, 경봉선 연장, 무순·연대 탄광 채굴권 등 이권을 얻었다.

이로써 근 2년간의 '간도문제' 교섭이 끝났다. 같은 해 11월 3일 통감부간도파출소가 용정촌에서 철수하였다. 대신 일본 영사관과 분관이 간도지역에 설립되었다.

이처럼 일본은 불법적인 통감부간도파출소를 설립하여 중국측에 압력을 가함과 동시에, 간도의 영토귀속이 미정이라는 가명제를 내세워 중국측과 담판을 벌였으며, 최종적으로 간도의 영토권이 중국에 속함을 인정하는 조건으로 간도에 영사관을 세우고 '길회'철도를 수축

---

61) 『日本外交文書』 42권 1책, 「滿洲に關する日淸協約締結一件」, 235~239쪽.

하며, 동삼성 '5안'의 이권을 얻게 되었다. 이는 일본이 러일전쟁 승리의 위세를 타서 청에 대해 강권 외교를 펼친 결과라고 하지 않을 수 없다.

그럼에도 불구하고 중국측의 반대로 일본은 만주 '6안'을 다 이룰수 없었다. 특히 조선인 재판권 문제에 있어서 일본은 다만 네 곳의 개방지에서 영사 재판권을 얻었을 뿐 상부지 밖에서는 중국의 처분을 따라야 했다.[62] 중국측을 놓고 볼 때, 국력이 약한 상황에서 일부 이권을 양보하는 대신 영토권을 수호하는 데 성공하였다. 특히 오록정을 대표로 하는 '길림변무공서'가 간도파출소에 맞서 싸운 것이 실효를 보았으며, 이에 일본측은 서구 열강의 간섭 및 만주 전역에서의 이익에 손해를 끼칠까 우려되어 간도의 영토권과 기타 문제에서 양보하게 되었다.

4. 맺는말

러일전쟁 이후 간도문제 조사에 착수한 것이 주조선 일본군이었으며, 1905년·1906년 두 차례 보고서를 올렸다. 첫 번째 보고서는 함경도 관찰사 조존우와 경원군수 박일헌의 주장을 수록한 내용이었다. 간도 범위가 부르하통하와 두만강 사이에 있으며, 두만강과 구별되는 토문강이 존재하며 즉 송화강 상류로서 경계를 나눈다고 주장하였다. 그럴 경우 토문강 남쪽에 위치한 간도가 조선에 속하였다.

두 번째 보고서는 주조선 일본군이 직접 간도에서 정보를 수집한

---

62) 姜龍範, 『近代中朝日三國對間島朝鮮人的政策硏究』, 140쪽 참조.

내용을 수록하였다. 간도 범위가 해란강과 두만강 사이에 있으며, 토문강이란 해란강 상류를 가리키며 송화강 상류를 가리키지 않았다. 그리고 청과 러시아의 영토 현실로 보아도 송화강 상류가 경계가 될 수 없다고 주장하였다. 또한 간도의 국방상의 가치를 높이 평가하였으며, 이는 그 이듬해 일본이 용정촌에 통감부간도파출소를 세우는 데 추진 역할을 하였다.

1907년 참모본부에서 두 명의 측량수를 파견하여 간도파출소 관원과 함께 백두산정계비와 그 동쪽에 있는 흑석구를 조사하였다. 그 결과 정계비터에 대한 측량 수치 및 흑석구에 대한 5만분의 1 지도 제작 등 객관적인 결과를 남겼지만, 흑석구가 송화강 상류에 연결되지 않은 사실 및 석퇴 아래 십여㎞ 토퇴가 이어진 사실 등을 조작하거나 은폐하였다. 이는 토문·두만 2강설과 간도가 조선에 속함을 주장하기 위해서였다.

이와 동시에 일본측은 한중 국경사에 대한 문헌연구를 진행하였다. 나카이 기타로(中井喜太郎)가 통감부 촉탁에 임명되었고, 나이토 고난(內藤湖南)이 참모본부·외무성 촉탁에 임명되었다. 이 두 사람은 서울에서 자료를 수집하였을 뿐만 아니라, 나카이의 경우 간도에 잠입하여 정보를 수집하였으며, 나이토의 경우 봉천에 가서 성경 궁궐에 소장된 지도·공문서 등을 수집하였다. 1907년 9월 이들이 각각 보고서를 올렸으며, 간도 영토귀속문제에 대한 비슷한 결론을 내렸다.

이 두 사람의 연구결과를 살펴보면, 1712년 백두산정계에 대하여 목극등이 두만강을 경계로 정했으며, 토문·두만이 실은 같은 강이며, 조선 사람들의 이른바 분계강(부르하통하 또는 해란강을 가리킴)이 존재한다거나 토문강이 송화강 상류이며 이로써 경계를 나눈다는 것이 잘못되었음을 지적하였다. 그리고 정계비 동쪽의 흑석구에 대해서는 목극등이 토인들에게 속아 잘못 정한 두만강 수원이라고 보았다.

1885·1887년 감계에 대해서는 조청 양국이 두만강 상류 홍토수·석을수 합류처 이하에서 이미 조사를 끝냈으며, 다만 합류처 이상에서 협의를 이루지 못했다고 보았다. 특히 1886년 조선측이 두만강을 경계로 함을 인정한 것은 간도 소유권을 포기한 것과 같다고 주장하였다.

1902~1904년 이범윤의 활동에 따른 간도문제에 미친 영향에 대해서는 청이 조선에 공동감계를 요구했을 때, 일본 우치다 공사가 러일전쟁 이후 논의할 것을 제의하여 청이 이의를 제기하지 않았으며, 이는 조청 감계가 끝나지 않았음을 뜻하며, 이 점을 이용하여 청과 담판하여 이익을 챙겨야 한다고 권고하였다. 특히 나이토의 경우 역사상 간도가 조선에 유리한 근거를 제시함으로써 청을 견제하는 담판 조건으로 삼게 되었다.

이상의 조사·연구에 근거하여, 1907년 12월 6일 외무성은 간도문제에 관한 한국정부의 주장의 논거가 약하다는 결론을 내렸다. 그럼에도 불구하고 중국측을 견제하기 위한 방책으로 여전히 간도의 영토귀속이 미정임을 주장함과 동시에 토문·두만 2강설, 1887년 감계 결과의 무효 및 조선에 유리한 증거 등을 제시하여 청 외무부와 교섭하고 담판하였다.

1908년 4월 외무성은 '간도문제내훈'을 통하여 두만강 국경을 승인하는 조건으로 간도에 영사관을 세우고 '길회'철도를 수축하는 등 요구를 제기할 것을 정한 데 이어, 같은 해 9월 내각의 논의를 거쳐 간도에서의 특권뿐만 아니라 '만주 5안'을 더 추가하기로 결정하였다.

1909년 9월 중일 양국은 '간도협약'과 '만주 5안 협약'을 맺었다. 일본은 간도 영토권이 중국에 속함을 인정하는 조건으로 간도에 영사관을 세우고 '길회'철도를 수축하며, '만주 5안'의 이권을 챙기는 실을 거두게 되었다. 이는 일본이 러일전쟁 승리의 위세를 타서 중국에 대해 강권 외교를 펼친 결과이다. 그럼에도 불구하고 중국측의 반대로 일본은 '만주 6안'의 요구를 다 얻어내지 못하였다.

중국측을 놓고 볼 때, 국력이 약한 상황에서 일부 이권을 내주는 대신 영토권을 수호하는 데 성공하였다. 한편 오록정을 위시한 '길림 변무공서'의 간도파출소에 대한 투쟁은 일본으로 하여금 압력을 느끼게 하였다. 일본은 열강의 간섭과 만주에서의 이익을 상실할까 우려하여 영토권과 기타 문제에서 양보하게 되었다.

중일 양국의 '간도문제'와
동삼성 '5안(案)'에 대한 담판

머리말

중일 양국은 근 2년간의 외교교섭과 담판을 통하여 1909년 9월 '간도협약'과 '만주 5안 협약'을 체결하였다. 이 두 협약에 대한 학계의 연구 성과가 적지 않지만 두 협약을 둘러싼 외교교섭과 담판의 대략적인 과정을 다루었을 뿐, 담판의 구체적 내용과 양측이 서로 이익을 교환한 상세한 내막에 대한 분석이 부족하였다.

중국학계의 경우 두 협약이 불평등조약이며, 청조가 연약한 관계로 이권을 많이 양보했다고 평가한다. 이 같은 평가는 합리적이라고 할 수 있다. 일본은 중국에 속해 있던 간도 영유권을 인정하는 조건으로 간도의 특권과 동삼성 5안건의 이권을 챙겼기 때문이다. 그러나 이는 중국이 처해 있던 국제환경 특히 열강과 체결한 불평등조약의 제한으로 부득불 양보해야 했던 상황과 그 속에서 중국이 영토 주권을 보호하기 위해 투쟁한 데 대한 평가가 부족하다.[1] 이 밖에 동삼성 5안에

---

1) 姜宏衛는 『論1907~1909年中日關於'間島問題'交涉』(東北師範大學 석사논문, 2013년)에서 청정부가 영토·주권을 수호하기 위해 투쟁한 것과 취득한 부분적

대한 연구도 내용의 복잡성으로 인하여 제대로 정리되지 못한 부분이 많다.

이 글에서는 한중일 삼국 사료『일본외교문서(日本外交文書)』·『통감부문서』·『청광서조중일교섭사료(淸光緖朝中日交涉史料)』 등을 통하여, '간도문제'와 동삼성 5안을 둘러싼 담판 과정에 대해 상세히 분석하며, 다음과 같은 문제점에 주목하고자 한다. 간도문제에 대한 담판이 무엇 때문에 2년간 지속되었는가? 일본측은 어떠한 담판책략을 취했고 중국측은 어떻게 대응했는가? 양측 논쟁의 초점은 어디에 있는가? 담판의 전환점이 된 사건은 무엇인가? 중국측은 동삼성 철도·탄광 이권을 내주는 대신 간도 영토권을 어떻게 수호하였는가?

이 같은 문제점에 주목함으로써 일본의 최초 침략시도와 최종결과 간의 차이, 중국측의 투쟁과 어쩔 수 없는 양보에 대해 알아봄으로써 중일 양국의 간도문제를 둘러싼 각축과 투쟁의 진실에 대해 살피고자 한다. 아울러 일본이 한중 간의 영토분쟁과 조선 월간민(越墾民) 문제를 이용하여 두만강 이북 지역으로의 침투·확장과 동삼성 이권을 탈취하는 침략 본질에 대해 밝히고자 한다.

1. 일본의 '간도문제' 도발과 담판책략의 형성

일본이 간도문제를 도발한 것은 한중 양국간 국경분쟁이 존재한 것과 두만강 이북에 월간(越墾) 조선인이 존재한 점을 이용하였다.

명대 초기로부터 한중 양국은 압록강·두만강을 경계로 하였으며,

성과에 대해 긍정적으로 평가했다.

청대에 이르러 1712년 목극등을 파견하여 백두산정계를 행하게 되었다. 그 이후 1860~1870년대에 이르러 조선에 전례 없던 자연재해가 발생하였으며, 조선 재해민들이 대규모로 두만강 이북에 넘어가 땅을 개간하고 정착하게 되었다. 이들 월경민들은 새로운 개간지를 '간도(間島, 또는 墾島)'라고 칭하였으며, 이윽고 양국 간에 두만강 경계를 둘러싼 국경분쟁이 일어나게 되었다. 1885·1887년 양국은 두 차례 공동감계를 실시하였으며, 두만강을 경계로 하는 데는 합의를 보았으나 홍토산수·석을수 합류처 이상에서 합의를 보지 못하여 담판이 무산되었다. 이는 일본이 '간도문제'를 도발하는 빌미를 제공하고 말았다.

1895년 청일전쟁이 청의 패배로 끝났다. 중일 간에 '마관조약'을 체결하였으며 조선이 '독립자주국'임을 선포하였다. 이로써 조청 간에 200여 년간 유지되었던 조공책봉 관계가 종결되었다. 1897년 조선은 '대한제국'을 선포하였다. 1903년 대한제국 정부는 러시아가 중국 동북지역을 점령한 기회를 틈타 이범윤을 '북간도관리사'로 파견하여 조선 월간민의 힘을 빌어 두만강 이북 지역을 조선의 관할에 넣고자 하였다. 그러나 얼마 후 이범윤과 그가 이끄는 '사포대'는 청조 '길강군'에 의해 두만강 이북 지역에서 축출되었으며, 1904년 한중 지방관 사이에 '중한변계선후장정(中韓邊界善後章程)'이 체결되었다.

이 장정에는 두만강을 마음대로 넘지 못하며, 무기를 휴대하고 몰래 넘어와 사단을 일으키는 일이 없도록 할 것을 규정하였다.[2] 이때는 러일전쟁이 한창이어서 비록 중국측이 조선측과 함께 제3차 공동감계를 행하고자 하였지만 일본에 의해 거절되었다. 전술했듯이 주북경 일본공사 우치다가 러일전쟁이 끝난 후에 담판할 것을 건의하여 중국

---

2) 中央研究院近代史研究所 편, 『淸季中日韓關係史料』 제9권, 5952~5953쪽.

이 이에 동의하였다.[3] 이로써 일본이 전쟁 이후 '간도문제'에 개입하게
되는 빌미를 제공하게 되었다.

일본은 실지답사와 정보 수집을 통하여, 두만강 이북 주민이 주로
조선인이며, 전체 주민의 70~90%를 점한다는 사실을 알았다.[4] 또한
청조의 행정기구가 완전하지 못하며 1714년(강희 53)에 훈춘협령을
설립하여 부도통으로 승격한 후, 1902년에 이르러 지방 민정을 관리하
는 연길청(延吉廳)을 세웠음을 알게 되었다. 일본은 침투가 가능하다
고 판단하고 조선인을 '보호'한다는 구실로 통감부파출소를 세우고자
하였다.

통감부는 1905년 일본이 조선에 건립한 식민통치 기구로서 첫 통감
이 이토 히로부미(伊藤博文)였다. 그가 '간도문제'를 책동하고 도발한
것은 다음과 같은 전략적 의도에서였다. 1) 러시아를 견제하여 재차
반격하는 것을 막기 위해서였다. 간도가 한중러 삼국 사이에 끼여
있기에 전략적 위치가 중요하였다.[5] 2) 조선에 대한 식민통치를 공고
히 하며, 간도에서 일어날지 모르는 조선 반일운동을 탄압하기 위해서
였다.[6] 3) 조선과 가까운 연길(延吉)·길림 지역으로부터 동삼성으로
확장하기 위해서였다. 이는 일본의 대륙 침략정책과도 맞물리는 것이
었다.[7] 즉 러일전쟁을 통하여 러시아로부터 남만(南滿)의 이권을 탈취

3) 中井喜太郎, 『間島問題ノ沿革』, 『間島ノ版図ニ關シ淸韓兩國紛議一件』 제3권(アジ
   ア歷史資料センター, レファレンスコード : B03041195600, REELNo.1-0352/
   0369).
4) 篠田治策, 『統監府臨時間島派出所紀要』, 53~54쪽.
5) 李盛煥, 『近代東アジアの政治力學-間島をめぐる日中朝關係の史的展開-』, 錦正社,
   1991년, 41~47쪽.
6) 李盛煥, 『近代東アジアの政治力學-間島をめぐる日中朝關係の史的展開-』, 47~53쪽.
7) 姜宏衛, 『論1907-1909年中日關於'間島問題'交渉』, 東北師範大學 석사논문, 2013
   년, 6~8쪽.

한 데 이어, 동만(東滿)으로의 확장을 꾀한 것이다. 이른바 "여순·대련이 정문이고 연길이 후문이라"는 말이 나올 정도였다.[8]

1907년 8월 19일(양력) 일본은 육군 중좌 사이토 스에지로(齋藤季治郞)를 위시한 60여 명의 일본 헌병과 한국 순검을 파견하여 용정촌에 '통감부임시간도파출소'를 세웠다.[9] 같은 날 주북경 일본공사는 다음과 같은 조회문을 청 외무부에 보냈다. 즉 "간도가 중국 영토인지 한국 영토인지 오래도록 해결되지 못하였다. 이곳에 사는 한민(韓民)이 10만이 넘으며, 마적과 무뢰배들의 학대를 받고 있다. 통감으로부터 인원을 간도에 파견하여 보호하고자 한다. 속히 이곳의 중국 관리에게 전보문으로 통보하여 오해를 없애기 바란다."라는 내용이었다.[10] 즉 간도 영토귀속이 미정임을 강조함과 동시에 조선인을 '보호'한다는 명목으로 군경을 파견한 것이다.

이처럼 일본이 용정촌에 통감부파출소를 세운 데 대해, 중국정부는 예상치 못한 일로 여겨 크게 놀랐다. 청 외무부는 동삼성 총독을 통하여, 일본인들이 말하는 간도란 연길청 소속 화룡욕(和龍峪)·광제욕(光霽峪)을 말하며, 두만강 이북에 위치하고 있으며 확실히 중국 영토이며, 한민(韓民)은 월경 경작을 하고 있으며, 여러 차례에 걸쳐 북양대신과 길림장군이 처리한 적이 있다는 보고를 받았다.[11]

이에 근거하여 8월 24일 청 외무부는 주북경 일본대리공사에게 다음과 같은 조회문을 보냈다. 즉 중한 국경은 줄곧 두만강을 천연 계한으로 삼았으며 간도라는 명칭이 없다. 이곳에 연길청과 분방(分

---

8) 姜龍範, 『近代中朝日三國對間島朝鮮人的政策研究』, 94쪽.
9) 『日本外交文書』 40권 2책, 「間島問題―件」, 140쪽.
10) 故宮博物院 편, 『淸光緖朝中日交涉史料』 71권, 1932년, 10쪽 ; 『日本外交文書』 40권 2책, 「間島問題―件」, 91~93쪽.
11) 故宮博物院 편, 『淸光緖朝中日交涉史料』 71권, 16쪽.

防) 화룡욕경력(和龍峪經歷)을 두었으며 중국 영토에 속한다. 이곳 조선인들은 중국 지방관에 의해 보호를 받아야 하며, 일본 조회문에 이른바 통감부가 관원을 파견한다는 것에 대해 중국은 절대로 허락할 수 없다고 항의하였다.[12] 3일 뒤 청 외무부가 재차 일본측에 조회를 보내어, 봉천성(奉天省) 독무(督撫)의 전문에 의하면 이 지방이 매우 평온하며, 통감으로 하여금 파출소에 명하여 속히 철회하도록 요구하였다.[13]

일본이 한중 양국의 국경분쟁을 이용하여 사단을 일으킨 점을 고려하여, 9월 19일 청 외무부는 주일본 중국공사 양추(楊樞)로 하여금 일본측에 "먼저 철병하고 사람을 파견하여 공동으로 감계할 것"을 요구하도록 명하였다.[14] 그러나 일본은 공동감계를 행할 생각이 전혀 없었다. 간도문제를 책동한 이토의 경우 11월 2일 주(駐)서울 중국공사 마정량(馬廷亮)과 회담할 때, 먼저 양국 정부가 정계의 기초를 합의한 후 다시 양측에서 위원을 파견하여 실지조사를 행할 것을 건의하였다.[15] 일본이 '간도문제'를 도발한 목적이 한중 양국의 국경분쟁을 이용하여 두만강 이북 지역에 대한 일본의 영향력을 확장하기 위해서였으며, 간도파출소를 설립한 것도 이곳을 점령하기보다는 중국측을 견제하여 담판이 일본측에 유리하게 만들기 위해서였다.

한편 간도파출소는 60여 명의 일본 헌병과 한국 순검을 이용하여 두만강 이북 지역에 대한 행정력을 확장해 나갔다. 간도 지역을 네 구역으로 나누었는데 예컨대 북두소·종성간도·회령간도·무산간도

---

12) 『日本外交文書』40권 2책, 「間島問題一件」, 91~93쪽.
13) 『日本外交文書』40권 2책, 「間島問題一件」, 97~98쪽.
14) 故宮博物院 편, 『淸光緖朝中日交涉史料』71권, 16쪽.
15) 『日本外交文書』40권 2책, 「間島問題一件」, 146~147쪽.

등이다. 또한 도사장(都社長) 1명을 임명하고, 41사로 나누어 각각 사장 1명을 두었으며, 그 아래에 290촌으로 나누어 각각 촌장 1명을 두었다.[16] 이 밖에 중요한 지점에 헌병 분견소(分遣所)를 설치하여 한국순검을 함께 두었다. 예컨대 신흥평·국자가·두도구·호천포·우적동·조양천·복사평 등에 14개 헌병 분견소를 두었다.[17] 또한 두만강 연안으로부터 육도구(용정)까지 나무말뚝에 지명을 표기하여 예컨대 '대한국 북간도 모모사'라고 적어놓았다.[18] 그리고 일진회 조선인 김해룡(金海龍) 등을 앞잡이로 삼아 조선인들이 중국측에 납세하지 못하도록 선동하였다.[19]

파출소의 불법적인 행동에 대하여 중국측은 단호히 맞서 싸웠다. 1907년 10월 동삼성 총독 서세창의 명으로 진소상(陳昭常)과 오록정이 400명의 중국 군경을 거느리고 국자가(局子街, 연길)에 가서 '길림변무공서(吉林邊務公署)'를 세웠다.[20] 그 이후 군경을 증파하였으며, 가장 많을 때 4,000여 명에 달하여, 수적으로 파출소를 압도하였다.[21]

이와 동시에 파출소의 불법적인 확장을 제어하기 위하여, 변무공서로부터 여러 곳에 파판처(派辦處, 사무소)를 설립하여 14개에 달했다. 예컨대 육도구·동성용·호천가·마패·두도구·달라자·사기동·동불사·길지·팔도구·다촌·백초구·양수천자·한요구 등에 파판처를 세웠다.

---

16) 篠田治策, 『統監府臨時間島派出所紀要』, 158~159쪽.
17) 篠田治策, 『間島問題の回顧』, 谷岡商店印刷部, 1930년, 36쪽.
18) 『日本外交文書』41권 1책, 「間島問題一件」, 449쪽 ; 故宮博物院 편, 『淸光緒朝中日交涉史料』73권, 4쪽.
19) 王芸生 편, 『六十年來中國與日本』 제5권, 110쪽.
20) 1907년 10월 20일 오록정(吳祿貞)이 국자가에 도착하였고, 10월 25일 진소상(陳昭常)이 국자가에 도착하였다(국사편찬위원회 편, 『통감부문서』 2, 「간도문제에 관한 서류 1-3」, 231·239조, 404·413~414쪽).
21) 篠田治策, 『統監府臨時間島派出所紀要』, 243~244쪽.

또한 중일 공동으로 경영하던 천보산 광산을 봉쇄하여, 양국 간의 현안문제로 떠올랐다. 이 밖에 파출소 지지 세력과 그들의 활동을 타격하기 위하여, 파출소의 한국 순검을 체포하는가 하면, 친일파 일진회의 활동을 타격하였으며, 일본측 우체국 인원을 체포하고 파출소가 세운 이정표를 뽑아버렸다.[22] 이 밖에 구등허(九等墟, 고등하)·양양고(孃孃庫, 송강진)에 사는 조선인으로 하여금 치발역복·귀회입적하도록 강요하였다.[23] 이 같은 조치가 실효를 보았으며, 파출소가 조선인을 이용하여 송화강 상류 지역에 헌병 분견소를 증설하려던 계획이 무산되었다.

일본측은 파출소를 통하여 행정력을 확장함과 동시에 통감 이토의 지시에 따라 주북경 일본공사로 하여금 청 외무부와 접촉하여 담판을 시작하도록 하였다.

12월 7일 주북경 일본공사 하야시 곤스케(林權助)와 청 외무부 상서(尙書) 나동(那桐)·원세개 등이 원의 저택에서 만나 '간도문제'에 관한 제1차 회담을 진행하였다.[24] 이 회담에서 '간도문제'의 두 가지 측면 즉 간도 영토권문제와 조선인 보호문제가 언급되었다.

원세개가 강희 유지(1711년 사계에 관한 유지)와 1885년 감계지도를 들어 한중 양국이 두만강을 경계로 함을 지적함과 동시에, 1887년 조선에서 청에 보낸 공문 중에 두만강 상류 홍토수·석을수 합류처 아래에서 측정을 완성하였으나, 합류처 이상에서 압록강 발원지까지 아직 결정되지 못했다고 하였음으로, 한중 경계 회담은 1887년 감계결

---

22) 篠田治策, 『統監府臨時間島派出所紀要』, 245~246·254~256쪽 ; 『日本外交文書』 41권 1책, 「間島問題一件」, 435~436· 446~455쪽.
23) 『日本外交文書』 41권 1책, 「間島問題一件」, 442~445·457~460쪽 ; 故宮博物院 편, 『淸光緖朝中日交涉史料』 73권, 13쪽.
24) 『日本外交文書』 40권 2책, 「間島問題一件」, 173~175쪽.

과를 이어야 한다고 강조하였다.

이에 대해 일본공사 하야시는 아무 말도 못하고, 다만 중국측이 갖고 있는 공문·지도를 일본측으로 하여금 베끼도록 요구하였다. 또한 하야시는 "경계 문제의 해결이 어떻든지, 조선인 재판관할권은 청국 관리에 속하지 않는다."고 하여 중국측의 조선인에 대한 보호권을 부인하였다.

이에 대하여 원세개는 간도의 조선인은 특별지위에 있으며, 1891년(광서 17)경에 조선측은 보호권을 중국측에 의뢰하였으며, '한청통상조약'(1898년) 12조25)에 관련 규정이 있다고 답하였다.26) 즉 간도 영토권과 조선인 보호권이 모두 중국에 속함을 주장하였다.

비록 일본이 용정촌에 통감부파출소를 세웠으나, 한중 국경 교섭의 역사에 대해 잘 모르고 있었다. 이에 일본측은 한중 국경문제에 대해 연구하기 시작하였다. 전술했듯이 실지답사와 문헌연구를 통하여 간도가 조선에 속하는 근거가 약하다는 결론을 내리게 되었다.27) 1907년 12월 6일 일본 외무대신이 주북경 공사에게 전문을 보내어, "우리측의 조사에 의하면 간도문제에 관한 한국정부의 주장의 논거가 약하므로", "국경의 기초를 마련하기 위하여 먼저 상대방의 논거를 알아야 한다"고 지시하였다.28) 즉 토문·두만 2강설에 기초하여 간도가 한국에 속한

---

25) '한청통상조약' 제12조에 다음과 같이 규정하였다. "양국 육로 접경지에서는 변민들이 줄곧 호시(互市)를 해왔으며, 조약 체결 후 '육로통상장정세칙'을 다시 정하기로 한다. 이미 월경 개간한 자들은 업에 안착하도록 하여 생명과 재산을 보호하며, 이후에 몰래 변경을 넘어오는 자들에 대해서는 피차간에 금지하며 사단을 일으키는 일이 없도록 한다. 개시할 곳에 대해서는 장정을 의정할 때 함께 논의하여 정한다."

26) 『日本外交文書』 40권 2책, 「間島問題一件」, 173~175쪽.

27) 일본이 실지답사와 문헌연구를 통하여 간도가 조선에 속하는 근거가 약하다는 결론을 내리는 데 대해서는 이화자, 『1905~1909年日本調査'間島'歸屬問題的內幕』, 『近代史硏究』, 2015년 2기 참조.

다는 결론이 성립되기 어렵다는 뜻이다. 또한 중국측 저항이 거센 관계로 일본측은 부득불 영토권을 포기하고 조선인 보호권을 탈취하는 데 주력하였다.

1908년 4월 7일 일본 외무대신이 주북경 공사에게 '간도문제에 관한 내훈'을 지시하였다. 즉 한중 양국이 두만강을 경계로 함을 인정함과 동시에 간도에 일본 영사관을 설치하여 조선인의 재판권을 탈취하는 것과 '길회'철도를 부설하는 등의 내용이 포함되었다.

한편 중국측이 앞의 조건을 즉각 받아들이지 않을 것에 대비하여, 간도 귀속이 미정임을 주장하여 중국측을 견제하고자 하였다.[29] 같은 해 4월 11일 일본정부가 칙령을 통하여 '통감부임시간도파출소관제'를 반포하였다.[30] 즉 파출소를 통하여 중국측에 압력을 가함과 동시에 담판을 통하여 위 목표를 달성하고자 하였다. '간도 내훈'의 반포는 일본의 '간도문제' 담판책략이 형성되었음을 의미한다.

위와 같이 영토권으로서 간도의 특권을 교환하기 위해서는 먼저 중국측의 두만강 경계 주장을 부정한 후, 영토권을 양보하는 형태로서 이권을 교환해야 했다. 이를 위하여 일본측은 중국측을 반박하는 조회문을 작성하기에 급급하였다. 얼마 후 간도파출소 소장인 사이토 스에지로가 북경에 출장가서 주북경 일본공사와 함께 조회문을 준비하였다.[31] 같은 해(1908년) 5월 10일 조회문이 완성되어 원세개에게 보내졌다. 그 핵심 내용인즉 토문·두만 2강설과 1887년 공동감계가 무효라는 것이었다.[32]

---

28) 『日本外交文書』 40권 2책, 「間島問題一件」, 172쪽.
29) 『日本外交文書』 41권 1책, 「間島問題一件」, 437~439쪽.
30) 『日本外交文書』 41권 1책, 「間島問題一件」, 437~439쪽.
31) 『日本外交文書』 41권 1책, 「間島問題一件」, 437~439·441~442쪽.
32) 『日本外交文書』 41권 1책, 「間島問題一件」, 444·455~457쪽.

같은 해(1908년) 7월 2일(음력 6월 4일) 청 외무부가 긴 문장의 절략(節略)을 작성하여 일본측 관점을 일일이 반박하였다. 즉 중한 양국이 정하지 못한 경계는 석을수·홍토수 합류처 이상이며, 양국에서 대표를 파견하여 공동으로 답사하여 측량할 것을 요구하였다.[33] 그러나 일본측은 국경문제를 해결할 생각이 전혀 없었으며, 일부러 시간을 지연함과 동시에 파출소에 헌병을 증파하여 중국측에 압력을 가하였다. 같은 해 9월 일본 군경이 60여 명에서 107명으로 증원하였으며, 가장 많게는 250여 명이 되었다.[34]

중국측 변무공서가 파출소의 헌병·순검과 맞서 싸운 관계로 양측 군경 사이 충돌사건이 빈발하였다. 같은 해 10월 이른바 '우적동사건'이 발생하였으며, 이는 '간도문제' 담판의 전환점이 되었다.

2. '우적동사건'과 동삼성 '6안(案)'에 대한 1~7차 회담

1908년 10월 중일 군경 사이에 충돌 사건이 발생하였는데 곧 '우적동(禹跡洞)사건' 혹은 '화호리구(火狐狸溝)사건'이라고 한다. 일본측이 두만강 이북 우적동(회령 맞은편)에 헌병 분견소를 증설하기 위해 숙소를 짓던 중에 중국측 '길림변무공서'에서 파견한 군경과 충돌하였다.

---

33) 『日本外交文書』 41권 1책, 「間島問題一件」, 466·486쪽 ; 故宮博物院 편, 『淸光緖朝中日交涉史料』 74권, 2쪽.

34) 일본이 간도 지역에 헌병과 조선 순검을 증파한 것이 두 차례이다. 하나가 1908년 5월 조선반일무장단체가 무산 대안으로 진군한다는 소식을 접하자 헌병 32명을 증파하였다. 하나가 1909년 7월 길림변무독판 오록정이 간도파출소와 강경하게 대항하자 헌병 96명과 조선 순검 63명을 증파하였다(故宮博物院 편, 『淸光緖朝中日交涉史料』 74권, 4쪽 ; 篠田治策, 『統監府臨時間島派出所紀要』, 35쪽 참조).

10월 12일 중국측 순경 60여 명이 우적동 공사장에 나타나 일본측에 공사를 중지할 것을 요구하였다. 일본측은 히라타 중위를 포함하여 17명밖에 안되어 약세에 처했으므로 급한 찰나에 사격 명령을 내렸다. 결국 중국측 순경 2명이 즉사하였고, 한 명이 중상을 입어 숨졌으며, 3명이 부상을 입었다. 일본측도 3명이 부상당했다.[35] 이는 파출소 설립 이래 양측 군경 사이의 큰 충돌 사건이었다.

중국측은 일본측에 엄중히 경고함과 동시에 속히 '간도문제'를 해결할 것을 촉구하였다. 10월 21일 주일본 중국공사 호유덕(胡惟德)은 일본측에 다음과 같은 요구를 제기하였다. 1) 범인을 징치하라. 2) 장관을 징치하라. 3) 부상과 사망자를 위무하라. 4) 파출소를 철퇴하라. 5) 중한 국경 문제는 1887년 감계결과에 이어 진행하며, "연길(延吉) 경내 월간 한민(韓民)에 대하여 속히 방법을 강구하며, 이 두 가지에 대해 양국 정부가 사람을 파견하여 적당히 처리할 것"을 촉구하였다.[36]

이처럼 '우적동사건'을 공동으로 조사할 것을 요구한 데 대해, 일본측은 '사리가 아주 명백하다'는 구실로 거절하였다.[37] 일본측 이유가 충분하지 못했기에 중국측에 끌려가려 하지 않았다. 즉 다시 말하여 '간도문제'를 일본측이 바라는 의도대로 해결하고자 하였다.[38]

마침 봉천(奉天) 순무(巡撫) 당소의(唐紹儀)가 특사 자격으로 일본에

---

35) 篠田治策, 『統監府臨時間島派出所紀要』, 320~324쪽 ; 『日本外交文書』41권 1책, 「間島問題一件」, 517쪽 ; 故宮博物院 편, 『清光緒朝中日交涉史料』74권, 12~15쪽.

36) 『日本外交文書』41권 1책, 「間島問題一件」, 530·541쪽.

37) 篠田治策, 『統監府臨時間島派出所紀要』, 324쪽.

38) 이주인 공사가 고무라 외상에게 중국측과 함께 '우적동사건'을 조사할 것을 제의한 데 대해 고무라가 '간도문제' 담판이 곧 시작된다는 구실로 반대하였다 (『日本外交文書』41권 1책, 「間島問題一件」, 527~528쪽 참조).

파견되었다. 그는 청 외무부로부터 '간도문제'의 두 가지 측면을 해결하도록 지시 받았다. 하나가 중한 국경문제를 1887년 감계결과를 따르는 것이고, 다른 하나가 월간 조선인문제였다.[39]

10월 21일 당소의와 일본 외무대신 고무라 주타로(小村壽太郎)가 회담을 통하여, '간도문제'에 대해 대화를 나누었다. 고무라가 중국측은 국경문제를 중히 여기고, 일본측은 한민(韓民)을 보호하는 일을 중히 여기며, 만약 중국측이 일본측의 "연길에서 한민을 보호하는 권리"를 인정할 경우, 일본측도 중국측의 "연길에서 지주의 권리가 있음"을 인정할 것이라고 말하였다. 이는 일본이 처음으로 조건부로 간도가 중국에 속함을 인정한다는 태도를 표명한 것이다. 고무라는 또한 연길의 모든 한민은 "통상입구의 한국 교민과 같이 일본의 보호를 받아야 하며 이를 제치고 다른 요구가 없다"고 말하였다. 즉 간도를 개방하여 일본 영사관을 설립하며 조선인에 대해 보호권을 실시하고자 하였다.

이 밖에 두 사람은 동삼성 철도 부설권·탄광 채취문제 등에 대해서도 논의하였으며, 예컨대 '신법(新法)'철도, '남만'철도 및 '경봉(京奉)'철도가 심양에서 교차하는 문제, '길장'철도 등등, 동삼성 '5안'이 거의 다 포함되었다.

끝으로 고무라는 이주인(伊集院) 공사가 곧 부임하게 되므로 그 때 중국측과 평화적으로 상의할 것이라고 말하였다.[40] 이처럼 당소의-고무라 회담이 '간도문제' 담판의 재개를 추진하였다.

1908년 12월 25일(음력 11월 13일) 새로 부임한 이주인 공사가 중국측에 '만주 6안'의 건명을 다음과 같이 통보하였다.[41] 1) 법고문(法庫

---

39) 故宮博物院 편, 『淸光緖朝中日交涉史料』74권, 15쪽.
40) 故宮博物院 편, 『淸光緖朝中日交涉史料』74권, 24~25쪽.

門)철도. 2) 대석교 지선. 3) 경봉철도를 봉천 성문까지 연장하는 일. 4) 무순·연대(煙臺) 탄광. 5) 안봉(安奉)철도 연선의 광산. 6) 간도문제 등이다. 즉 동삼성 5안과 간도문제를 한데 묶어 놓았다.[42]

이때로부터 이듬해(1909년) 3월까지 이주인 공사와 청 외무부 사이에서 '만주 6안'을 둘러싼 1~7차 회담이 진행되었다. 아래에 구체적인 회담 내용에 대해 알아보기로 한다.

1908년 12월 28일(음력 11월 16일) 이주인 공사가 청 외무부의 나동·원세개·양돈언(梁敦彦) 등과 함께 청 외무부에서 만나 제1차 회담을 진행하였다.[43] 먼저 이주인 공사가 6안의 구체 내용을 설명하였다. 중국측은 원세개가 담판을 담당하였으며, 일본측이 동삼성 5안과 간도문제를 한데 묶는 데 대해 반대하였다. 즉 동삼성 철도·광산은 동삼성 총독과 담판하는 것이 좋으며, 필요할 경우 중앙정부가 총독에게 권고하여 타협할 수 있다고 완곡하게 거절하였다.

담판 중에서 원세개가 당소의 보고에 따르면, 고무라 외무대신이 간도가 중국 영토임을 인정한다고 확실히 말했다고 하였다. 이에 대해 이주인 공사가 부인했으며, 단지 양측이 대체적인 의견을 교환했을 뿐이며, 일본측이 논거를 더 추가할 것이며, 중국측 의견을 들어본 후 공평하고 합리적인 기초 위에서 해결할 것이라고 답하였다.[44] 이처럼 간도 영토권 문제에 있어서 일본측이 했던 말을 번복한 것은 일종의 담판 책략으로서, 이를 담판 조건으로 삼아 조선인 보호권과 동삼성

41) 『日本外交文書』 41권 1책, 「滿洲に關する日淸協約締結一件」, 700쪽.
42) '간도문제'와 '만주 5안'을 한데 묶어서 담판하자는 생각은 데라우치 마사타케 (寺內正毅)가 육상 겸 외상을 겸임할 때 제의하였다(名和悅子, 『內藤湖南の國境領土論再考-二十世紀初頭の淸韓國境問題'間島問題'を通じて』, 183~186쪽 참조).
43) 『日本外交文書』 41권 1책, 「滿洲に關する日淸協約締結一件」, 700~703쪽.
44) 『日本外交文書』 41권 1책, 「滿洲に關する日淸協約締結一件」, 703쪽.

기타 이권을 교환하기 위해서였다.

1909년 1월 11일 이주인 공사와 청 외무부 상서 양돈언(梁敦彦)·자문 도대균(陶大均) 등이 2차 회담을 개최하였다.[45] 원세개가 섭정왕 재풍 (載灃)에 의해 면직되어 이때부터 회담에서 제외되었다. 대도균은 봉 천 교섭사로서 담판 내용이 동삼성 철도·탄광과 관련되어 담판에 참여 하였다.

중국측 대표인 양돈언이 먼저 '간도문제'를 논의할 것을 제기하자 이주인 공사가 여러 건을 함께 논의하자고 하였다. 그리하여 차례로 신법(新法)철도[46]·경봉철도[47]·대석교 지선[48]·무순과 연대 탄광[49] 등 에 대해 논의하였다.

제2차 회담에서 양측은 깊이 있는 대화를 나누지 못했으며, 상대방 의 의도를 알아보는 데 중점을 두었다. 특히 일본측은 중국측 국경 관점을 반박하는 각서(漢譯本)를 건넸으며, 간도 영유권문제로서 중국 측을 견제하여 담판 조건으로 삼으려 하였다.[50]

같은 해(1909년) 1월 27일 양돈언이 청 외무부 우시랑(右侍郎) 추가 래(鄒嘉來)·우참의 조여림(曹汝霖) 및 대도균을 거느리고 일본 공사관 에 가서 제3차 회담을 진행하였다.[51] 주로 간도문제·무순탄광과 법고

---

45) 『日本外交文書』 42권 1책, 「滿洲に關する日淸協約締結一件」, 222~224쪽.
46) 중국측이 '신법'철도(신민둔-법고문)를 수축할 경우 일본의 '남만'철도와 경쟁 될까 우려하여 일본측은 '신법'철도 수축을 방해하였다.
47) '경봉'철도(북경-봉천)와 남만철도가 공동으로 봉천역을 사용하는 문제임.
48) 일본측은 대석교-영구선을 남만철도의 지선으로 하고자 하였다.
49) 1905년 러일 양국이 체결한 '포츠머스조약'과 '중일회의동삼성사의조약'에 근 거하여, 일본은 무순·연대 탄광을 일본이 독자적으로 채굴할 권리가 있다고 주장하였다.
50) 『日本外交文書』 42권 1책, 「滿洲に關する日淸協約締結一件」, 223~224쪽.
51) 『日本外交文書』 42권 1책, 「滿洲に關する日淸協約締結一件」, 227~228쪽.

문 철도에 대해 담판하였다.

첫째로 간도문제에 대하여, 양돈언이 많은 증거로서 간도 영토권이 중국에 속함을 주장하였다. 예컨대 1882년 조선국왕의 자문, 1885·1887년 감계지도, 조선측 대표 이중하의 조회, 조선국왕이 이홍장에게 보낸 자문 등이 포함되었다. 이를 통하여 중한 양국이 분쟁지역 또는 미정지역이 두만강 상류 홍토·석을수 합류처 이상임을 강조하였다.

이와 동시에 양돈언은 한일 양국의 관찬·사찬 지도 예컨대 22매의 『대당(大唐)여지도』(한국)·『한국여지도』·일본 민간의 『조선해륙전도』 등을 증거로 하여, 중한 양국이 두만강을 경계로 함을 주장하였다. 이에 대하여 이주인 공사가 할 말을 잃었으며 단지 민간 지도는 믿을 수 없으며 관찬 지도라고 할지라도 간도 분쟁지역을 중국 영역에 넣는 것은 부당하다고 우겼다.

둘째로 무순(撫順) 탄광에 대하여, 양돈언이 이는 왕승요(王承堯)의 개인재산이라고 하였다.[52] 이에 대해 이주인 공사가 광주(鑛主)에 대해 극력 보상할 것임과 '포츠머스조약' 제6조[53]와 '중일회의동삼성사의조약(中日會議東三省事宜條約)'에 근거하여 일본이 광산에 대한 채굴권이 있음을 강조하여 독자적으로 채굴할 것을 요구하였다. 이는 러일전쟁 이후 중국과 체결한 조약 및 동삼성 탄광 이익에 관계되는 문제였기에 양돈언이 별다른 태도를 표명하지 못하였다.[54]

---

52) 청 외무부 도대균(陶大均)이 개인 신분으로 이주인 공사와 면담할 때, 도대균은 무순 탄광을 중일 공동경영으로 할 수 있다고 하였다(『日本外交文書』 42권 1책, 「滿洲に關する日淸協約締結一件」, 224~225쪽 참조).

53) '포츠머스조약' 제6조에는 다음과 같이 규정하였다. "러시아 정부는 장춘(長春)으로부터 여순구(旅順口)에 이르는 철도와 모든 지선, 이 지방 철도 내 부속된 모든 권리와 재산, 이 지방 철도 내 부속된 모든 탄광, 또는 철도 이익과 관계되는 모든 탄광에 대하여, 보상 없이, 또한 청국정부가 허락하는 것은 모두 일본정부에 양도한다."

셋째로 법고문(法庫門)철도에 관하여, 이주인은 중국측이 신법철도 (신민둔－법고문)를 수축함에 따라 남만철도(장춘－대련)에 손해를 줄 것임을 고려하여, 일정한 거리를 두고 예컨대 신민둔으로부터 창무 대문(彰武臺門)까지 철도를 수축하며, 서쪽으로 연장하되 북쪽으로 향하지 말도록 하여, 남만철도와 일정한 거리를 둘 것을 요구하였다. 그는 또 다른 보상 방안을 내놓았는데, 중국측이 계속 '신법선'을 수축 하되, 일본측이 남만철도에서 법고문에 이르고 다시 정가둔(鄭家屯, 오늘날 雙遼)에 이르는 철도를 수축할 것을 요구하였다. 이에 대해 중국측은 동의할 수 없다고 거절하였으며, 일본 세력이 남만철도 외의 더 넓은 지역까지 확장하는 것을 반대하였다.[55]

2월 3일 양돈언과 이주인이 제4차 회담을 진행하였는데, 무순·연대 탄광을 중일 '동삼성사의조약'에 적용할 수 있는지에 관한 문제였 다.[56] 양돈언이 조약 '회의록' 제10호에 근거하여, 중국측은 동삼성 광산의 복잡성으로 인하여 러시아에 넘겨준 것은 조약에 따라 처리하 고 그렇지 않은 것은 장차 오해의 소지를 없애기 위하여, 일본의 동의 하에 '회의록'에 다음과 같은 내용을 기록하였다. 즉 "봉천성(奉天省) 내의 광산은 이미 개방했거나 하지 않은 것을 막론하고 공평하고 상세한 장정을 정한다."고 규정하였다. 그럼에도 불구하고 무순·연대 탄광은 이미 개방한 광산이며, 러시아에 넘기지 않았기에 일본에 넘길 필요가 없다고 거절하였다. 이에 대해 이주인 공사가 중일 '동삼성사 의조약'이 '포츠머스조약'을 인정하였기에, 철도 연선의 광산뿐만 아니 라 일본 이익에 관계된다고 여기는 다른 광산도 일본측에 넘겨야

54) 『日本外交文書』 42권 1책, 「滿洲に關する日淸協約締結一件」, 224~228쪽.

55) 『日本外交文書』 42권 1책, 「滿洲に關する日淸協約締結一件」, 228쪽.

56) 『日本外交文書』 42권 1책, 「滿洲に關する日淸協約締結一件」, 228~229쪽.

한다고 주장하였다. 즉 무순·연대 탄광이 이 두 조약에 근거하여 일본의 정당한 권리라는 것이었다.

한편 6안의 요구를 중국측이 잘 알게 하기 위하여, 2월 6일 이주인 공사가 청 외무부에 '만주 제 안건 처리 각서'를 보내왔다.[57] 2월 10일 양측은 이 각서에 근거하여 담판을 진행하였는데 제5차 회담이었다.[58]

첫째로 법고문철도에 관하여, 양돈언이 일본에서 제기한 갑안(甲案)과 을안(乙案)을 받아들일 수 없다고 함과 동시에,[59] 이 문제는 그대로 두고 먼저 '간도문제'를 토론할 것을 건의하였다.

둘째로 '간도문제'의 다섯 개 방면을 토론하였다. 1) 일·한인의 잡거(雜居)에 대하여, 이주인 공사가 만약 두만강 이북 지역이 중국 소속으로 될 경우 중국측은 일·한인이 잡거하거나 영업하는 것을 인정하며, 강제적으로 그들의 풍속을 변화시킬 수 없다고 하였다. 이에 대해 양돈언이 한인(韓人)의 잡거는 잠시 논하지 말되 일본인의 잡거는 인정할 수 없다고 하였다. 그 이후 중국측의 반대로 일본인이 간도에서의 잡거권을 끝내 인정하지 않았다.

2) 상부(商埠)를 개방하는 데 대하여, 양돈언이 상부를 개방할 경우 외국과 접촉할 수 있어 부당하다고 하였다가 다시 영사관과 분관을 설치할 위치를 알려달다고 하였다. 이로써 중국측이 불법적인 통감부 파출소를 철폐시키기 위하여 일본측이 영사관을 설치하려는 요구를

---

57) 『日本外交文書』 42권 1책, 「滿洲に關する日淸協約締結一件」, 229~232쪽.

58) 『日本外交文書』 42권 1책, 「滿洲に關する日淸協約締結一件」, 232~235쪽.

59) 갑안 : 일본측은 중국측이 새로 신법철도를 수축하는 것을 멈추도록 하며, '법고문―철령'선을 수축하여 남만철도와 연결시킨다. 을안 : 일본측은 중국측이 새로 신법철도를 수축하는 것을 허락함과 동시에 일본측으로 하여금 남만철도의 한 역으로부터 법고문을 거쳐 정가둔에 이르는 철도를 수축하도록 한다(『日本外交文書』 42권 1책, 「滿洲に關する日淸協約締結一件」, 230쪽).

받아들이고자 함을 알 수 있다.

한편 조선인 보호권에 대하여, 양돈언이 조선인은 두 부류로 나뉜다고 하였다. 하나가 토지와 가옥이 있는 주민을 말하며 이들은 중국의 법권 하에 두어야 한다. 다른 하나가 단순한 유람 또는 왕래하는 자들로서 법을 어길 경우 조선에 인도(引渡)할 수 있다고 하였다. 이에 대해 이주인 공사가 반대하였으며, 모든 조선인의 재판관할권은 반드시 전부 일본에 속해야 한다고 강조하였다. 이처럼 조선인의 관할재판권을 둘러싼 논쟁이 치열해졌으며, 이로 인하여 담판이 지연되었다. 중국측을 놓고 볼 때 이는 간도 영토권과 관할권의 통일의 문제로서 만약 영토권만 인정하고 조선인 관할재판권을 인정하지 않을 경우 영토권이 유명무실해지기 때문에 절대 양보할 수 없었다.

3) 천보산 광산에 대하여, 양돈언이 중국정부는 나카노 지로(中野二郎)와 정광제(程光弟)가 체결한 계약을 인정하지 않으며, 또한 광산이 미국인과도 관계가 있어 미국정부도 의견이 있기에 '간도문제'와 분리시켜 토론할 것을 요구하였다. 즉 이 문제로서 일본측을 견제하고자 하였다.

4) 간도와 중한 양국의 기타 지역과의 교통·무역을 방해하지 않는 문제에 관하여, 양돈언은 이 문제가 너무 추상적이어서 장차 오해를 가질 소지가 있으므로 구체적인 사항을 밝히라고 하였다. 이에 대해 이주인 공사가 중국측이 두만강 도선(渡船)의 자유를 방해하지 않으며, 조선인이 간도에서 곡물을 운반할 수 있도록 하는 내용이라고 하였다. 일본측의 의도는 '중한변계선후장정'(1904년)의 관련 규정을 장차 체결할 새 조약에 넣음으로써 두만강 이북 지역에 대한 경제적 침투를 강화하기 위해서였다.

5) 길회철도에 관하여, 양돈언이 '길장'철도(길림-장춘)가 아직 완

성되지 않았기에 '간도문제'와 함께 의논할 수 없으며, 장차 길회철도를 수축할 경우 중국 경내는 중국이 수축하고 조선 경내는 일본이 수축하면 된다고 하였다. 이에 대해 이주인 공사가 길회철도와 간도문제를 함께 논의해야 하며, 일본측이 독자적으로 수축하는 데 대해 중국측이 동의하지 않을 것을 감안하여 중일 공동으로 수축할 것을 건의하였다.

2월 17일 양돈언과 이주인이 제6차 회담을 거행하였으며 6안을 두루 논의하였다.[60] 우선 '간도문제'에 관한 담판 내용은 다음과 같았다.

1) 영토권과 조선인 재판권에 대하여, 이주인 공사가 만약 중국측이 '간도문제'에 관한 다섯 개 조건과 기타 현안 요구(2월 6일 일본측 각서)를 들어줄 경우, 일본측은 간도 소속문제에서 양보할 수 있으며, 그가 상사로부터 훈령을 받았다고 말하였다.

이에 대해 양돈언이 만약 영토권만 인정하고 잡거지 조선인에 대한 법권을 인정하지 않을 경우 영토권이 유명무실해진다고 하였다. 또한 양돈언은 2·3개의 상부를 열어, 상부 내의 거주자 또는 기타 지방에서 유람하거나 다니는 자들에 한해서 한국의 법권을 지키며, 상부 외에 거주하며(잡거지) 땅이 있어 경작을 하는 자에 대해서는 중국인과 동일하게 중국의 법권에 따라야 한다고 강조하였다. 이로써 중국측이 조선인 재판권에서 양보하려 함을 보여준다. 즉 단순한 유람자 외에 상부지 거주자의 재판권도 일본에 있음을 인정하려 하였다.

2) 천보산 광산에 관하여, 양돈언이 중일 공동경영에 대하여 이의가 없으나 봉천 총독에 문의해야 한다고 하여 확답을 주지 않았다.

3) 길회철도에 관하여, 양돈언이 봉천총독이 반대하여 중일 공동경

---

60) 『日本外交文書』 42권 1책, 「滿洲に關する日淸協約締結一件」, 235~238쪽.

영이 어렵다고 하였다. 이처럼 길회철도 문제를 중국측이 담판 카드로 이용하였으며, 그 이후 중일 공동경영을 인정하는 조건으로 잡거지 조선인 재판권과 두만강 수원 문제에서 일본측이 양보하도록 요구하였다. 이에 대한 내용은 후술하기로 한다.

그 다음으로 기타 현안을 논하였다.

1) 무순 탄광에 관하여, 양돈언이 봉천총독이 일본 입장을 고려하여 중일 공동경영에 동의한다고 하였다. 이에 대해 이주인 공사가 반대하였으며, 일본의 정당한 권리로서 단독 경영을 요구하였다.

2) 법고문철도에 관하여, 양돈언이 신법철도를 남만철도와 일정한 거리를 둘 수 있다고 하였다. 즉 중국측이 신법철도를 수축하는 것이 남만철도 이익에 손해되지 않기에 신법철도 수축을 중지할 수 없다는 뜻이다.

3) 대석교(大石橋) 지선(支線)에 관하여, 양돈언이 이는 큰 일이 아니라고 답하였다. 이에 근거하여 이주인 공사는 대석교·영구(營口) 선을 남만 지선으로 만드는 것이 큰 장애가 없다고 판단하였다.

위에서 본 5·6차 회담을 통하여, 이주인 공사는 중국측이 잡거지 조선인 재판권 문제에 대한 태도가 확고함을 인식하게 되었다. 담판의 진전을 위하여 그는 고무라 외상에게 일본측이 양보할 것을 건의하였다. 즉 잡거지 조선인 재판권이 중국에 속함을 인정할 것을 건의하였다. 이와 동시에 일본이 재판을 감독하며 일본영사가 재판에 '입회(立會)'하거나 조선인이 재판에 불복할 경우 '복심(覆審)'을 요구하는 등 권리를 주장할 것을 건의하였다.[61]

그러나 고무라 외상이 이를 반대하였으며, "한민의 보호에 대해서는

---

61) 『日本外交文書』 42권 1책, 「滿洲に關する日淸協約締結一件」, 238~239쪽.

반드시 우리측 주장을 끝가지 실시하며, 모든 힘을 다하여 한민의 재판관할권을 전부 회수하도록 하라"고 명하였다.[62] 이처럼 일본이 조선인 재판권 문제에서 강한 태도를 보인 것은 이것이 '간도문제'를 도발한 주요 목표이기 때문이었다. 그 의도인즉 간도 조선인을 이용하여 일본의 이익을 확장함과 동시에 조선인의 반일투쟁을 감독하고 탄압하기 위해서였다. 이는 일본의 조선에 대한 식민통치를 공고히 하는 것과도 관련되었다.[63]

2월 28일 양돈언과 이주인이 제7차 회담을 진행하였으며, 잡거지 조선인 재판권과 상부를 개방하는 문제를 논의하였다.[64] 이주인 공사가 조선인 보호권은 '간도문제'의 근본이며, 일본측이 영토권이 중국측에 속함을 인정한 이상 조선인 보호권은 일본측에 속해야 한다고 주장하였다.[65]

이주인 공사는 또한 간도의 지리범위와 개방할 여섯 곳의 지명을 중국측에 알려주었다. 간도 지리범위는 조선인 밀집지로 한하여, 동쪽은 가야하를 경계로 하고, 북쪽은 로예령(老爺嶺), 서쪽은 로령(老嶺, 오늘날 先鋒嶺)에서 정계비까지였다.[66] 이 범위인즉 두만강 이북 조선인 분포 지역임과 동시에 일본이 관할재판권을 행사하고자 하는 범위였다.

이 밖에 일본이 상부를 개방할 지점 즉 영사관과 분관을 설치할

---

62) 『日本外交文書』42권 1책, 「滿洲に關する日淸協約締結一件」, 239~240쪽.

63) 1919년 조선의 '3·1'독립운동의 영향으로 간도지역에서도 '3·13'반일운동이 일어났다. 이를 계기로 간도지역이 조선 반일무장투쟁의 기지로 변하였다. 그 이듬해 일본은 '훈춘사건'을 구실로 2만여 명의 군대를 파견하여 간도에 대한 토벌을 감행하였는데 '경신년대토벌'이다.

64) 『日本外交文書』42권 1책, 「滿洲に關する日淸協約締結一件」, 240~242쪽.

65) 『日本外交文書』42권 1책, 「滿洲に關する日淸協約締結一件」, 239~240쪽.

66) 『日本外交文書』42권 1책, 「滿洲に關する日淸協約締結一件」, 239~240쪽.

지점을 알려주었는데, 용정촌에 영사관을 설치하고, 국자가·두도구·백초구·하천평·동불사 등 다섯 곳에 분관을 설치하고자 하였다. 이와 동시에 상부지 밖에 일본 경찰서 또는 경찰관 주재소(駐在所)를 설치할 것을 요구하기도 하였다.[67] 특히 후자에 대해 양돈언이 강하에 반대하였으며, 상부지 밖의 경찰권은 재판관할권보다 중국에 더 불리하므로 절대 받아들일 수 없다고 하였다.[68]

요컨대 위와 같이 1~7차 회담을 통하여, 일본은 '간도문제'를 동삼성 5안과 한데 묶어 놓고, 간도 영토권을 인정하는 조건으로 조선인 관할 재판권과 동삼성 5안의 이권을 탈취하고자 하였다. 이에 대해 중국측은 간도 영토권을 인정받음과 동시에, 파출소를 철거시키기 위하여 동삼성 5안의 이권을 양보함과 동시에 일본이 간도에서 영사관과 분관을 설치하고 또 상부지 내 조선인에 대해 재판권을 실시하며, 단지 상부지 외 잡거지 조선인은 중국의 법권에 따르도록 할 것을 요구하였다. 이는 중국측 담판의 최저 한계였다. 이로 보아 양측의 논쟁 초점이 잡거지 조선인 재판권에 있음을 알 수 있다.

3. 중국측의 헤이그 중재 요구 및 일본의 반대

두만강 이북 간도지역에 월간(越墾) 조선인이 70~90% 차지하고 있었기 때문에 영토권만 인정하고 관할재판권을 탈취할 경우 영토권이 유명무실해지므로 중국측은 영토권과 관할재판권의 통일을 요구하였다. 일본측에 압력을 가하기 위해 중국측은 6안을 헤이그 국제중재에

---

67) 『日本外交文書』 42권 1책,「滿洲に關する日淸協約締結一件」, 239~240쪽.
68) 『日本外交文書』 42권 1책,「滿洲に關する日淸協約締結一件」, 241쪽.

넘길 것을 제기하였다.

1909년 3월 22일 청 외무부 조여림(曹汝霖)이 이주인 공사에게 '만주 현안'에 관한 절략(節略, 외교각서)을 전달하였다.[69] 일본측의 6안 요구를 거의 다 부정함과 동시에 6안을 헤이그 국제중재에 넘길 것을 제기하였다. 중국측 절략의 내용은 다음과 같았다.

1) 법고문철도에 관한 일본의 요구(갑안·을안)를 받아들일 수 없으며, 중국측이 새로 수축할 신법철도는 남만철도에 손해가 없다.

2) 대석교 지선을 중국측이 단독으로 수축하며, 일본측이 남만철도의 지선으로 하고자 하는 것에 동의할 수 없다.

3) 경봉선과 남만철도가 공동으로 봉천역을 이용하는 데 동의하지 않으며, 경봉선이 법고문까지 연장하는 것은 남만철도 이익에 손상이 없다.

4) 무순탄광은 왕승요의 개인재산에 속하며, 연대탄광도 러시아에 넘긴다는 명문이 없으므로 '동삼성사의조약'의 '회의록'에 근거할 경우 이 두 탄광 채굴권을 일본에 넘겨줄 수 없다.

5) 먼저 무순·연대 탄광에 관한 방법을 의논한 후 봉천총독으로 하여금 안봉선(安奉線) 연선의 광산 규정에 따라 남만 간선 연선의 광산 규정을 정한다.

6) 간도문제에 관하여, a) 간도가 중국에 속한다는 증거가 명확하며 중국측이 누차 성명(聲明)하였다. 월간(越墾) 조선인은 중국인과 동일하게 중국의 관할 하에 있으며 앞으로도 그럴 것이다. 월간 조선인이 조선 국적으로 돌아갈 경우, 1년 내에 개간한 땅을 중국에 반환해야 하며, 상부지 내로 이사해서 거주해야 한다.

---

69) 『日本外交文書』 42권 1책,「滿洲に關する日淸協約締結一件」, 243~245쪽.

b) 상부지는 중국이 스스로 두 개 지점을 개방할 것이며, 각국 상민이 거주·무역하고 영사관을 설립하는 것을 허락한다. 기타 순경(巡警)·공사·위생 및 일체 행정권은 중국이 스스로 상부를 개설하는 방법에 따라 중국 지방에서 관리하며, 각국 영사는 상부 내의 본국 거주 인민의 무역·여행 등 사무를 관리한다. 지금 연길 각 곳에 있는 일본의 문무 관리 및 헌병은 일률적으로 철거한다.

c) 길장철도를 회령까지 연장하는 것은 국경 문제와 무관하므로 논할 필요가 없다. 먼저 연길 문제를 해결할 경우 기타 문제도 쉽게 해결이 되며, 그렇지 않을 경우 헤이그 평화회의에 넘겨 공단(公斷)을 기할 것이며, 일본정부가 공단에 넘기는 것을 동의하는지 여부를 속히 답하기 바란다.

위와 같은 절략을 통하여 간도 영토권과 잡거지 조선인 재판권이 중국에 속함을 강조함과 동시에, 담판의 문이 항상 열려 있음을 보여주기도 했다.

이와 동시에 청 외무부 조여림은 중한 국경에 관한 또 다른 각서를 이주인에게 전달하였다.[70] 이 각서는 오록정이 작성한 13절로 된 긴 문장으로서 일본측이 한중 국경에 관한 주장을 집중 반박하였으며 간도 영토권이 중국에 속함을 역설하였다.[71]

이처럼 두 통의 각서를 받은 후, 이주인 공사는 중국측이 간도문제에 대한 태도가 견고함을 재차 인식하고, 고무라 외상에게 영토권문제에 있어서 중국측 근거가 일본측보다 충분하며, 만약 중국측이 진퇴양난에 빠져 헤이그 중재에 넘길 경우 일본에 불리하므로 타협이 가장 좋은 방법이라고 설명하였다. 이와 동시에 주일본 중국공사 호유덕(胡

---

70) 『日本外交文書』 42권 1책, 「滿洲に關する日淸協約締結一件」, 245쪽.
71) 王芸生 편, 『六十年來中國與日本』 제5권, 128~148쪽.

惟德)을 설득시켜 6안을 헤이그 중재에 넘기지 말도록 할 것을 건의하였다.[72]

한편 중국측이 6안을 헤이그 중재에 넘기려 한다는 소식이 서양 매체를 통하여 신속히 퍼졌다. 1909년 3월 24일『런던 타임즈』에 중국측이 6안을 헤이그 중재에 넘기려 한다는 것과 일본 주북경 공사가 이를 철회하기 위해 노력한다는 것, 그리고 제3자의 경우 중국의 조치에 찬동한다는 내용이 실렸다. 이 밖에 6안의 상세한 내용이 실렸으며, 가장 중요한 것이 첫째로 법고문철도의 건, 둘째로 간도문제라고 하였다.[73] 이는 아마도 중국측이 일부러 소식을 흘린 것으로서 국제적 지지와 일본에 압력을 가하기 위해서였다.

중국측 의도를 살피기 위해 일본은 정보 수집에 주력하였다. 얼마 후 중국측이 미국의 도움을 받아서 중재에 넘기려 하며,[74] 법고문 철도와 관계있는 영국인이 참여했음이 드러났다.[75]

영국·미국 등 열강의 간섭을 막기 위하여, 일본은 주영·주미 대사로 하여금 이 두 나라와 연락하도록 하였다. 영국 외무대신은 아직 아무런 통지도 받지 못했으며, 일본이 중재를 거부하고 있음을 알고 있다고 답하였다. 이 같은 영국측 태도는 '영일동맹'을 고려한 것이며, 이에 대해 주영 일본대사가 영국측이 간섭하지 말 것을 당부하였다.[76] 주미 일본대사도 미국 국무장관과 만난 자리에서 일본이 중재를 반대한다는 뜻을 전달하였다.[77]

---

72)『日本外交文書』42권 1책,「滿洲に關する日淸協約締結一件」, 245쪽.

73)『日本外交文書』42권 1책,「滿洲に關する日淸協約締結一件」, 245쪽.

74)『日本外交文書』42권 1책,「滿洲に關する日淸協約締結一件」, 246쪽.

75)『日本外交文書』42권 1책,「滿洲に關する日淸協約締結一件」, 263~265쪽.

76)『日本外交文書』42권 1책,「滿洲に關する日淸協約締結一件」, 248쪽.

77)『日本外交文書』42권 1책,「滿洲に關する日淸協約締結一件」, 248~249쪽.

4월 5일 이주인 공사가 다카오(高尾) 통역관을 청 외무부에 파견하여 일본측은 헤이그 중재에 넘기는 것을 반대한다는 뜻을 전달하였다. 청 외무부 상서 양돈언이 다카오를 만난 자리에서 중국측은 '간도문제'를 가장 중요시하며, 일본측이 이 문제에서 양보할 경우 중국측도 다른 문제에서 타협할 수 있다고 말하였다.[78] 이로 보아 중국측 의도는 중재에 넘기려는 것이 아니라 일본을 견제하여 '간도문제'에서 양보하도록 하기 위한 것이었다.

다카오의 보고를 받은 후 이주인 공사는 재차 고무라 외상에게 조선인 재판권에서 양보할 것을 건의하였다. 그러나 고무라가 동의하지 않았으며, 재판권을 인정하는 것은 '간도문제'의 근본을 파괴하는 것이라고 하였다.[79]

얼마 후 중국측이 먼저 헤이그 중재를 철회한다고 일본측에 통보하였다. 5월 17일 청 외무부 대신 혁광(奕劻)이 직접 이주인 공사에게 조회를 보내어, 동삼성 여러 안건을 헤이그 평화회의 공단에 넘기려 한 것은 여러 차례 회의를 했지만 효과가 없고 논쟁만 불거질 따름이어서 공단에 넘겨 빨리 끝내려 한 것이다. 그러나 일본측이 양국이 스스로 평화적으로 의결하려 하며, 이는 청 외무부의 뜻에도 맞아떨어지므로 여러 안건에 대하여 속히 날짜를 정하여 해결할 것을 건의하였다.[80]

이에 대해 일본측은 즉각 환영의 뜻을 표시하였다. 5월 19일 이주인 공사가 중국측에 조회를 보내어, 중재에 넘기는 것은 제3자의 간섭을 초래할 우려가 있으며, 편한 시기에 날짜를 다시 정해 담판을 시작하자

---

78) 『日本外交文書』 42권 1책, 「滿洲に關する日淸協約締結一件」, 249쪽.
79) 『日本外交文書』 42권 1책, 「滿洲に關する日淸協約締結一件」, 246~247·254~255쪽.
80) 『日本外交文書』 42권 1책, 「滿洲に關する日淸協約締結一件」, 272~273쪽.

고 하였다.[81] 이로써 양측의 헤이그 중재에 관한 교섭이 끝났으며 새로운 담판이 시작되었다.

4. 잡거지 조선인 재판권 문제에 대한 일본의 양보

6월 23일 주(駐)일본 중국공사 호유덕은 일본 외무성에 서한을 보내어 중국측이 간도문제에 대한 태도가 변함이 없음을 다음과 같이 주장하였다.

1) 연길 지방은 확실히 중국에 속하며 이주인 공사로부터 서면(書面) 성명을 받았으며, 그는 또 일본 경찰을 철거할 것을 동의하였다.

2) 조선인들은 귀화한 지 오래되며 중국의 통치를 받고 있으며 중국 국민과 다름이 없다. 그러므로 이들을 포기하여 일본 재판관할에 넘길 수 없다.

3) 중국은 스스로 상부를 열 것을 승낙하며, 이는 중국측이 양측의 우의를 살펴 먼저 양보하는 것이며, 일본측도 양보하기를 희망한다. 상호간의 양보를 통하여 동삼성 현안을 해결하기 바란다.[82]

7월 19일 이에 대한 일본 외무성의 답신 내용은 다음과 같았다. 1) 중국측이 '간도문제'와 기타 현안에 대한 요구를 들어주어야 만이 일본측도 영토권이 중국에 속함을 인정할 수 있다. 2) 주북경 공사가 간도에서 일본 경찰을 철거한다고 표한 적이 없다. 3) 중국측이 이른바 조선인들이 일본 재판관할에 들어갈 수 없다고 한 것은 귀화 증거가 명확한 자를 말하는 것이 아니라 아직 귀화하지 않은 자를 말한다.

---

81) 『日本外交文書』 42권 1책, 「滿洲に關する日淸協約締結一件」, 273쪽.
82) 『日本外交文書』 42권 1책, 「滿洲に關する日淸協約締結一件」, 283~284쪽.

이로 보아 일본측은 조선인을 귀화한 자와 그렇지 않은 자로 나누어 후자를 일본 재판에 넘기고자 하였다.[83]

중국측은 이에 대해 반대하였다. 특히 일본측의 영토권과 경찰철거 문제에 대한 모순되는 발언은 중국측을 크게 분노하게 하였다. 호유덕은 실례를 들어가면서 일본측을 일일이 반박하였다. 그의 항의 서한의 내용은 다음과 같았다.

1) 일본측이 간도 영토권이 중국에 속함을 인정한 증거로서, 1909년 2월 10일(양력 3월 1일) 이주인 공사가 북경 외무부에 보낸 성명이 있으며, 윤 2월 5일(양력 3월 23일) 이주인 공사가 북경 외무부에 보낸 각서(節略)가 있다.

2) 일본측이 이곳에서 경찰을 철거한다고 한 증거로서, 1909년 2월 27일(양력 3월 18일) 이주인 공사가 북경 외무부에 보낸 성명이 있다.

마지막으로 호유덕은 연길 땅은 역사적 증거로 보나 지도와 문헌으로 보나 모두 중국에 속함을 증명하고 있으며, 다른 나라로부터 인정받을 필요가 없다고 하였다.[84]

이와 동시에 '간도문제'를 속히 해결하기 위하여, 중국측은 기타 여러 안건에서 타협하는 태도를 보였다. 특히 5안에서 양보를 보여주었다. 8월 7일(음력 6월 22일) 청 외무부는 이주인 공사에게 다음과 같은 각서('동삼성제현안절략')를 보냈다.

1) 연길은 중국 영토이고 이곳의 월간민은 중국의 재판을 받는다.

2) 연길에서 상부를 열더라도 스스로 여는 방법을 취하며, 상부 내 경찰을 중국 스스로 설치하며 상부 밖에도 동일하다.

3) 신법철도에 관하여, 중국은 신민둔으로부터 법고문까지의 철도

---

83) 『日本外交文書』 42권 1책, 「滿洲に關する日淸協約締結一件」, 293~294쪽.
84) 『日本外交文書』 42권 1책, 「滿洲に關する日淸協約締結一件」, 294~295쪽.

를 수축하는 계획을 잠시 중지한다.

4) 대석교 지선에 관하여, 중국은 이를 남만철도에 양보하며, 남만철도의 기한이 찰 경우 일률로 중국에 반납한다.

5) 무순·연대 탄광에 관하여, 이 두 탄광은 중국의 산업이며 양국의 우의를 위하여 중일 양국의 공동경영을 허락하며 안봉철도 연선 광산과 동일하게 처리한다.

6) 안봉철도 연선 광산에 관하여, 일본정부가 이미 남만철도 연선 광산과 동일하게 공동경영하기로 했다. 무순·연대 두 광산에 대하여 중국이 이미 공동경영을 허락했으므로 일률로 장정을 만든다.

7) 경봉철도를 봉천성까지 연장하는 데 관하여, 이는 교통을 편하게 하기 위한 것이며 남만철도에 방해되지 않는다. 앞의 각서에서 각기 기차역을 만들고자 했으므로 일본정부가 양해하기 바란다.[85]

이상 중국측 각서에는 간도의 영토권과 잡거지 조선인 재판권 외 다른 건에 있어서는 일본의 요구를 거의 다 만족시켜주고 있었다. 그럼에도 불구하고 다음 몇 가지는 일본측 요구와 차이가 있었다. 첫째는 길회철도 수축에 관한 내용이 포함되지 않았다. 둘째는 무순·연대 탄광을 일본이 독자적으로 경영하고자한 데 대해 공동경영을 제의하였다. 셋째는 경봉철도에 대하여 일본이 남만철도와 동일한 봉천역을 사용할 것을 요구한 데 대해, 중국측은 각각 다른 역을 사용하도록 하였다. 이 같은 문제를 둘러싸고 양측이 계속 담판하였다. 특히 길회철도 부설권은 중국측 카드로서 일본이 잡거지 조선인 재판권에서 양보하도록 견제하였다.

이처럼 중국측이 여러 안건에 대하여 양보의 뜻을 표하자 일본의

---

85) 『日本外交文書』 42권 1책, 「滿洲に關する日淸協約締結一件」, 305~307쪽.

태도도 변했다. 특히 청조 광서제와 자희태후(慈禧太后)가 사망한 후 청의 정세는 불안해졌다. 원세개가 섭정왕에 의해 면직되는가 하면 외무부를 장악했던 경친왕 혁광이 반대파로부터 일을 제대로 처리 못한다는 비난을 받았다. 한편 섭정왕이 정국을 장악한 후 속히 '간도문제'를 해결할 것을 바라기도 했다.

청의 정세 변화는 오랫동안 청 외무부와 교섭해 왔던 이주인 공사로 하여금 위기감을 느끼게 하였다. 그는 청의 정국이 안정되지 못하여 담판에 차질이 생길까 우려하였다.[86] 그리하여 또 고무라 외상에게 조선인 재판권 문제에 대하여 양보할 것을 건의하였다. 담판을 빨리 끝내기 위하여, 그는 안봉선 개축을 6안과 분리시킬 것을 요구하였다.[87]

8월 9일 고무라 외상이 이주인 공사의 위 건의를 받아들여 다음과 같이 지시하였다. "청국정부가 간도문제에 있어서 우리측이 양보할 경우 기타 문제에서 우리 주장을 받아들인다고 하므로, 간도문제에 대한 상대방의 요구를 들어주고 모든 현안을 해결하고자 한다. 간도 잡거지에 살고 있는 한국인의 재판권을 청국에 양보함과 동시에 우리가 처음에 제기했던 한인 보호의 실을 거두기 위해 재판에 입회할 것을 요구하며, 이로써 간도문제를 타결한다."[88]

---

86) 『日本外交文書』 42권 1책, 「滿洲に關する日淸協約締結一件」, 307~309쪽.

87) '포츠머스조약'에 근거하여 러일전쟁 시기 일본이 수축한 '안봉선(단동-봉천)'을 청정부와 의논하여 넓은 궤도로 고치기로 하였다. 그러나 동삼성 총독이 이에 반대하였으며, 일본으로 하여금 먼저 군대와 경찰을 철수할 것을 요구하였다. 일본도 위 조약에 근거하여 양보하려 하지 않았으며, 수축 공사를 강박적으로 하려 하였고 각국의 주일본 공사에게 조회를 보냈다. '간도문제'를 빨리 해결하기 위하여, 청 외무부는 안봉철도 문제에 있어서 일본측과 타협하기로 하였다(故宮博物院 편, 『淸宣統朝中日交涉史料』 제3권, 文海出版社, 1971년 영인본, 170~182쪽).

88) 『日本外交文書』 42권 1책, 「滿洲に關する日淸協約締結一件」, 309쪽.

8월 13일 일본은 각의(閣議)로서 만주현안을 통과시켰다. 우선 '간도 문제'에 관한 내용은 다음과 같았다.

1) 두만강이 중한 양국 국경임을 인정하며 상류 지방의 국경은 중일 양국이 대표를 파견하여 공동으로 조사한다.

2) 중국측은 간도에 2·3개의 상부를 개방하고 일본이 영사관과 2·3 개의 분관(상부는 용정촌·국자가·두도구·백초구 등이고, 영사관을 설치할 곳은 용정촌)을 설치하는 것을 허락한다.

3) 중국측으로 하여금 일정한 잡거지에서 조선인이 잡거하고 영업하는 것을 인정하도록 한다.(이 지역은 동쪽으로 가야하, 북쪽으로 로예령, 서쪽으로 로령, 남쪽으로 정계비와 두만강이다)

4) 중국측은 간도 조선인이 이미 얻은 권리와 이익을 보장하며, 천보산 광산을 중일 공동경영함을 인정한다.

5) 중일 양국은 간도와 기타 중한 지방 사이에서 교통과 무역하는 것을 방해하지 않는다.

6) 간도 상부지에 거주하거나 내지에서 유람하는 조선인에 대하여 일본이 영사재판권을 행사하며, 상부지 외 잡거지에 거주하는 조선인에 대하여 중국이 재판권을 행사하지만 일본측이 재판에 입회할 수 있다.

7) 길장철도를 회령까지 연장하여 한국 철도와 연결시킨다. 부설 방법은 길장철도를 따르며 실행 시기는 중일 양국이 추가 협의를 통해 결정한다.

8) 본 건이 결정된 후 날짜를 정하여 일본이 이 날짜 전에 영사관을 설치하고 파출소를 철거한다.[89]

---

89) 『日本外交文書』 42권 1책, 「滿洲に關する日淸協約締結一件」, 311~316쪽.

이상의 각의 결정에 대하여 고무라 외상은 일본이 양보할 수 있는 최저한도이며, 이주인 공사로 하여금 잡거지 경찰권과 길회철도의 이익을 위하여 힘쓰라고 명하였다.[90]

같은 날 이주인 공사가 만주현안에 관한 각서를 청 외무부에 통고하였으며, 이에 기초하여 막판 담판을 진행하였다.[91]

5. 현안에 대한 타협과 조약문의 최종 결정

중일 담판은 1909년 3월 22일 중국측이 헤이그 중재에 넘기고자 한 때로부터 한동안 중단되었다가 8월 16일 다시 시작하였다. 청 외무부 상서 양돈언과 일본측 이주인 공사 사이에서 진행되었다. 구체적인 담판 내용은 다음과 같았다.

1) 간도 영토권에 관하여, 이주인 공사가 일본정부는 간도가 중국에 속함을 인정하며, 이는 일본측이 양보하고 있는 명확한 증거라고 하였다.

2) 조선인 법률적 지위에 대하여, 청 외무부 상서 양돈언이 종래로 중국에서 재판하였으며 중국인과 다름이 없다고 강조하였다. 또한 1·2개의 상부를 개방하며, 상부지 내 조선인은 일본영사가 재판하도록 하며 이는 실로 중국측이 양보하는 것이라고 하였다. 이 밖에 잡거지 조선인의 재판권에 대하여 중대한 안건만 일본영사가 복심권을 가질 수 있다고 하였다. 이에 대해 이주인이 반대하였으며, 조선인의 국적을 조사하여 중국에 입적하지 않은 자일 경우 일본영사가 재판할

---

90) 『日本外交文書』 42권 1책, 「滿洲に關する日淸協約締結一件」, 312쪽.
91) 『日本外交文書』 42권 1책, 「滿洲に關する日淸協約締結一件」, 316~321쪽.

수 있다고 하였다. 앞에서 보았듯이, 일본 각의 결과 양보하기로 했지만 이주인이 마지막으로 시도해 본 것이다.

3) 상부를 개방하는 것에 관하여, 이주인이 여섯 곳을 개방할 것을 요구한 데 대해, 양돈언이 너무 많다고 하면서 한두 곳만 개방할 것을 요구하였다. 특히 양돈언은 상부지의 경찰·공사 등은 모두 중국이 스스로 처리할 것임을 강조하였다.

4) 길회철도에 관하여, 양돈언은 '간도문제'와 무관하며 장차 길장철도를 변경까지 부설할 생각이 없다고 딱 잡아뗐다. 이는 일본이 한반도를 통해 간도지역에 이권을 확장하는 것을 막기 위함과 동시에, 중국측이 마지막 담판 카드로 사용하고 있음을 알 수 있다. 즉 이로써 일본이 잡거지 조선인 재판권 문제에서 양보하도록 견제하기 위해서였다. 이에 대해 이주인 공사가 길회철도를 원칙만이라도 약정할 것을 간절히 부탁하였다.

5) 기타 5안에 관하여, 일본측이 가장 중시했던 무순·연대 탄광에 대하여 중국측이 양보하였으며, 일본이 독자적으로 채굴할 수 있도록 함과 동시에 광주 왕승요에게 후하게 보상하도록 하였다.[92]

이튿날(8월 17일) 일본측이 정한 조약문에 대하여 중국측이 수정안을 제기하였으며,[93] 18일 계속 담판하였다.[94]

첫째로 일본영사의 입회 문제를 논의하였다. 양돈언이 입회 조건을 한정하여 예컨대 중대한 살인·도적 안건 또는 10년 이상 감금하는 중형 또는 10만원 이상의 민사소송 건에 대하여 중국 관리가 판정한 후 일본영사에 통보하며, 만약 일본영사가 법에 따라 재판하지 않는

---

92) 『日本外交文書』 42권 1책, 「滿洲に關する日淸協約締結一件」, 322~324쪽.
93) 『日本外交文書』 42권 1책, 「滿洲に關する日淸協約締結一件」, 326쪽.
94) 『日本外交文書』 42권 1책, 「滿洲に關する日淸協約締結一件」, 325쪽.

것을 발견할 경우 중국측에 복심을 청구할 수 있다고 주장하였다. 이에 대해 이주인 공사가 일본측 요구와는 거리가 멀다고 하여 반대하였으며, 청조의 각종 법전(法典)과 재판소가 준비되기 전에는 잠시 일본영사가 조선인을 재판할 것을 제기하였다.

둘째로 길회철도에 대해 논의하였다. 양돈언은 중국측이 다른 면에서 많이 양보했기에 더 이상 양보할 수 없다고 하면서 길회철도에 관한 담판을 중지할 것을 요구하였다. 이에 대해 이주인 공사가 조약에 넣기 어려울 경우 비밀 조약이나 별도로 조약을 맺을 것을 요구하였다. 이에 대해 양돈언은 다시 의논하자고 하였다.

이튿날(19일) 이주인 공사가 다카오 통역관을 청 외무부 대신 나동(那桐)에게 보내어 길회철도 문제를 해결할 것을 요구하였다. 즉 일본측이 길회철도를 매우 중시하고 있으며 만약 협의를 맺지 못할 경우 다른 현안도 협의하기 어렵다고 하였다. 이에 대해 나동이 잡거지 조선인 재판권은 반드시 전부 중국에 속해야 하며, 이를 들어줄 경우 길회철도에 관한 다른 조약을 맺을 수 있으며, 중국측이 자본이 필요할 경우 먼저 일본자본을 사용할 것이라고 답하였다. 그는 또 일본측이 조선인 재판권문제에서 양보할 경우 하루 사이에 모든 담판을 끝낼 수 있다고 말하였다.[95] 즉 길회철도 부설권을 교환 조건으로 잡거지 조선인 재판권이 모두 중국에 속하도록 요구한 것이다.

8월 21일 이주인 공사와 청 외무부 나동·양돈언이 함께 담판을 진행하였다.[96] 상세한 내용은 다음과 같았다.

1) 조선인 재판권에 대하여, 이주인 공사가 조약 초안을 내놓았으며, 잡거지 조선인은 중국 법률을 지키며 일본영사가 입회권과 복심권이

---

95) 『日本外交文書』 42권 1책, 「滿洲に關する日淸協約締結一件」, 328쪽.
96) 『日本外交文書』 42권 1책, 「滿洲に關する日淸協約締結一件」, 329~332쪽.

306 제3편 '간도문제' 연구

있다고 규정하였다.[97)]

이에 대해 중국측이 일본영사의 입회권에 대해 조건을 달았으며, 다음과 같은 수정안을 제기하였다. "한민(韓民)에 관계되는 민사·형사의 일체 소송 안건에 대하여, 중국 관리가 중국의 법에 따라 공평하게 심판할 것이며, 일본국 영사관 관리 또는 영사관이 위임한 관리가 편리한 대로 법정에 와서 심사를 들을 수 있다. 단지 인명 중안에 대해서는 먼저 일본국 영사관 관리에게 통보하여 법정에 와서 심사를 듣도록 하며, 일본국 영사관 관리가 법에 따라 판단하지 못하는 점에 대해 지적할 경우 중국측이 다시 관리를 파견하여 복심하도록 한다.[98)]

이같이 중국측 수정안의 "편리한 대로 법정에 와서 심사를 듣는다"에 대하여, 이주인 공사가 "전부 법정에 와서 심사를 듣는다"로 고칠 것을 요구하였다. 이에 대해 나동이 그렇게 되면 일본측이 매우 번거로워질 것이며, 중국측이 길회철도를 수축하도록 인정한 것은 일본측이 재판권을 남김없이 중국측에 넘기는 것을 전제로 하며, 그렇지 않을 경우 철도 부설권을 철회할 것이라고 하였다.[99)] 그러자 이주인 공사가 부득불 중국측 수정안에 동의하고 말았다. 결국 중국측 수정안이 '간도협약' 제4조의 정식 조약문이 되었다.

2) 길회철도에 관하여, 이주인 공사가 일본측이 재판권에서 많은 양보를 했기에 길회철도는 반드시 일본측 제안에 따라야 한다고 하였다. 이에 대해 중국측에서 수정안을 내놓았다. 즉 "장차 길장철도를 연장하여 조선 회령까지 연결시킬 경우 모든 방법은 길장철도를 따를 것이며, 시작하는 시기는 중국측이 상황에 따라 참작해 처리할 것이

---

97) 『日本外交文書』 42권 1책, 「滿洲に關する日淸協約締結一件」, 331쪽.
98) 『日本外交文書』 42권 1책, 「滿洲に關する日淸協約締結一件」, 331쪽.
99) 『日本外交文書』 42권 1책, 「滿洲に關する日淸協約締結一件」, 332쪽.

며, 일본측과 다시 상의할 것이다."라고 하였다.[100]

3) 무산 위 두만강 경계에 관하여, 중국측이 석을수를 경계로 할 것을 요구하였으며, 홍토수보다 백두산과 좀 떨어졌다는 이유에서였다. 또한 중국측은 백두산이 청조의 발상지로서 청 제실(帝室)이 매우 중시하며 특히 섭정왕(載灃)이 중시한다고 강조하였다.

이에 대하여 이주인 공사가 홍토수·석을수는 50보와 100보 차이에 불과하며, 어떤 물을 경계로 할지 정하지 말고 장차 중일 양국이 공동으로 조사한 후 다시 정하자고 하였다. 이에 대해 나동이 반대하였으며, 국경문제를 전부 해결하지 못할 경우 현안의 전부 타결과 위배되며, 섭정왕에게 보고할 방법이 없다고 하였다. 그러자 이주인 공사가 다시 의논하자고 하였다.[101]

이튿날 이주인 공사가 고무라 외상에게 석을수로서 경계를 할 것을 허락하자고 건의했으나 고무라 외상이 홍토수를 견지하도록 명하였다.[102] 중국측을 견제하기 위한 수법이었다.

위에서 보았듯이 8월 21일 이주인 공사와 나동의 담판을 통하여 잡거지 조선인 재판권문제에 대한 해결을 보았다. 특히 중국측 수정안이 통과된 것은 오랫동안 투쟁한 결과였다. 이를 위하여 중국측도 상당한 대가를 치렀다. 예컨대 일본영사의 재판에 대한 입회권과 복심권을 인정하였으며, 길회철도의 중일 공동경영을 인정하였다.[103]

그 이후 8월 24일·8월 26일·9월 1일에 이주인 공사와 중국측 나동·양

100) 『日本外交文書』 42권 1책, 「滿洲に關する日淸協約締結一件」, 330쪽.
101) 『日本外交文書』 42권 1책, 「滿洲に關する日淸協約締結一件」, 330·333쪽.
102) 『日本外交文書』 42권 1책, 「滿洲に關する日淸協約締結一件」, 333·337쪽.
103) 1931년 '9·18사변' 이전까지 중국정부의 반대로 '길회'철도는 돈화까지만 수축되었고 조선 변경에 이르지 못하였다(姜龍範, 『近代中朝日三國對間島朝鮮人的政策硏究』, 151쪽).

돈언 사이에 막판 담판이 진행되었다.[104] 8월 24일에 무순·연대 탄광에 관한 조약문을 결정하였으며, 중국측 요구에 따라 "일본국은 중국의 일체 주권을 존중한다"라는 어구를 넣었다.

또한 일본이 전례에 따를 수 있는 불리한 내용, 예컨대(일본측 초안) "청국은 일본국이 '러일조약'('포츠머스'조약 | 필자주) 제6조와 만주에 관한 '일청조약'('동삼성사의조약'을 가리킴 | 필자주) 제1조에 근거하여, 두 탄광에 대한 정당한 채굴권이 있다"는 내용을 다음과 같이 수정하였다. 즉 "중국정부는 일본정부가 위 두 곳의 탄광을 채굴할 권리가 있음을 인정한다"고 하여, '만주 5안 협약'의 정식 조약문에 기입하였다.[105]

8월 26월 '5안' 중의 경봉철도, 대석교−영구선, 안봉철도 연선광산, 신법철도 등에 대한 조약문이 결정되었다.[106] 이 밖에 무순·연대 광산에 관한 조약문과 '간도협약'에 관한 정식 조약문이 8월 31일·9월 1일에 최종 결정되었다. 9월 4일 정식 협약이 체결되었으며, 즉 '간도협약'과 '만주 5안 협약'이었다.

8월 24일과 그 이후의 담판 내용을 요약하면 다음과 같다. 1) 무순·연대 탄광에 관하여, 일본측이 무순 탄광주 왕승요에게 일정한 배상을 하기로 하였으나 정식 조약문에 기입하지 않고 별도로 '공문(公文)'을 체결하였다.[107]

2) 무산 위 두만강 국경에 관하여, 일본측이 정계비로부터 홍토·석을수의 중간 지점에 선을 긋도록 요구하였으나 중국측이 반대하였으

---

104) 『日本外交文書』 42권 1책, 「滿洲に關する日淸協約締結一件」, 340~345·349~352쪽.
105) 『日本外交文書』 42권 1책, 「滿洲に關する日淸協約締結一件」, 340~341쪽.
106) 『日本外交文書』 42권 1책, 「滿洲に關する日淸協約締結一件」, 340~345쪽.
107) 『日本外交文書』 42권 1책, 「滿洲に關する日淸協約締結一件」, 342~343쪽.

며, 석을수로서 경계를 할 것을 주장하였다.[108] 그 이후 길회철도 문제를 논할 때, 중국측은 일본측이 석을수를 경계로 하는 데 동의할 경우 중일 양국이 길회철도를 공동으로 경영한다는 내용을 조약문에 넣을 수 있다고 하였다. 이에 일본측이 석을수를 경계로 하는 데 동의하였다.[109]

기실 두만강 상류 경계에 있어서 이보다 더 중요한 것이 정계비 위치였다. 그 이전 1887년 감계 담판 때 중국측은 석을수로부터 소백산(천지 동남 약 30㎞)까지 경계를 나눌 것을 요구하였으며, 천지 가까이 있는 정계비터(천지 동남쪽 약 4㎞)를 피하고자 하였다. 이에 대하여 조선측은 홍토산수로부터 정계비·토석퇴로서 경계를 나눌 것을 요구하였다. 그러나 중국측이 일본과 담판할 때 이 점을 생각할 겨를이 없었으며, 석을수와 정계비로서 경계를 나누는 데 만족하였다. 그러나 정계비터가 천지를 가까이하고 있어서 홍토수보다 백두산에 저애됨이 더 컸다.

3) 간도의 상부를 개방하는 데 관하여, 일본측이 제기한 초안 내용은 다음과 같았다. "상부에 관한 모든 장정(章程)은 일·청 양국 관헌이 별도로 정한다." 이에 대해 중국측이 반대하였으며, 주권에 손상된다고 여겼다. 그 이후 일본이 이를 삭제하는 데 동의하였다.

이 밖에 상부지 숫자에 대하여, 일본측이 처음에 여섯 곳(용정촌·국자가·두도구·백초구·하천평·동불사)을 개방할 것을 제기하였다. 이에 대해 중국측이 백초구를 삭제할 것을 요구하였다. 내지에 속함을 고려한 것이다. 그러자 일본이 백초구를 보류하고 동불사·하천평 중에서 하나를 삭제하도록 요구하였다. 8월 31일 담판에서 중국측이

---

108) 『日本外交文書』 42권 1책, 「滿洲に關する日淸協約締結一件」, 343쪽.
109) 『日本外交文書』 42권 1책, 「滿洲に關する日淸協約締結一件」, 349~352쪽.

지방 독부(督府)가 이렇게 많은 곳을 개방하는 것을 반대하며, 국자가 (약 2만명의 韓人이 있음)를 개방하는 것도 반대한다고 하자, 일본측이 부득불 하천평·동불사를 삭제하고 다른 네 곳을 그대로 두도록 하였다.[110]

4) 길회철도에 관하여, 8월 21일 담판에서 중국측은 정식 조약문 외에 다음과 같은 내용을 공문으로 약정할 것을 제기하였다. "중국측이 길회철도를 수축하고자 할 경우 부족한 자본은 일본자본을 이용하며, 중국측이 스스로 철도를 수축하고자 할 경우 중국측이 스스로 결정한다."[111] 그러나 8월 26일 담판에서 이주인 공사가 재차 길회철도에 관한 내용을 정식 조약문에 기입할 것을 요구하였고 두만강 상류 경계로써 견제하였다.[112] 이에 중국측이 8월 31일 담판에서 부득불 길회철도에 관한 내용을 정식 조약문에 넣는 데 동의하였다.[113]

5) 잡거지 범위에 관하여, 8월 31일 담판에서 일본측이 제출하였으며 중국측이 별다른 의견이 없었다. 다만 지명이 중국 고유 지명과 다르기 때문에 지도를 제작할 때 보충할 것을 요구하였다. 지도 역시 일본측이 제공하였으며, 중문 명칭을 주로 하되 일부 일본 명칭을 사용하였다.[114]

6) 파출소 철퇴 날짜에 관하여, 8월 31일 담판에서 일본측이 2개월 안에 파출소를 철퇴하고 영사관을 설립할 것을 제기하였다. 이에 대해 중국측은 1개월 안에 철퇴할 것을 요구했으나 일본측이 반대하여 2개월 안에 철퇴하는 데 동의하였다. 이와 동시에 중국측은 정식 조약

---

110) 『日本外交文書』42권 1책, 「滿洲に關する日淸協約締結一件」, 351쪽.
111) 『日本外交文書』42권 1책, 「滿洲に關する日淸協約締結一件」, 329쪽.
112) 『日本外交文書』42권 1책, 「滿洲に關する日淸協約締結一件」, 344쪽.
113) 『日本外交文書』42권 1책, 「滿洲に關する日淸協約締結一件」, 349쪽.
114) 『日本外交文書』42권 1책, 「滿洲に關する日淸協約締結一件」, 351쪽.

문에 파출소가 즉각 철퇴한다는 내용을 기입할 것을 요구하였다.[115]

'간도협약' 제7조에 다음과 같이 규정하였다. "본 협약 체결 후 협약의 각 조약을 즉시 집행하며, 일본 통감부파출소 및 문무 인원들이 즉시 철퇴하며 2개월 안에 전부 철퇴한다. 일본국 정부는 제2조에 규정한 상부(商埠)에서 2개월 안에 영사관을 설립한다."

7) 부속 공문에 관하여, 담판의 최종 결과가 두 협약 외에 부속 공문이 존재하였다. 이는 비밀 문건으로 체결되었다. 부속 공문 세 개 조항의 내용은 다음과 같았다.

(a) 일본국 정부는 무순 탄광과 관계되는 청국인 왕승요에게 약간의 은을 지불하며, 금액은 그의 출자액을 참조하여 후하게 협상하여 준다.

(b) 상부지와 지역내의 공정(工程)·순경·위생 등은 청국정부가 스스로 처리한다. 구체적인 장정은 청국이 스스로 정하며, 정한 후 그 지방 영사와 상담한다.

(c) 천보산 광산에 대하여 저애가 없을 경우 일·청 양국이 공동으로 경영하는 데 이의가 없으며, 만약 실행하기 어려울 경우 양국이 적당히 상의한다.[116]

9월 1일 모든 담판이 끝났으며 두 개 협약으로 나뉘었다. 즉 '간도협약'과 '만주 5안 협약'이다. 이 밖에 부속공문이 체결되었으나 공개하지 않았다. 중국측은 외무부 상서 양돈언이 서명하였고 일본측은 주북경 일본공사인 이주인이 서명하였다. 9월 4일 이 두 사람이 정식 조약문에 서명하였다.[117] 이로써 2년간 지속되었던 '간도문제' 담판이 전부 끝났다.

---

115) 『日本外交文書』 42권 1책, 「滿洲に關する日淸協約締結一件」, 351쪽.
116) 『日本外交文書』 42권 1책, 「滿洲に關する日淸協約締結一件」, 352~353쪽.
117) 『日本外交文書』 42권 1책, 「滿洲に關する日淸協約締結一件」, 352~358쪽.

6. 맺는말

러일전쟁이 끝난 후 1907년 8월 19일 일본은 사이토 스에지로(齋藤
季治郎)를 소장으로 하는 60여 명의 헌병과 조선 순검을 파견하여
오늘날 연변 용정촌에 '통감부임시간도파출소'를 설립하여, 이른바
'간도문제'를 도발하였다. 일본의 전략적 의도는 러시아를 견제하기
위한 것과 조선에 대한 식민통치를 공고히 하기 위한 것, 그리고 새로
운 경로를 통하여 만주 지역에 대한 확장을 시도한 것이었다.

일본측은 실지답사와 문헌연구를 통하여, 간도가 조선에 속한다는
증거가 약함을 인식하였으며, 게다가 중국측의 강한 반대에 부딪혀
영토권을 포기하고 조선인 보호권을 탈취하기로 하였다.

1908년 4월 일본 외무대신이 주북경 공사에게 '간도문제에 관한
내훈'을 보냈다. 즉 간도 영토권이 중국에 속함을 인정함과 동시에
간도에 영사관을 설치하여, 조선인의 관할재판권을 탈취하며, 천보산
광산 채굴권, '길회'철도 부설권 등 이권을 챙길 것을 지시하였다.
'간도내훈'의 제정은 일본의 '간도문제' 담판책략이 형성되었음을 보여
준다.

위 목표를 달성하기 위하여, 일본은 파출소를 통하여 도처에 헌병
분견소를 세웠으며, 중국측에 압력을 가함과 동시에 중국측을 견제하
여 담판에서 유리한 위치를 차지하고자 하였다. 이와 동시에 주북경
공사로 하여금 청 외무부와 접촉하여, '간도문제'에 관한 담판을 시작
하였다.

1907년 12월 7일 주북경 일본공사 하야시 곤스케(林權助)와 청 외무
부 상서 나동·원세개 등이 만나 제1차 회담을 진행하였다. 이 회담에서
'간도문제'의 두 가지 측면 즉 간도 영토권 문제와 조선인 보호권 문제

가 제기되었다.

한편 중국측에 압력을 가하기 위하여 일본측은 일부러 담판을 지연시켰다. 1908년 10월 두만강 이북 우적동(회령 맞은편)에서 중일 군경 간의 충돌 사건이 발생하였으며, 일본측 사격으로 중국 병사 세 명이 죽고 세 명이 부상당하는 사건이 발생하였다. 이른바 '우적동사건'이다. 중국측은 일본측에 강하게 항의함과 동시에, 속히 '간도문제'를 해결할 것을 촉구하였다.

이 사건을 계기로 봉천순무 당소의가 특사로 일본에 파견되어, 고무라 외상과 '간도문제'에 대해 논의하였다. 고무라 외상은 중국측이 조선인 보호권이 일본에 속함을 인정할 경우, 일본측도 간도 영토권이 중국에 속함을 인정하겠다고 표하였다. 당소의-고무라 회담이 '간도문제' 담판의 재개를 추진하였다.

같은 해 12월 28일 주북경 일본공사 이주인이 청 외무부에 '만주 5안'과 '간도문제'를 함께 해결할 것을 제기하였으니, 이른바 '만주 6안'이다. 이때부터 이듬해(1908년) 2월 28일까지 이주인 공사와 청 외무부 상서 양돈언 사이에서 6안에 관한 1~7차 회담이 진행되었다.

일본측은 조선인 관할재판권이 일본에 속함과 기타 5안의 요구를 들어줄 경우, 간도 영토권이 중국에 속함을 인정할 것이라고 하였다. 중국측은 영토권과 조선인 관할재판권의 통일을 요구하였으며, 그렇지 않을 경우 영토권이 유명무실해진다고 하였다. 또한 중국측은 두만강 이북에 한두 개의 상부를 개방하며, 상부지 안에서 일본이 영사관을 설치하고 조선인에 대해 재판권을 실시할 수 있지만, 상부지 외 잡거지에서 조선인은 중국의 법권을 따라야 한다고 주장하였다. 결국 잡거지 조선인 재판권 문제에서 타협을 이룰 수 없어 담판이 난항에 부딪혔다.

일본측을 견제하기 위하여, 1909년 3월 중국측은 6안을 헤이그 국제 중재에 넘길 것을 통보하였다. 일본측은 중국측의 태도가 강경함을 인식하고, 게다가 정보 수집을 통하여 중국측 배후에 영국인과 미국인의 지지가 있음을 감지하고, 특히 청조의 광서황제와 자희태후의 사망 이후 청조의 정세가 안정되지 못하여 담판에 차질이 생길까 우려되어, 잡거지 조선인 재판권문제에서 양보하기로 하였다.

8월 16일 담판을 재개하였으며, 일본측은 잡거지 조선인이 중국 법권을 준수함에 동의하였고, 중국측도 일본의 잡거지 조선인 재판에 대한 영사 입회권과 복심 청구권을 인정하였다. 다만 영사 입회권에 조건을 달았으며, 중대한 민·형사 안건에 한하였다. 기타 현안이 잇따라 해결되었다. 특기할 것은 중국측은 길회철도의 중일 공동경영을 허락하는 대신, 일본측으로 하여금 잡거지 조선인 재판권이 모두 중국에 속함을 인정함과 동시에 두만강 상류에서 석을수를 경계로 하는 데 동의하도록 하였다. 9월 1일 모든 담판이 끝났으며, 9월 4일 '간도협약'과 '만주 5안 협약'이 체결되었다.

1907~1909년 일본의 '간도' 지리범위 확정

머리말

중국학계의 '간도문제' 연구 성과는 주로 일본이 조선인을 '보호'한다는 명목으로 '간도문제'를 도발하였으며, 중일 간에 담판을 진행한데 집중되었다.[1] 그러나 일본이 조선인 분포지역을 이용하여 간도 범위를 확정하고 1909년 '간도협약' 부도(附圖)[2]에 반영시킨 데 대한 연구가 부족하다.

이 글에서는 한중일 삼국 사료를 이용하여, 간도 명칭의 유래와 일본이 개입한 배경, 통감부파출소의 '간도' 가정(假定) 범위 설정과 확장 시도, 중국측 변무공서의 저지와 투쟁, '간도협약' 체결 시 일본 외무성의 '간도' 범위 축소와 그 원인에 알아보고자 한다.

이를 통하여 간도 범위 형성과 일본과의 관계를 밝힘과 동시에, 일본이 조선인들이 창출한 '간도' 지리 개념을 이용하여, 두만강 이북

---

1) 楊昭全·孫玉梅, 『中朝邊界史』, 446~526쪽 ; 姜龍範, 『近代中朝日三國對間島朝鮮人的政策硏究』, 91~163쪽 ; 이화자, 『中日'間島問題'和東三省'五案'的談判詳析』, 『史學集刊』 2016년 5기 등이 있다.
2) '간도협약'의 부도(附圖)가 비록 정식 명칭이 없으나 '조선인잡거구역' 또는 '간도' 범위를 한정한 것인 만큼, '조선인잡거구역도' 또는 '간도도'라고 칭할 수 있다.

지역으로의 침투·확장 및 외무성의 온건 추진 정책에 대해 알아보고자 한다.

1. '간도' 명칭의 유래와 일본의 개입

청대 초기로부터 조선인들은 마음대로 압록강·두만강을 넘어가지 못했으며 강북 땅을 경작할 수도 없었다. 월강은 곧 월경으로 간주되어 범월(犯越)죄로 다스렸다. 주범을 변경에 효시(梟示)하고 지방관은 혁직 또는 유배에 처하였다.[3] 이 같은 엄벌 조치는 청의 만주 발상지에 대한 보호정책과 무관하지 않았다. 그리하여 200여 년간 양국 변경이 안정세를 탔다.

그러나 19세기 중기에 이르러 조선에 전례 없던 자연재해가 발생하였으며 '기경대재(己庚大災, 1869·1870년)'였다. 조선의 변경민들은 200여 년간 유지해 오던 봉금(封禁)을 깨고 두만강 이북으로 넘어가 땅을 개간하기 시작하였다.

이들은 처음에는 두만강 중간의 모래섬을 개간하던 데로부터 점차 두만강 이북 넓은 지역을 개간하게 되었다. 이 과정에서 '간도' 명칭이 창출되었으며, 그 범위도 조선인들의 개척이 진전됨에 따라 확충되었다. 어떤 의미에서 간도 개념은 조선인들의 월경 이민사 및 중국 조선족 형성사와도 관계된다. 한편 일본이 그들 뒤를 따라 왔으며, 조선인들을 '보호'한다는 명목으로 두만강 이북 지역으로의 침투·확장을 시도하였다. 그리하여 간도 개념에 일본 침략의 영향이 투영되었다.

---

[3] 월경자 주범을 변경에 효시(梟示)하고 지방관은 혁직 또는 유배에 처하였다. 조선인 월경 교섭에 관해서는 이화자, 『조청국경문제연구』 참조.

현존하는 사료에서 가장 일찍 간도 명칭의 유래를 밝힌 것이 조선 감계사 이중하의 『추후별단』이다. 그의 기록에 의하면, 1877년 종성 변민들이 두만강 중간의 모래섬을 경작하기 시작하여, 조선정부가 허락하였다고 한다.[4]

모래섬은 면적이 크지 않았으며, 세로 10리, 가로 1리, 약 2000여 무(畝)에 달했다.[5] 변민들은 간도(두만강 모래섬)와 종성 사이를 왕래 하면서 경작하였으며, 수확기에 다리를 놓았다가 겨울에 철거하고 아침에 경작하고 저녁에 귀가하였으며, 봄에 경작하고 가을에 수확하 는 등의 방식으로 생활을 영위하였다. 처음에 변민들은 종성 군수에게 조세를 바쳤으나, 1890년부터 청에 납세하였다.[6] 아마도 그들의 경작 지가 점차 중국쪽 육지와 닿았기 때문일 것이다.

1904년 양측 변경 관리에 의해 체결된 '중한변계선후장정'에 의하면, "고간도(古間島)란 광제욕(光霽峪) 가강지(假江地)로서 종래로 종성 한 민(韓民)들이 경작하는 것을 허락하였으며, 앞으로도 구례(舊例)에 따 라 처리한다"고 규정하였다.[7] 여기서 '가강(假江)'이란 변민들이 일부 러 두만강 북안에 물도랑을 파놓아 물이 중국쪽으로 흐르도록 한 후, 중간의 모래섬을 경작하는 것을 일컬었다.[8] 이처럼 조선 변민들에 의해 개간된 모래섬이 오늘날 중국 연변조선족자치주 용정 광소(光昭) 촌에 있다. 이곳이 간도 명칭의 최초 발원지였다.

조선 변민들은 두만강변 모래섬을 개간하였을 뿐만 아니라 점차 두만강을 넘어가 강북의 넓은 지역을 개간하기에 이르렀으며 이를

---

4) 이중하, 『을유별단』, 1995년, 토문감계(규21036), 마이크로필름 8쪽.
5) 吳祿貞, 『延吉邊務報告』, 125쪽.
6) 『통감부문서』 5, 「一二. 電受合綴一·二·三·四」, 국사편찬위원회, 1998년, 413~415쪽.
7) 中央研究院近代史硏究所 編, 『淸季中日韓關係史料』 9권, 5952~5953쪽.
8) 吳祿貞, 『延吉邊務報告』, 125~126쪽.

통칭하여 간도라고 불렀다.9)

청일전쟁 이후 조선은 청과 200여 년간 유지되던 조공책봉 관계를 청산하였으며, 1897년 '대한제국'을 선포하였다. 대한제국 정부는 러시아가 만주 지역을 점령한 기회를 틈타 월간 조선인들을 이용하여 간도지역에 대한 확장을 시도하였다. 1902년 이범윤을 '북간도(北墾島) 시찰사(뒤에 관리사로 고침)'로 임명하여 두만강 이북 지역을 조선의 관할에 넣고자 하였다.10)

이때 대한제국 정부는 두만강 이북 지역이 조선에 속함을 공개적으로 말하지 않았다. 단지 조선인을 보호한다는 명목으로 시찰사 또는 관리사를 파견할 따름이었다. 중국측이 이범윤을 철거할 것을 요구할 때도 조선측은 '보호관'을 파견했다는 말로써 변명하였다.11) 그 이유에 대해 생각해보면 그 전에 있었던 두 차례 감계 담판에서 조선측이 두만강을 경계로 함을 인정했기 때문일 것이다.

특기할 것은 이때 조선측 문헌에는 두만강 이북 조선인들의 월간지역과 두만강 중간의 모래섬을 구별했다는 것이다. 즉 월간지역을 '북간도(北墾島)'라고 칭하고, 강 중간의 모래섬을 '간도(間島)'라고 칭하였다.12) 그러나 그 이후 점차 이를 구별하지 않고 통칭 '간도(間島)'라고 불렀다.

한편 '간도(間島)'라는 명칭이 중간 섬 또는 중간 땅이라는 뜻이 내포

---

9) 이중하, 『을유별단』, 1885년, 토문감계(규21036), 마이크로필름 8쪽.
10) 대한제국의 간도정책에 대해서는 楊昭全·孫玉梅, 『中朝邊界史』, 369~445쪽 ; 이화자, 『한중국경사 연구』 제3장 2절 참조.
11) 中央研究院近代史研究所 편, 『淸季中日韓關係史料』 9권, 5694~5995·5746~5747· 5788·5805·5821쪽.
12) 고려대학교아세아문제연구소 편, 『구한국외교문서』 9권, 淸案2, 639·657쪽 ; 中央研究院近代史研究所 편, 『淸季中日韓關係史料』 9권, 5693~5694쪽.

되었고, 이는 일본이 주장하는 이른바 간도(두만강 이북 지역)가 무주지(無主地)이고 중립지이며, 영토 귀속이 불분명하며, 중국에도 속하지 않고 조선에도 속하지 않는다는 뜻과 맞물려 널리 유포되어 점차 개간한 땅 즉 '간도(墾島)'를 대체하게 되었다.[13]

1904년 이범윤과 그의 '사포대'가 청조의 '길강군(吉强軍)'에 의해 두만강 이북 지역에서 축출됨에 따라 대한제국의 간도 확장정책이 파산되었다. 일본이 그 뒤를 이어 들어왔다. 1905년 러일전쟁 이후 일본은 조선에 대한 침략을 강화하였으며, 을사보호조약('제2차 일한협약'이라고도 함)을 통하여 조선을 '보호국'으로 만들었다.

이때 일본은 한중 간의 국경분쟁이 미해결 상태로 남아 있는 것을 보고 이를 이용하여 조선인을 '보호'한다는 구실로 두만강 이북 지역으로 침투하고자 하였다. 그러나 '간도'가 조선인들이 만들어낸 명칭으로서 그 범위가 모호하였기에 일본은 정보 수집에 주력하였다.

1905년 11월부터 이듬해 3월까지 주조선 일본군 사령부의 조사에 따르면, 간도란 주로 두만강 이북 조선인 분포지역을 가리키며, 어떤 이는 해란강(두만강 지류)이남이 간도라고 하고 또 어떤 이는 부르하통하(두만강 지류)이남이 간도라고 하였다.[14] 한편 일본군의 조사에 따르면, 조선인 분포 범위가 "무산 동쪽으로부터 온성까지 600리 사이로서, 길이 백리 또는 수십 리, 너비 50~60리 또는 20~30리"였다.[15] 즉 두만강 이북 좁은 지대이며 해란하·부르하통하·가야하가 흘러지나

---

13) 일본 신문들이 간도를 선전한 내용은 吳祿貞, 『延吉邊務報告』, 161~162쪽 참조 (楊昭全·孫玉梅, 『中朝邊界史』, 455쪽에서 재인용).

14) 주조선 일본군의 간도 범위에 대한 조사는 이화자, 『1905~1909年日本調查'間島' 歸屬問題的內幕』, 『近代史硏究』, 2015년 2기, 37~39쪽 참조.

15) 『間島境界調查材料』(1905년), 日本防衛省防衛硏究所 소장, 陸軍省-日露戰役-M37-6-127/ 1428(アジア歷史資料センター, レファレンスコード: C06040131500).

갔다.

또한 조선인들이 간도 범위를 말할 때, 토문·두만 2강설을 이용하여 간도가 그 사이에 놓여 있다고 주장함을 발견하였다. 여기서 '토문강'이란 백두산정계비 비문에 이른바 '동위토문'에서 유래되었으며, 두만 강을 가리키지 않았다. 즉 다시 말하여 토문강이란 백두산정계비·토석퇴와 연결된 송화강 상류를 가리켰다. 그럴 경우 송화강 이남·두만 강 이북의 간도가 조선에 속하게 되었다. 그러나 주(駐)조선 일본군은 이에 대해 회의했으며 이른바 '토문강=송화강'을 인정하지 않았다. 조선인들 특유의 억지라고 보았다. 현실적으로 송화강 전 유역이 다 조선 땅이 될 수 없기 때문이었다.[16]

이 같은 모순을 해결하기 위한 방법이 송화강 상류 일부를 '토문강'이라고 칭하는 것이었다. 예컨대 송화강 상류 오도백하(흑석구를 가까이함)를 '토문강'이라고 칭하여 간도 범위를 설정하는 것이었다. 그럴 경우 하류가 어디로 흘러가든 상관하지 않았다.

장지연(張志淵)이 『대한신지지(大韓新地志)』에서 이 방법으로 간도를 정의하였다. 즉 "북간도(北墾島)란 간도(間島)라고도 칭하며, 백두산 동쪽에 위치하였으며 육진과 두만강을 접하고 있다. 북쪽은 토문강을 계한으로 하여 청국 길림성 돈화(敦化)현 등과 경계를 나누며, 동북으로 러시아 우수리 포염사덕(浦鹽斯德)을 경계로 한다."[17] 즉 북간도가 토문강(송화강 상류)과 두만강 사이에 놓여있다는 것이었다.

이 책의 삽도(그림 26)를 참고할 경우, '토문강'이란 석퇴·토퇴 및

---

16) 『間島ニ關スル調査槪要』(1906년), 日本外務省外交史料館 소장, 『間島ノ版図ニ關シ清韓兩國紛議一件』, 제1권(アジア歴史資料センター, レファレンスコード : B0304 1192800, REELNo.1-0350/0445).

17) 장지연, 『대한신지지(大韓新地志)』 권2, 한양서관, 1907년, 139쪽.

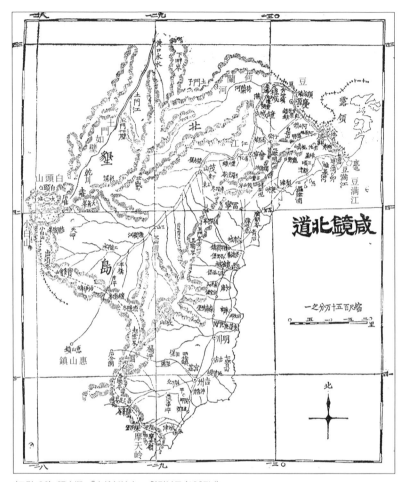

〈그림 26〉 張志淵, 『大韓新地志』, 함경북도 (1907년)

건천과 연결된 북류하는 물줄기 즉 송화강 상류를 가리켰다. 그 이후 통감부파출소가 간도 가정 범위를 설정할 때도 똑 같은 방법을 취했다.

요컨대 간도 명칭의 출현은 조선인들이 두만강 이북 지역을 개간한 것과 관련되며, 주로 조선 월간민들이 분포한 해란강·부르하퉁하 및 가야하 유역을 가리켰으며, 온성 서쪽의 두만강 대안을 가리켰다. 온성 동쪽의 훈춘(琿春)이 간도 범위에 들어가지 않은 것은 청의 군정 기구가 일찍 설치되었기 때문이다. 1714년(강희 53)에 훈춘협령(協領) 이 설치되었고 1859년(함풍 9)에 부도통으로 승격되었다. 그리하여 조선인들은 두만강 이북으로 이주할 때 훈춘을 피하여 그 서쪽으로 이주하든지 동북쪽인 러시아 연해주로 이주해갔다.

2. 파출소의 '간도' 가정(假定) 범위 설정과 확장정책

일본측이 '간도' 범위를 설정한 것은 통감부파출소를 세우면서였다. 1907년 4월 18~29일 조선 초대 통감인 이토 히로부미의 지시에 따라 통감부 어용괘(御用掛) 사이토 스에지로(齋藤季治郎)와 촉탁(囑托) 시 노다 지사쿠(篠田治策)가 비밀리에 두만강 이북 지역에 잠입하여 정보 를 수집하였다. 두 사람은 10일간 조선인들이 거주하는 해란강·부르 하퉁하 유역을 답사하였으며, 이를 기초로『간도시찰보고서(間島視察 報告書)』를 통감부에 제출하였다.

보고서에는 통감부파출소의 설립 지점과 관할범위를 지정했는데 즉 간도 범위였다.[18] 그 후 이 두 사람이 '통감부간도파출소' 소장과 총무과장에 임명되어 일본이 두만강 이북 지역으로의 침투·확장에 중요한 역할을 하게 되었다.

보고서에 의하면 간도는 동·서로 나뉘었다. 동간도가 두만강 유역 으로서 해란강·부르하퉁하·가야하 유역을 아울렀으며, 뒤 시기의 연

---

18) 篠田治策,『間島問題の回顧』, 4~12쪽 ; 篠田治策,『統監府臨時間島派出所紀要』, 47 쪽.

길·화룡·왕청 등 현을 포함하였다. 서간도는 이도송화강 유역으로서 고동하·부이하(富爾河)·이도백하·오도백하 유역을 아울렀으며, 주로 뒤 시기의 안도현이었다. 동·서 간도 사이 분계선은 로예령(老爺嶺) 산맥이 북쪽·동쪽으로 뻗은 지맥으로서, 서쪽은 선봉령(先鋒嶺)을 경계로 하고 북쪽은 하발령(哈爾巴嶺, 부르하퉁하 발원지)을 경계로 하였다.

이 분계선이 실은 두만강 수계와 이도송화강 수계의 분수령이었고 동시에 두만강 수계와 목단강 수계의 분수령이었다. 오늘날에 이르러서도 중국 동삼성 인근 현(縣) 예컨대 화룡시와 안도현, 안도현과 돈화시의 분계선이 되고 있다.

다시 서간도 범위를 살펴보면(그림 27 참조), '토문강'(오도백하)을 따라 내려가다가 이도송화강을 따라 두도송화강 합류처에 이르며, 다시 동북쪽으로 하발령을 연결시켜 그 안에 들어있는 삼각형 지대였다. 이른바 '토문강=송화강상류' 즉 토문·두만 2강설을 이용하여 서간도 범위를 설정한 것이었다.

이상 통감부파출소가 지정한 동·서 간도 범위가 조선인들이 말하는 해란강 이남 또는 부르하퉁하 이남보다 훨씬 확충되었음이 발견된다. 하천의 발원지·분수령으로 확충되었고 이도송화강 유역으로 확충되었다. 이로써 장차 새로운 이민들을 위한 공간을 남겨놓음과 동시에 이 지역의 풍부한 자연자원을 탈취하고자 시도하였다.

1907년 8월 통감부간도파출소가 설립된 이후, 동·서 간도 명칭을 조절하였다. 조선인들이 압록강 이북 지역을 서간도로 칭하는 점을 고려하여, 동·서간도를 '동간도 동부'와 '동간도 서부'로 변경하였다.[19]

---

19) 고려대학교아세아문제연구소 편, 『구한국외교관계부속문서』 8권, 간도안, 83쪽.

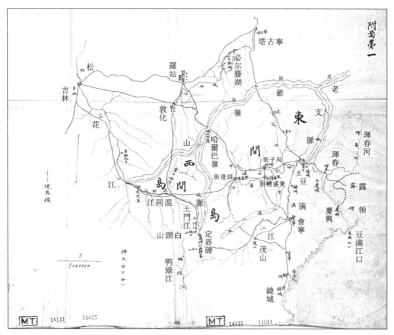

〈그림 27〉 齋藤季次郞·篠田治策, 『間島視察報告書』 附圖-1 (日本外務省外交史料館 소장, MT 14133/11014-11015)

이로써 압록강 이북 지역을 '서간도'로 칭하는 것을 보류함으로써 장차 이 지역으로의 확장을 시도한 것이다.

간도 가정 범위를 설정한 후 일본의 세력권 안에 넣기 위하여, 통감부파출소는 백 명도 안 되는 군경을 이용하여, 조선인을 '보호'한다는 명목으로 침투 활동을 실시하였다. 동간도 동부(두만강 이북)를 네 구역 즉 북두소·종성간도·회령간도·무산간도로 나누었으며, 친일파 조선인을 사장(1명)으로 임명하였고, 그 아래에 41사로 세분하여 각기 사장 1명을 두었으며, 또 그 아래에 290촌을 두고 각기 촌장 1명을 임명하였다.[20]

이 밖에 중요한 지점에 헌병 분견소(分遺所)를 설치하고 조선 순검을 같이 두어 세력범위를 확장하였다. 1907년 8월 파출소가 처음 설립되었을 때 일본헌병 65명, 조선순검 10명이 있었으며, 신흥평·국자가·두도구·호천포(뒤에 하천평으로 옮김)·우적동·조양천(뒤에 동불사로 옮김)·복사평 등 7개 헌병 분견소를 세웠다.

그 이후 1908년 5월에 이르러 조선 반일무장단체(이범윤의 의병)가 무산 대안으로 진군한다는 소식이 전해지자 헌병 60명을 증파하여 팔도구·걸만동·동경대 등 3개 분견소를 설치하였다. 1년 뒤 1909년 7월 길림변무 독판 오록정이 파출소와 맞서 싸웠고, '간도문제'담판이 조선인 재판권문제를 둘러싸고 치열하게 진행될 때, 중국측을 견제하기 위하여 헌병 96명을 증파하여 용암평·학성·용담촌·칠도구 등 4개 분견소를 세웠다. 그리하여 헌병 분견소가 14개에 달했고 일본헌병 수가 250여 명, 조선순검의 수가 63명에 달했다.[21]

이상에서 본 14개 헌병 분견소의 분포 특징은 다음과 같았다. 1) 회령에서 용정으로 들어가는 교통로에 4개 분견소가 밀집 분포되었는데 조선에서 간도로 통하는 교통요로이기 때문이었다. 일본 헌병과 물자가 모두 이 길을 통해 간도로 들어갔고 일본이 수축하고자 했던 '길회'철도가 여기를 통과할 예정이었다.

2) 두만강 이북 연안 지역을 따라 밀집 분포되었으며, 5개 분견소를 세웠다. 두만강 연안과 조선이 강 하나를 사이에 두고 있었기에 간도에 일이 생길 경우 일본의 국경 수비대와 연락하여 지원을 받고자 하였다.

3) 해란강·부르하통하·조양하·이란하 등 내지 하곡지대를 따라 분포하였으나 파출소의 힘이 약하고 중국측이 강경하게 대항하고 있어

---

20) 篠田治策, 『統監府臨時間島派出所紀要』, 158~159쪽.
21) 篠田治策, 『統監府臨時間島派出所紀要』, 165~168쪽.

〈그림 28〉『憲兵及淸國軍隊配置圖』(『統監府臨時間島派出所紀要』부도-2) (日本外務省外交史料館 소장, MT14133/10204)

서 내지 깊숙이 들어가지 못하였다. 예컨대 가야하 유역이나 이도송화강 유역에 헌병 분견소를 설치하지 못하였다.

파출소 세력이 아직 훈춘에는 미치지 못하였다. 전술했듯이 훈춘에는 일찍이 청조의 군정기구가 설치되었고 조선 이주민들도 대부분 훈춘을 피하여 서쪽의 해란강·부르하퉁하 유역으로 들어가든지 아니면 동쪽으로 러시아 연해주 지역으로 이민하였다. 이 점을 고려하여 통감부파출소가 간도 범위를 설정할 때 훈춘을 제외시켰다.

그럼에도 불구하고 1905년『중일회의동삼성사의정약』에 근거하여 훈춘·영고탑·삼성(三姓)이 이미 상부로 개방되었기에 일본은 아무 때나 훈춘에 합법적으로 영사관을 설치할 수 있었다. 특히 일본이 통감부파출소를 설립할 때 간도의 영토권이 미정이라는 구실로 침투하고자 하였기에 책략적으로 보아도 훈춘을 간도 범위에 넣기 불편하였다.

이처럼 통감부파출소가 중국의 주권을 잠식하는 불법행위에 대하여 중국측은 견결히 맞서 싸웠다. 1907년 10월 동삼성 총독 서세창의 명으로 진소상(陳昭常)·오록정을 위시하여 국자가(延吉)에 '길림변무공서'를 세웠다.

한편 통감부파출소가 도처에 헌병 분견소를 세우자, 변무공서도 파판처(派辦處)를 세우고 군대를 주둔시켜 대항하였다. 예컨대 육도구·동성용·호천가·마패·두도구·달라자·사기동·동불사·길지·팔도구·차촌·백초구(가야하 유역)·양수천자(가야하와 훈춘하 사이)·한요구(이도송화강 상류) 등에 14개 파판처를 세웠다.[22]

중국측 파판처와 주군의 분포 특징은 다음과 같았다.

1) 일본측이 헌병 분견소를 세우는 곳에 반드시 중국측 파판처 또는 주군을 두어 일본 헌병의 불법 행동을 감시하였다.

2) 부르하퉁하·가야하의 하곡지대에 밀집 분포되었다. 부르하퉁하 곡지의 경우 간도에서 길림으로 통하는 교통요로였으며, 가야하 곡지의 경우 간도에서 북만주 지역 즉 목단강 유역으로 통하는 교통요로였

---

22) 『통감부문서』 9, '四. 間島派出所年報', 1조, 79~80쪽 ; 篠田治策, 『統監府臨時間島派出所紀要』, 242~248쪽.

다.

3) 파출소 세력이 아직 미치지 못한 가야하와 동쪽 양수천자 및 이도송화강 유역에 파판처 또는 주군을 두어 파출소의 확장 시도를 미리 차단하고자 하였다.

중국측의 반격 조치는 일부 실효를 거두었으며, 특히 통감부파출소의 이도송화강 유역으로의 확장 시도를 좌절시켰다.

이 지역은 고동하·부이하·오도백하·이도백하의 하곡지대로서 주로 후에 안도현 영역에 속하였다. 이곳의 이주민을 보면, 중국인이 조선인보다 먼저 1868년경 산동에서 왔다. 이로부터 20년 뒤 1888년경에 조선 이민들이 도착하였다.[23]

통감부파출소의 책략은 조선인을 '보호'한다는 명목으로 헌병 분견소를 증설하는 것이었으며, 중국측은 이를 제압하기 위하여, 1907년 11월 한요구(漢窯溝)에 미리 파판처를 세워 사무를 관장하도록 하였다. 또한 보충 기구로서 고동하·부이하·대사하·양양고·한요구 등에 회방(會房)을 두어 자치적으로 관리하도록 하였다.

각 회방에는 향약·패두(牌頭)·연장(練長) 및 수십명의 무장 장정을 두어 중국인들을 보호하였다. 민·형사 안건 등 중요한 일은 돈화현에서 관할하고, 중요하지 않은 일은 파판처에서 재판하였다.[24] 이와 동시에 이곳 행정이 돈화현에 예속됨을 강조하였다.[25]

통감부파출소의 침투 구실을 막기 위하여, 한요구 파판처의 경우 구등허(고동하)·양양고(송강진)에 사는 조선인으로 하여금 치발역복·귀화입적하도록 강요하였다. 그리하여 500호 중에 400여 호가 귀화

---

23) 篠田治策, 『統監府臨時間島派出所紀要』, 368~369쪽.
24) 篠田治策, 『統監府臨時間島派出所紀要』, 370~371쪽.
25) 돈화현(敦化縣)이 1882년 설치되었으며, 봉천성 길림부 소속이었다.

입적에 동의하였으며, 동의하지 않는 40여 호가 축출되었다.[26]

이에 대하여 통감부파출소가 항의하였으며, 토문강 이내가 귀속 미정지이며, 파출소가 이곳 한민(韓民)들을 보호할 책임이 있음을 강조하여,[27] 헌병 스즈키·핫타(八田) 등을 파견하여 헌병 분견소를 세우고자 하였다. 그러나 중국측 세력이 워낙 강하고 교통이 불편한 관계로 헌병을 증파하지 않은 한 분견소를 세울 방법이 전혀 없었다.[28]

여하튼 이도송화강 유역의 양측 대결에서 중국측 변무공서가 승리하였다. 이는 그 후에 일본 외무성이 이도송화강 지역을 간도 범위에서 제외시키는 데 영향을 미치게 되었다.

3. 외무성의 간도범위 축소와 '조선인잡거구역도(圖)'

'간도문제' 해결 방식에 있어서 간도파출소와 일본 외무성의 생각은 달랐다. 간도파출소의 경우 조선인이 살고 있는 지역마다 '보호'한다는 명목으로 헌병 분견소를 설치하고자 하였다. 그 범위가 넓을수록 좋았으며, 궁극적으로는 간도를 조선 판도에 넣은 후 일본 치하에 넣고자 시도하였다.[29] 이는 파출소가 주로 현역 군인·헌병으로 구성

---

26) 『日本外交文書』 41책 1책, 「間島問題一件」, 442~445·457~460쪽 ; 故宮博物院 편, 『清光緒朝中日交涉史料』 73권, 13쪽 ; 篠田治策, 『統監府臨時間島派出所紀要』, 360쪽.

27) 『日本外交文書』 41권 1책, 「間島問題一件」, 445·459~460쪽.

28) 『통감부문서』 9, 「四. 間島派出所年報」, 88쪽 ;『日本外交文書』 41권 1책, 「間島問題一件」, 514쪽.

29) 통감부간도파출소의 시정방침 제1조에 "비록 간도 소속이 미정이지만 장차 한국 영토로 간주하여 제국(일본임 | 필자주) 및 한국 신민(臣民)의 복리를 증진할 것이다."라고 규정하였다(篠田治策, 『間島問題の回顧』, 34쪽).

된 것과 관련된다.

그러나 외무성은 중국측과 담판을 진행하는 담당기구로서 실현 가능성과 만주 전체 이익에 손해가 없을지를 고려하지 않을 수 없었다. 즉 간도 범위가 중국측에 의해 접수될지, 일본이 특권을 행사하는 구역으로서 가능할지, 열강의 간섭을 초래할 경우 만주 전체 이익에 손해가 없을지를 주목하였다.

전술했듯이 중일 간의 '간도문제'는 두 가지 측면이 포함되었다. 간도의 영토귀속문제와 조선인 재판관할문제이다. 영토귀속문제는 일본이 중국을 견제하는 조건에 불과했으며, 파출소가 설립된 후 외무성은 문헌연구와 실지답사를 통하여 간도가 조선에 속한다는 현실 가능성이 거의 없다고 판단하였다. 그리하여 외무성의 '간도문제' 담판책략은 간도 영토권을 탈취하는 것이 아니라, 영사관을 설치하여 조선인 관할재판권과 기타 이권을 탈취하는 것이었다. 따라서 외무성이 선택한 간도 범위는 조선인을 이용하여 특권을 행사할 수 있는 범위였으며, 조선인이 거주하고 있는 지리범위에 한하여 중국측 관할이 강한지 여부, 중국측이 받아들 수 있는지를 고려하게 되었다.

1909년 2월 이주인 공사가 청 외무부 상서 양돈언(梁敦彦)과 담판할 때 간도 지리범위를 통보하였다. 즉 조선인 밀집지역에 한하여 동쪽은 가야하를 경계로 하고, 북쪽은 로예령을 경계로 하며, 서쪽은 로령(선봉령)을 따라 백두산정계비까지 이르렀다.[30] 이는 파출소의 가정 범위보다 축소되었으며, 이도송화강 유역을 제외시켰을 뿐만 아니라 동쪽 경계도 로예령 지맥에서 서쪽으로 가야하로 후퇴하였다.[31]

---

30) 『日本外交文書』 42권 1책, 「滿洲に關する日淸協約締結一件」, 240쪽.
31) 통감부간도파출소가 정한 간도 가정범위의 동부 경계선은 훈춘하와 가야하의 분수령이었으며, 가야하 동쪽에 위치하였다(篠田治策, 『統監府臨時間島派出所

우선 이도송화강 유역을 간도 범위에서 제외시킨 것은 다음과 같은 이유에서였다. 첫째로 조선인 이주자가 적었고 대부분 귀화입적하였으며, 그곳 행정이 돈화현에 예속되고 변무공서가 파판처를 설립하였기에 일본이 끼어들 자리가 없었다.

둘째로 외무성은 담판을 통하여 중한 양국이 두만강을 경계로 함을 인정하고자 하였기에 토문·두만 2강설에 기초하여 설정한 동간도 서부 즉 이도송화강 유역을 간도 범위에서 제외시키게 되었다.

이와 동시에 외무성은 '간도협약'의 부도 '조선인잡거구역도'('간도도'라고도 함)[32]에서도 두만강을 경계로 함을 명확히 표시하였다. 이 부도(그림 29)를 살펴보면, 중한 국경에 중국측이 일컫는 '도문강(圖們江)'을 표기하고 있으며, 토문강(土門江) 또는 '두만강(豆滿江)'을 표기하지 않고 있다.

그 다음으로 외무성이 간도의 동부 경계를 로예령 지맥으로부터 서쪽 가야하로 후퇴한 이유에 대해 생각해 보자. 이는 후퇴한 것이라고 보기보다는 가야하 유역으로 전진했다고 보아야 할 것이다. 왜냐하면 파출소 활동범위를 놓고 볼 때, 가야하와 동쪽 양수천자에 헌병을 파견하여 조선인들의 호구를 조사하고 헌병 분견소를 설치하고자 시도하였다. 그러나 중국측 변무공서의 저항 특히 중국측에서 먼저 파판처를 설치하고 군대를 주둔시킴으로 인하여 파출소의 세가 크게 꺾였다.[33] 그럼에도 불구하고 양측 대표가 북경에서 담판할 때, 특히 양측

紀要』, 47쪽).

32) 두만강 이북 지역에 조선인과 중국인의 잡거구역을 확정할 것을 제기한 것은 주북경 일본공사 하야시 곤스케(林權助)였다. 1907년 12월 18일 그가 외무대신에게 보낸 전보문에서 이를 제기하였다(『日本外交文書』 40권 2책, 「間島問題一件」, 188쪽).

33) 1908년 7월 통감부간도파출소가 백초구·팔도구·걸만동·동경대에 4개 헌병 분견소를 설치하고자 하였으나, 중국측의 저지로 3개밖에 설치하지 못하였다.

이 이익을 교환할 때 중국측이 가야하 유역의 백초구를 상부로 개방하는 데 동의하고 말았다.[34]

이처럼 파출소가 현지에서 얻지 못한 이익을 일본공사가 담판을 통하여 얻어냈다. 백초구를 개방함으로써 일본 세력은 가야하 유역으로 침투하게 되었다. 한편 가야하 동쪽에 있는 훈춘이 이미 상부로 개방됨에 따라, 간도와 훈춘이 사실상 하나로 연결되었으며, 가야하를 간도의 동부 경계로 한 의미가 그리 크지 않았다.

중일 '간도협약'에 근거하여 간도 범위 내(그림 29 참조)에서 조선인과 중국인이 잡거하는 것을 허락하였으며, 토지·가옥 및 재산권을 갖는 것을 허락하였다. 이 범위를 조선인 잡거구역이라고 일컬었다. 잡거지 조선인의 관할재판권이 중국측에 속했으나, 일본영사가 재판에 대한 입회권, 중대 안건에 대해 통보 받는 권리 및 복심권(復審權)이 주어졌다.

중국측의 반대와 투쟁으로 일본은 잡거지 조선인 영사재판권을 얻지 못하였으며, 단지 네 개의 상부(용정촌·국자가·두도구·백초구)에 한하였다. 그럼에도 불구하고 일본은 두만강 이북에 영사관을 설립하는 목적을 이루었고 영사관 내에 경찰을 두게 되었다. 이로써 간도의 조선 반일운동을 감시하고 탄압하며, 조선인을 이용하여 각종 침투 활동을 할 수 있는 발판을 마련하게 되었다.[35]

일본이 간도 지역 조선인 영사재판권을 탈취하고자 한 것은 조선

즉 백초구(가야하)에서 실패하였다(고려대학교아세아문제연구소 편, 『구한국 외교관계부속문서』 8권, 간도안, 82·114쪽 참조).

34) 간도 지역에서 상부(商埠)를 개방하는 데 대해서는 이화자, 『中日'間島問題'和東三省'五案'的談判詳析』, 『史學集刊』, 2016년 5기 참조.

35) 일본의 동삼성 지역 영사관 경찰기구 설립에 관해서는 李洪錫, 『日本駐中國東北地區領事館警察機構研究－以對東北地區朝鮮民族統治爲中心』, 延邊大學出版社, 2008년 참조.

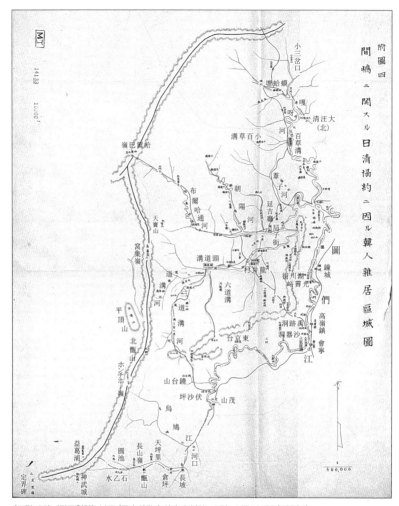

〈그림 29〉 '간도협약' 부도(日本外務省外交史料館 소장, MT14133/10204)

반일운동을 미리 차단하며, 조선에 대한 식민통치를 공고히 하기 위해
서였다. '간도협약'이 체결된 이듬해인 1910년 일본은 조선을 식민지로
만들었다. 그러므로 일본의 간도로의 성공적인 침투는 조선을 식민지
화하기 위한 정지작업이라고 할 수 있다.[36)

비록 '간도협약'에 훈춘이 포함되지 않았지만 훈춘의 전략적 위치의 중요성 때문에 곧 영사관 설립에 착수하였다. 1910년 일본이 조선을 식민지로 만든 후 삼국 경계에 위치한 훈춘이 조선 반일운동의 기지로 되는 것을 막기 위하여, '중일회의동삼성사의정약'에 근거하여 훈춘에 영사관을 설립하였다. 같은 해 4월 중국측은 일본이 훈춘에 간도영사관 출장소를 세우는 데 동의하였으며, 12월 간도영사관 분관으로 승격하였다.[37]

이로써 훈춘이 사실상 간도 범위에 들어가게 되었다. 이로 인하여 간도를 말할 때 보통 연길·화룡·왕청·훈춘 등 4현(縣)을 포함시키며, 혹은 '간훈(間琿)'지역이라고 불렀다. '간도협약'에서 규정한 조선인 잡거구역은 그 이후 연변 행정구역 형성에 영향을 미치게 되었다.[38]

---

36) 李盛煥, 『近代東アジアの政治力學−間島をめぐる日中朝關係の史的展開』, 93쪽.

37) 『日本外交文書』44권 2책, 236~267쪽, 李盛煥, 『近代東アジアの政治力學−間島をめぐる日中朝關係の史的展開』, 95~96쪽에서 재인용.

38) 1909년 '간도협약' 체결 후 중국측은 간도 지역에 대한 행정기구 설치에 주력하였다. 같은 해 훈춘 부도통을 훈춘청으로 고쳤으며, 연길청을 연길부(府)로 고쳤고 또 동남로분순병비도(東南路分巡兵備道)를 먼저 훈춘에 세웠다가 연길로 옮겼다. 이와 동시에 왕청현·화룡현을 설립하여 동남로도에 귀속시켰다. 이듬해 안도현(송강진)을 세웠으나 연길부에 귀속시키지 않고 봉천성 장백부에 귀속시켰다. 1912년 중화민국 건립 이후 이듬해 연길부를 연길현으로 고쳤으며, 훈춘청을 훈춘현으로 고쳐 모두 연길도에 예속시켰으며, 연길에 도윤공서(道尹公署)를 세웠다. 그리하여 연길을 중심으로 하는 행정기구가 점차 완비되었다. 1931년 '9·18사변' 이후 일본이 만주 지역에 위만주국을 세웠다. 1934년 12월 간도 지역에 '간도성(省)'을 세웠으며, 연길·화룡·왕청·훈춘·안도 등 5현을 포함시켰고 성소재지를 연길로 정했다. 1943년 4월 1일 연길현을 간도시로 승격하여 간도성 소속 직할시로 만들었다. 연길 기차역도 간도역으로 명명하였다. 1949년 해방 이후 1952년에 연길에 '연변조선족자치구(區)'가 성립되었고 1955년에 '자치주(州)'로 변경되었다. 연변자치주는 연길·화룡·왕청·훈춘·안도현 외에 1958년 돈화현이 포함되어 오늘날 6시 2현(연길시·용정시·화룡시·도문시·훈춘시·돈화시·안도현·왕청현)의 행정구도로 정착되었다(吉林省延吉市地方志編纂委員會 편, 『延吉市志』, 新華出版社, 1994년, 1~60쪽 참조).

4. 맺는말

'기경대재(己庚大災)'의 영향으로 1877년 조선 빈민들이 종성 근처 (중국 光霽峪)의 두만강 중간에 있는 모래섬을 개간하면서 間島(간도)· 墾島(간도)라는 명칭이 나오게 되었다. 그 이후 조선 변경민들이 대규 모로 두만강 이북에 넘어가 땅을 개간하고 또 압록강 이북으로 이주함 에 따라 간도 범위가 확충되었다. 그러나 초기 이주 조선인들이 주로 해란강·부르하통하 하곡지대를 개간한 관계로 그 이남과 두만강 이북 지역을 간도로 간주하였다.

러일전쟁 이후 일본은 두만강 이북 조선 월간민을 이용하여 침투·확 장을 시도하였으며, '간도' 명칭을 이용하여 '통감부간도파출소'를 설 립하였다. 간도 가정 범위를 설정함과 동시에 헌병 분견소를 늘리는 방식으로 세력범위를 확장하고자 하였다. 그러나 중국측 길림변무공 서의 견제와 투쟁으로 인하여 파출소의 확장 시도가 일부 좌절되었다. 특히 이도송화강(동간도 서부) 유역에서 실패하였다. 이는 일본 외무 성이 간도 범위를 축소하는 원인 중의 하나였다. 이보다 더 중요한 것은 외무성이 두만강 경계를 인정함으로써 잘못된 토문·두만 2강설 을 포기한 것이다.

1909년 중일 '간도협약'을 통하여 '조선인잡거구역'(간도 범위)을 정 하였으며, 두만강 이북 조선인 분포지역(연길·화룡·왕청 3현)을 거의 아울렀다. 이로써 통감부파출소가 확충한 세력범위를 보장받았다. 가야하 유역은 예외이며, 파출소가 확장에 실패한 것을 일본공사가 담판을 통하여 백초구를 개방함으로써 만회하였다.

요컨대 '간도' 명칭은 조선 개간민들 속에서 자연히 형성된 지리개념 이며, 압록강·두만강 이북 지역을 아울러 통칭하는 명칭으로 사용되었다. 그러나 일본 세력이 개입함에 따라 특히 일본이 조선 월간민을 이용하여 침투·확장을 실시함에 따라 불평등한 영사재판권을 강요하고자 하였으며, 간도를 일본의 특수 이익을 보장받는 세력범위로 정하고자 시도하였다. 그리하여 간도 개념에 일본 침략의 낙인이 찍히게 되었다.

이로 인하여 중국 역대 정부는 간도 개념의 사용과 유포를 거절하거나 금지하였으며, 일본측에서 일컫는 '간도협약'을 중국측은 '도문강중한계무조약(圖們江中韓界務條約)'이라고 불렀다. 또한 간도지역 명칭도 '연변(延邊)'으로 대체하였으며, 연길변무공서의 약칭일 것으로 생각된다.

제4편
백두산 답사기

중국·북한 국경 답사기 —
백두산 토퇴군(群)의 새로운 발견

1. 정계비와 흑석구의 소사(小史)

최근 몇 년간 필자는 1712년 백두산정계의 역사 사실을 규명하는 데 주력하였다. 비록 사료를 기본으로 하여 연구를 진행하였지만 기록이 워낙 모호하고 또 목극등이 지나간 하나의 산, 골짜기와 계곡마다에 다 명칭이 있는 것이 아니어서 그가 어떤 물줄기를 정했는지, 또 어떤 계곡을 따라갔는지 알아내기 쉽지 않았다.

국경사에 대한 공부를 하면 할수록 현지답사의 필요성이 느껴졌다. 문헌연구의 한계를 벗어나기 위하여 2010년 여름부터 여러 차례 백두산 지역을 답사하였다. 특히 2012년 두 차례에 걸쳐 북한 삼지연을 통하여 천지 동파(東坡)로 올라갔다. 그리하여 천지 동남쪽 약 4km에 있는 정계비터와 그 앞에서 시작되는 흑석구를 확인하고 돌아왔다.

2012년은 목극등이 정계한 지 300년이 되는 해이다. 같은 해 5월말·6월초 필자는 두만강 발원지에서 답사하던 중에 목극등 정계의 표식물로 간주되는 토퇴군(群)을 발견하였다. 이는 필자가 사료에 근거하여 주장했던 흑석구로부터 홍토수 사이에 40여 리 목책이 존재하며, 그 중간에 5·6리의 토돈이 있었으나 그 후에 목책이 다 썩어 없어져 두만강 상류 경계가 모호해졌다는 결론을 증명할 수 있는 실물적 증거를 찾은 셈이다.

흑석구는 백두산 답사의 중요한 부분이었다. 흑석구의 명칭은 1908년 봉천 후보지현 유건봉이 백두산을 답사할 때 지은 이름이다. 그는 골짜기에 검은 돌이 많은 것을 발견하고 흑석구라고 명명하였다.[1] 이 명칭은 지금까지 사용되고 있다.[2] 이보다 앞서 1885·1887년 공동감계 때에는 '황화송구자(黃花松溝子)'라고 불렀는데 골짜기에 이깔나무가 많기 때문이었다. 조선에서는 '이깔이개'라고 불렀는데 이깔나무가 자란 개울이라는 뜻이었다.[3] 백두산정계의 표식물로서 흑석구에 석퇴가 설치되어 있을 뿐만 아니라 토퇴가 설치되어 있었다. 조청 양국이 흑석구로써 경계를 나눔을 표시한 것이었다.

흑석구 동남안의 석퇴와 토퇴에 관한 기록은 한중일 삼국 자료에 잘 나타나 있었다. 1885·1887년 공동감계 때 양측 대표들은 흑석구의 동남안에 석퇴와 토퇴가 180여 개 설치되어 있는 것을 발견하였다.[4]

1907년 중일 간에 간도문제를 둘러싼 분쟁이 일게 되면서 각기 사람을 파견하여 국경지역을 답사하였다. 같은 해 길림변무방판 오록정이 답사 후 남긴 기록에 흑석구에 석퇴가 수십 개, 토퇴가 백여 개 된다고 기록하였다.[5] 이듬해 유건봉이 답사한 후 "남안 상류에 석퇴가 있고, 하류에 토퇴가 있으며, 골짜기 길이가 46리이며, 황화송

1) 劉建封, 『長白山江崗志略』, 344~345쪽.
2) 1964년에 체결된 '중조국경의정서'에 흑석구의 명칭이 있다.
3) 이중하, 『光緖十一年十一月初八日照覆』, 1885년, 『백두산정계비관계서류』(규 26302).
4) 이중하, 『光緖十一年十一月初八日照覆』, 1885년, 『백두산정계비관계서류』(규 26302).
5) 吳祿貞, 『延吉邊務報告』, 73~75쪽.

전자(黃花松甸子)에 이르러 골짜기가 자취를 감춘다."고 기록하였다.[6]

1907년 일본 측량수의 기록에 의하면, 간격 20~100m의 부정 위치에 높이 3척(尺), 면적 1평(坪) 좌우의 둥근 돌로 쌓은 석퇴가 있다고 하였다.[7] 그러나 무슨 이유에서인지 일본 측량수가 흑석구에 토퇴가 존재한다는 사실을 밝히지 않고 있었다. 흑석구 동남안을 따라 20~30리 뻗어있는 흙무지를 못 볼 리가 없겠지만 이에 대한 기록이 없다.

이즈음에 일본이 간도지역에 대한 침투·확장을 계획하고 있었기에 흑석구의 동남안을 따라 두만강까지 토퇴나 목책이 존재한다는 사실보다는 흑석구가 송화강 상류에 이어졌다는 것을 증명하기에 급급했을 것이다.

1909년에 이르러 중일 양국은 '간도협약'을 체결하였다. 제1항에 "중한 양국은 두만강을 국경으로 하며, 강원(江源) 지방은 정계비로부터 석을수를 경계로 한다"고 규정하였다. 이 조항에 따라 정계비가 여전히 국경 표식물로 간주되었다. 그러나 흑석구는 경계와 아무 상관없게 되었다. 그 이후 1931년 '9·18사변' 직전, 천지 동남쪽에 있던 정계비가 일본 국경 수비대에 의해 치워졌다.[8] 그리하여 지금에 이르기까지 정계비의 행방이 묘연해졌다.

1949년 중화인민공화국이 성립된 이후 북한과의 역사적 국경문제를 해결하기 위하여 국경 담판을 진행하였다. 1957년 양국은 백두산 지역에 대한 측량을 시작하였으며, 중국측 단독 측량이 있는가 하면 북한과의 연합 측량도 있었다. 같은 해 8·9월 길림성 탐사대가 백두산

---

6) 劉建封, 『長白山江崗志略』, 344~345쪽.
   南岸上游壘有石堆若干 下游積有土堆若干 溝長四十六里 至黃花松甸 卽平衍無蹤.
7) 일본 외무성외교사료관 소장, 흑석구 지도, 소장 번호 : MT14133.
8) 篠田治策, 『白頭山定界碑』 自序.

지역에서 탐사하던 중, "천지 동남쪽 5㎞ 지역의 서쪽으로 대한하(大旱河)를 연결하고 동쪽으로 흑석구와 인접한 지점에서 청 강희 51년 (1712) 오라총관 목극등이 황지를 받들고 변계를 조사할 때 세운 비석 받침대를 발견하였다."

이 밖에 탐사대는 흑석구 동남 기슭에 석퇴와 토퇴가 있는 것을 발견하였으며, "석퇴의 높이가 1m, 길이가 2m, 너비가 1m이며, 모양은 모진 것과 둥근 것이 있으며, 석퇴 간의 거리가 30~50m이다. 토퇴는 원형을 이루며, 높이가 약 1.5m, 둘레가 약 24m이며, 황색 모래와 자갈이 섞여 있는데, 토퇴 간의 거리가 약 100m임"을 확인하였다.[9]

이로부터 반세기를 지나 2005년 한국의 '고구려연구재단'에 이어, 2012년 여름 필자가 정계비터를 확인하였다. 삼지연에서 출발하여 천지 동파로 올라가던 중에 장군봉으로부터 동남쪽으로 약 4㎞ 주차장 앞 초소 옆에서 흰 돌비석을 보았다. 정계비가 분실된 후 북한측에서 흰 돌로 만든 비석을 그 자리에 세워놓음으로써 정계비터를 보존하고 있었다. 다만 비석 밑에 있는 받침대가 옛 것인 듯하다. 2005년 '고구려연구재단' 연구자들이 삼지연을 통해 천지로 올라갈 때 정계비터를 찍어 온 사진이 있어서 필자가 그 자리를 확인하는 데 도움이 되었다.

정계비터에 서서 서쪽을 바라보니 압록강 골짜기가 보였다. 마른 골짜기로서 사료에서 말하는 '대한하'이다. 비문에 이른바 '서위압록'을 가리킨다. 이 마른 골짜기를 따라 약 3㎞ 내려가면 압록강 물이 흐르기 시작하는데, 곧 목극등이 정한 압록강 정원(正源)이고 옛 경계이다. 또한 정계비터로부터 동남쪽으로 약 200m 떨어진 곳에서 흑석구가 시작되는데, 비문에 이른바 '동위토문'이다. 그러나 흑석구가 곧

---

9) 『中國測繪史』 편집위원회 편, 『中國測繪史』, 2002년, 617~618쪽.

〈그림 30〉 정계비터 사진(천지 동남 기슭 약 4㎞)

바로 두만강에 이어지는 것이 아니었기에 목극등은 물이 흐르지 않는 구간 즉 흑석구와 그 아래 평지에 석퇴·토퇴·목책을 설치하여 두만강까지 이어놓도록 하였다.[10] 이것이 '동위토문'의 진정한 의미였다.

2012년 8월 16일 필자를 포함한 관광단 일행이 천지에서 내려와 압록강 골짜기를 따라 내려가려다가 흑석구 옆에서 돌무지를 발견하였다. 그 위치인즉 주차장 동남쪽 약 200m 지점 흑석구가 시작되는 곳이었다. 첫 번째 돌무지가 밑에 흙을 쌓고 위에 돌을 얹었는데, 큰 돌 여러 개가 보였다. 계속 골짜기를 따라 내려가다가 약 40~50m를 사이에 두고 작은 흙무지 두 개를 더 발견하였다. 위에 돌을 얹었을 터이지만 돌은 다 없어지고 밑에 흙무지만 남아 있었다.

이튿날 필자 일행은 또 주차장 남쪽 백두교 근처에서 돌무지를

---

10) 『숙종실록』 권51, 숙종 38년 6월 을묘.

〈그림 31〉 흑석구 상류 및 동남안의 석퇴 유적 (오른쪽 산이 연지봉)

여러 개를 발견하였다. 첫 번째 돌무지는 다리 동쪽에 있는 흑석구 동남안에 있었다. 두 번째 돌무지는 흑석구와 남쪽에서 오는 작은 골짜기가 만나는 곳에 있었다. 돌무지는 높은 언덕에 위치해 있었으며, 밑에 흙을 쌓고 위에 돌을 얹었다. 풍화작용에 의해 흙무지가 많이 가라앉아 있었지만 인공으로 쌓은 흔적이 뚜렷하였다. 작은 골짜기 하나를 건너뛰어 또 하나의 돌무지를 발견하였다. 세 번째 돌무지였다. 돌을 쌓아올렸는데, 화산분출로 인하여 구멍 난 돌이 많았다. 계속 골짜기를 따라 내려가다가 네 번째 돌무지를 발견하였다. 돌무지의 흔적이 뚜렷하였으나 남은 돌이 몇 개 안되었다. 계속 앞으로 갔더니 돌무지가 점점 선명하게 보였다. 그러나 백두교 쪽에서 다급하게 부르는 소리가 들려와 필자 일행은 발걸음을 멈추지 않을 수 없었다.

사료에 의하면, 흑석구가 대각봉에 이르러 흙벽이 마주 서 있는 것이 마치 문과 같다 하여 '토문(土門)'이라고 불렀다고 한다.[11] 대각봉

〈그림 32〉 흑석구 상류 동남안의 석퇴

을 답사하고 싶었지만 목적을 이루지 못하였다. 비록 앞에서 돌무지가 점점 뚜렷이 보였지만 필자 일행은 백두교로 되돌아가지 않을 수 없었다. 앞으로 먼저 걸어갔던 두 친구가 돌무지 세 개를 사진으로 찍어온 데 만족해야 했다.

이처럼 필자 일행은 흑석구 상류에 있는 백두교로부터 골짜기를 따라 600m 가량 걸어갔다. 그리하여 동남안에서 석퇴 일곱 개를 발견하였다. 석퇴의 크기는 전에 흑석구 하류 중국 경내에서 보았던 토퇴에는 미치지 못하였다. 석퇴 사이 거리가 40~50m 또는 60~70m였다. 이처럼 목극등 정계의 표식물이 300년이 지나도록 북한 경내에 남아 있다는 것이 신기할 따름이었다.

2014년 8월 필자는 재차 여행단을 따라 흑석구 상류에 이르렀다. '백두교'에서 동쪽으로 향하여 대각봉 근처의 흑석구에 이르렀다. 골짜기를 따라 동쪽으로 400~500m 걸어갔더니 작은 갈림길을 만났다. 중국 변경으로 통하는 길이었다. 그 동·서 양쪽에서 8·9개의 석퇴를 발견하였다. 그러나 필자는 여전히 사료에서 말하는 석퇴가 끝나고 토퇴가 시작되며, 흑벽이 문과 같이 서 있다는 대각봉 근처의 이른바

---

11) 이중하, 『을유장계』, 1885년, 『토문감계』(규21036), 마이크로필름 4쪽.

〈그림 33〉 대각봉 근처 석퇴

'토문'에는 이르지 못하였다.

옛 경계였던 흑석구는 오늘날 중국·북한 경내에 나뉘어져 있다. 1962년에 체결된 '중조국경조약'과 1964년에 체결된 '중조국경의정서'에 의하여 확정된 국경선은 흑석구를 가로지나갔다. 흑석구의 약 1/3이 북한 경내에 놓여있었고 약 2/3가 중국 경내에 놓여있었다.

또한 국경조약과 의정서에 근거하여, 압록강·두만강 발원지 및 천지 구간에 21개 국경 푯말을 세워 놓았다. 그 중에서 1~5호 푯말이 천지 남쪽 압록강 발원지에 있었고, 6~21호 푯말이 천지 동북쪽과 두만강 발원지 사이에 놓여 있었다. 한편 5·6호 국경 푯말이 천지 서남쪽과 동북쪽에 각각 놓여 천지를 서남에서 동북으로 갈라놓았다. 천지의 약 45.5%가 중국에 속하고, 54.5%가 북한에 속했다.[12] 국경선 서북쪽이 중국경이고 동남쪽이 북한경이다.

---

12) 이종석, 『북한－중국관계 1945~2000』, 235쪽.

〈그림 34〉 적봉 앞 69호(원 21호) 국경비

2. 임간통시도 근처의 흑석구를 답사하다

2011년 8월 흑석구를 처음 답사할 때는 '임간통시도(林間通視道)'를 거쳐 갔다. 그 위치인즉 중국·북한 52호(전 10호) 국경 푯말이 있는 곳이다. 필자 일행은 쌍목봉(쌍두봉이라고도 함)에서 차를 타고 임간통시도를 따라 갔다.

임간통시도는 말 그대로 수풀 속에 길을 내어 국경을 순찰하게끔 되어 있었다. 천지로부터 두만강 발원지까지 일직선으로 길을 냈으며 국경선과 거의 중첩되었다. 통시도 북쪽이 중국경이고 남쪽이 북한경이다. 1964년에 체결된 '국경의정서'에 근거하여, 천지 동쪽에 있는 8호 국경 푯말로부터 두만강 상류 홍토수와 모수림하가 합치는 20호 국경 푯말까지 통시도를 개척하였다. 그 위에 8·9·10·11·12 … 20호

등의 국경 푯말을 세워 놓았다.

20호 국경 푯말로부터 국경선은 홍토수 수류 중심선을 따라 내려가다가 적봉 앞 홍토수와 약류하가 합치는 곳에 이르러 두만강을 경계로 하였다. 그 합류점을 두만강 발원지라고 불렀다. 또 국경조약에 근거하여 두만강의 국경 넓이는 언제나 수면의 너비를 기준으로 하였다. 홍토수와 약류하

〈그림 35〉 쌍목봉(쌍두봉) '임간통시도(林間通視道)'

가 합치는 곳에 21호 국경 푯말을 세웠으며, 세 개의 동일 번호의 푯말 즉 21(1)·21(2)·21(3)을 세웠다. 이를 삼각비(三角碑)라고도 하였다.[13] 2009년에 이르러 중국·북한 간의 국경협정에 따라 국경 푯말의 일련번호가 크게 변하였으며, 21호 푯말이 69호로 교체되었다.

'국경의정서'(1964)에 근거하여 국경 푯말은 처음에 철근콘크리트로 만들어졌으나, 1990년에 이르러 양국 간 국경에 대한 연합조사를 거친 후 화강석으로 바뀌었다. 2009년에 이르러 또 한 차례의 연합조사를 거친 후 일련번호가 변했으며 국경 푯말이 전부 교체되었다.[14] 새로

---

13) '중조국경조약'과 '중조국경의정서' 내용은 서길수, 『백두산국경연구』, 여유당 출판사, 2009년, 부록, 중문 영인본 참조.

세운 국경 푯말은 여전히 화강석이었지만 표면이 더 평평하고 반들반들하게 다듬어졌다.

한편 천지 남쪽 압록강 상류에 있던 1호 푯말이 압록강 하류 쪽으로 옮겨가면서, 1호 푯말이 속해 있던 장백현(長白縣) 사람들이 크게 불평했다고 전한다. 필경 1호 푯말이 관광객을 끄는 데 더 유리하기 때문이었다.

국경 푯말의 양식이 크게 달라지지 않았지만 양국 국장이 새로 박히게 되었다. 중국 경내일 경우 국경 푯말의 중간 위쪽에 중국 국장이 박혀 있고, 중간에 '중국'이라는 두 글자가 있으며, 그 아래에 푯말 번호, 또 그 아래에 '2009'가 새겨져 있었다. 북한 경내일 경우 중간 위쪽에 북한 국장이 박혀 있고, 그 아래에 한글로 '조선'이 있고, 그 아래에 푯말의 번호, 또 그 아래에 '2009'가 새겨져 있었다.

쌍목봉에서 출발한 후 통시도에서 가장 먼저 볼 수 있는 푯말이 55호(전 13호)였다. 여기서부터 천지까지 약 20㎞이고 두만강 발원지(적봉)까지 약 17㎞였다. 즉 천지에서 두만강 발원지(적봉)까지 직선거리가 약 37㎞이다. 통시도에는 천m 또는 2천m 간격으로 국경 푯말이 세워져 있었다. 쌍목봉 근처의 55호 푯말을 지난 후 54·53호 푯말을 지나 52호(원 10호) 푯말이 있는 곳 즉 흑석구에 도착하였다.

통시도는 흑석구를 만나자 부득불 산비탈을 따라 아래로 내려갔다가 다시 가파른 산비탈을 따라 올라와 천지 쪽으로 뻗어나갔다. 이곳

---

14) 중국외교부 인터넷 기사와 연변방송텔레비죤국의 인터넷 기사에 의하면, 2009·2010년에 중국·북한 간의 제2차 국경 연합조사를 시행하였다고 한다. 이때 국경비의 일련번호를 바꿨을 것으로 예상된다. 또 다른 인터넷 기사에 의하면, 1990년에 제2차 연합조사를 시행하다가 압록강 하류 섬을 둘러싼 중·북 간의 의견 차가 커서 연합조사를 멈췄다고 한다. 그럼에도 불구하고 같은 해 국경비를 새로 교체했음이 확인된다.

〈그림 36〉 흑석구 상류와 중류(왼쪽은 흑석구 상류 북한 경내, 오른쪽은 흑석구 중류 중국 경내 '임간통시도' 근처임)

흑석구는 꽤 깊었으며 8월에 물이 흘렀다. 필자와 함께 갔던 길안내자의 말에 의하면, 전에 그가 왔을 때는 골짜기에 물이 없었다고 한다. 옛 사람들이 흑석구를 마른 골짜기('건구[乾溝]' 또는 마른 하천('건천[乾川]')이라고 부른 이유를 알 것 같았다.[15] 계절하이고 또 물이 전 구간을 다 흐르지 않기 때문이었다. 이듬해(2012년) 8월에 필자가 북한 경내에 갔을 때 그쪽 흑석구 상류도 물이 흐르지 않았다.

골짜기 밑에 있는 바위 위에 서서 북으로 흐르는 물을 들여다보노라니 옛 사람들이 흑석구를 묘사한 글과 흑석구에 얽힌 국경사의 장면들이 떠올랐다. 유건봉의 말 대로 골짜기에는 검은 돌이 많았고 양쪽 기슭에는 이깔나무가 빼곡히 자랐다.

1880년대에 이르러 조선인들이 대규모로 두만강 이북 지역에 넘어가 땅을 개간하고 이주하면서, 흑석구는 국경분쟁의 초점이 되었다. 조선 사람들은 흑석구를 가리켜 '토문강'이라고 하였고 송화강 상류와 연결되었다고 보았다. 그럴 경우 두만강 이북 간도지역이 조선에 속하게 되었다. 그러나 중국 사람들은 흑석구가 국경선과 아무런 관계가

---

15) 김정호가 1850년대에 제작한 『동여도』(규장각 소장본)에는 '康熙壬辰定界'·'乾川' 등이 표기되어 있다.

없으며, 동남안의 토석퇴는 사냥꾼이 백두산에 들어갈 때 길을 잃을까 표기한 것이라고 우겼다.[16] 비록 두 나라에서 공동으로 대표를 파견하여 감계 담판을 진행했지만 끝내 해결을 보지 못하였다.

1907~1909년에 중일 양국간 '간도문제'를 둘러싼 담판이 진행되었으며, 각기 사람을 파견하여 흑석구를 답사하였다. 1907년 청에서 오록정을 파견하였고 그 이듬해 유건봉이 답사한 후 흑석구를 명명하였다. 일본에서도 사람을 파견하여 흑석구를 답사하였다. 1907년 참모본부에서 측량수 두 명을 파견하여 흑석구를 답사한 후 등고선법으로 지도를 그렸다. 그 지도가 오늘날 일본 외무성 외교사료관에 보관되어 있다.[17]

골짜기 동쪽에 서서 천지 방향을 바라보는 순간, 필자는 목극등이 흑석구를 국경으로 정한 이유를 알 것 같았다. 깊은 골짜기를 기준으로 양쪽이 확연히 구분되었기에 국경 표식으로서 뚜렷한 존재였다. 골짜기 바깥쪽이 조선에 속하고 골짜기 안쪽이 중국에 속했다. 이처럼 옛사람들은 천연적인 하천·골짜기나 산맥을 기준삼아 피차를 구분하였다.

이때 옆에 서 있던 길 안내자에게 골짜기가 하류에 이르러 어떻게 되냐고 물었더니, 다리 하나가 있다고 알려주었다. 이도백하진(鎭)에서 쌍목봉으로 통하는 다리였다. 하류에 가서 답사해보고 싶었다. 그리하여 흑석구의 물이 어디로 흘러가는지, 과연 오도백하로 흘러드는지, 유건봉의 말대로 황화송전자에 이르러 골짜기가 자취를 감추는지 알고 싶었다.

북경에 돌아온 후 필자는 흑석구에 관한 자료를 찾기 시작하였다.

---

16) 이중하, 『감계사교섭보고서』, 1887년, 마이크로필름 19~20쪽.
17) 일본 외무성외교사료관 소장, 흑석구 지도 참조, 소장 번호, MT14133.

일본 외무성 외교사료관에서 복사해 온 지도가 눈에 들어왔다. 1907년 일본이 용정에 '통감부간도임시파출소'를 세운 후 중일 간에 '간도문제'를 둘러싼 분쟁이 일게 되자, 참모본부에서 측량수를 파견하여 흑석구를 답사하고 지도를 그렸다. 그 지도에 서명(署名)한 자가 오소네 세이지(大曾根誠二)와 나카하라 사조(中原佐藏)였다.

등고선법으로 그린 지도를 펼쳐보았더니, 흑석구가 천지 동남쪽 정계비 근처에서 시작되었으며, 해발고도가 2,265m였다. 여기서부터 동북쪽으로 뻗어나가 송화강 상류 오도백하에 연결되어 있었다. 이 밖에 흑석구 동남 기슭에 석퇴가 표기되어 있었으며, 대각봉에 이르러 석퇴가 끝났다. 사료에 의하면 대각봉 아래로부터 토퇴가 40여 리 연장된다고 했지만, 지도에는 토퇴가 그려져 있지 않았다. 일부러 토퇴를 은폐하고 있을지도 모른다.

비록 10월 말 늦가을이라 백두산 지역에 눈이 내렸을지도 모르지만 필자는 흑석구로 가기로 마음먹었다. 흑석구와 오도백하의 관계가 어떠한지? 흑석구의 물이 과연 오도백하로 흘러드는지? 또 일본 사람들의 말대로 흑석구와 오도백하가 연결되었는지 확인하고 싶었다.

3. 흑석구의 토퇴를 발견하다

2011년 10월 말 재차 연길로 가는 비행기를 탔다. 흑석구를 답사하기 위해서였다. 비행기 안에서 필자는 백두산 천지와 우연히 만났다. 비행기가 천지 옆을 지난다고 하였기에 창밖을 내다보았더니 백두산 천지가 보였다. 천지의 사방 언덕이 흰 눈에 덮여 있는 것이 장관이었다. 좋은 징조일 것이라고 믿었다.

〈그림 37〉 흑석구 하류 다리

　필자와 함께 흑석구로 간 사람은 '장백산관리위원회' 산하 '장백산과학연구원'의 박용국(朴龍國) 연구원과 박정길(朴正吉) 연구원 등 다섯 명이었다. 이 두 분의 연구원은 백두산 지역에서 동식물 연구를 해온 지 30~40년이 되었다. 이들의 도움을 빌어서 흑석구에 있는 석퇴 또는 토퇴를 찾고자 하였다.

　10월 22일 아침 8시경에 이도백하에서 출발하였다. 천지 북파로 향하는 길이 콘크리트길이었으나 북파 산문(山門)을 지나자 흙길로 변하여 천천히 가야 했다. 한 시간 넘게 삼림 속을 달려 흑석구 하류에 있는 다리에 도착하였다. 흑석구는 북한 경내에서 시작하여 임간통시도를 거쳐 이곳에 이른 후 계속 동북쪽으로 뻗어 나갔다. 일행이 타고 온 승용차가 흑석구 다리를 지난 후 '도화선(圖和線)' 도로를 따라 가다가 오른쪽으로 굽어 쌍목봉으로 들어갔다.

　일행은 다시 차를 갈아타고 임간통시도를 거쳐 흑석구로 향하였다. 통시도는 울퉁불퉁한데다가 며칠 전에 눈이 내려 몹시 미끄러웠다. 창밖을 내다보니 양쪽에 키다리 나무가 서 있었다. 소나무가 가장 많고 자작나무가 간혹 섞여 있었다. 길바닥과 양 옆에는 황금색 갈대가 있었다. 통시도를 따라 갈수록 길에 눈이 쌓여 힘겹게 비탈을 올라갔다. 작은 언덕에 이르렀을 때 끝내 오르지 못하고 멈춰 섰다. 별

수 없이 일행이 차에서 내렸다.

이때 통시도 눈길에 곰 발자국이 찍혀 있는 것을 발견하였다. 야생
동물 전문가인 박정길은 곰의 앞뒤 발자국 거리로부터 몸무게가 100㎏
이 될 것이라고 판단하였다. 통시도에는 곰 발자국 말고도 수록(馬鹿
이라고도 함)의 발자국이 찍혀 있었다. 이곳 원시림과 자연생태가
잘 보존되어 있음을 말해준다. 차가 겨우 언덕을 올라오자 일행은
다시 차에 탔다. 줄곧 언덕을 올랐기에 흑석구에 가까워질수록 해발고
도가 높아졌고 길바닥의 눈도 많아졌다. 드디어 52호(전 10호) 국경
푯말이 있는 곳에 이르렀다. 앞에 커다란 골짜기가 나타났는데 흑석구
였다.

그해 8월에 필자가 처음 갔을 때 골짜기에서 흐르던 물이 오간데
없어졌다. 흑석구의 동남안에 있다는 석퇴와 토퇴를 찾기 위하여 필자
와 박정길 등이 골짜기 밑으로 내려갔다. 토석퇴가 산비탈에 있을지도
모른다는 생각에서였다. 그러나 박용국은 아래로 내려가지 않고 앞으
로 천천히 걸어갔다. 필자와 박정길이 경사진 산비탈을 따라 눈구덩이
에 연속 빠지면서 아래로 내려갔다. 골짜기 밑에 거의 이르렀을 때
위에서 부르는 소리가 들렸다. 박용국이 큰 목소리로 "찾았습니다."라
고 외쳤다. 필자가 "무엇을 찾았습니까?"라고 되물었더니, "토퇴를
찾았습니다."라고 답이 왔다.

그렇게 쉽게 토퇴를 찾았단 말인가? 필자는 믿어지지 않았다. 비록
산비탈을 따라 골짜기 밑바닥까지 내려갔지만 토퇴나 석퇴를 보지는
못하였다. 올 8월에 처음 갔을 때와 마찬가지로 강바닥에 검은 돌이
많았고 나뭇가지가 여기저기 흩어져 있었다. 골짜기에서 흐르던 물이
오간데 없어졌고 건천(乾川－마른 하천)의 모습을 드러내고 있었다.

필자와 박정길은 다시 골짜기 위로 올라갔다. 산비탈에 눈이 쌓여

〈그림 38〉 '임간통시도' 근처 흑석구 토퇴(해발 1900m)

걷기가 여간 힘들지 않았다. 눈구덩이에 빠지면서 걸어야 했고 신발 속에 눈이 가득 들어갔다. 그럼에도 불구하고 힘들다는 생각이 전혀 없었다. 눈앞에 펼쳐진 백두산 원시림의 아름다운 경관에 감탄하지 않을 수 없었다. 파란 이끼와 우피두견이 하얀 눈 속에 펼쳐져 있었고 주위에는 하늘을 치솟는 키다리 나무가 자랐다. 장백낙엽송·장백홍송 (紅松)과 백송이었다. 박정길이 GPS를 통하여 이곳 해발고도가 1,900m라고 알려주었다. 드디어 골짜기 위에 도착하였다. 박용국이 위에서 흙무지를 여러 개 발견하였다. 그가 두 번째 흙무지를 찾았을 때 우리를 불렀고 계속 앞으로 나가 세 번째 흙무지에 이르렀다. 이처럼 골짜기 동남 기슭을 따라 흙무지가 계속 이어질 것으로 생각되었다.

이곳 토퇴 높이가 1.5m이고 모양은 보통 무덤과 같이 원형을 이루었다. 주위의 흙을 파서 쌓은 흔적이 뚜렷하였다. 토퇴 위에는 이끼가 약 10㎝ 자랐으며, 마치 덮개처럼 토퇴를 감싸주어 300년이 지나도록 잘 보존될 수 있었다. 일행은 앞으로 더 나가지 않고 뒤로 돌아오면서 토퇴 두 개를 더 확인하였다. 토퇴 위에 아름다리 소나무가 자란 곳도 있었으며, 묵묵히 옆에 서서 토퇴의 역사가 결코 짧지 않음을 말해 주고 있었다. 300년 전에 만든 토퇴와 만나게 되어 말할 수 없이 기뻤다.

사료를 통해 알 수 있는바, 흑석구의 토퇴는 1712년 백두산정계시 청사 목극등의 요구에 따라 조선에서 설치한 것이었다. 흑석구 동남 기슭을 따라 석퇴와 토퇴를 쌓은 것이 50여 리가 되었다. 즉 천지 동남쪽에 있는 정계비로부터 200m 가량 나무 울타리를 설치하여 흑석구에 이르렀고, 다시 흑석구 동남안을 따라 일정한 간격을 두고 돌무지를 쌓아 대각봉에 이르렀으며, 그 아래에 흙무지를 쌓아 하류에 이르렀다. 그리고 흑석구 토퇴끝으로부터 동남쪽으로 40여 리 완만한 평지에 나무 울타리를 설치하여 두만강 발원지에 이르렀다. 이로써 조청 양국이 두만강을 경계로 함을 표시한 것이다. 통시도 근처에서 본 토퇴의 간격이 60~70m이며, 큰 토퇴를 세 개 발견하였다. 통시도로 돌아온 후 또 맞은편 북한 쪽에도 토퇴가 있음을 확인하였다.[18]

4. 동붕수·두만강 발원지와 흑석구 하류

다시 차를 타고 쌍목봉 쪽으로 돌아왔다. 점심을 먹고 나서 문 앞에 작은 내가 흐르고 있는 것을 발견하였다. 동북쪽으로 흘러 '도화선' 도로에 이른 후 땅속에 스며들어 오간데 없어졌다. 이를 '반절자하(半

---

18) 2013년 10월 초 필자는 흑석구를 답사하였다. 임간통시도로부터 골짜기 동남 안을 따라 하류 다리(圖和線 도로)까지 걸어갔다. 아침부터 저녁까지 삼림 속을 걸었으며, 약 6시간 동안 10㎞ 걸었다. 해발고도가 1800m에서 1400m로 떨어졌다. 동남안에서 70여 개 토퇴를 발견하였으며, 일련번호 1에서 73번까지 매겨놓았다. 중간에 몇 개가 풍화작용으로 없어졌거나 지나쳐 보지 못했을 가능성이 있다. 토퇴가 총 77~78개일 것으로 생각된다. 토퇴의 높이가 2~3m, 원형을 이루었으며, 토퇴 사이 간격이 짧게는 50~60m 길게는 100m이며 150m 를 넘지 않았다. 300년간 긴 세월 속에서 대부분 완전히 보존되어 있었으며, 인공 흔적이 뚜렷하였다.

截子河)'라고 부른다고 두 연구원이 알려줬다. 중간이 끊기는 하천이라는 뜻이다. 백두산 지역에는 화산폭발로 인하여 땅 밑에 부석(浮石)이 많았으며 따라서 반절자하가 많았다. 이 작은 내가 바로 두 차례 감계 담판 때 지도에 표기된 '동붕수(董棚水)'이다. 동씨 성을 가진 사람이 지은 오두막집이 있다고 하여 동붕수라고 불렀다. 대각봉 남쪽에서 발원하여 동북쪽으로 흘러 오도백하로 들어갔다.

필자 일행은 다시 차를 타고 임간통시도를 달렸다. 흑석구 방향으로 가지 않고 반대로 두만강 발원지 쪽으로 갔다. 쌍목봉 앞에 이르러, 일행이 탄 차가 통시도를 따라 가지 않고 왼쪽으로 산 옆을 돌아서 산 앞에 이르렀다. 통시도가 쌍목봉 정상까지 직선으로 뻗어 있었기에 따라갈 수 없었다.

통시도를 한참 달려 홍토수와 모수림하가 합치는 곳에 이르렀다. 전에 이곳에 20호 국경 푯말이 있었는데, 2009년에 62호로 바뀌었다. 홍토수가 북한 경내에서 서에서 동으로 흘러왔고 모수림하가 중국 경내에서 서에서 동으로 또 남으로 흘러왔다. 두 물이 합치는 곳에 큰 돌 하나가 있었는데, 돌을 딛고 건너뛰면 북한 땅이었다. 이 두 물이 합친 후 여전히 홍토수라고 불렸으며, 적봉 서쪽과 남쪽을 감돌아 적봉 동쪽에 이른 후 약류하와 합쳤다. 적봉 앞의 홍토수와 약류하가 합치는 곳을 두만강 발원지라고 불렀다. 앞에서 말했듯이 합류처에 69호(원 21호) 삼각비가 세워져 있었다.

다시 승용차를 타고 흑석구 하류 황화송전자(黃花松甸子)로 향하였다. 황화송전자란 말 그대로 밀림 속의 초지(草地)로서 유건봉이 1908년에 지은 이름이었다. 흑석구가 황화송전자에 이르러 자취를 감췄기에 골짜기가 끝나는 표식이었다.[19]

승용차가 흑석구 다리 서쪽 길을 따라 북쪽으로 향하였다. 목재를

〈그림 39〉 홍토수와 모수림하

〈그림 40〉 홍토수와 모수림하 합류처

운반하기 위해 만든 비포장도로로서, 오도백하 물 흐름 방향과 평행되었다. 길을 따라 약 3㎞ 북으로 갔더니 동서로 뻗은 한 갈래의 길과 마주쳤는데, 황화송전자로 통하는 길목이었다. 길옆에 차를 세워놓고 안으로 걸어 들어갔다. 약 400~500m 걸었더니 넓은 초지가 나타났다.

밀림 속 초지로서 주위에 이깔나무가 많이 자랐다. 초지에는 잡초 말고도 낮은 관목이 자랐는데, 두견과에 속하는 세엽두향(細葉杜香)이 대부분이었다. 박용국은 황화송전자의 지리위치와 주위 나무가 자란 방향으로 보아 이곳이 흑석구 끝이라고 판단하였다. 그러나 필자는 석연치 않게 느껴졌다. 필경 일행이 흑석구를 따라 이곳까지 온 것이

---

19) 劉建封, 『長白山江崗志略』, 344~345쪽.

〈그림 41〉 황화송전자(黃花松甸子)

아니라 서쪽 길을 따라 왔기 때문이었다. 이튿날 필자는 다시 골짜기를 따라 이곳까지 와보기로 했다.

이튿날 아침, 조카 성림과 함께 이도백하를 떠나 흑석구 하류 다리쪽으로 갔다. 다리 밑의 강바닥을 따라 끝까지 가보려 했다. 필자가 강바닥을 따라 걷자고 했더니 성림이가 동남쪽 기슭을 걷자고 하였다. 그의 생각이 옳았다. 흑석구 다리에서 멀지 않은 곳에서 토퇴를 발견하였다. 임간통시도 쪽에서 여기까지 이어져 온 것이었다.

둘은 수풀을 헤치면서 동남 기슭을 따라 앞으로(동북쪽) 갔다. 주위가 소나무와 자작나무로 이루어진 혼합림대였다. 자주 채벌을 해서인지 굵은 나무가 보이지 않았다. 동남 기슭을 따라 연이어 토퇴가 나타났다. 풍화작용으로 많이 훼손되었지만 꽤 큰 토퇴가 보였다. 이곳 해발고도가 약 1,300m였다. 토퇴 위에 잡초가 무성했고 세엽두향(細葉杜香)이 많이 자랐다. 토퇴와 토퇴 사이 간격이 60~70m 또는 100m

〈그림 42〉 흑석구 하류 및 토퇴(해발 1300m)

되었다. 규모가 큰 토퇴가 있는가 하면 도굴당한 토퇴도 있었다. 무덤 인줄로 알고 파 헤쳤을 것이다.

계속 앞으로 걸었더니 마지막 토퇴에 이르렀다. 세 개의 커다란 흙무지가 골짜기를 따라 나란히 줄서 있었다. 여기서 앞으로 500~600m 더 나갔으나 토퇴가 없었다. 골짜기가 계속 앞으로 뻗어나갔으며 좁고 얕은 골짜기로 변했다.

계속 동남 기슭을 따라 걷다가 한 곳에 이르렀더니 골짜기가 갑자기 오른쪽으로 방향을 돌렸다. 길을 잃을까 걱정되었고 또 골짜기가 끝없이 연장될 경우 어디까지 가야할지 몰랐다. 단둘이서 밀림 속을 걷는 것이 부담이 되어 흑석구 다리 쪽으로 되돌아가기로 하였다. 이날 실은 흑석구의 마지막 토퇴까지 이르렀으며, 흑석구가 끝나는 곳에서 멀지 않았다.

돌아올 때 둘은 강바닥을 따라 걸었다. 길 중간에 넘어진 나무가 많아서 걷기가 좀 힘들었지만 동남안의 수풀보다는 훨씬 쉬웠다. 다리 쪽으로 갈수록 강바닥이 넓어지고 모래가 많아 걷기가 좋았다. 강바닥에는 물이 흘러지나간 흔적만 있을 뿐 물이 흐르지 않았다. 드디어 흑석구 다리에 이르렀다.

흑석구를 답사하는 임무를 채 완성하지는 못했지만 여전히 많은 성과를 얻었다. 해발 1,900m 흑석구 동남안에서 토퇴를 발견하였을 뿐만 아니라, 해발 1,300m 흑석구 하류에서도 토퇴를 발견하였다. 그리고 마지막 토퇴가 있는 곳까지 걸어갔다 왔다.

5. 흑석구 하류에 대한 답사 및 '도화선' 남쪽에서 토퇴군을 발견하다

2012년 5월 말 필자는 재차 연길로 가는 비행기를 탔다. 흑석구 하류를 답사함과 동시에 흑석구 토퇴끝으로부터 두만강까지 연결된 목책의 흔적을 찾기 위해서였다.

사료에 의하면, 흑석구 토퇴 끝으로부터 두만강 발원지까지 40여 리 목책이 존재하며, 중간에 5·6리 토돈이 있다고 하였다.[20] 비록 목책이 남아 있을 가망은 없었지만, 5·6리의 토돈이 밀림 속 어딘가에 있을지도 모른다는 생각이 들었다. 임장 노동자들을 방문하여 벌목할 때 목책이나 토돈을 본적이 없는가고 물어볼까도 생각하였다. 또한 '구글위성지도'를 통하여 흑석구 끝으로부터 두만강 발원지까지 선을 그어 목책선이 지나간 경로를 상상하였다.

5월 26일 아침 이도백하에서 흑석구 다리로 향하였다. 전에 함께 답사를 했던 박용국과 성림 등이 동행하였다. 한 시간 남짓하게 삼림 속을 달려 흑석구 다리에 이르렀다. 일행은 약속이나 한 듯이 흑석구 동남안으로 걸어갔다. 작년 가을에 성림과 함께 그 곳에서 토퇴를 발견했다.

---

20) 『숙종실록』 권52, 숙종 38년 12월 병진.

〈그림 43〉 흑석구 하류 토퇴(오른쪽이 마지막 토퇴)

　다리에서 멀지 않은 곳에서 첫 번째 토퇴를 찾아냈다. 두 개의 흙무지가 좌우로 나란히 줄서 있었다. 두 번째 토퇴가 40m를 사이 두고 나타났다. 세 번째 토퇴가 훼손되어 잘 보이지 않았다. 70m를 사이에 두고 있었다. 네 번째 토퇴 위에 큰 나무가 자랐는데 40m를 사이에 두고 있었다. 다섯 번째 토퇴가 훼손되어 흔적이 잘 알리지 않았다. 100m를 사이에 두고 있었다. 왼쪽에 있는 흑석구 강바닥이 모래하천이었다. 여섯 번째 토퇴가 100m를 사이에 두고 있었다. 일곱 번째 토퇴가 60m를 사이에 두고 있었다. 여덟 번째 토퇴가 180m를 사이에 두고 있었다. 중간에 하나 더 있거나 훼손되어 잘 보이지 않았을 수 있다.

　여기에 이르렀더니 왼쪽에 있는 골짜기가 두 갈래로 나뉘었다. 하나는 옛 강바닥이고 다른 하나는 홍수에 의해 새로 생긴 강바닥이었다. 그러나 옛 강바닥이든 새 강바닥이든 5월 말인 이때 물이 흐르지 않았다. 이처럼 장마철을 제외한 대부분 시기에 마른 골짜기로 존재하였다. 아홉 번째 토퇴가 100m를 사이에 두고 있었는데 큰 흙무지였다. 왼쪽 골짜기가 더욱 복잡해져 세 갈래로 변하였다. 가장 안쪽 강바닥이 제일 오랜 것이고 중간의 강바닥이 그 다음 오랜 것이고 바깥쪽 강바닥이 새로 생긴 것이었다. 토퇴가 가장 안쪽에 있는 옛 강바닥 동남안에 있었다. 일행은 옛 강바닥 동남안을 따라 걸었다.

계속 앞으로 걸어가서 열 번째 토퇴에 이르렀다. 큰 흙무지였는데 중간에 도굴한 구멍이 났다. 이곳에 이르렀더니 골짜기가 더욱 얕아져 골짜기라고 부를 수 없을 정도였다. 열한 번째 토퇴가 마지막 토퇴였다. 세 개의 큰 흙무지가 골짜기를 따라 나란히 줄서 있었다. 작년 가을에 성림과 함께 여기까지 이른 후 앞으로 500m가량 더 나갔다가 길을 잃을까 두려워 되돌아왔다. 여기가 마지막 토퇴이기 때문에 표식을 하기 위해서인지 세 개의 큰 흙무지를 연이어 쌓아놓았다. 여기서부터 동남쪽으로 목책선이 시작되지만 사방을 다 둘러보아도 목책이 지나간 흔적이 전혀 없었다.

목책선을 찾기 위하여 특히 40여 리 목책 중간의 5·6리의 토돈을 찾기 위하여, 일행은 박용국의 인솔 하에 마지막 토퇴로부터 앞으로 400~500m 더 나갔다. 목책선의 뒤(북)로 갔다가 앞(남)으로 나가면서 찾는 우회(迂回)술을 썼다. 성림이가 일행과 500m 간격을 두고 걸었다. 범위를 넓혀 목표를 찾기 위해서였다. 일행이 지나간 곳은 평탄한 밀림지대로서 낙엽송과 자작나무로 구성된 혼합림대였다. 땅에는 세엽두향과 관엽두향(寬葉杜香)이 가득 자랐다. 박용국의 말에 의하면, 오늘과 같은 날씨에 수풀 속에서 반경 1㎞ 안의 목표물은 쉽게 볼 수 있다고 하였다. 그러나 비록 두 길로 나누어 찾아보았지만 나무 울타리가 지나간 흔적은 전혀 보이지 않았다.

이날 일행은 흑석구에서 동쪽으로 3~4㎞ 들어갔다. 앞에는 끝없는 삼림이 펼쳐져 있었다. 이깔나무의 새로 자라난 파란 잎이 하늘을 뒤덮고 있어서 쳐다보는 순간 마음이 황홀해졌다. 땅바닥에는 세엽두향과 관엽두향이 빼곡히 자라나 저마다 꽃 봉우리를 내밀고 방금이라도 필 것 같았다. 일행은 길을 선택하지 않을 수 없었다. 계속 동쪽으로 또는 동남쪽으로 두만강 발원지로 갈 것인지, 아니면 서남쪽으로 흑석구 다리 쪽으로 돌아갈 것인지였다. 두만강 발원지까지는 동남쪽으로 30~40리 떨어져 있어서, 가까운 흑석구 다리 쪽으로 돌아가기로 하였다.

박용국의 인솔 하에 일행은 임장에서 목재를 운반하던 길을 따라 걷기도 하고 또 수록이 물을 마시기 위해 다녀간 좁은 길을 따라 걷기도 하였다. 인류 활동이 활발해지면서 백두산 지역의 수록의 수가 점점 줄어든다고 한다. 드디어 밀림 속을 빠져 나왔다. 적지도 많지도 않게 흑석구 다리 옆 주차한 곳에 이르렀다. 박용국의 뛰어난 방향 감각에 감탄하지 않을 수 없었다. 백두산 '산지도'라고 불리기에 손색이 없었다.

숲속을 빠져나왔을 때는 오후 3시를 넘었다. 이어 일행은 두만강 상류 모수림하 발원지로 향하였다. 지프차를 타고 '도화선' 도로를 달렸다. 이는 화룡에서 도문까지 통하는 길로서 국방도로였다. 길 양쪽에 송화강 상류인 오도백하 지류와 두만강 지류가 분포되어 있었다. 길을 따라 동쪽으로 가다가 적봉에 이르기 전에 남쪽 약 100m에 모수림하 발원지가 있었다. 또 길 북쪽에 원지가 있었으며, 두만강 지류인 약류하가 북에서 남으로 흘러 길을 관통하였다. 쌍목봉 근처에서 보았던 오도백하 지류 동붕수가 길을 가로질러 북으로 흘러갔다. 그리고 적봉 앞에는 홍토수와 약류하가 합치는 두만강 발원지가 있었다.

흑석구와 두만강 발원지 위치로 보아, 그 사이를 잇는 40여 리 목책선이 반드시 도로를 지나간다고 판단하였다. 단지 통과 지점을 모를 따름이었다. 지프차를 타고 길을 따라가면서 이 같은 생각을 일행에게 말해주었다. 쌍목봉으로 들어가는 입구를 지나서 동붕수 다리를 지난 후 도로가 갑자기 동남쪽으로 굽어들었다. 이때 창가에 앉았던 박용국

〈그림 44〉 '도화선'도로 남쪽 첫 번째 토퇴

이 길 남쪽에 흙무지가 연이어 있는 것을 발견하였다. 한두 개가 아니라 군을 이루며 분포되었다. 일곱 개 또는 여덟 개가 하나의 군을 이루고 또 그 앞에서 다른 군을 이루었다. 이곳 토퇴 규모가 흑석구의 토퇴보다 훨씬 컸다.

주차한 곳으로부터 오던 길로 되돌아갔더니 도로 옆에 커다란 토퇴가 더 있었다. 그 옆과 앞에 또 다른 토퇴가 분포되어 있었다. 길옆에 있는 첫 번째 토퇴가 도로를 수축할 때 잘려나가 속살을 드러냈다. 1885년 조선 감계사 이중하가 보았다는 옛날 표식이 이곳 토퇴를 말할 수도 있다. 만약 이것이 사료에서 말하는 40여 리 목책 중간의 5·6리 토돈일 경우, 문헌적으로 흑석구와 두만강 발원지가 이어졌음을 증명할 뿐만 아니라, 실물적 증거를 찾은 셈이 된다.

비록 '도화선' 도로 남쪽에서 토퇴가 연이어 나타났지만 날이 점점 저물어져 다음 날 다시 답사하기로 하고 이도백하로 돌아갔다.

6. '도화선' 남쪽의 토퇴군에 대한 자세한 고찰

이튿날(2012년 5월 27일) 아침 성림과 함께 도화선 도로로 왔다. 도로 남쪽에 있는 토퇴군을 답사하기 위해서였다. 오늘의 답사 목표가 국경선과 가까웠고 또 밀림 속에서 길을 잃을까 우려되어 군인 두 명이 따라 왔다. 목적지에 도착하자 리군이 지북침과 지도를 꺼내어, 일행이 지나간 거리와 방향을 측정하였다. 새로운 토퇴군이 나타날 때마다 지도상에 일일이 표기해놓았다.

길옆의 첫 번째 토퇴가 '도화선' 도로 301·302 이정표 사이에 있었다. 여기서부터 무리를 이루면서 동남쪽으로 뻗어나갔다. 토퇴군의 분포 양상은 다음과 같았다. 여덟 개가 하나의 군을 이룰 경우, 중간에 큰 토퇴가 두 개 있고 주위에 작은 토퇴가 여섯 개 있었다. 대여섯 개가 하나의 군을 이룰 경우, 중간에 큰 토퇴가 하나 있고 주위에 작은 토퇴가 네 개 또는 다섯 개 있었다. 토퇴군과 토퇴군 사이 간격이 40~50m이며, 밀집 분포되었다. 토퇴의 모양은 주로 원형이며, 큰 토퇴의 경우 직경이 10m, 높이가 3m 되었다. 간혹 가다가 둑처럼 생긴 기다란 토퇴가 나타나 길을 가로막기도 하였다. 이곳 토퇴는 흑석구보다 많이 축조되었고 또 규모도 컸다. 이렇게 동남쪽으로 향한 토퇴의 종점이 두만강 발원지일 것으로 생각된다. 토퇴군의 동쪽과 동남쪽에 두만강 지류인 모수림하·홍토수·대랑하·석을수·홍단수가 발원하였다.

이날 답사를 통하여 도화선 길 남쪽에서 토퇴군을 발견하였을 뿐만 아니라, 길 북쪽에서도 큰 토퇴군을 여러 개 발견하였다. 아마도 길 남쪽 토퇴군과 서로 이어져 있었으나, 도로를 수축할 때 분리되었을 것으로 생각된다.

〈그림 45〉 '도화선'도로 남쪽 토퇴

　그 이후 필자는 2013~2015년 여러 차례 도화선 길 남·북 양쪽의 토퇴군을 조사하였으며, GPS를 이용하여 토퇴군의 위치·방향·거리 등을 측정하였다. 길 남쪽의 첫 토퇴군이 302번 이정표 동쪽 가까이에 있었으며, 이로부터 토퇴군이 도로를 따라 서에서 동으로 뻗어나갔다. 길이가 약 3㎞이며, 298번 이정표에 미치지 못하여 멈췄다. 길 북쪽에서도 토퇴를 적지 않게 발견했으며, 도화선 도로를 가까이하고 있었다. 아마도 길 남쪽 토퇴와 연결된 듯하였다.

　한편 도화선 도로 자체가 토퇴군의 분포지로서, 도로의 형성이 목책·토퇴선과 관련이 있어 보였다. 특히 298~302 이정표 사이 도로가 목책·토퇴선과 거의 중첩되어 있었다. 즉 이 구간의 도화선 도로가 역사상의 조청 경계선일 가능성이 높다.

　또한 답사를 통하여, 토퇴군이 동쪽으로 뻗어나갈 때 오도백하 작은 지류 두 개를 가로지나가며, 하천의 동·서 양쪽에 대형 토퇴가 건축되어 하천을 지나가는 표식으로 삼고 있음도 발견하였다.

도로 동쪽에 있는 마지막 토퇴군으로부터 두만강 상류 모수림하 발원지까지 직선거리가 약 6.5㎞이고 두만강 발원지 적봉까지 직선거리가 약 10㎞이다. 토퇴군의 최남단으로부터 도화선 도로까지는 약 300m이다.

필자는 문헌연구를 통하여, 목책이 연결된 두만강 수원이 모수림하(홍토수의 북쪽 지류)일 것으로 판단하였다.[21] 처음 모수림하 발원지를 답사한 것은 2012년 5월 27일이었다. 이날 도화선 도로를 따라 동쪽으로 가다가 원지에 이르기 전에 길 남쪽에 세 갈래 길이 있는 것을 보고, 중간 길을 따라 남쪽으로 약 100~200m 들어갔더니 모수림하 발원지였다.

샘물이 웅덩이에서 솟아나 작은 못을 이루었다. 못의 직경이 3m가량 되었으며, 물이 맑고 깨끗하였으며 주위에 억새풀이 자랐다. 이 샘물로부터 10여m 떨어진 곳에서 다른 지류가 발원하여 못에 흘러들어왔다. 푹 파인 못을 보는 순간 필자는 낯설지 않았다. 사료에서 말하는 이른바 두만강 원류가 "감토봉 아래에서 흙구덩이 속에서 솟아난다"는 말과 비슷하기 때문이었다.[22] 그리고 '감토봉'이란 여기서 약 12㎞ 떨어진 서쪽의 쌍목봉에 비정된다.

실지답사를 통하여 여러 수치를 얻었으며, 문헌기록과 대조할 수 있다. 예컨대 '도화선' 도로 남쪽 첫 번째 토퇴로부터 북쪽으로 흑석구의 마지막 토퇴까지 직선거리가 약 7㎞이다. 또한 도로 동쪽 마지막 토퇴군으로부터 모수림하 발원지까지 직선거리가 약 6.5㎞이다. 중간

---

21) 두만강 수원을 잇은 퇴책에 관해서는 이화자, 『康熙年間長白山定界與圖們江上流堆柵的走向』, 『朝鮮·韓國歷史研究』 제13집, 延邊大學出版社, 2013년 참조.

22) 『숙종실록』 권51, 숙종 38년 5월 정유.

〈그림 46〉 모수림하 발원지

의 토퇴군의 분포 길이가 약 3㎞이다. 이 세 부분을 합할 경우 목책·토
퇴의 총 길이며, 약 16.5㎞이다. 조선의 1리가 약 420m이므로 16.5㎞
가 약 39리이다.

이는 직선거리에 불과하며 실제 거리는 이보다 더 클 것이다. 왜냐
하면 목책의 굴곡이나 지형의 높고 낮음을 고려할 때, 실제 길이가
39리를 넘으며 40리가 될 것이다. 이는 사료에서 말하는 "또 그 아래에
서 물이 솟아난다는 곳까지 40여 리는 모두 목책을 세우되, 그 중간의
5·6리는 나무도 없고 돌도 없으며 흙의 품질이 강하여 다만 토돈을
세웠습니다"라는 내용과 맞아떨어진다.[23]

문헌상으로 볼 때, 흑석구에 석퇴와 토퇴가 있다는 기록이 적지
않으며, 여기서 토석퇴를 확인한 것은 새로운 발견이라고 할 수 없다.
그러나 '도화선' 도로 근처의 토퇴군은 좀 다르다. 『숙종실록』 또는
『비변사등록』에 40여 리 목책 중간에 5·6리의 토돈이 있다고 한 것이
전부이다. 이 밖에 1885년 감계 때 이중하가 홍토산수 근처에서 옛날
표식을 발견했다고 하였다. 즉 "입산할 때 그 형태와 위치에 대해
몰래 찾아보았더니 옛날 표식이 수풀 속에 간간이 보였습니다."라는

---

23) 又於其下至湧出處四十餘里 皆爲設柵 而其間五六里 則旣無木石 土品且强 故只設土
墩(『숙종실록』 권52, 숙종 38년 12월 병진).

것이었다.24) 이른바 수풀 속의 옛날 표식이란 목책의 흔적 또는 '도화선' 도로 근처의 토퇴군일 가능성이 크다.

7. 흑석구가 사라지는 모습을 찾다

필자의 답사 마지막 목표는 흑석구를 끝까지 걸어가 보는 것이었다. 그리하여 흑석구의 물이 어디로 흘러가는지? 과연 오도백하로 흘러드는지? 또 골짜기가 어떻게 사라지는지를 살펴보고자 하였다. 이도백하에 머물러 있는 동안 계속 비가 내렸다. (2012년) 6월 2일 드디어 비가 그쳤다.

아침에 이도백하에서 떠날 때만 하더라도 푸른 하늘에 흰 구름이 떠 있었는데 북파 산문을 지나자 비가 내리기 시작하였다. 흑석구 다리에 거의 도착할 때, 박용국은 기사더러 북쪽으로 가는 길과 황화송전자로 들어가는 첫 번째 길목에서 일행을 기다리라고 했다. 일행 세 명이 차에서 내려 흑석구 다리 아래로 내려갔다. 강바닥의 모랫길을 따라 앞으로(북쪽) 걸어갈 계획이었다.

흑석구 다리 아래가 모랫길이었으며, 강바닥에는 삼림을 정리할 때 잘라 놓은 나뭇가지가 쌓여 있었다. 나뭇가지 무지를 건너서 걸었다. 강바닥 모랫길은 동남안의 토퇴가 있는 곳보다 걷기 쉬웠다. 한참 걷고 있는데 강바닥이 두 갈래로 나뉘었다. 새로 생긴 강바닥을 따라 걸었다. 옛 강바닥이 오른쪽에 있었다. 며칠 전 그 위에서 11~12곳의 토퇴를 발견하였다. 계속 앞으로 걸어갔더니 옛 강바닥과 새 강바닥이

---

24) 이중하, 『추후별단』, 1885년, 『토문감계』(규21036), 마이크로필름 11쪽.

〈그림 47〉 흑석구 하류 모랫길

하나로 합쳐졌다. 토퇴가 있는 동남 기슭에 올라갔다. 며칠 전에 보았던 마지막 토퇴가 있는 곳이었다. 세 개의 큰 토퇴가 골짜기 옆에 한 줄로 서 있었다. 여기서부터 동남쪽으로 40여 리 목책선이 시작되지만 목책은 오간데 없었다.

흑석구의 동남 기슭을 따라 걷는 동안 비가 내렸다. 저마다 비옷을 걸쳐 입고 수풀 속을 헤쳐 나갔다. 앞으로 갈수록 골짜기가 좁아져 골짜기라고 말할 수 없을 정도였다. 가끔 가다가 길바닥에 화산분출 때 타다 남은 검은 부석이 박혀 있는 것이 보였다. 앞으로 걷고 있는 사이에 골짜기가 완전히 사라졌고 물이 흘러지나간 흔적만이 남아 있었다. 좁은 모랫길이 삼림 속을 뻗어나갔다. 계속 앞으로 갔더니 모랫길마저 없어졌다. 흐르던 물이 전부 땅속으로 스며든 것이다.

여기까지 와 보고나서야 흑석구의 감춰진 비밀을 알게 되었다. 여름 장마철에 흑석구에서 흐르던 물이 오도백하로 흘러들기 전에 전부 땅속에 스며들어 자취를 감췄다. 이보다 앞서 골짜기가 먼저 사라졌다. 즉 다시 말하여 흑석구는 주로 마른 골짜기로 존재하였으며, 지표상의 물이 직접 송화강에 흘러들지 않았으며, 골짜기가 송화강 상류와 연결되지도 않았다.

이처럼 흑석구가 송화강 상류와 연결되지 않았기에 목극등이 흑석

〈그림 48〉 흑석구 하류 모랫길이 사라지는 곳

구를 경계로 정하였고 또 흑석구와 두만강 사이를 이어놓도록 한 것이다. 비록 1907년에 일본인들이 흑석구에 대한 답사를 진행했음에 도 불구하고 그들이 그린 지도(그림 24)에는 흑석구와 송화강 상류를 이어놓고 있으며, 이로 인하여 흑석구의 진실이 베일에 가려지게 되었 다.

모랫길이 사라진 곳에 이르렀더니 앞의 황화송전자와 멀지 않았다. 빗속에서 박용국의 인솔 하에 서북쪽으로 걸어갔다. 약 15분 걸어서 황화송전자에 이르렀다. 이곳 경관은 흑석구의 수풀과 달랐다. 키다리 나무가 적었고 잡초와 관목이 많았다. 모랫길부터 따라오던 귀룽나무 (臭李子樹)의 하얀 꽃잎이 빗물에 젖은 옷과 가방에 잔뜩 붙어 있었다. 드디어 동서로 뻗은 임장도로에 이르렀다. 이 길은 흑석구 다리에서 오는 남북으로 뻗은 길과 서로 마주쳤다. 박용국의 말대로 기사가 첫 번째 길목에서 기다리고 있었다.

이날 일행은 흑석구 다리로부터 모랫길을 따라 황화송전자에 이르 기까지 1시간 40분이 걸렸다. 그 사이 거리가 약 3㎞였다. 그리고 흑석구 다리로부터 마지막 토퇴까지가 약 1.5㎞였다.

이로써 답사가 전부 끝났다. 여러 차례 답사에서 많은 도움을 주었 던 장백산과학연구원의 박용국·박정길 두 선생님에게 진심으로 감사드린다. 특히 박용국 선생님의 도움이 많았으며, 그가 여러모로 도움을 주었고 또 길안내를 해주었기에 흑석구 동남안의 토석퇴를 찾아냈고 도화선 도로 연선의 토퇴군을 새로 발견하였으며, 흑석구를 따라 끝까지 걸어갈 수 있었다.

이 밖에 여러 차례 답사를 도와준 군인들에게도 진심으로 감사드린다. 그들의 사심 없는 도움으로 민간인이 쉽게 들어갈 수 없는 임간통시도를 거쳐 흑석구와 두만강 발원지를 답사할 수 있었다. 이 밖에 물심양면으로 많은 도움을 주었던 고향의 친지 특히 조카 성림에게 감사드린다.

1. 기본사료

1) 중국사료

『淸聖祖實錄』(中華書局, 1986년 영인본).

『淸一統志』, 건륭 8년, 356권본 ; 건륭 49년, 424권본(『景印文淵閣四庫全書』, 臺灣商務印書館, 1986년 영인본).

『嘉慶重修一統志』(『四部叢刊續編』 史部, 中華書局, 1986년 영인본).

『盛京通志』, 董秉忠 편, 강희 23년 32권본 ; 王河·呂耀曾 등 편, 옹정 12년, 33권本 ; 王河·呂耀曾 등 편, 건륭 1년 48권본(文海出版社, 1965년 영인본) ; 阿桂 등 편, 건륭 49년 139권본(遼海出版社, 1997년 영인본).

『欽定大淸會典圖(嘉慶朝)』(文海出版社, 1992년 영인본).

『古今圖書集成』(中華書局·巴蜀書社, 1985년 영인본).

康熙 『皇輿全覽圖』(1943년 福克斯 영인본).

『大淸一統輿圖』, 건륭 25년 동판 인쇄(全國圖書館文獻縮微複製中心, 2003년 영인본).

六承如 등 편, 『皇朝輿地略』, 1863년 廣州 寶華坊 간본.

董祐誠 편, 『皇淸地理圖』(서울대학교 규장각 소장, 규중2957).

胡林翼·嚴樹森 편, 『皇朝中外一統輿圖』(규장각 소장, 규중2853).

胡林翼·嚴樹森 편, 『大淸壹統輿圖』(규장각 소장 규중2855).

李兆洛 편, 『李氏五種合刊』, 1871년 인쇄.

齊召南, 『水道提綱』(『景印文淵閣四庫全書』, 臺灣商務印書館, 1986년 영인본).

『勘明圖們江界址圖』(1885년 1차 감계도, 楊昭全·孫玉梅, 『中朝邊界史』, 284~

285쪽 삽도 ; 일본외무성외교사료관 소장, 141336).

『中韓勘界地圖』(1887년 2차 감계도, 楊昭全·孫玉梅, 『中朝邊界史』, 338~339
쪽 삽도 ; 일본외무성외교사료관 소장, 141336).

『覆勘圖們界址談錄公文節略』(石光明 등 편, 『淸代邊疆史料抄稿本彙編』 제8
책, 線裝書局, 2003년 영인본 ; 中央研究院近代史研究所 편, 『淸季中日
韓關係史料』(1972년) 5권, 2392~2409쪽 ; 중국국가도서관 소장 淸抄本).

『覆勘圖們談錄』(서울대 규장각 소장, 21035).

『朝鮮隣邊勘界文略』, 중국국가도서관고적관 소장.

長順 등 편, 『吉林通志』(『續修四庫全書』 648, 史部·地理類, 上海古籍出版社,
2000년, 제2책).

徐世昌 등 편, 『東三省政略』(李澍田 주편, 『長白叢書』 3集, 吉林文史出版社,
1989년).

中央研究院近代史研究所 편, 『淸季中日韓關係史料』, 1972년.

總理衙門 편, 『吉朝分界案』(全國圖書館文獻縮微複製中心 편, 『國家圖書館藏淸
代孤本外交檔案續編』, 제5책, 2005년).

王彦威·王亮 편, 『淸季外交史料』(文海出版社 1985년 영인본).

吳祿貞, 『延吉邊務報告』(李澍田 주편, 『長白叢書』 初集, 吉林文史出版社, 1986
년).

劉建封, 『長白山江崗志略』(李澍田 주편, 『長白叢書』 初集, 吉林文史出版社,
1987년 ; 중국국가도서관 소장, 1909년).

王瑞祥·劉建封 등, 『長白山靈蹟全影』, 1909년, 북경대학교도서관 소장본.

張鳳臺, 『長白彙征錄』(李澍田 주편, 『長白叢書』 初集, 吉林文史出版社, 1987년).

李廷玉, 『長白設治兼勘分奉吉界線書』(李澍田 주편, 『長白叢書』 初集, 吉林文
史出版社, 1987년).

楊昭全·孫玉梅 편, 『中朝邊界沿革及界務交涉史料匯編』, 吉林文史出版社, 1994년.

『咸豊同治兩朝上諭檔』, 廣西師範大學出版社, 1996년 영인본.

『琿春副都統衙門檔案選編』(李澍田 주편, 『長白叢書』 五集, 吉林文史出版社,
1991년).

宋敎仁, 『間島問題』(李澍田 주편, 『長白叢書』 初集, 吉林文史出版社, 1986년).

故宮博物館 편, 『淸光緖朝中日交涉史料』, 1932년.

故宮博物館 편,『淸宣統朝中日交涉史料』(文海出版社, 1971년 영인본).

王芸生,『六十年來中國與日本』(1932년), 生活·讀書·新知三聯書店, 1979~1982년.

『中華人民共和國邊界地圖集』, 1959년.

吉林省延吉市地方志編纂委員會 편,『延吉市志』, 新華出版社, 1994년.

2) 한일사료

『朝鮮王朝實錄』.

『備邊司謄錄』.

『承政院日記』.

『新增東國輿地勝覽』.

『輿地圖書』(국사편찬위원회, 1973년 영인본)

『輿圖備志』(한국인문과학원, 1991년 영인본)

『增補文獻備考』(동국문화사, 1959년 영인본)

『同文彙考』(국사편찬위원회, 1978년 영인본)

『通文館志』(세종대왕기념사업회, 1998년 영인본)

金指南,『北征錄』(동북아역사재단 편,『백두산정계비자료집』06, 2006년).

朴　權,『北征日記』(동북아역사재단 편,『백두산정계비자료집』, 2006년).

洪世泰,『白頭山記』(동북아역사재단 편,『백두산정계비자료집』, 2006년).

朴　琮,『白頭山遊錄』(이상태 등 역,『조선시대 선비들의 백두산 답사기』,
　　　　혜안, 1998년)

李宜哲,『白頭山記』(이상태 등 역,『조선시대 선비들의 백두산 답사기』, 혜안,
　　　　1998년)

徐命膺,『遊白頭山記』(『백산학보』제19호, 1975년)

金魯奎,『北輿要選』(양태진,『한국국경사연구』, 법경출판사, 1992년 부록).

李重夏,『乙酉狀啓』, 1885년, 규장각 소장,『土門勘界』, 21036.

李重夏,『乙酉別單』, 1885년, 규장각 소장,『土門勘界』, 21036.

李重夏,『追後別單』, 1885년, 규장각 소장,『土門勘界』, 21036.

李重夏,『丁亥別單草』, 1887년, 규장각 소장,『土門勘界』, 21036.

李重夏,『丁亥狀啓』, 1887년, 규장각 소장,『土門勘界』, 21036.

李重夏,『光緒十一年十一月初八日照復』, 1885년,『백두산정계비관계서류』,

규장각 소장, 26302.

이중하, 『牒呈』, 1885년, 통리교섭통상사무아문 편, 『土門地界審勘謄報書』, 규장각 소장, 규26677.

『總理各國衙門奏議謄本』, 규장각 소장, 『土門勘界』, 21036.

『圖們界卞晰考證八條』, 규장각 소장, 『土門勘界』, 21036.

통리교섭상무사무아문 편, 『문답기』, 1885년, 규장각 소장, 규21041.

『勘界使問答』, 1885년, 규장각 소장, 규 21038.

『勘界使交涉報告書』, 1887년, 규장각 소장, 11514의 2.

『復勘圖們談錄』, 1887년, 규장각 소장, 규 21035.

『丁亥勘界圖』, 1887년, 규장각 소장, 규 26675 ; 『中韓勘界地圖』, 1887년, 中國 國家圖書館 소장.

李重夏, 『二雅堂集』(1975년).

『西北彼我兩界萬里之圖』, 18세기 중기(이찬 편, 『한국의 고지도』, 범우사, 1991년).

『白山圖』(규장각 소장, 『輿地圖』, 고 4709-1에 수록).

鄭尙驥, 『東國地圖』, 1740년대(이찬 편, 『한국의 고지도』에 수록).

申景濬 편, 『朝鮮地圖』(서울대학교 규장각, 2005년 영인본).

『輿地圖』, 규장각 소장, 고 4709-1.

「盛京輿地全圖」(1684년 『성경통지』의 삽도), 규장각 소장, 『輿地圖』(고 4709 -1)에 수록됨.

『海東地圖』(서울대학교 규장각, 1995년 영인본).

『北關長坡地圖』, 1785년(이찬 편, 『한국의 고지도』, 범우사, 1991년 영인본, 64쪽).

『北界地圖』, 19세기 후기(이찬 편, 『한국의 고지도』에 수록됨).

黃胤錫, 『八道地圖』(이찬 편, 『한국의 고지도』에 수록됨).

金正浩, 『大東地志』(충남대학교 백제연구소, 1982년 활자본).

金正浩, 『東輿圖』(서울대학교 규장각, 2003년 영인본).

『朝鮮後期地方地圖』(강원도·함경도 편, 서울대학교 규장각, 2002년 영인본).

『奎章閣所藏朝鮮全圖』(서울대학교 규장각, 2004년 영인본).

『東輿』(국립중앙박물관, 2006년 영인본).

『鄭尚驥의 東國地圖－原本系統의 筆寫本－』(규장각, 2006년 영인본).

『輿地圖』'함경도'(18세기말, 이찬 편, 『한국의 고지도』에 수록됨).

張志淵, 『大韓新地誌』, 漢陽書館, 1907년.

張志淵, 『大韓疆域考』, 조선연구회, 1915년.

서울대학교 규장각 편, 『조선후기 지방 지도』, 강원도·함경도 편, 2000년
　　영인본.

고려대학교아세아문제연구소 편, 『구한국외교문서』, 고려대학교출판부,
　　1970년.

고려대학교아세아문제연구소 편, 『구한국외교관계부속문서』, 고려대학교출
　　판부, 1974년.

조선외부 편, 『韓淸議約公牘』(규장각 소장, 규 15302).

金允植·魚允中, 『從政年表·陰晴史』(국사편찬위원회 편, 『한국사료총서』 6,
　　1955년).

국사편찬위원회 편, 『통감부문서』 1998년.

篠田治策, 『統監府臨時間島派出所紀要』, 大藏省纂現行法規集出版所, 1910년,
　　史芸硏究所, 2000년 영인본.

篠田治策, 『間島問題の回顧』, 谷岡商店印刷部, 1930년.

『間島境界調査材料』, 1905년, 日本防衛省防衛硏究所 소장, 陸軍省－日露戰役
　　-M37-6-127, 1424~1431.

『間島ニ關スル調査槪要』, 1906년, 日本外務省外交史料館 소장, 『間島ノ版図ニ
　　關シ淸韓兩國紛議一件』, 제1권.

『外邦測量沿革史』, 日本防衛省防衛硏究所 소장, 支那－兵要地志－129.

『日本外交文書』 40권 2책, 「間島問題一件」, 巖南堂書店, 2001년 3판.

『日本外交文書』 41권 1책, 「間島問題一件」, 巖南堂書店, 2002년 3판.

『日本外交文書』 42권 1책, 「滿洲に關する日淸協約締結一件」, 巖南堂書店,
　　2002년 3판.

中井喜太郎, 『間島問題ノ沿革』, 1907년, 日本外務省外交史料館, 『間島ノ版図
　　ニ關シ淸韓兩國紛議一件』 제3권.

內藤湖南, 『間島問題調査書』, 1906年, 日本外務省外交史料館, 『間島ノ版図ニ
　　關シ淸韓兩國紛議一件』附屬書(內藤虎次郎囑託及調査報告).

內藤湖南, 『間島問題調査書』, 1907年, 日本外務省外交史料館, 『間島ノ版図ニ
  關シ淸韓兩國紛議一件』附屬書(內藤虎次郞囑託及調査報告).

2. 논문과 저서

1) 중국 논문과 저서

姜宏衛, 『論1907~1909年中日關於'間島問題'交涉』, 東北師範大學 석사논문,
  2013년.
姜龍範, 『近代中朝日三國對間島朝鮮人的政策研究』, 黑龍江朝鮮民族出版社,
  2000년.
康學耕, 「甑峰山苔蘚植物的地理分布」, 『吉林農業大學學報』, 1986년 제3기.
『吉林省地圖冊』, 中國地圖出版社, 2007년.
馬孟龍, 「穆克登查邊與'皇輿全覽圖'編繪－兼對穆克登'審視碑'初立位置的考辨」,
  『中國邊疆史地研究』, 2009년 3기.
徐德源, 「穆克登碑的性質及其鑿立地點與位移述考－近世中朝邊界爭議的焦點」,
  『中國邊疆史地研究』, 1997년 1기.
徐德源, 「長白山東南地區石堆土堆築設的眞相」, 『中國邊疆史地研究』, 1996년
  2기.
石銘鼎, 「關於長江正源的確定問題」, 『地理研究』 제2권 1기, 1983년.
孫春日, 『中國朝鮮族移民史』, 中華書局, 2009년.
宋敎仁, 『間島問題』(1907년), 李澍田 주편, 『長白叢書』初集, 吉林文史出版社,
  1986년.
楊光浴 주편, 『中華人民共和國地名辭典』, 商務印書館, 1994년.
楊昭全·孫玉梅, 『中朝邊界史』, 吉林文史出版社, 1993년.
『遼寧省地圖冊』, 中國地圖出版社, 2008년.
李洪錫, 『日本駐中國東北地區領事館警察機構研究－以對東北地區朝鮮民族統
  治爲中心』, 延邊大學出版社, 2008년.
李花子, 『淸朝與朝鮮關係史研究－以越境交涉爲中心』, 延邊大學出版社, 2006년.
李花子, 『조청국경문제연구』, 집문당, 2008년.
李花子, 「穆克登錯定圖們江源及朝鮮移柵位置考」, 復旦大學韓國硏究中心 편,

『韓國硏究論叢』 제18집, 2008년.

李花子, 「대한제국기 영토관과 간도정책의 실시」, 『전북사학』 35호, 2009년.

李花子, 『한중국경사 연구』, 혜안, 2011년.

李花子, 『明淸時期中朝邊界史硏究』, 知識産權出版社, 2011년.

李花子, 「康熙年間穆克登立碑位置再探」, 『社會科學輯刊』, 2011년 6기.

李花子, 「중국·북한 국경 답사기 : 백두산 토퇴군(土堆群)의 새로운 발견」, 『문화역사지리』 제24권 3호, 2012년.

李花子, 「백두산 정계의 표식물 : 흑석구(黑石溝)의 토석퇴에 대한 새로운 고찰」, 『동방학지』 162집, 2013년 6월.

李花子, 「康熙年間長白山定界與圖們江上流堆柵的走向」, 『朝鮮·韓國歷史硏究』 제13집, 延邊大學出版社, 2013년.

李花子, 「圖們江正源形成考」, 北京大學韓國學硏究中心 편, 『韓國學論文集』 22집, 中山大學出版社, 2014년.

李花子, 「1905~1909年日本調査'間島'歸屬問題的內幕」, 『近代史硏究』, 2015년 2기.

李花子, 『中日'間島問題'和東三省'五案'的談判詳析』, 『史學集刊』, 2016년 5기.

張存武, 「淸代中韓邊務問題探源」, 『中央硏究院近代史硏究所集刊』 제2기, 1971년.

張存武, 「淸韓陸防政策及其實施－淸季中韓界務糾紛的再解釋」, 中央硏究院近代史硏究所 편, 『中央硏究院近代史硏究所集刊』 제3기, 1972년.

刁書仁, 「康熙年間穆克登査邊定界考辨」, 『中國邊疆史地硏究』, 2003년 3기.

朱士嘉 편, 『中國地方志綜錄』, 商務印書館, 1958년.

『中國測繪史』 편집위원회 편, 『中國測繪史』, 2002년.

陳慧, 『穆克登碑問題硏究－淸代中朝圖們江界務考證』, 中央編譯出版社, 2011년.

『黑龍江地圖冊』, 中國地圖出版社, 2006년.

2) 한일 논문과 저서

강석화, 『조선후기 함경도와 북방영토의식』, 경세원, 2000년.

구범진, 「19세기 성경 동변외 산장의 관리와 조청 공동회초」, 『근대 변경의 형성과 변경민의 삶』, 2009년.

김정배·이서행 등 편, 『백두산─현재와 미래를 말한다』, 한국학중앙연구원출판부, 2010년.

김춘선, 「조선후기 한인의 만주로의 '범월'과 정착과정」, 『백산학보』 제51호, 1987년.

김춘선, 「1880~1890년대 청조의 '移民實邊' 정책과 한인 이주민 실태 연구─북간도 지역을 중심으로─」, 『한국근현대사연구』 제8집, 1998년.

김춘선, 「조선인의 동북이주와 중·조(한) 국경문제 연구동향─중국학계의 연구성과를 중심으로─」, 『한중관계사 연구의 성과와 과제』, 국사편찬위원회·한국사학회, 2003년.

류병호, 『재만한인의 국적문제 연구(1881~1911)』, 중앙대학교박사학위논문, 2001년.

名和悅子, 『內藤湖南の國境領土論再考─20世紀初頭の淸韓國境問題'間島問題'を通じて』, 汲古書院, 2012년.

박용옥, 「백두산정계비 건립의 재검토와 간도영유권」, 『백산학보』 제30·31합집, 1998.

배성준, 「한·중의 간도문제 인식과 갈등구조」, 단국대학교동양학연구소 편, 『동양학』 43기, 2008년.

배우성, 『조선후기 국토관과 천하관의 변화』, 일지사, 1998년.

白榮勛, 『東アジア政治·外交史硏究─'間島協約'と裁判管轄權』, 大阪經濟法科大學出版部, 2005년.

서길수, 『백두산국경연구』, 여유당 출판사, 2009년.

篠田治策, 『白頭山定界碑』, 樂浪書院, 1938년.

守田利遠, 『滿洲地志』, 丸善株式會社, 1906년.

신기석, 「간도귀속문제」, 『중앙대학교30주년기념논문집』, 1955년.

양태진, 『한국의 국경연구』, 동화출판공사, 1981년.

양태진, 『한국국경사연구』, 법경출판사, 1992년.

원경열, 『대동여지도연구』, 성지문화사, 1991년.

육낙현, 『백두산정계비와 간도영유권』, 백산자료원, 2000년.

은정태, 「대한제국기 '간도문제'의 추이와 '식민화'」, 『역사문제연구』 17호, 2007년.

은정태, 「대한제국기 간도 정책 추진의 조건과 내·외부의 갈등」, 동북아역사
　　　재단 편, 『근대 변경의 형성과 변경민의 삶』, 2009년.
李盛煥, 『近代東アジアの政治力學－間島をめぐる日中朝關係の史的展開－』, 錦
　　　正社, 1991년.
이종봉, 「조선후기 도량형제 연구」, 『역사와 경계』 53, 2004년.
이종석, 『북한－중국관계 1945~2000』, 도서출판 중심, 2004년.
이한기, 『한국의 영토』, 서울대학교출판부, 1969년.
최장근, 『한중국경문제연구－일본의 영토정책사적 고찰』, 백산자료원, 1998년.
하원호, 「개화기 조선의 간도인식과 정책의 변화」, 『동북아역사논총』 14호,
　　　2006년.
한규철 등, 『한중관계사 연구의 성과와 과제』, 국사편찬위원회·한국사학회,
　　　2003년.

찾아보기

ㄱ

가야하 293, 303, 320, 323, 327, 329
가원계(賈元桂) 151, 188
간도국자가표면략측도(間島局子街表面
　　略測圖) 243
간도도 316
『간도문제조사서』 253, 255
『간도시찰보고서(間島視察報告書)』
　　323
간도파출소 183, 209, 220, 222, 242,
　　243, 264, 268, 269, 276, 277, 313,
　　324, 330
간도협약 174, 208, 264, 267, 272, 307,
　　309, 312, 316, 333, 335, 343
감토봉(甘土峰) 44, 97, 100, 102, 103,
　　121, 136, 137, 370
갑산 86, 114
강변파수 115
건천(乾川) 93, 99, 135, 146, 158, 161
건천구(建川溝) 210
걸만동 326
경봉(京奉)철도선 266, 284, 285, 286,
　　295, 301, 309
경성 78
경원(慶源) 142, 218
경진개척 141
경흥 114, 218
고무라 주타로(小村壽太郎) 283, 285,

296, 298, 302, 308, 314
관모봉 44, 77, 112
광서제 203, 204
광소(光昭) 318
광제욕(光霽峪) 276, 318
구등허(九等墟,) 279
국자가(局子街) 263, 278, 303, 326
기경대재(己庚大災) 122, 141,317
길강군(吉强軍) 320
길림변무공서(吉林邊務公署) 220, 268,
　　278, 282, 328
『길림통지』 220, 223, 225, 226, 254
길장(吉長)철도 263, 284, 290, 296, 303,
　　305, 307
길주 91
길지 328
길회철도 263, 266, 270, 281, 290, 291,
　　301, 304, 305, 307, 308, 311, 313
김경문(金慶門) 37, 38, 40, 41, 46, 58,
　　62, 73, 121, 139, 187
김우식(金禹軾) 142, 143, 144, 157, 159,
　　160, 205
김윤식(金允植) 197, 203
김응헌(金應瀗) 38, 138, 139
김정호 352
김지남(金指南) 36, 37, 44, 46, 47, 62,
　　73, 76, 80, 81, 121, 139, 140, 187
김해룡(金海龍) 278

김현문(金顯門) 38

ㄴ

나동(那桐) 279, 306, 307, 313
나이토 고난(內藤湖南) 250, 253, 269
나카노 지로(中野二郎) 290
나카이 기타로(中井喜太郎) 250, 252, 256, 258, 269
나카하라 사조(中原佐藏) 244, 354
남만철도 284, 288, 292, 295, 301
남증산 112, 114, 116
노은동산 112, 114, 115, 116
노은산 118
녹둔도 114
누르하치 255
늑초(勒楚) 163

ㄷ

달라자 328
당소의(唐紹儀) 283, 284, 285, 314
대각봉(大角峰) 44, 45, 136, 137, 143, 154, 157, 161, 239, 346
『대당(大唐)여지도』 287
대도문강(大圖們江) 96, 169, 196, 200, 205, 215
『대동여지도』 187
대랑하(大浪河) 112
대사하 329
『대청일통여도』 105
『대한신지지(大韓新地志)』 321
대한제국 274, 319
대한하(大旱河) 91, 120, 121, 124, 125, 344
덕옥(德玉) 188, 198
도대균(陶大均) 286
『도문계변석고증팔조(圖們界卞晰考證八條)』 156
도화선 363, 368, 369
돈화현(敦化縣) 142, 144, 218, 321

동간도 258, 323, 324, 325
동경대 326
동경제1지형측도반(測圖班) 243
『동국문헌비고』 114
『동국여지승람』 178
『동국지도』 106
『동국팔도대총도(東國八道大總圖)』 42
『동문휘고(同文彙考)』 38, 48, 70, 141, 251
동불사 328
동봉수(董棚水) 104, 358, 359
동삼성사의조약 288
『동삼성정략(東三省政略)』 229
동성용 328
두도구 278, 303, 326, 328

ㄹ

레이지 256
로령(老嶺) 293, 303, 331
로예령(老爺嶺) 265, 293, 303, 324, 331

ㅁ

마관조약 274
마적 276
마정량(馬廷亮) 277
마패 328
만주 5안 협약 267, 272, 309, 312
만주 6안 265, 284
『만주지지(滿洲地誌)』 223, 225, 232
망제각(望祭閣) 86
모수림하 90, 101, 104, 105, 124, 138, 157, 168, 179, 359, 366, 370
목극등 58, 71, 72, 74, 75, 76, 80, 84, 88, 92, 93, 94, 103, 105, 111, 120, 130, 132, 137, 140, 141, 145, 147, 148, 163, 164, 185, 195, 205, 211, 232, 251, 254, 256, 270, 274, 341, 344
무묵눌(武默訥) 54, 163

무산 44, 48, 49, 74, 76, 81, 87, 88,
89, 116, 122, 137, 138, 140, 150,
193, 196, 201, 217, 218, 223, 239,
244, 256, 308
무산간도 277
『무산부지(茂山府志)』 117
『무산지도』 107, 117, 187
무산회령종성온성월간민인전토녹책
(茂山會寧鍾城穩城越墾民人田土錄
冊) 193
민의혁(閔義爀) 114, 116

__ㅂ
박권(朴權) 37, 36, 39, 42, 47, 48, 72,
73, 74, 81, 140, 176, 187
박도상 97, 98, 134, 149
박일헌 238, 268
박하천(朴下川) 45, 76, 77, 81, 87, 102,
115, 116, 118, 122, 164, 167
발상지 67, 83, 86, 89, 147, 308, 317
방랑(方朗) 198, 204, 217
백두교 345
백두산－소사하노선도(自白頭山至小沙
河線路圖) 244
『백두산기』 35, 37, 38, 40, 138, 139,
187, 251
백두산부근선로측도(長白山附近線路測
圖) 245
『백산도(白山圖)』 35, 42, 43, 45, 57,
74, 90, 101, 103, 136, 137, 149,
160, 164, 168, 170, 176, 206
백초구 303, 328
법고문(法庫門)철도 284, 288, 289, 292,
295, 297, 300
보다회산 77, 189
보체산(寶髻山) 189
『복감도문계지담록공문절략(覆勘圖們
界址談錄公文節略)』 251
복사평 278, 326

봉금정책 85, 89, 122
봉황성 67, 70
부르하퉁하 238, 239, 241, 258, 268,
269, 320, 322, 326, 328
북간도(北墾島) 258, 321
북간도관리사 232
『북계지도(北界地圖)』 106
『북관장파지도(北關長坡地圖)』 107,
112, 114, 117, 118, 137, 180, 187
『북관지(北關志)』 77
북두소 277
「북병영지도」 106
『북여요선』 251
『북정록(北征錄)』 35, 37, 44, 139, 140,
187
『북정일기(北征日記)』 37, 187
북증산(北甑山) 144
북평사 98, 103, 136
북학 운동 84
분계강(分界江) 111, 116, 269
분수령 35, 36, 40, 41, 48, 53, 57, 62,
64, 75, 84, 88, 91, 100, 116, 121,
124, 131, 140, 172, 188, 189, 196,
207, 211, 239

__ㅅ
사기동 328
사기문(思技文)폭포 91
사변비(査邊碑) 58
사봉(沙峰) 103
사역원(司譯院) 37
사연고(四沿考)」 113
사이토 스에지로(齋藤季治郎) 219, 220,
221, 243, 264, 276, 313, 323
사정계표(謝定界表) 62, 78, 84, 88, 187
사창(社倉) 87, 89, 112, 113, 115, 116,
117, 118, 122
사포대(私砲隊) 221, 274, 320
삼각비(三角碑) 350, 359

삼산사(三山社) 113
삼상창(三上倉) 113, 118
삼수·갑산 77
삼장리 46
삼지연(三池淵) 44, 54, 57, 112, 113, 118, 147, 167, 190, 196, 197, 198, 207, 210, 211, 341
삼포(杉浦) 157, 249
삼하창(三下倉) 118
서간도 258, 324
서두수 46, 91, 145, 162, 170, 171, 190
서북경략사 159, 160
서북천 115, 116
『서북피아양계만리지도(西北彼我兩界萬里之圖)』 106
서세창(徐世昌) 112, 220, 229, 232, 278, 328
서수라덕 77, 78
서수라천 164
서종태(徐宗泰) 78
석을수(石乙水) 54, 57, 87, 103, 111, 112, 114, 147, 162, 165, 173, 177, 182, 202, 203, 208, 229, 264, 274, 279, 282, 287
선봉령(先鋒嶺) 324
설령(雪嶺) 44
섭정왕(載灃) 308
『성경여지전도(盛京輿地全圖)』 42, 43
『성경통지(盛京通志)』 42, 72, 163
소도문강(小圖們江) 164, 169
소백산 35, 39, 44, 52, 54, 57, 61, 117, 147, 165, 189, 201, 203, 207, 210
소사하(小沙河) 244, 247
소토문강(阿集格土門) 184, 190, 211
송강하(松江河) 55, 163
송교인(宋敎仁) 229, 231
『수도제강(水道提綱)』 37, 164, 166, 168, 170, 254
수본 57

숭선 171
스즈키 신타로(鈴木信太郎) 244
시노다 지사쿠(篠田治策) 65, 130, 183, 243, 323
신경준(申景濬) 106, 113
신민둔 300
신법(新法)철도 284, 286, 288, 292, 295, 300, 309
신흥평 278, 326
십자비(十字碑) 182, 201, 203, 213, 214, 215, 216, 227, 229, 232
쌍목봉(雙目峰) 102, 137, 349, 370

_ㅇ

안도현 324, 329
안봉선(安奉線) 266, 295
안봉(安奉)철도 285, 301, 309
약류하(弱流河) 90, 102, 103, 104, 105, 112, 121, 124, 138, 162, 168, 179, 350
양돈언(梁敦彦) 285, 287, 289, 291, 293, 298, 301, 304, 305, 306
양수천자 328, 329
양양고(孃孃庫) 152, 279, 329
양추(楊樞) 277
어윤강(魚潤江) 45, 46, 77, 78, 87, 88, 89, 102, 116, 122, 164, 170
어윤중(魚允中) 142, 144, 157, 159, 160, 193, 205, 250
『여지도서』 114
『여지승람(輿地勝覽)』 77
연길(延吉) 275, 283, 296, 299, 300, 323, 335
연길변무공서 337
연길청(延吉廳) 275
연변(延邊) 237, 318, 337
연지봉(姸芝峰) 44
영고탑 84
영고탑부도통(寧古塔副都統) 186

영고탑패귀설 84
오도백하(五道白河) 52, 98, 102, 104,
　　120, 123, 124, 136, 153, 321, 354,
　　366, 372
「오라영고탑형세도」 72
오록정(吳祿貞) 155, 220, 222, 226, 232,
　　268, 278, 296, 326, 328
오소네 세이지(大曾根誠二) 244, 354
오시천 77, 78
오원정(吳元貞) 143
온성(穩城) 111, 176, 193, 238
완항령(緩項嶺) 77, 78, 112, 118, 189
왕승요(王承堯) 287, 295, 305, 309
왕청 324, 335
요문조(姚文藻) 193
용정촌 220, 222, 242, 269, 280, 303
우적동 278, 283, 314, 326
우적동사건 282, 283, 314
원세개(袁世凱) 197, 203, 214, 215, 217,
　　279, 281, 285, 302, 313
원지(圓池) 102, 104, 111
원지수 111, 157
유건봉(劉建封) 51, 92, 93, 112, 155,
　　220, 223, 225, 232, 352
『유구도(琉球圖)』 42
육도구 328
육진 114, 321
을사보호조약 320
의주 70
2강설 65, 123, 129, 142, 145, 148, 159,
　　160, 164, 182, 191, 196, 197, 205,
　　239, 264, 280, 281, 321, 324
이도백하 123, 206, 247, 355, 367, 372
이도백하진 353
이도송화강 327, 329
이란하 326
이만지(李萬枝) 62
이범윤(李範允) 221, 232, 251, 252, 258,
　　264, 274, 319, 320

이비설(移碑說) 35, 53, 57, 62, 66, 146,
　　189
이선부(李善溥) 36, 37, 39, 42, 48, 72,
　　100, 138, 187
이성(利城) 110
이유(李濡) 99, 135, 158
이의복(李義復) 38, 75, 93, 130, 132,
　　133, 137, 148, 149, 160, 251
이주인(伊集院) 266, 284, 285, 289, 291,
　　293, 295, 296, 298, 300, 302, 304,
　　308, 314, 331
이중하(李重夏) 52, 94, 96, 97, 145, 146,
　　147, 149, 156, 158, 177, 187, 191,
　　193, 197, 198, 202, 205, 210, 211,
　　215, 221, 231, 257, 287, 318
이토 히로부미(伊藤博文) 275, 323
이홍장(李鴻章) 183, 197, 203, 215, 217,
　　287
『일본도』 42
일진회 279
『일통지(一統志)』 67
임간통시도(林間通視道) 132, 349, 355,
　　359
임강대(臨江臺) 45

ㅈ
장백산(長白山) 44, 47
장산령(長山嶺) 102, 105, 112, 168
장순(長順) 226
장지연(張志淵) 321
장파(長坡) 78, 87, 112, 117, 198
장파수(長坡水) 45, 112, 115, 118, 169
장파창 87, 118
『장파형편도』 115, 116
재풍(載灃) 286
적봉(赤峰) 90, 102, 104, 105, 111, 116,
　　118, 120, 137, 146, 157, 162, 165,
　　168, 179, 350, 366
적암(赤巖) 116, 137, 180

정가둔(鄭家屯) 288
정광제(程光弟) 290
정상기(鄭尙驥) 106
제소남(齊召南) 37, 164, 166
조병식(趙秉式) 214, 215
조선사편수회 38
조선인잡거구역도 316, 330
『조선지도』 106
조선팔도도 42
『조선해륙전도』 287
조선협회 250
조양천 278, 326
조여림(曺汝霖) 286, 295, 296
조존우 238, 268
조태상 139
종성(鍾城) 111, 142, 144, 193, 218, 238
종성간도 277
중일회의동삼성사의조약(中日會議東三
省事宜條約) 287, 328
중조국경의정서 93, 103, 348
중조국경조약 93, 103, 162, 174, 178,
208, 348
중한변계선후장정(中韓邊界善後章程)
274, 290, 318
『중화제국전지(中華帝國全志)』 256
증산(甑山) 102, 103, 165, 167
진소상(陳昭常) 278, 328
진영(秦煐) 151, 188, 197, 198, 205, 210,
231

ㅊ
차유령 76
천보산 290, 291, 303, 312
천평(天坪) 44, 77, 78, 112, 113, 118
『천하제국도(天下諸國圖)』 42
총리아문 184, 186, 190, 207
추가래(鄒嘉來) 286
『추후별단(追後別單)』 52, 94, 257, 318

ㅌ
타생오라(打牲烏拉) 67, 70
『탐계노정기(探界路程記)』 142
『탐계일기(探界日記)』 143
토문강 264
토문강색금(土門江色禽) 105, 165
토문색금(土門色禽) 167
토퇴군 149, 341, 363, 368, 369
통감부임시간도파출소관제 281
『통문관지』 46, 187

ㅍ
파하천(波下川) 167
팔도구 326, 328
폐사군 86, 89, 110
포염사덕(浦鹽斯德) 321
포츠머스조약 287, 288, 302

ㅎ
하발령(哈爾巴嶺) 324
하세가와 요시미치(長谷川好道) 238
하야시 곤스케(林權助) 279, 280, 313
학항령(鶴項嶺) 164, 171
『한국여지도』 287
한요구(漢窯溝) 328, 329
한청조약 252
『해동지도』 106
해란강 320, 326
해란하 241
허량(許樑) 37, 97, 98, 134, 149, 158,
160
허태신(許台身) 222, 232
허항령(虛項嶺) 44, 77, 78, 113, 118,
172, 198
헤이그 중재 294, 298, 299, 304
혁광(奕劻) 298,302
혜산 44, 49, 100, 223
호유덕(胡惟德) 283, 296, 299, 300
호천가 328

호천포   278, 326

홍기하(紅旗河)   45, 73, 102, 162, 169,
    176, 190

홍남주(洪南周)   141

홍단수   64, 77, 87, 89, 91, 102, 112,
    113, 114, 115, 116, 118, 145, 147,
    162, 164, 188, 190, 196, 197, 210,
    229

홍세태(洪世泰)   37,40

홍치중(洪致中)   45, 46, 51, 97, 134

홍토산수   45, 57, 73, 77, 81, 88, 96,
    102, 114, 120, 124, 145, 146, 162,
    170, 172, 177, 179, 182, 188, 189,
    198, 202, 208, 211, 274

홍토수   90, 91, 97, 99, 102, 103, 105,
    111, 121, 123, 149, 153, 157, 162,
    164, 168, 179, 251, 264, 279, 282,
    350, 359

화룡   171, 324, 335, 366

화룡욕(和龍峪)   276

화원(畵員)   74, 80, 90, 147, 163

황구령수(黃口嶺水)   144

『황여전람도(皇輿全覽圖)』   35, 67, 89,
    105, 163, 164, 168, 176, 178

황철산(黃鐵山)   159

황화송전자(黃花松甸子)   93, 155, 161,
    248, 250, 353, 359, 360

회령   142, 193, 198, 218, 296

회령간도   277

『회전도』   208

훈춘   218, 335

훈춘사건   293

훈춘협령(琿春協領)   186, 275, 323

훼비설(毁碑說)   209, 219, 232

흑석구   40, 41, 45, 51, 53, 54, 56, 66,
    81, 88, 90, 92, 93, 94, 95, 97, 98,
    120, 122, 124, 125, 129, 132, 133,
    135, 136, 137, 139, 142, 145, 146,
    150, 154, 158, 159, 168, 171, 189,
    191, 205, 239, 248, 249, 254, 269,
    341, 345, 348, 365, 372